D1742972

Polnisch-deutsche Unternehmenskommunikation

Warschauer Studien zur Germanistik und zur Angewandten Linguistik

Herausgegeben von Sambor Grucza
und Lech Kolago

Band 15

Sambor Grucza / Mariola Wierzbicka /
Justyna Alnajjar / Paweł Bąk (Hrsg.)

Polnisch-deutsche Unternehmenskommunikation

Ansätze zu ihrer linguistischen Erforschung

PETER LANG
EDITION

Bibliografische Information der Deutschen Nationalbibliothek
Die Deutsche Nationalbibliothek verzeichnet diese Publikation
in der DeutschenNationalbibliografie; detaillierte bibliografische
Daten sind im Internet über http://dnb.d-nb.de abrufbar.

Gedruckt mit finanzieller Unterstützung
der Universität Warschau und der Universität Rzeszów.

Gedruckt auf alterungsbeständigem,
säurefreiem Papier.

ISSN 2192-7820
ISBN 978-3-631-64376-1 (Print)
E-ISBN 978-3-653-03470-7 (E-Book)
DOI 10.3726/978-3-653-03470-7

Dieses Buch erscheint in der Peter Lang Edition und wurde
vor Erscheinen peer reviewed.

www.peterlang.com

Inhaltsverzeichnis

Einleitung

Das immer lebhaftere Engagement der Bürger in der Wirtschaft und der zunehmende Einfluss der wirtschaftlichen Entwicklung auf das Leben der Menschen bewirken ein immer größeres Bewusstsein für die Notwendigkeit der Wahrnehmung von Wirtschaftsprozessen und eine Reflexion hierüber. Die Entwicklung von internationalen, z.b. polnisch-deutschen Beziehungen trägt dazu bei, dass die durch Multimodalität, Interlingualität und Interkulturalität geprägten Kontakte immer mehr an Bedeutung gewinnen und eine entsprechende Beachtung vonseiten der modernen Linguistik verdienen. In diesem Sinne werden Probleme der Unternehmenskommunikation und der Wirtschaftssprachen zum Gegenstand von applikativ ausgerichteten Analysen.

Der vorliegende Band „Polnisch-deutsche Unternehmenskommunikation. Ansätze zu ihrer linguistischen Erforschung" enthält Beiträge, die einem breiten Spektrum an Problemen aus dem Bereich der Unternehmenskommunikationsforschung gewidmet sind. Es offenbaren sich dabei viele Standpunkte, die allesamt zur Erweiterung des Wissenshorizonts beitragen und dazu verhelfen können, unterschiedliche Herangehensweisen kennenzulernen. Der Band besteht konzeptionell aus vier ineinander greifenden Teilen.

Der erste Teil hat die Funktion einer breiten Einführung in die Hauptproblematik. In den einzelnen Beiträgen wird die gegenwärtige Stellung des Deutschen in Polen vor dem Hintergrund der Polnisch-Deutschen Geschichte erörtert (Franciszek Grucza – *Deutsche Sprache in Polen – Geschichte, Gegenwart, Zukunft*), auf wissenschaftliche und gesellschaftliche Pflicht der Linguistik, sich mit der Unternehmenskommunikation zu beschäftigen, eingegangen (Sambor Grucza – *Zur Notwendigkeit der Erforschung der polnisch-deutschen Unternehmenskommunikation*) sowie der Stand der linguistischen Erforschung der polnisch-deutschen Unternehmenskommunikation umrissen (Krzysztof Nycz – *Zur linguistischen Erforschung der Unternehmenskommunikation*).

Im zweiten Teil werden Ansätze zur Erforschung ausgewählter Fragen der (polnisch-deutschen) Unternehmenskommunikation ausführlich diskutiert. Hierzu gehören die Beiträge von: Silvia Bonacchi – *Multimodalität der Unternehmenskommunikation*, Justyna Alnajjar – *Kommunikationsaudit im Visier der Angewandten Linguistik*, Jan B. Łompieś – *Im Dschungel der Kompetenzen. Überlegungen zur Pragmatik der Geschäftstätigkeit*, Łukasz Kumięga – *Unternehmenskommunikation aus der Perspektive der diskursorientierten Ansätze* sowie Sambor Grucza, Justyna Alnajjar und Radomir Grucza – *Projektkommunikation bei Nearshoring-Kooperationen. Am Beispiel von polnisch-deutschen Projektkooperationen bei REC Global*.

Im dritten Teil werden Überlegungen, Analyseergebnisse und Forschungsstand zur linguistischen Erforschung der weitaufgefassten Wirtschaftskommunikation dargestellt. Hierzu werden die Beiträge von Paweł Bąk – *Zur Erforschung von Wirtschaftssprachen in Polen*, Mariola Wierzbicka – *Der sprachliche Ausdruck von Ursache-Wirkung-Beziehungen im Bereich der Konditionalität in deutschen Wirtschaftstexten*, Iwona Szwed – *Geschäftsbrief in der germanistischen und polonistischen Text(sorten)forschung*, Bogusława Rolek – *Unternehmensidentität: Strategien und Mittel ihrer Versprachlichung in Texten* und Gabriela Nitka – *Lexikalische Eigenschaften der Unternehmensterminologie anhand von Beispielen aus dem deutschen und polnischen Handelsgesetzbuch* präsentiert.

Die meisten der hier präsentierten Beiträge stellen Forschungsergebnisse von Mitarbeitern des Instituts für Anthropozentrische Linguistik und Kulturologie der Universität Warschau und des Instituts für Germanistik der Universität Rzeszów. Beide Institute nehmen bei der Erforschung der polnisch-deutschen Unternehmenskommunikation und des Wirtschaftsdeutschen in der germanistischen Landschaft Polens eine besondere Stellung ein dar.

Warszawa/ Rzeszów im November 2013

Sambor Grucza
Mariola Wierzbicka
Justyna Alnajjar
Paweł Bąk

Deutsche Sprache in Polen – Geschichte, Gegenwart, Zukunft

Franciszek Grucza
(Universität Warschau)

Einleitung[1]

Bei der Analyse des äußerst komplexen Themas kann man sich keineswegs nur auf jene Faktoren beschränken, die in den gängigen linguistischen Definitionen des Deutschen widergespiegelt werden. Es soll und darf hier nicht allein um die Ausdrucksmöglichkeiten der Deutschen, um ihre Grammatik oder Semantik gehen. Deutsch umfasst in Polen viel mehr als „lediglich" derartige Faktoren. Einerseits evoziert es verschiedene Erinnerungen an die Deutschen, an ihre Verhaltensweisen usw. Es ist nicht zu trennen von den sehr unterschiedlichen Einstellungen zu den Deutschen überhaupt, aber auch zum Erbe und zu den Spuren des Deutschen in Polen. Diese Haltungen waren aber im Laufe der Geschichte unterschiedlich – mal waren sie freundlich, mal unfreundlich, und manchmal sogar feindlich, und zwar je nach dem Zustand der deutsch-polnischen Beziehungen. In mancher Hinsicht unterscheiden sie sich auch heute von Region zu Region, ja von Familie zu Familie, obwohl während der realsozialistischen Zeit versucht wurde, eine für alle gültige Einheitsmeinung durchzusetzen. Kurz: Es gibt in Polen verschiedene Traditionen des Umgangs mit dem Deutschen sowie mit dessen Geschichte. Und schließlich darf nicht unerwähnt bleiben, dass es in Polen verschiedene Varianten des Deutschen mit einer jeweils eigenen Geschichte gibt, die es zu beschreiben gilt. Zu all dem existiert eine umfangreiche Primär- und Sekundärliteratur, die wiederum, selbst in den wissenschaftlichen Darstellungen, nicht frei von den Einflüssen ihrer Entstehungszeit und den Haltungen ihrer Autoren ist und dementsprechend gewertet werden muss.

Natürlich werde ich nicht in der Lage sein, in diesem Beitrag alle Aspekte des Themas ausführlich und erschöpfend zu behandeln. Stattdessen möchte ich möglichst differenzierte Überblicksskizze der Gesamtheit entwerfen. Ich will aber auch nicht verschweigen, dass sich meine Ausführungen auch deswegen in vielen Fällen nur auf Andeutungen beschränken, weil unser Wissen um das Gesamtthema immer noch recht lückenhaft ist. Bei der Erörterung so mancher Teilfrage

---

1   Der Originalbeitrag erschien in dem Sammelband: F. Grucza (Hg.) (2001): *Tausend Jahre polnisch-deutscher Beziehungen: Sprache – Literatur – Kultur – Politik. Materialien des Milleniumkongresses: 5.–8. April 2000*. Warszawa. 107–131. Der hier abgedruckte Text wurde an einigen Stellen leicht verändert und aktualisiert.

werde ich auf meine früheren Arbeiten zu den einschlägigen Problemen zurückgreifen, ohne dies in jedem Fall deutlich zu machen. Die Titel dieser Arbeiten sind
im Literaturverzeichnis zu finden.

1. Zum Begriff und zur Differenzierung des Deutschen in Polen

Man braucht nur einen Augenblick über die Geschichte der deutsch-polnischen Be-
ziehungen nachzudenken, um zu begreifen, dass die deutsche Sprache in Polen im
Laufe der Jahrhunderte in verschiedenen Gestalten und/oder Varianten zulegte und
verschiedene Spuren hinterlassen haben muss. Auf keinen Fall darf man deshalb das
Thema „die deutsche Sprache in Polen" auf das Thema „Deutsch als Fremdsprache
(DaF) in Polen" einschränken. DaF bildete, und bildet auch weiterhin, lediglich eine
Variante von „Deutsch in Polen". Eine andere stellt das Deutsch der bodenständigen
deutschen Minderheit in Polen dar. Eine weitere bildet das Deutsch der Menschen,
die seinerzeit aus Polen nach Deutschland ausgewandert und jetzt zurückgekehrt
sind. Heute ist in Polen auch wieder das Deutsch der Deutschen vertreten, die aus
verschiedenen Gründen – geschäftlichen, fachlichen oder auch familiären – nach
Polen gekommen sind und hier eine Zeit lang, und immer öfter auch ihr ganzes Leben, zu verbringen beabsichtigen. Als eine ganz besondere Variante des Deutschen
in Polen ist aber auch das Deutsch vieler polnischer Deutschlehrer, polnischer Germanisten usw. sowie auch das Deutsch all jener Polen anzusehen, die es sich – in
der Schule, während des Studiums, in speziellen Kursen, während ihrer Aufenthalte
in Deutschland usw. – dermaßen angeeignet haben, dass sie es nicht mehr als eine
„echte" Fremdsprache empfinden. Eine ganz besondere Variante bildet auch jenes
Deutsch in Polen, das in verschiedenen Dokumenten, in vielen Familien-, Orts- sowie Flur- und Straßennamen vertreten ist. Und nicht zuletzt ist auch jenes Deutsch
als eine besondere Variante zu werten, dessen Spuren einerseits in den ehemaligen
Konzentrationslagern sowie auf vielen – sowohl polnischen als auch ehemals deutschen – Friedhöfen, und andererseits in vielen Kirchen, Archiven sowie Museen
anzutreffen sind. Es gilt, all diese Varianten des „Deutschen-vor-Ort" zum Gegenstand entsprechender germanistischer Forschung zu machen. Dies ist in erster Linie
für die polnische Germanistik eine Aufgabe, die einen wesentlichen Faktor ihrer
Eigenart ausmacht.

Auf jeden Fall haben wir es in Polen infolge der besonderen deutsch-polnischen
Beziehungen schon seit Jahrhunderten nicht nur mit einem aus der Ferne für Lehr-
und Lernzwecke hergeholten bzw. importierten Deutsch, sondern auch mit einem
(mehr oder weniger verwurzelten) „Deutsch-vor-Ort" zu tun. Das Letztere konstituierte sich zunächst naturgemäß vor allem in den Grenzgebieten. Aber auch im
polnischen Binnenland hat es recht früh in verschiedenen Varianten Fuß gefasst, wo

Deutsche als Geistliche, Schreibkräfte, Kaufleute, Handwerker und nicht zuletzt auch als Bauern hergeholt und angesiedelt wurden. Besonders begünstigt wurde die Position des „Deutschen-vor-Ort" durch die Gründung von Städten nach deutschem Stadtrecht sowie durch die verstärkte Zuwanderung von deutschsprachigen Juden. Man schätzt, dass sich bis zum Ende des 14. Jahrhunderts bereits mehr als hunderttausend Deutsche in Polen niederließen.[2] Dies führte sogar dazu, dass zu jener Zeit in so manch binnenpolnischer Stadt mehr Deutsch als Polnisch gesprochen wurde und die städtischen Bücher sowie die Korrespondenz fast ausschließlich in deutscher Sprache geführt wurden. Vor allem während dieser Zeit sind viele von den erwähnten auf Deutsch verfassten Dokumenten entstanden.

Heute sind wir darüber hinaus noch mit einem anderen „Deutsch-vor-Ort" konfrontiert, nämlich mit jenem, in dessen Besitz Polen infolge der am Ende des Zweiten Weltkrieges beschlossenen Verschiebung seiner Grenzen von Osten nach Westen gelangte. Dieses Deutsch ist vor allem in vielen (heute polnischen) Orts-, Flur- und Straßennamen vertreten. Es handelt sich aber dabei auch um Spuren alter deutscher Mundarten. Während der realsozialistischen Zeit wurde die Existenz dieser Variante des „Deutschen-vor-Ort" in Polen besonders gerne verschwiegen, nicht selten sogar geleugnet. Zur Zeit versucht man, einen vernünftigen Umgang damit zu etablieren.

Auf die folgende Konsequenz, die sich aus dem skizzierten Sachverhalt ergibt, sei nun besonders aufmerksam gemacht: Bei einer genauen Beschreibung des Deutschen in Polen muss jene – schon kurz angesprochene – Variante des Deutschen besonders hervorgehoben werden, für deren genaue Erfassung weder die Kategorien der „Muttersprache" vs. „Fremdsprache", noch die der „Erstsprache" vs. „Zweitsprache" ausreichen. Für viele in Polen lebende Menschen war Deutsch lange Zeit hindurch weder eine Fremd- noch eine Muttersprache, weder eine Erst- noch eine Zweitsprache. Über Jahrhunderte lebten in Polen, wie übrigens anderswo auch, bilinguale, ja sogar trilinguale Menschen, die ihre Bi- bzw. Trilingualität auf eine natürliche Art und Weise erwarben und zu allen deren Komponenten ein ähnliches (emotionales) Verhältnis hatten. Nicht bloß diese oder jene, sondern alle von ihnen internalisierten Sprachen und/oder Dialekte, gehörten zu ihrer Identität, ja – ihre Vielfalt schuf sie geradezu erst. Lange Zeit durften diese Fragen bestenfalls marginal erörtert werden. Erst in den letzten 20 Jahren bringen Vertreter eben dieser betroffenen Gruppen dieses wichtige Problem verstärkt in die Diskussion ein. Das ist vor allem deshalb so wichtig, weil diese Variante des „polnischen" „Deutschen-vor-Ort" auszusterben droht.

Immer stärker scheint dagegen im gegenwärtigen Polen das Deutsch zu werden, das seine Träger zwar im Sinne einer Fremdsprache besser oder schlechter

---

2   Vgl. M. Cieśla 1989: 21.

erworben haben, mit dem sie sich aber nichtsdestoweniger identifizieren und infolge dessen bereit sind, es als ihr Deutsch zu bezeichnen.

Übrigens – deutsche Muttersprachler – müssen lernen, dieses Deutsch nicht von vornherein zu diskriminieren, sondern im Gegenteil, es mehr als bisher zu fördern, ja – es als solches, d.h. als teilweise „inkorrektes" Deutsch, zu akzeptieren. Wir müssen uns einfach bewusst machen, dass Deutsch im Allgemeinen keineswegs ausschließlicher Besitz der Deutschen, Österreicher und deutschsprachigen Schweizer ist. Das allzu possessive Verhalten vieler deutschsprachigen Muttersprachler ihrer Sprache gegenüber steht auf jeden Fall den Bemühungen um eine echte Internationalisierung der deutschen Sprache im Wege.

Und noch eins: Bei einer auf Vollständigkeit abzielenden Analyse unseres Themas müssten auch die auf polnischem Boden nicht nur heute, sondern auch früher vertretenen deutschen Dialekte in Betracht gezogen werden. In erster Linie wären dabei die Mundarten aus den ehemaligen sowie den jetzigen Grenzgebieten zu berücksichtigen, denn gerade hier hat es einen besonders regen sprachlichen Austausch gegeben. Nicht vergessen sollen aber auch jene Mundarten werden, von deren Existenz manchmal nur noch entsprechendes Namengut oder verstümmeltes schriftliches Erbe zeugen. Mit anderen Worten: Man muss auch die Spuren des ausgestorbenen „Deutsch-vor-Ort" in Betracht ziehen und zum Gegenstand einer systematischen Analyse machen. Auch heute noch sind die Einflüsse des Deutschen in vielen polnischen Entlehnungen und im polnischen Namengut sichtbar, deutlich erkennbar sind sie in vielen Familien-, Orts- und Flurnamen sowie in vielen nachgelassenen Dokumenten. Es gibt aber in Polen auch noch andere Spuren des Deutschen, manche von ihnen sind an vielen Gebäuden und Kulturdenkmälern abzulesen, andere aber leider an den Zerstörungen: an Resten von Konzentrationslagern, und nicht zuletzt auch an vielen – sowohl polnischen als auch ehemals deutschen Friedhöfen.

2. Wovon hängt das Interesse an der deutschen Sprache und ihr Ansehen in Polen ab?

In letzter Zeit hat die deutsche Sprache in Polen wieder einen beachtlichen Rang erlangt. Sowohl ihre Position im polnischen Bildungssystem als auch ihre gegenwärtige Rolle in der praktischen Kommunikation in Polen kann man mit jener vergleichen, die sie während der ersten Hälfte des 18. Jahrhunderts innehatte. Damals erreichte das Interesse an der deutschen Sprache seinen ersten Höhepunkt (darauf komme ich noch zu sprechen). Die derzeitige Situation der deutschen Sprache in Polen scheint jedoch wesentlich labiler als die damalige zu sein. Das Interesse am Deutschen kann leicht schnellen Änderungen unterliegen, die von mehreren Faktoren abhängig sind – auf keinen Fall einzig und allein vom kommunikativen Wert des Deutschen, und auch nicht nur von der Durchsetzungskraft des Englischen.

Auf längere Sicht wird die Zukunft der deutschen Sprache in Polen vor allem von der Entwicklung der Beziehungen zwischen Deutschen und Polen abhängen, also davon, ob und inwiefern es uns gelingt, diese Beziehungen nicht nur auf solchen Ebenen wie der Welt der hohen Politik, der Wissenschaft oder der Kunst, sondern auch auf der Ebene der einfachen Bürger unserer Länder zu normalisieren. Alles, was diese Beziehungen belastet, mindert (ja bedroht) die Chancen des Deutschen in Polen und alles, was das deutsch-polnische Verhältnis entspannt und verbessert, begünstigt auch die Chancen der deutschen Sprache. Daraus folgt für uns Germanisten, dass wir verstärkt, ja vielleicht sogar in erster Linie, uns darum bemühen müssen, die deutsche Sprache von ihrer negativen historischen Last zu befreien.

Das Schicksal der deutschen Sprache lässt sich in Polen – wie bereits angedeutet – nicht von ihren Trägern, den Deutschen, und der Geschichte ihrer Handlungen im Lande isolieren. Daher ist es nicht verwunderlich, dass in Folge des negativen deutschen Wirkens am Ende des 19. Jahrhunderts und besonders in der nationalsozialistischen Besatzungszeit auch die Sprache hier besonders oft negative Erinnerungen weckt. Immer noch ruft ihr Klang recht häufig in Polen mitunter unangenehme Vorstellungen hervor und belebt die alten Stereotypen und Klischees vom „Deutschen", wie sie sich im Laufe der Geschichte, insbesondere während der beiden erwähnten Zeitabschnitte, im polnischen kollektiven Gedächtnis festgesetzt haben.

Die Situation der deutschen Sprache in Polen ist daher eine grundsätzlich andere als die des Englischen oder des Französischen. Doch ist dem so nicht nur wegen der angedeuteten historischen Gründe. Die Stellung der deutschen Sprache in Polen ist auch – und vielleicht sogar vor allem – deshalb eine besondere, weil sie sich im Spannungsfeld einer realen direkten deutsch-polnischen Nachbarschaft befindet. Am ehesten ähnelt die Situation des Deutschen in Polen daher der Stellung des Russischen: In beiden Fällen handelt es sich um die Sprache von mächtigen Nachbarn, die beide schon mehrmals versucht hatten, Polen von der Landkarte auszulöschen und die auch eine Bedrohung für die Existenz des Polnischen darstellten, indem sie sich bemühten, den Polen ihre eigene Sprache – Russisch bzw. Deutsch – aufzuzwingen.

Bei der Analyse unseres Themas muss man dem bereits angesprochenen Sachverhalt zufolge unbedingt die Geschichte des wechselseitigen deutsch-polnischen Umgangs miteinander auf allen Ebenen in Betracht ziehen, kurz: Die Geschichte der polnisch-deutschen Nachbarschaft berücksichtigen. Nur vor diesem Hintergrund werden wir in der Lage sein, die jeweilige Situation der deutschen Sprache in Polen adäquat einzuschätzen und Maßnahmen zu ergreifen, die nicht nur zur Stabilisierung ihrer derzeitigen Position, sondern darüber hinaus zur Steigerung ihrer künftigen Chancen beitragen. Diese Tatsachen muss sich jeder bewusst machen, der sich für Deutsch in Polen und dessen Popularisierung einsetzt.

Dabei darf man sich aber nicht allein auf die Untersuchung der jüngsten deutsch-polnischen Geschichte beschränken. Die gegenwärtige – generell recht positive – Einstellung der Polen zum Deutschen ist wohl in erster Linie dem Zustand der aktuellen deutsch-polnischen Beziehungen (sowie der ihnen direkt vorausgegangenen) zu verdanken, doch ist es keineswegs so, dass sie ausschließlich durch diese geprägt wurde. Weder die Geschichte des Zweiten Weltkrieges, noch die des 19. Jahrhunderts ist schon ganz aus dem Spiel – beide sind nur ein bisschen in den Hintergrund gerückt. Aber auch die Tradition der noch älteren deutsch-polnischen Beziehungen sowie der damaligen Einstellung der Polen zum Deutschen ist – meines Erachtens – noch nicht völlig in Vergessenheit geraten.

Jedenfalls halte ich es für angebracht, bei der Erörterung unseres Themas nicht nur die Geschichte der zwei letzten Jahrhunderte zu berücksichtigen. Wir müssen viel weiter zurück greifen. Vor allem sollten wir uns die Situation der deutschen Sprache vor der Teilungszeit genauer anschauen, und zwar deswegen, weil man in Bezug auf diese Zeit von normalen deutsch-polnischen Beziehungen reden kann. Und die damalige Situation der deutschen Sprache in Polen darf zumindest insofern als normal bezeichnet werden, als sie sich zu jener Zeit noch keineswegs im Spannungsfeld zwischen deutschen Okkupanten und polnischen Okkupierten oder zwischen deutschen Unterdrückern und polnischen Unterdrückern befand. Wir sollten auch diese Tradition so schnell wie möglich in unsere Erörterungen aufnehmen und dadurch zum einen unser negatives historisches Bewusstsein korrigieren und zum anderen die soeben erwähnte historische Last der deutschen Sprache in Polen relativieren.

3. Zur Geschichte der polnisch-deutschen Beziehungen

Die Geschichte der polnisch-deutschen Beziehungen lässt sich meiner Meinung nach in drei Hauptphasen einteilen, die ihrerseits noch jeweils in bestimmte Abschnitte untergliedert werden können[3]. Die erste Phase umfasst den Zeitraum von den Anfängen der polnisch-deutschen Beziehungen bis zu den Teilungen Polens (1772–1795); die zweite umfasst die Zeit zwischen der Teilung Polens und dem Ende des Ersten Weltkrieges; die letzte erstreckt sich auf die Zeit nach dem Zweiten Weltkrieg. Als ein besonderer Abschnitt ist einerseits die Zwischenkriegszeit

---

3 Ausführlicher dazu s. G. Labuda 2001.

und andererseits die Zeit des Zweiten Weltkrieges, genauer: der nationalsozialistischen Besatzung Polens, anzusehen.

Während der ersten Phase haben wir es im Allgemeinen mit polnisch-deutschen Beziehungen zu tun, die als normale nachbarliche Verhältnisse bezeichnet werden können. Auch wenn sie einmal besser, einmal schlechter waren, so entsprachen sie doch im Allgemeinen dem, was zu jener Zeit zwischen Nachbarn üblich war. Zwar standen sich Polen und Deutsche ebenfalls während dieser Zeit nicht selten als Feinde gegenüber, doch zumindest genau so oft haben sie friedlich zusammengelebt und miteinander kooperiert. Selbst auf der zwischenstaatlichen Ebene haben Polen und Deutsche zu dieser Zeit oft aufs Engste miteinander zusammengearbeitet. Exemplarisch sei noch einmal an Otto III. erinnert, der nämlich im Jahre 1000, mit ausdrücklich kooperativen Plänen nach Gnesen/ Gniezno kam.[4] Doch noch stärker ist die Tatsache hervorzuheben, dass es während des zweiten Teils dieser Phase, genauer: zwischen dem Thorner Frieden von 1466 (mit dem der sog. 13-jährige Krieg beendet wurde) und der ersten Teilung Polens (1772), also länger als drei Jahrhunderte, zwischen Deutschen und Polen keinerlei Kriege gab. Gegen Ende dieser Phase haben die deutsch-polnischen Beziehungen gar einen Zustand erreicht, der es dem Sejm, dem polnischen Parlament, ermöglichte, deutsche (genauer: sächsische) Könige (August II., 1697–1733, und August III., 1733–1763) zu polnischen Königen zu wählen. Um die damaligen Verhältnisse besser begreifen zu können, lohnt es sich die Kuriosität der Tatsache bewusst zu machen, dass der 13-jährige Krieg (1453–1466) zwar „offiziell" von Polen gegen Deutsche geführt wurde, doch in Wirklichkeit auf der einen Seite polnische und deutsche (genauer: hanseatische) Bundesgenossen gegen andere Deutsche, nämlich die deutschen Kreuzritter, kämpften.

Für die zweite Phase der deutsch-polnischen Beziehungen (seit der Besatzung Polens), ist vor allem die Tatsache charakteristisch, dass während dieser Zeit die Faktoren Macht und Zwang in immer größerem Ausmaße die ausschlaggebende Rolle spielten – auch auf sprachlichem Gebiet. Den „normalen" jahrhundertealten deutsch-polnischen Sprachkontakten wurde nun ein Ende gesetzt. Jetzt wurden seitens deutscher Länder nicht nur auf mehr oder weniger „assimilierte", sondern auch auf „rein polnische" Gebiete Ansprüche erhoben. Und diese Gebiete wurden nicht nur „beschlagnahmt", sondern zugleich einer gezielten und immer intensiver von oben betriebenen Assimilierungspolitik unterzogen.

Sicherlich spielte der Machtfaktor auch schon während der ersten Phase der deutsch-polnischen Beziehungen eine nicht unwesentliche Rolle, doch wäre es grundsätzlich verfehlt, wollte man den damaligen Grenzverlagerungsprozess allein auf Zwangsmaßnahmen zurückführen. Überall dort, wo Polen und Deut-

---

4   Mehr dazu in Z. Zieliński 2000.

sche miteinander in Berührung kamen, wurden naturgemäß auch kommunikative Handlungen ausgeführt. Infolge dieser Handlungen lernte man voneinander auch die jeweils andere Sprache, wenigstens das eine oder andere Wort sowie die eine oder andere Verhaltensweise. Überall dort, wo die Kontakte über längere Zeit hindurch andauerten, wurde zunächst ein natürlicher Bilingualisierungsprozess und im Anschluss daran auch ein allmählicher Assimilierungsprozess in Gang gesetzt. In den Grenzgebieten hat langfristig zumeist das Deutsche die Oberhand gewonnen, während im polnischen Binnenland die Situation genau umgekehrt war. Während der ersten Phase verlagerte sich die deutsch-slawische – und später die deutsch-polnische – Grenze vor allem im Zuge dieses Prozesses langsam, aber stetig in Richtung Osten. Wenn es zu jener Zeit einen „Drang nach Osten" gab, dann vor allem aus Gründen, die grundsätzlich vergleichbar mit jenen sind, die für den gegenwärtigen „Drang nach Westen" charakteristisch sind.

In der Zwischenkriegszeit konnten infolge der Restaurierung des polnischen Staates nach dem Ersten Weltkrieg die polnisch-deutschen Beziehungen auch wieder auf einer offiziellen Ebene stattfinden. Die Zeit der nationalsozialistischen Besatzung Polens ist hingegen als eine ganz besondere Phase der polnisch-deutschen Beziehungen nicht nur wegen der Besatzung selbst zu werten, sondern vor allem deswegen, weil Polen nun mit einer Politik konfrontiert wurden, die nicht bloß eine gezielte Zwangsassimilierung, d.h. Germanisierung, sondern ausdrücklich eine Versklavung und letztlich Vernichtung zum Ziel hatte.

Die Phase nach dem Zweiten Weltkrieg lässt sich in drei Abschnitte gliedern: (a) die Zeit unmittelbar nach dem Krieg, (b) die Zeit, in der es außer der Bundesrepublik noch die DDR gegeben hat, und schließlich (c) die Zeit nach der so genannten Wende d.h. nach der Vereinigung Deutschlands.

Der erste Abschnitt begann mit gewaltigen Umwälzungen: Polen wurde wieder hergestellt, doch nicht im Sinne eines völlig souveränen Staates und darüber hinaus innerhalb gänzlich neuer Grenzen, die von Osten nach Westen verschoben wurden. Gleichzeitig wurde die Aussiedlung und Vertreibung nicht nur der Deutschen aus den nun Polen eingegliederten Gebieten, sondern auch der Polen aus jenen, die nun von der Sowjetunion vereinnahmt wurden, beschlossen und vollzogen.[5]

Der zweite Abschnitt zeichnete sich zum einen dadurch aus, dass zu dessen Beginn Polen und Deutsche mit Hilfe einer strengstens bewachten Grenze völlig voneinander getrennt waren, zum anderen dadurch, dass ein allmählicher Prozess der Normalisierung, Wiederannäherung und letzten Endes auch einer zaghaften Versöhnung in Gang kam. War es unmittelbar nach dem Zweiten Weltkrieg gefährlich, auf den Straßen Warschaus Deutsch zu sprechen, so trat in den darauf

---

5 Genauer dazu W. Poeggel 1993.

folgenden Jahrzehnten schrittweise auch eine entspannte Einstellung der Polen zum Deutschen ein.

Den letzten Abschnitt, d.h. die Zeit nach der Wende, kann man wohl als eine Zeit bezeichnen, die uns die Chance bescherte, zur Normalität zurückkehren zu können.

4. Zur älteren Geschichte von Deutsch als Fremdsprache

Wie überall auf der Welt, so wurden auch in Polen Kenntnisse des Deutschen zunächst nur auf direktem Wege erworben. Doch kam dieser Prozess, der schon vor mehr als tausend Jahren begonnen hat, nicht nur in den Grenzgebieten recht früh in Gang, sondern auch im polnischen Binnenland, und das nicht allein infolge der schon erwähnten Einwanderung von Deutschen. Schon im 15. Jahrhundert begannen wohlhabende polnische Familien, ihre Sprösslinge auf Reisen zu schicken, damit sie unter anderem auch Deutsch erlernen sollten. Spätestens im 16. Jahrhundert hat man für das Deutsch-Lernen im polnischen Binnenland hier und da sogar die sog. Sprachmeister und Gouvernanten herangezogen. Zugleich besuchten zu dieser Zeit viele Polen recht gerne verschiedene im deutschsprachigen Raum gegründete Universitäten – so beispielsweise jene in Wittenberg, Heidelberg, Basel und Zürich, später auch in Göttingen.[6]

Johannes Rauw bezeugt in seiner 1597 veröffentlichten „Cosmographie" ausdrücklich, dass schon zu jener Zeit in Polen außer Latein, Ungarisch, Italienisch und Spanisch, auch recht viel Deutsch „planmäßig" gelernt – und auch verwendet – wurde. Einen indirekten Beweis dafür liefert auch das 1541 in Krakau/ Kraków unter dem Titel „Wokabularz" erschienene deutsch-polnische Wörterbuch. Im Sinne eines solchen Beweises kann darüber hinaus die Tatsache angeführt werden, dass sich in Polen schon zu jener Zeit mehrere in Deutschland auf Latein verfasste Grammatiken der deutschen Sprache für Ausländer im Umlauf befanden – beispielsweise St. Ritters „Grammatica Germanica Nova" (Marburg 1616) und H. Schöpfs „Institutiones in linguam Germanicam live Alemannicam" (Mainz 1625). Und neben mehreren mehrsprachigen Wörterbüchern wie dem bereits erwähnten „Wokabularz" oder dem „Orbis pictus" von J. Komensky und verschiedenen Grammatiken waren damals auch schon die ersten Lehrbücher der deutschen Sprache erhältlich, darunter auch solche, die gezielt für polnische Interessenten verfasst worden waren. Ein Beispiel dafür bildet das von N. Volckmar zweisprachig (in Deutsch und Polnisch) verfasste und 1613 in Danzig/ Gdańsk erschienene Werk, das den folgenden Titel trägt: „Vierzig Dialogi oder lustige Arten zu reden von allerhand Sachen und Händeln, so täglich in Haushaltung,

---

6   Vgl. dazu H. Barycz 1969.

Kaufmannschaft und anderen Gewerben, daheim und auf der Reise pflegen fürzulaufen in deutscher und polnischer Sprache ..."

Im 18. Jahrhundert kommt es in Polen zu einem wahrhaftigen Höhepunkt des Interesses an der deutschen Sprache. Schon zu Beginn dieses Jahrhunderts ist sie zum Gegenstand eines formalen Unterrichts geworden – sowohl an den damaligen Schulen als auch an den Universitäten. 1710 wurde der Deutschunterricht in den Lehrbetrieb des berühmten Jesuitengymnasiums „Gostomianum" in Sandomir/ Sandomierz eingeführt. Mitte des 18. Jahrhunderts war der Deutschunterricht bereits an allen renommierten polnischen Gymnasien verbreitet, wobei ihm meistens ebensoviel Zeit eingeräumt wurde wie dem Französischunterricht (mindestens zwei Stunden täglich). Auf jeden Fall hat man damals dem Deutschunterricht erheblich mehr Zeit als dem Englisch- oder auch dem Russischunterricht gewidmet.

Schon 1721 wurde an der Jagiellonen-Universität zu Krakau ein Lehrstuhl für Deutsch eingerichtet, der jedoch nur wenig Interesse bei den Studierenden hervorrief und deshalb einige Jahre später abgeschafft wurde. Erneut etabliert wurde er 1777, und zwar im Zuge der von Hugo Kołłątaj eingeleiteten Reform der Krakauer Universität, jetzt allerdings schon mit der Absicht, künftige Deutschlehrer auszubilden. Aufgrund eines von ihm unter dem Titel „Über die Einführung guter Lehre in die Krakauer Akademie und über die Gründung eines Seminars für Lehrer der Bezirksschulen" (O wprowadzeniu dobrych nauk do Akademü Krakowskiej i o założeniu seminarium dla nauczycieli wojewódzkich) erarbeiteten Memorandums hat das polnische Parlament 1776 ein entsprechendes Gesetz unter dem Titel „Nationale Bildung" (Edukacja Narodowa) verabschiedet. Auf der Grundlage dieses Gesetzes entstanden um 1780 unter anderem einschlägige Lehrstühle für Deutsch auch in Wilna/ Vilnius und Lemberg/ Lviv. Etwas früher, nämlich schon um 1760, fand Deutsch Eingang in die Unterrichtsprogramme der Warschauer Ritterschule, der Vorläuferin der Warschauer Universität.[7]

5. Zum Status des Deutschen im 19. Jahrhundert

Paradoxerweise wurde diesem genuinen polnischen Interesse an der deutschen Sprache infolge von Aktivitäten, an denen sich Vertreter des Deutschen entscheidend beteiligten, ein Ende gesetzt. Infolge der 1795 vollzogenen letzten Teilung des Landes wurde Deutsch in Polen von einer Sprache der Nachbarn und Freunde schlagartig zu einer Sprache der Besatzer und Feinde, zum Exponenten von fremder Macht und fremdem Zwang. Plötzlich wurde Deutsch sowohl in den von Preußen als auch in den von Österreich besetzten Gebieten zur einzigen offiziellen

---

7 Vgl. hierzu z. B. Mrozowska 1961.

Amtssprache. In der Schule war zwar anfangs noch Polnisch als Unterrichtssprache zugelassen, doch bald nach dem Wiener Kongress wurde Deutsch auch hier zur alleinigen Unterrichtssprache erklärt. Damit wurde dem Deutschunterricht gewissermaßen eine „artfremde" Funktion hinzugefügt: Er wurde nun einfach für Zwecke der Germanisierung missbraucht.

Später, vor allem in der zweiten Hälfte des 19. Jahrhunderts, begann sich die Sprachenpolitik der beiden deutschsprachigen Besatzer deutlich voneinander zu unterscheiden: Während Österreich die Germanisierungsbestrebungen nach und nach zurückstellte, setzte Preußen, vor allem im Rahmen des von Bismarck angeheizten Kulturkampfes, alles daran, auf seinem Territorium das Polnische zugunsten des Deutschen komplett zu verdrängen. Infolge dieser Politik geriet das Deutsche in ganz Polen immer mehr in Verruf.

In den von Preußen okkupierten Gebieten wurde Deutsch im 19. Jahrhundert bis zum Ende des Ersten Weltkrieges nicht im Sinne einer Fremdsprache, sondern als eine Art von oben oktroyierter Muttersprache unterrichtet. In Galizien hingegen erhielt Deutsch gegen Ende des 19. Jahrhunderts wieder den Status einer Fremdsprache, und zwar infolge der von Österreich vorgenommenen Zulassung des Polnischen als offizielle Amts- und Unterrichtssprache. Nur in den von Russland besetzten Gebieten hatte das Deutsche über den gesamten Zeitraum der Teilung Polens hinweg den Status einer Fremdsprache beibehalten.

6. Deutsch als Fremdsprache in der Zwischenkriegszeit

In diesen territorialen Unterschieden ist wohl die Hauptursache dafür zu sehen, dass nach dem Ersten Weltkrieg in Polen auf den ehemals von Russland und Österreich besetzten Gebieten der Deutschunterricht problemlos fortgesetzt werden konnte, während er auf preußisch besetztem Territorium zunächst einen Einbruch erlitt. Hier musste die Rolle des Deutschunterrichts zuerst neu definiert werden. Vor allem galt es, ihn von jenem Widerwillen zu befreien, mit dem ihn die Polen während der Zeit seines Einsatzes für Germanisierungszwecke zu assoziieren gelernt hatten.

Das Lehren und Lernen des Deutschen im Sinne einer „frei erwählten" Fremdsprache konnte in Polen erst nach dem Ersten Weltkrieg, d.h. nach der Wiedergeburt Polens, erneut aufgenommen werden, wenn auch in manchen Teilen Polens nicht sofort.

Generell ist aber während der Zwischenkriegszeit in den polnischen Schulen das Interesse an der deutschen Sprache in allen Teilen Polens sehr schnell angestiegen. Schon zu Beginn der Dreißigerjahre nahm es, was die Zahl der Lernenden angeht, unter den an polnischen Schulen gelehrten Fremdsprachen die erste Stelle ein. Dies mag folgende Gegenüberstellung belegen[8]: 1931 wurde Deutsch an ca. 2.500 Grundschulen unterrichtet, während Französisch lediglich an 280 und Englisch an noch weniger Schulen. Drei Jahre später lernten von den Schülern an Gymnasien und Lyzeen etwa 110.000 Deutsch, rund 50.000 Französisch und gar nur 3.000 Englisch. Auch wenn man versucht, als Argument hierfür den in den Fächern Französisch und Englisch vorherrschenden Lehrermangel ins Treffen zu führen, so sticht dennoch die auffallend hohe Zahl der Deutschlernenden ins Auge. Diese hat auch für eine gewisse Unruhe gesorgt, als in der Öffentlichkeit vor dem Hintergrund der sich abzeichnenden Verschlechterung der bilateralen Beziehungen mit Deutschland immer mehr Stimmen laut forderten, gefälligst dafür zu sorgen, dass sich die Zahlen zugunsten der anderen Fremdsprachen entsprechend wandelten. Diese Stimmen verhallten allerdings Ungehört, bis zum Ausbruch des Zweiten Weltkrieges hat sich an den bestehenden Verhältnissen faktisch nichts verändert.

7. Deutsch-Politik des III Reiches im besetzten Polen

Die Ziele der nationalsozialistischen Polenpolitik waren auf eine solch radikale Vernichtung ausgerichtet, dass sie zunächst geheim gehalten wurden. Erst ab 1942 fing man an, offen über sie zu reden. Am deutlichsten hat sie meines Erachtens Arthur Greiser, der damalige Gauleiter des Reichsgaus Wartheland (das war in etwa die ehemalige Provinz Posen) in einer am 23. Februar 1943 an alle ihm unterstellten Behörden verschickten Anweisung zum Ausdruck gebracht. Es heißt da unter anderem[9]:

> Die Polenpolitik vor 1914 ist nicht nur falsch gewesen, weil sie schwankte und unsicher war und für ihr Ziel, den Polen zu germanisieren, nicht alle verfügbaren Mittel angesetzt hat, sondern auch wegen des Zieles selbst. Unsere Volkstumspolitik ist getragen von völkischen und rassischen Notwendigkeiten. Es gibt zwischen dem Deutschen und dem Polen keine Gemeinschaft. Ein Eindeutschen von Polen ist, abgesehen von zahlenmäßig geringen Ausnahmen, nicht nur unerwünscht, sondern nationalsozialistisch falsch. Der polnische Mensch kann und darf nicht germanisiert werden. Greiser stützte sich dabei ausdrücklich auf Hitler und zitiert den folgenden Satz aus „Mein Kampf": „Ein fremdrassiges Volk, in deutscher Sprache seine fremden Gedanken ausdrückend, würde die Höhe und Würde unseres eigenen Volkstums durch seine eigene Minderwertigkeit kompromittieren.

Es unterliegt jedoch keinem Zweifel, dass Greiser vor allem auf entsprechende Gedanken von Himmler, dem damaligen Reichsführer der SS und Chef der Deut-

---

8   Vgl. dazu J. Papór 1996: 136ff.
9   G. Hansen 1994: 83.

schen Polizei, aufbaute, die dieser schon zu Beginn des Jahres 1940 unter dem Titel „Einige Gedanken über die Behandlung der Fremdvölkischen im Osten" zusammengefasst hatte. Zitieren konnte er sie nicht, da sie zu dieser Zeit noch immer geheim waren.

Die von Himmler konzipierten und von Hitler für „gut und richtig" erklärte Sprach- und Bildungspolitik hatte zwei Hauptziele[10]: Zum einen ging es darum, assimilierbare „rassisch wertvolle" (so nannte man sie damals) Einwohner des Ostens auszusieben und einzudeutschen und „Kinder guten Blutes" von ihren Eltern zu trennen, nach Deutschland zu schleppen und sie dort zu Deutschen zu erziehen. Zum anderen sollten optimale Bedingungen dafür geschaffen werden, die autochthone nicht-deutsche Bevölkerung zunächst total zu beherrschen, zu verknechten und maximal auszubeuten. Die als „nicht-deutsch" gekennzeichnete Bevölkerung des Ostens sollte auf keinen Fall germanisiert, sondern im Gegenteil – von der deutschen Bevölkerung strengstens separiert werden.

Für Polen, die als nicht-assimilierbar eingeschätzt wurden, ordnete Himmler an, die Schulzeit und die Bildungsziele extrem einzuschränken[11]. Dadurch sollte sichergestellt werden, dass keine neue polnische Elite entstehen konnte. Im einzelnen schrieb Himmler dazu folgendes:

> Für die nichtdeutsche Bevölkerung des Ostens darf es keine höhere Schule geben als die vierklassige Volksschule. Das Ziel dieser Volksschule hat lediglich zu sein: Einfaches Rechnen bis höchstens 500. Schreiben des Namens, eine Lehre, dass es ein göttliches Gebot ist, den Deutschen gehorsam zu sein und ehrlich, fleißig und brav zu sein. Lesen halte ich nicht für erforderlich. Außer dieser Schule darf es im Osten überhaupt keine Schule geben.
> In den polnischen Schulen wird deutsch nur soweit gelehrt, als es notwendig ist, dass der polnische Arbeiternachwuchs, den wir zur Erfüllung der Kriegs- und der Aufbauaufgaben brauchen, sich in deutscher Sprache verständlich machen kann: d. h. die deutsche Sprache wird vokabelmäßig gelernt, darf aber grammatisch nicht richtig gesprochen werden.

Mit anderen Worten: Polen wurden für unwürdig erklärt, sich eines perfekten Deutsch zu bedienen.[12] Doch während der nationalsozialistischen Besatzung wurde der deutschen Sprache seitens deutscher Behörden auf den verschiedenen Gebieten Polens unterschiedlicher Status zuerkannt. Auf allen direkt dem Reich einverleibten Territorien wurde sie im Sinne einer Muttersprache, auf allen anderen aber als eine Fremdsprache unterrichtet.

Besonders strengen Sprach- und Bildungsmaßnahmen wurde die nicht-deutsche Bevölkerung in dem Teil Polens unterzogen, den man vor 1914 Westpreußen

---

10 G. Hansen 1994: 19.
11 G. Hansen 1994: 19.
12 Vgl. K. Iwan 1972.

nannte und in der Zwischenkriegszeit in Deutschland als „Korridor" bezeichnete, und dessen alte Hauptbewohner Kaschuben heißen. Dort wurde eine besonders radikale Germanisierungspolitik betrieben. Im Gegensatz zu Zentralpolen durfte man öffentlich weder polnisch noch kaschubisch sprechen. Es gab dort keine Schulen für Polen. Was auch nur polnisch anmutete, wurde schnellstens ausgeräumt. Das bezog sich sowohl auf Familien- als auch auf Orts- und Straßennamen. Polnische Gotteshäuser wurden entweder geschlossen oder mit deutschen Priestern besetzt. Polnische sowie kaschubische Priester und die meisten Lehrer wurden gleich nach der Besetzung festgenommen und größtenteils umgebracht. In der schon zitierten Niederschrift „Einige Gedanken über die Behandlung der Fremdvölkischen im Osten" hat Himmler zur „Kaschuben Frage" direkt Stellung genommen:

> Schon in ganz wenigen Jahren – ich stelle mir vor in 4 bis 5 Jahren – muss beispielsweise der Begriff der Kaschuben unbekannt sein, da es dann ein kaschubisches Volk nicht mehr gibt.

Wie schlimm die Zeit der Besatzung im „Korridor" war, könnte ich auch aus eigener Erfahrung berichten. Ich bin nämlich Kaschube, der noch vor dem Kriege geboren und während des Krieges der Kategorie der „fremdvölkischen" Kinder zugerechnet wurde, da meine Eltern sich aus mehreren Gründen auf keine deutsche Volksliste eintragen ließen. Ich könnte nun eine recht lange Reihe von schlimmen Tatsachen aus meinem eigenen Leben wie auch aus der Geschichte meiner Familie erzählen, denn es hat da Opfer aller möglichen nationalsozialistischen Maßnahmen gegeben. Die Opfer der erwähnten Bildungs- und Sprachenpolitik gehörten dabei keineswegs zu den schlimmsten.

Wenn man nicht nur all die Ressentiments gegenüber den Deutschen, die es nach dem Kriege gegeben hat, sondern auch die im sozialistischen Polen betriebene antideutsche Propaganda in Betracht zieht, dann kann man die heutige Einstellung gegenüber Deutschen und dem Deutschen der dezidiert überwiegenden Mehrzahl der Polen ohne Übertreibung als „erstaunlich positiv" bezeichnen. Leider scheint jüngsten Untersuchungen nach die Einstellung der meisten Deutschen zu den Polen nicht so positiv zu sein. Sollten Polen aber tatsächlich schneller als Deutsche ihre diesbezüglichen Ansichten korrigiert haben, dann hätten wir es hier wohl mit einem echten historischen Paradoxon zu tun. Natürlich gibt es aber auch im heutigen Polen Menschen, die sich keineswegs um eine freundliche Einstellung zum Deutschen bemühen. Viele Polen trauen Deutschen nach wie vor nicht, da sie immer noch nicht mit ihrer Angst vor den Deutschen fertig geworden sind. Man kann jedoch nicht mehr von einer deutlichen Feindlichkeit der Polen gegenüber den Deutschen reden.

8. Deutsch als Fremdsprache in den Jahren 1945–1989

Nach dem Zweiten Weltkrieg konnte Deutsch in Polen zunächst wieder nur als Fremdsprache Unterrichtet werden, doch lange Zeit war selbst dies nicht überall in gleichem Maße möglich – einerseits, weil infolge besonders stark aufgestauten Abneigung gegenüber dem Deutschen das Lernen und Lehren von DaF zunächst auch seitens der polnischen Bevölkerung nicht gewünscht war, andererseits wegen entsprechender politisch-ideologischer Maßnahmen. Aus letzteren Gründen war das Unterrichten von Deutsch als Muttersprache in polnischen Schulen bis zur Wende gar nicht möglich. Fazit: Nach dem Zweiten Weltkrieg hat das Lehren und Lernen der deutschen Sprache in Polen zunächst weitgehende quantitative Einschränkungen erlitten.

Seinen quantitativen Tiefpunkt hat Deutsch in Polen sicherlich in den Jahren zwischen 1950 und 1955 erreicht. Erst im Zuge der Lockerung der stalinistischen Maßnahmen nach 1956 konnte diese negative Tendenz aufgehalten und sogar umgekehrt werden. Bald durfte fast überall vermehrt Deutsch gelehrt und gelernt werden. Das Interesse an der deutschen Sprache stieg nun wieder deutlich an. Einen zusätzlichen Auftrieb erhielt das Deutsche 1970 dank des positiven Eindrucks, den der Abschluss der Ostverträge der Regierung Brandt in der polnischen Öffentlichkeit hinterlassen hatte. Damals trat gerade im außerschulischen Bereich ein rapide gestiegenes Interesse am Deutschunterricht zutage; in der Schule war dieser nach wie vor – wenn auch in etwas geringerem Maße – stark reglementiert.

9. Stellung des Deutschen als Fremdsprache nach 1989

Einen nächsten gewaltigen Sprung nach vorne machte der Deutschunterricht im Jahre 1989, als der real existierende Sozialismus und mit ihm alle ideologisch-politisch motivierten Beschränkungen aus dem polnischen Alltag verschwanden. Seit dem Runden Tisch (1989) kann in allen Schul-Typen Deutsch unterrichtet werden, sofern es eine entsprechende Nachfrage gibt und genügend qualifizierte Deutschlehrer zur Verfügung stehen. Nun kann Deutsch auch überall als erste Fremdsprache frei gewählt und unterrichtet werden, ein Privileg, das vorher bekanntlich allein dem Russischen vorbehalten war. Und wo es eine entsprechende Nachfrage gibt, kann es auch als Muttersprache unterrichtet werden.

Seit 1990 belegt Deutsch landesweit den zweiten Platz (nach Englisch) auf der polnischen Liste der am häufigsten gewählten Fremdsprachen. In manchen Gebieten Polens so wie in einigen Bildungsbereichen lag Deutsch sogar auf der ersten Stelle. In der Zeit zwischen 1993 und 1999 ist die Zahl der Deutsch lernenden Schüler von 1,4 auf 2,25 Millionen angestiegen. Beinahe 32,2% aller am Fremdspracheunterricht beteiligten polnischen Schüler haben 1999 Deutsch gelernt. Die Zahl der Englisch lernenden Schüler war aber während dieser Zeit noch schneller angestiegen: 1999 betrug sie 3,6 Millionen. Der Anteil des Englischen betrug 1999 schon 51,9%. Den dritten Platz auf der Liste belegte Russisch, doch sein Anteil fahl ständig: 1999 haben es noch ca. 16% der Schüler gewählt – vor allem auf dem Lande, weil es dort an qualifizierten Lehrern für westeuropäische Sprachen mangelte. Auf dem vierten Platz, mit ca. 4%. lag Französisch. Laut dem Statistischen Amt[13] lernten im Jahre 2012 an die 4,65[14] Millionen Schüler Englisch, 2,28 Millionen Deutsch[15], 248.000 Russisch und 186.000[16] Französisch. Das Interesse an den einzelnen Fremdsprachen ist in Polen naturgemäß territorial stark differenziert: Deutsch wird am häufigsten in den westlichen Gebieten Polens gewählt.

An den in Polen registrierten Sprachlehrerkollegs lernten bzw. studierten zur besten Zeit jährlich (1998–2005) insgesamt 3.000 bis 4.000 Personen Deutsch. Zu beachten sind diese Zahlen aber deswegen, weil dort auch künftige Lehrer ausgebildet worden sind.

An den polnischen Hochschulen wird Deutschunterricht zum einen in den Studiengängen „Germanistik" und „Angewandte Linguistik", und zum anderen in den so genannten Sprachzentren im Sinne studienbegleitender Kurse für Nicht-Germanisten angeboten. In den Studiengängen „Germanistik" und „Angewandte Linguistik" wurden im Wintersemester 2012 schätzungsweise um 4.000 Studierende eingeshrieben. In den nichtgermanistischen Studiengängen lernte in den Semestern 2011/2012 ungefähr 36,1% (= 657.000) aller Immatrikulierten Englisch und 5,6% (= 108.000) Deutsch.

Deutsch wurde auch sehr intensiv im außerschulischen Bereich unterrichtet, der jedoch statistisch kaum zu erfassen ist. Auf alle Fälle hat nach 1989 auch hier das Interesse am Deutschunterricht rapide zugenommen. Dieser enormen Nachfrage versuchte eine steigende Zahl von kommerziellen Sprachschulen gerecht zu werden. Die Sprachkurse der kommerziellen Schulen profitieren von den Defiziten des schulischen Fremdsprachenunterrichts, der nach wie vor in erster Linie wegen seiner begrenzten Wochenstundenzahl dem Bedarf an Fremdsprachenkenntnissen nicht gerecht werden kann. Davon zeugt auch die große Nachfrage nach privater Nachhilfe, die naturgemäß statistisch auch nicht zu erfassen ist.

Insgesamt, so schätzt man, lernten in den Spitzen-Jahren 2005–2007 etwa 4.000.000 Polen Deutsch. Diese steigende Tendenz wurde leider abgewendet – einerseits aus demografischen Gründen (Geburtenschwachenjahrgänge gehen jetzt in Gymnasien) und andererseits wegen des wachsenden Interesses am Englischunterricht.

---

13 Sieh: www.stat.gov.pl/cps/rde/xbcr/gus/RS_rocznik_statystyczny_rp_2012.pdf (Abruf 2.10.2013).

14 Pflicht- und Zusatzunterricht

15 Pflicht- und Zusatzunterricht

16 Pflicht- und Zusatzunterricht

10. Komplexität der Ursachen für die gegenwärtigen Konnotationen zum Deutschen

Wie bereits eingangs angedeutet, habe ich nicht einmal versucht, die hier angesprochenen Fragen bzw. Aspekte des Themas „Die deutsche Sprache in Polen" ausführlich zu behandeln. So manche Kurzdarstellung birgt jedoch in sich die Gefahr, dass sie missverstanden wird. Um dieser Gefahr wenigstens teilweise vorzubeugen, runde ich meinen Vortrag mit den folgenden Ergänzungen und Kommentaren ab.

(a) Die Feststellung, dass in Polen mit der deutschen Sprache spezifische Konnotationen verbunden sind, heißt keineswegs, dass es sich dabei ausschließlich um negative Bedeutungen oder Empfindungen handelt, und auch nicht, dass sie zu allen Zeiten für alle Polen gleich waren. Sie ist auch nicht so zu verstehen, als wären mit der deutschen Sprache nur in Polen spezifische Konnotate verbunden, und auch nicht so, als würde dies einzig und allein die deutsche Sprache betreffen. Fremden Sprachen, darunter auch fremden Mundarten, werden überall zusätzliche Inhalte (Bedeutungen) angehängt. Ähnlich geht man übrigens mit verschiedenen ethnonymischen Ausdrücken, d.h. mit Wörtern wie „deutsch", „polnisch", „französisch", „russisch" usw., um. Das hat sicherlich damit zu tun, dass sowohl einzelne Menschen als auch verschiedene menschliche Gemeinschaften in erster Linie anhand ihrer Sprachen von Vertretern anderer Gemeinschaften identifiziert werden. Die Sprachen werden wiederum mit anderen – tatsächlichen oder nur vermeintlichen – charakteristischen Eigenschaften der jeweiligen Sprachträger verbunden. Auch der Umgang mit der jeweiligen Sprache, die Art und Weise ihrer Verwendung, wird als eine wesentliche Eigenschaft ihrer Träger angesehen. Oft werden darüber hinaus auch nichtsprachliche menschliche Handlungen, ja sogar deren Resultate, mit der jeweiligen Sprache in Verbindung gebracht. Doch so oder anders – jedes von solchen Wörtern wie „deutsch" oder „polnisch" weckt einerseits überall dieselben Vorstellungen, andererseits aber werden ihm von verschiedenen Gemeinschaften verschiedene, also lokale oder regionale Bedeutungen hinzugefügt. Im westeuropäischen Raum sind mit dem Wort „deutsch" zweifelsohne andere Konnotationen verbunden als im mittel- und osteuropäischen. Seine spezifisch mitteleuropäischen Bedeutungsfaktoren sind zunächst infolge der besonderen Geschichte dieses Raumes, vor allem infolge seiner spezifischen Beziehungen zu Deutschland und Österreich, und in der jüngsten Zeit auch als Resultat seiner differenzierten Beziehungen zur ehemaligen Bundesrepublik und der DDR entstanden. Die spezifisch polnischen Konnotate von „deutsch" sind zwar vor allem im Rahmen direkter polnisch-deutscher Kontakte entstanden, jedoch wenigstens teilweise wurden sie dem

Deutschen „angedichtet". Die Geschichte der deutsch-polnischen Kontakte ist relativ alt. Allein ihre dokumentierte Phase umfasst schon eine Zeitspanne von mindestens tausend Jahren. Ihre gesamte Geschichte geht jedoch weiter zurück als die einschlägigen Dokumente.

(b) Während der verschiedenen Phasen der Geschichte der polnisch-deutschen Beziehungen wurden in Polen unterschiedliche Einstellungen zu den Deutschen sowie zur deutschen Sprache konstituiert. Ihre Spuren sind im polnischen kollektiven Gedächtnis bis auf den heutigen Tag vorhanden. Generell haben wir es in Polen mit zwei prinzipiell verschiedenen diesbezüglichen Traditionen zu tun. Die positive ist während der ersten Phase der polnisch-deutschen Beziehungen entstanden, die negative hauptsächlich während der zweiten. Selbstverständlich machte sich die negative Einstellung zum Deutschen von Zeit zu Zeit auch schon während der ersten Phase bemerkbar, doch ihre Allgemeingültigkeit hat sie erst gegen Ende des 18. Jahrhunderts, infolge der schon erwähnten Beteiligung Preußens und Österreichs bei der Besatzung Polens, erlangt. Während des 19. Jahrhunderts wurde sie – insbesondere infolge der erwähnten preußischen Maßnahmen – verfestigt und in der Zeit der nationalsozialistischen Besatzung noch weiter negativ verstärkt. Doch war die ältere – positive – Tradition des Deutschen in Polen noch so stark verwurzelt, dass nicht einmal die schlimmsten Gräueltaten der Nationalsozialisten es geschafft haben, sie restlos zu zerstören. Ein Beweis dafür war die allgemeine Überzeugung, dass dem Fach DaF im polnischen Bildungssystem ein fester Platz einzuräumen ist.

(c) Es waren viele verschiedene Faktoren, die den skizzierten rasanten Anstieg des Interesses an der deutschen Sprache in Polen in der Nachkriegszeit ermöglicht haben. Eine wesentliche Rolle hat dabei – meiner Auffassung nach – auch die positive Tradition der Einstellung zum Deutschen gespielt. Besonders im polnischen Teil des ehemaligen Galiziens, speziell aber in Krakau, sind Versuche im Gange, die positiven Erinnerungen an die österreichische Variante des Deutschen wieder zu beleben. Ähnliche Tendenzen gibt es aber auch in Schlesien und in Posen/ Poznań, und nicht zuletzt auch in der Kaschubei, wo man sich nun wieder recht gerne an manche „ältere" deutsche (genauer preußische) Prinzipien, so etwa an die „Ordnung" erinnert. Auf jeden Fall ist die Einstellung der Polen zum Deutschen nicht nur temporal, sondern auch regional unterschiedlich zu werten. In dem ehemals von Österreich besetzten Gebiet erweckt der Ausdruck „Deutsch" und die deutsche Sprache andere Assoziationen als in den ehemals von Preußen okkupierten Teilen Polens, wieder andere weckt es sowohl in dem damaligen von Russland besetzten Teil, als auch in jenen Gebieten, die bis 1945 zu Deutschland gehörten. Oft ist aber das Verhältnis der Polen zum Deutschen schon seit Jahrhunderten grundsätzlich ambivalent: Einerseits mochte man es nicht so richtig, andererseits aber lernte man es gerne. Sehr deutlich kam diese Ambivalenz in der Zwischenkriegszeit zum Vorschein.

(d) Die Tatsache, dass im 18. Jahrhundert dem Deutschunterricht ein sehr hoher Stellenwert beigemessen wurde, wird meistens damit erklärt, dass die deutsche Sprache in Polen immer schon aus handwerklich-technischen Gründen eine bevorzugte Stelle einnahm. Ich kann jedoch diese Ansicht nur bedingt teilen: Sicher haben dabei praktische Bedürfnisse eine gewisse Rolle gespielt, aber sie sind nicht allein dafür verantwortlich zu machen, dass man zu jener Zeit in Polen so viel Deutsch gelernt hat. Ein weiterer Faktoren, der das Ansehen des Deutschen gefördert hat, ist der „aufklärerische Wert" der Nachbarsprache, den man der damaligen deutschen philosophischen Literatur beimaß.

All diese Gesichtspunkte haben dazu geführt, dass man im 18. Jahrhundert von einer ersten Blütezeit des Deutschunterrichts in Polen sprechen kann. Einen nicht unwesentlichen Beitrag zu dieser Entwicklung haben sicherlich auch die Beschlüsse der 1773 gegründeten Kommission für Nationale Bildung (Komisja Edukacji Narodowej – das wohl erste europäische Bildungsministerium) geleistet, in denen das Deutsche als die nützliche Sprache bezeichnet wurde. In ihrer Einschätzung stützten sich die Autoren jener Beschlüsse zum einen auf die direkte deutsch-polnische Nachbarschaft, zum anderen auf die deutsch-polnischen politischen Verflechtungen und wirtschaftliche Zusammenarbeit, also auf Argumente, die bis auf den heutigen Tag nichts von ihrer Gültigkeit eingebüßt haben. Die Tätigkeit der Kommission für Nationale Bildung ist nicht zuletzt auch deshalb von Bedeutung, weil sie das letztlich erwähnte Gesetz unter dem Titel „Edukacja Narodowa" im Sejm durchsetzte, in dem zum ersten Mal die Universitäten zur systematischen Ausbildung von Lehrern, also auch von Fremdsprachenlehrern, verpflichtet wurden.

11. Abschließende Bemerkungen

Auf jeden Fall lohnt es sich, Überlegungen zu den eingangs angesprochenen Aufgaben aufzunehmen, wie das Interesse an der deutschen Sprache stabilisiert und eventuell auch noch gesteigert werden kann. Denn Konflikte zwischen Polen und Deutschen werden sich wohl nie völlig ausschließen lassen. W. Borodziej (2000: 39) hat prognostiziert, dass sie schon in der nächsten Zukunft zum Vorschein kommen werden. Seines Erachtens gibt es viele Bereiche, in denen bedeutende Konfliktpotentiale bereits vorprogrammiert sind. Er schrieb:

> Polen wird noch so manches Mal enttäuscht werden, auch dann, wenn sich herausstellt, dass es die Bundesrepublik mühelos fertig bringt, eine EU-Mitgliedskoalition

gegen ein Warschauer Begehren zusammenzuzimmern. Die polnischen Pressure-
groups, die Agrar-, Bau- oder Bergbaulobbys, dürften wiederum kaum Mühe haben,
die chronischen Konflikte um die Aufteilung der EU-Gelder als Ergebnis eines teu-
tonischen Ränkespiels, des Drangs nach Osten, als Beweis für deutsche Verlogenheit
hinzustellen. Die deutschen Lobbys werden ihren Landsleuten spielend nachweisen
können, dass dieses ganze Tauziehen lediglich polnischer Raffgier entspringt, die nur
darauf abzielt, in Deutschland für massenhaften Arbeitsplatzabbau zu sorgen. Das
alles mit political correctness übertünchen zu wollen, wird nicht viel nutzen, denn in
Polen ist sie weit schwächer internalisiert und hält sich in beiden Ländern ohnehin nur
dort, wo es keine handfesten Interessenkonflikte gibt. Die hier angesprochenen werden durchaus reell sein. Wenn wir diese Konstellation noch um die vergangenheitsbe-
lasteten Ansprüche, die schon mehrfach ihre Zündkraft bewiesen haben, aufstocken,
und wir uns beide Themen gemeinsam als reißerische Medienaufmacher vorstellen,
dann dürfte wohl eher eine düstere Zukunftsprognose angebracht sein.

Ich teilte und teile noch heute die Prognose von W. Borodziej nicht. Meines Erachtens lassen sich auch viele gute Gründe dafür anführen, dass sich das deutsch-
polnische bzw. polnisch-deutsche Zusammenleben und die einschlägige Zusammenarbeit künftig positiv entwickeln werden. Welche von den beiden Möglichkeiten letztlich Wirklichkeit wird, hängt nicht allein von der historisch geprägten
Natur der Dinge, sondern auch – und meiner Meinung nach sogar in erster Linie
– davon ab, ob bzw. inwiefern wir (bewusst oder unbewusst) durch unsere Aktivitäten (darunter auch durch unsere Prognosen) die Verwirklichung der einen oder
der anderen begünstigen, indem wir beispielsweise die Menschen (auf beiden Seiten) in ihrer Skepsis bestätigen, oder genau diese bekämpfen und die Menschen
dazu ermutigen, aufeinander zuzugehen, einander kennen zu lernen und trotz aller
Schwierigkeiten versuchen, eine gemeinsame Zukunft aufzubauen.

Keine Frage, dass es zwischen Polen und Deutschland massive Unterschiede
gibt: Vor allem klaffen die Wirtschaftspotentiale beider Länder weit auseinan-
der. Keine Frage auch, dass sich diese Unterschiede nicht von heute auf morgen
abschaffen lassen. Dies sind Tatsachen, die wir natürlich zur Kenntnis nehmen,
und über ihre Implikationen für die künftige Entwicklung der deutsch-polnischen
Beziehungen reden müssen. Nur so werden wir das Eintreten von schlimmen Ent-
täuschungen verhindern können. Andererseits dürfen wir auch nicht die Anzei-
chen positiver Entwicklungen auf diesem Gebiet verschweigen – und dazu gehört
beispielsweise die Tatsache, dass der für die letzten Jahrzehnte kennzeichnende
„Drang nach Westen" nun nachgelassen hat. Um aber die Menschen zu vernünftigen Lösungen zu bewegen, müssen wir ihnen auch solche Tatsachen wie die
bewusst machen, dass die Abschaffung der von Borodziej beschriebenen deutsch-
polnischen Diskrepanz nicht nur im Interesse der Polen, sondern auch der Deutschen liegt, dass man auf Dauer den deutschen Wohlstand nicht mit Hilfe von
Mauern oder Gräben schützen kann, dass mit jeder Mauer und jedem Graben, der

Völker trennen soll, immer zugleich Konfliktpotentiale geschaffen werden, die eben diesen Wohlstand bedrohen. Kurz: Wir müssen uns dafür immer wieder einsetzen, damit möglichst viele Polen und Deutsche möglichst gründlich einsehen, dass sie ihre Zukunft nur durch ehrliche Zusammenarbeit absichern können.

Es liegt einfach im Interesse der Deutschen, Polen zu helfen. Die Polen müssen versuchen, eine entsprechende Bereitschaft der Deutschen zu wecken. Vor allem aber müssen die Polen aufhören, sich gegen deutsche Hilfe zu wehren, jeden diesbezüglichen Vorstoß als neokoloniale Maßnahme zu verdächtigen. Wirkliche Zusammenarbeit ist ja nur dort möglich, wo man einander vertrauen kann. Zu helfen, das „historisch" angestaute Misstrauen abbauen und ein zukunftsgerichtetes Vertrauen aufbauen, ist eine Aufgabe, an der wir uns alle beteiligen sollten. Zunächst aber gilt es, alles zu unterlassen, was andere zum Misstrauen veranlassen könnte. Unter anderem sollten wir aufhören, die Zukunft der deutsch-polnischen bzw. polnisch-deutschen Beziehungen hauptsächlich aufgrund von negativen Erfahrungen aus der Vergangenheit zu prognostizieren: Die Zukunft ist neu zu denken, neu zu programmieren und auch neu zu gestalten. Sie wird so sein wie die Grundlagen, die von uns heute gelegt werden.

Selbstverständlich, dass es zwischen Polen und Deutschen schon in der nächsten Zukunft verschiedene Interessenkonflikte geben wird. Doch wird es diese nicht nur zwischen Polen und Deutschen, sondern mit Sicherheit auch zwischen anderen EU-Staaten geben. Sie sind vorprogrammiert, weil es innerhalb der EU verschiedene Interessen-Konstellationen oder Lobbys gibt und geben wird. Dies sind einfach Faktoren einer völlig normalen Wirklichkeit: Eine Welt ohne Konflikte ist ebenso unrealistisch, wie eine ohne Interessengruppen. Mehr noch – im Grunde genommen ist eine solche Welt nicht einmal wünschenswert. Konflikte, genauer: Meinungskonflikte, gehören ja beispielsweise zu wesentlichen und produktiven Faktoren der Wissenschaft.

Nicht die Abschaffung von Konflikten überhaupt ist unser erstes und wichtigstes Ziel, sondern die Beseitigung der Ursachen unsinniger, kontraproduktiver Konflikte. Darüber hinaus sind Mechanismen und Prozeduren festzulegen, mit deren Hilfe auch solche, internationale Konflikte sinnvoll ausgetragen bzw. geschlichtet werden könnten, die bislang noch nicht beherrschbar waren. Hier ist in erster Linie die Bekämpfung von Ignoranz und Unwissen zu nennen, denn gerade sie bilden ja eine der Hauptquellen solch unsinniger Konflikte. Ein sinnvolles Umgehen mit Konflikten wird wiederum nur insofern realistisch, als es uns gelingt, ein entsprechendes Bewusstsein aufzubauen, das uns zur Einhaltung der festgelegten Handlungsnormen bewegt, ja gewissermaßen zwingt. Schon das, was bislang auf diesem Gebiet erreicht wurde, stimmt optimistisch ein. Und dazu gehört beispielsweise die Tatsache, dass kriegerische Auseinandersetzungen zwischen Polen und Deutschen heute kaum mehr denkbar sind. Jetzt geht es darum, diesen Zustand zu festigen und nach Möglichkeiten zu suchen, seine Reichweite zu vergrößern. Unter anderem sind Regelungen zu treffen, die den Schwächeren (den „kleinen Bruder") vor Eigenwilligkeiten des Stärkeren (des „großen Bruders") in Schutz nehmen. Klar: Es handelt sich um Aufgaben, die sich keineswegs sofort erledigen lassen. Die künftigen Generationen werden über uns jedoch nicht nur anhand unserer Taten, sondern auch aufgrund unserer Versäumnisse urteilen.

Literatur

Barycz, H. (1969): *Z dziejów polskich wędrówek naukowych za granicę.* Wrocław/ Warszawa/ Kraków.

Borodziej, W. (2000): *Polska i Niemcy w ostatnim dziesięcioleciu XX w. Polen–Deutschland im letzten Jahrzehnt des 20. Jahrhunderts.* In: *Polska–Niemcy. Tysiąc lat sąsiedztwa. Polen–Deutschland. Tausend Jahre Nachbarschaft.* Warszawa. 197–246.

Cieśla, Michał (1974): *Dzieje nauki języków obcych w zarysie.* Warszawa.

Cieśla, Michał (1989): *Początki nauki języka niemieckiego w polskich szkołach i uniwersytetach.* In: Acta Universitatis Lodziensis. Folia Litteraria 27. 21–30.

CODN (1997): *Nauczanie języków obcych w roku szkolnym 1996/97 – dynamika przemian.* Warszawa.

CODN (2000): *Powszechność nauczania języków obcych w roku szkolnym 1999/2000.* Warszawa.

Dobijanka-Witczakowa, O. (1964): *Historia Katedry Germanistyki na Uniwersytecie Jagiellońskim.* In: Uniwersytet Jagielloński. Wydawnictwa Jubileuszowe 9. Kraków. 349–365.

Grucza, F. (Hg.) (1994), *Vorurteile zwischen Deutschen und Polen. Materialien des deutsch-polnischen Symposiums in Görlitz und Zgorzelec vom 9. bis 11. Dezember 1992.* Warszawa.

Grucza, F. (1995): *Zur Geschichte und Bedeutung der deutschen Sprache in Mitteleuropa.* In: H. Popp (Hg.) Deutsch als Fremdsprache. An den Quellen eines Faches. Festschrift für Gerhard Helbig zum 65. Geburtstag. München. 717–727.

Grucza, F. (1997): *Mitteleuropa – Deutsch – Auslandsgermanistik.* In: Jahrbuch Deutsch als Fremdsprache 23. 297–314.

Grucza, F. (1998a): *Aspekte des Deutschen aus polnischer Sicht.* In: H. Kämper/ H. Schmidt (Hg.) Das 20. Jahrhundert: Sprachgeschichte – Zeitgeschichte. Berlin/ New York. 118–136.

Grucza, F. (1999a): *Współczesna polska polityka językowa w zakresie nauki języków obcych.* In: J. Mazur (Hg.) Polska polityka językowa na przełomie tysiącleci. Lublin. 73–98.

Grucza, F. et al. (1999b): *Expertise zur Situation des Deutschunterrichts und der Zusammenarbeit mit den Mittlerorganisationen in Polen.* In: H.-J. Krumm (Hg.) Sprachen – Brücken über Grenzen. Deutsch als Fremdsprache in Mittel- und Osteuropa. Wien. 114–152.

Hansen, G. (1994): *Schulpolitik als Volkstumspolitik. Quellen zur Sprachpolitik der Besatzer in Polen 1939 – 1945.* Münster/ New York.

Iwan, K. (1972): *Nauczanie języków obcych nowożytnych w Polsce w latach 1919–1939.* Poznań.

Labuda, G. (1971): *Polska granica zachodnia. Tysiąc lat dziej ów politycznych.* Poznań.

Labuda, G. (1996): *Polsko-niemieckie rozmowy o przeszłości. Zbiór rozpraw i artykułów.* Poznań.

Labuda, G. (2001): *Vergangenheit und Zukunft im deutsch-polnischen Dialog. Versuch einer Bilanz*. In: F. Grucza (Hg.): Tausend Jahre polnisch–deutscher Beziehungen: Sprache – Literatur – Kultur – Politik. Materialien des Milleniumkongresses: 5.–8. April 2000. Warszawa. 55–87.

Mrozowska, K. (1961): *Szkoła Rycerska Stanisława Augusta Poniatowskiego (1765–1794)*. Wrocław/ Warszawa/ Kraków

Orłowski, H. (1988): *Germanistik in Polen*. In: H. Kneip/ H. Orłowski (Hg.) Die Rezeption der polnischen Literatur im deutschsprachigen Raum und die der deutschsprachigen in Polen. Darmstadt. 466–472.

Papiór, J. (1981): *Zur Geschichte der polnischen Germanistik*. In: J. Papiór (Hg.) Einführung in die Literaturwissenschaft. Poznań. 269–280.

Papiór, J. (1994): *Sprachenpolitik in Polen*. In: Glottodidactica XXII. 41–54.

Papiór, J. (1996): *Der diachronische Kontext des Deutschunterrichtens in Polen*. In: Konfiguracje - Konfigurationen 1. 117–147.

Papiór, J. (1997): *Zur Geschichte der Programme und Studienpläne der polnischen Germanistik (1945–1988)*. In: Convivium – Germanistisches Jahrbuch Polen. 83–107.

Poegel, W. (1993): *Deutsch-polnische Nachbarschaft*. Leipzig.

Polska – Niemcy. Tysiąc lat sąsiedztwa. Polen – Deutschland. Tausend Jahre Nachbarschaft (2000). Mit Beiträgen von W. Borodziej/ A. Buko/ W. Markiewicz et al. Warszawa.

Zieliński, Z. (2000): *Zjazd gnieźnieński roku 1000 – Das Gnesener Treffen im Jahre 1000*. In: Polska Niemcy. Tysiąc lat sąsiedztwa. Polen – Deutschland. Tausend Jahre Nachbarschaft. Warszawa. 21–32.

Zur Notwendigkeit der Erforschung der polnisch-deutschen Unternehmenskommunikation

Sambor Grucza
(Universität Warschau)

Einleitung

Die geschriebene Geschichte polnisch-deutscher Nachbarschaft, somit auch polnisch-deutscher Wirtschaftsbeziehungen, ist mittlerweile über 1.000 Jahre alt. Die erlebte Geschichte dieser Beziehungen ist bestimmt noch viel länger. Sie lässt sich in viele unterschiedliche Zeitabschnitte aufteilen, deren Bilanz mal sehr positiv, mal sehr negativ ausfällt (genauer dazu s. G. Labuda 2001). Der letzte Abschnitt dieser Geschichte begann mit dem polnischen Runden Tisch 1989, der mit der Unterzeichnung des einmaligen, in der Nachkriegsgeschichte Europas innergesellschaftlichen Vertrages endete, und der in seiner Folge die politisch-gesellschaftliche Lange in Europa veränderte. Er führte u.a. zu politischen Veränderungen in der DDR, zu dem Fall der Berliner Mauer und zur Wiedervereinigung Deutschlands. Schließlich führten Folgen des (polnischen) Runden Tisches und der (deutschen) Wende zur Unterzeichnung des Vertrages zwischen Polen und Deutschland vom 14. November 1990 über die Bestätigung der zwischen ihnen bestehenden Grenze und des Vertrages vom 17. Juni 1991 über gute Nachbarschaft und freundschaftliche Zusammenarbeit, die de facto als die endgültigen Friedensverträge nach dem Zweiten Weltkrieg zwischen beiden Staaten zu betrachten sind.

Der Runde Tisch bedeutet aber auch den Übergang zur freien Marktwirtschaft und zu ganz neuen polnisch-deutschen Unternehmensbeziehungen. Wurden vor 1989 die polnisch-deutschen unternehmerischen Beziehungen größtenteils zwischen polnischen planwirtschaftlich geführten Betrieben und deutschen marktwirtschaftlich geführten Unternehmen abgewickelt, so nahmen in Folge der raschen politisch-gesellschaftlichen Entwicklung in Polen die polnisch-deutschen Unternehmensbeziehungen nach 1989 immer mehr die Form realer marktwirtschaftlicher Beziehungen an. Die Zäsur 1989 kann also als Beginn einer neuen Ära der polnisch-deutschen Unternehmensbeziehungen angesehen werden.

In vielen Bereichen waren direkt in den Jahren nach 1989 die Unternehmensbeziehungen oft mit Misstrauen auf beiden Seiten besetzt. Diese resultierten nicht nur aus der Unkenntnis des Unternehmenskontextes des Geschäftspartners, sondern auch aus den gegenseitigen Vorurteilen und Altlasten des Zweiten Weltkrieges. Das änderte sich relativ schnell – man lernte sich immer besser kennen.

Zudem wurden die polnisch-deutschen Unternehmensbeziehungen zuerst von
der positiven Veränderung der gesellschaftspolitischen Situation in Polen in der
ersten Hälfte der 90er Jahre und später durch die EU-Erweiterung 2005 weitgehend positiv beeinflusst. Der Beitritt Polens zur EU eröffnete dann für beide
Seiten Möglichkeiten ganz neuer wirtschaftlicher Verflechtungen. In den Krisen-
jahren 2008–2012 trug die besonders gute wirtschaftliche Lage Polens zur weiteren Stabilisierung der polnisch-deutschen Unternehmensbeziehungen bei. Die
hohe konstante Dynamik des Wirtschaftswachstums in Polen, die starke positive
Veränderung in der Produktstruktur (sehr prägnant im Bereich technologisch fort-
geschrittener Güter und Business Services) erhöhte die, schon so wieso hohe Wi-
derstandsfähigkeit der polnisch-deutschen Wirtschaftsbeziehungen gegen Kon-
junkturveränderungen der Weltwirtschaft. All dies ebnete schließlich den Weg zur
Erprobung neuer unternehmerischer Verflechtungsmodelle (hierzu s. S. Grucza/
J. Alnajjar/ R. Grucza 2014). Den gegenwärtigen Stand der Dinge spiegeln die
Fakten wieder: Für Polen ist Deutschland der wichtigste Handelspartner – etwa
25% beim Export und etwa 23% beim Import. Für Deutschland ist Polen der 10.
Export- und 11. Importhandelspartner[1].

Wenn dem so ist, dann sind diese Werte u.a. mittels einer (polnisch-deutschen)
Unternehmenskommunikation erreicht worden. Aber, was wissen wir über diese
Kommunikation? Auf diese allgemein gestellte Frage wird im Folgenden näher
eingegangen.

1. Facetten der polnisch-deutschen Unternehmenskommunikation

Die Entwicklung der Marktwirtschaft in Polen hatte auch Einfluss auf die Entwicklung der polnisch-deutschen Unternehmenskommunikation. Die Geschichte der Entwicklung der polnisch-deutschen Unternehmenskommunikation nach
1989 charakterisiert sich im Allgemeinen durch: (1) Zunahme an Differenzierung von Kommunikationsebenen. Wenn kurz nach 1989 die polnisch-deutsche
Unternehmenskommunikation vorwiegend auf der Ebene des (engen) Managements verlief, so wurde sie im Laufe der Jahre auch auf andere Entscheidungsträger nach unten verlegt[2]; (2) Erweiterung der Kommunikationsmedien. Hier
folgt die polnisch-deutsche Unternehmenskommunikation zwei globalen Trends
– zum einen der Technisierung der Unternehmenskommunikation (s. dazu z.B.:
B.M. Koch/ A. Richter 2009, A. McAfee 2009, C. Hilker 2010, L. Safko 2010),
zum anderen der Socialmedialisierung der Unternehmenskommunikation

---

1 Zahlen aus dem GUS-Bericht (Hauptstatistikamt Polen) für das Jahr 2012.
2 Wie komplex und ebenenzahlreich die polnisch-deutsche Unternehmenskommunikation
   sein kann, schildern wir in dem Beitrag S. Grucza/ J. Alnajjar/ R. Grucza 2014.

(s. A. Zerfass et al. 2013); (3) Zunahme an Professionalität der Unternehmenskommunikation; (4) Zunahme am Bewusstsein für eine effiziente Unternehmenskommunikation; (5) Zunahme an Bemühungen um eine effiziente Unternehmenskommunikation; (6) Monolingualisierung (mehr dazu s. unten). Die unter den Punkten 3–5 genannten Merkmale sind u.a. Folge der Einführung von Standardmethodiken des Projektmanagements (mehr darüber in S. Grucza/ J. Alnajjar/ R. Grucza 2014).

Polnisch-deutsche Unternehmenskommunikation hat selbstverständlich verschiedene Facetten. Ihre konkrete Form hängt von einem Zusammenspiel verschiedener Faktoren ab. Zum Erstem hängt sie von der Form und der Größe der kooperierenden Unternehmen (Kleinunternehmen, Mittelstandsunternehmen, Großunternehmen) ab. Zum Zweiten hängt sie von der geografischen Reichweite unternehmerischer Tätigkeiten, d.h. davon ab, ob es sich um Unternehmen handelt, die nur auf dem polnischen und/oder auf dem deutschen/ europäischen/ globalen Markt tätig sind. Zum Dritten wird die polnisch-deutsche Unternehmenskommunikation auch von der Art der unternehmerischen Zusammenarbeit determiniert, d.h. davon, ob es sich z.B. um traditionelle Verkaufsaufträge, Joint-Venture-Projekte oder das Outsourcing-Projekte handelt (zum letzten s. S. Grucza/ J. Alnajjar/ R. Grucza 2014). Zum Vierten bestimmt das „Antlitz" der polnisch-deutschen Unternehmenskommunikation die Native Sprache und die Native Kultur der Kommunikationspartner. Und zum Fünften hängt der Verlauf dieser Kommunikation auch davon ab, ob die Kommunikationspartner sich direkt miteinender oder mit Hilfe eines Dolmetschers kommunizieren.

Die Geschichte der Entwicklung der polnisch-deutschen Unternehmenskommunikation nach 1989 zeichnet sich auch dadurch aus, dass in Folge der Globalisierung der Wirtschaft das Englische zur Lingua franca auch der polnisch-deutschen Unternehmenskommunikation wurde; das Business Deutsche wird immer mehr zu einer Randerscheinung. Darüber inwieweit das Business Polnische in der internationalen Unternehmenskommunikation gebraucht wird, fehlen nach unserer Recherche wissenschaftlich fundierte Datenerhebungen und Analysen. Die immer weiter fortschreitende Monolingualisierung der Business Kommunikation, d.h. die Anwendung des Englischen in wirtschaftlichen Kontexten, ist weltweit, sowohl in Polen als auch in Deutschland Tatsache:

> Studies around the world, (...), all confirm that English is an intrinsic part of communication in multinational settings and a fact of life for many business people. Despite Graddol's most recent suggestion that English may ultimately be replaced by languages such as Chinese, Hindi/Urdu or Arabic as the *lingua francae* of the international business arena, this seems unlikely to occur within the next fifty years, suggesting that an understanding of the role played by English will remain of key interest (C. Nickerson 2005: 367–368).

Wie die von M. Vollstedt (2005) bei deutschen mittelständischen Firmen durchgeführte Studie bewies, war in den Jahren 1996–2000 der Anteil von Firmen mit Englisch als Hauptkorrespondenzsprache von 70,8% auf 82,2% gestiegen; gleichzeitig ist der Anteil von Firmen mit Deutsch als Co-Korrespondenzsprache von 63% auf 48,6% gefallen. Und 2006 schreibt U. Ammon zur „Lage" des Englischen als Businesssprache in Deutschland Folgendes:

> (…) the domain of business, most large German firms have made English their official company language, some as the sole official language, like Daimler-Chrysler, others co-official with German, like BMW or VW, though smaller firms, even those the size of Porsche (to stay with the automotive industry), have often maintained German as their sole official language. The choice of English as the company language has mostly been seen as a matter of practicality and as such has been widely accepted in Germany (U. Ammon 2006: 327).

Ähnliche Tendenz ist auch für das Englische und Polnische als Businesssprache in Polen zu beobachten.

Es sollte jedoch hervorgehoben werden, dass Business Kommunikation auf Englisch nicht gleich eine englische Business Kommunikation ist und dies aus verschiedenen Gründen. Zum einen, weil es (zum Teil gravierende) Unterschiede zwischen der britisch-englischen Unternehmenskommunikation und all den anderen amerikanisch-englischen, australisch-englischen, südafrikanisch-englischen usw. Unternehmenskommunikation gibt. Zum anderen, weil jeder „nicht-englische" Muttersprachler sein eigenes Englisch spricht, der Pole sein Polnisch-Englisch, der Deutsche sein Deutsch-Englisch. Und auch wenn das Englische grammatisch dem Britisch-Englischen bzw. dem Amerikanisch-Englischen nicht nachsteht, wird die Kommunikation immer noch durch den kulturellen Hintergrund der Kommunikationspartner, ihre Mutterkultur, geprägt und determiniert. So kommt es, dass eine Lingua franca, auch wenn es das Englische ist, kein Garant *per se* für eine gute Unternehmenskommunikation ist, wie z.B. die Ergebnisse der von H. Richter (2009) durchgeführten Studie belegen. Aus all den Gründen ist zu hinterfragen, ob überhaupt von einem Global Englisch, dem sog. „glib-speak" (globalizing variety of English), eine Rede sein kann.

Eine internationale Unternehmenskommunikation ungeachtet der Sprachen, mit denen sie ausgeführt wird, ist immer eine interkulturelle Kommunikation. Der Bericht *European Communication Monitor 2013* (A. Zerfass et al. 2013; s. auch A. Zerfass/ J. Schwalbach/ M. Sherzada 2013) belegt, dass:

> (…) that international communication is considered a part of daily business for eight out of ten professionals surveyed. Furthermore, when asked about the importance of international communication a majority responded that it was important for their organisations (68.3 per cent). This re-affirms Bücker and Poutsma's (2010) claim that managers who demonstrate intercultural competence are more likely to be able as

well as to attract and work with relevant stakeholders such as partners and clients. In addition, 72.5 per cent of the ECM respondents acknowledge that communicating internationally will become more important in the next three years.

Interessant ist in diesem Kontext auch, dass:

> In sharp contrast to this, only a minority of organisations (47.3 per cent) has already developed solid structures and strategies for international communication. This seems to be a major field of development within the practice in the near future (A. Zerfass et al. 2013: 61).

A. Davies, D. Fidler und M. Gorbis (2011: 8f.) nennen unter den zehn Schlüsselkompetenzen, die in der Zukunft eine entscheidende Rolle beim Management spielen werden, an vierter Stelle interkulturelle Kompetenz, die sie als „ability to operate in different cultural settings" verstehen:

> Cross-cultural competency will become an important skill for all workers, not just those who have to operate in diverse geographical environments. Organizations increasingly see diversity as a driver of innovation. Research now tells us that what makes a group truly intelligent and innovative is the combination of different ages, skills, disciplines, and working and thinking styles that members bring to the table (A. Davies/ D. Fidler/ M. Gorbis 2011: 9, s. auch A. Potocki/ R. Winkler/ A. Żbikowska 2003, R. Winkler 2008).

M. Keup (2010) meint sogar, dass Hintergrundwissen über Kulturunterschiede Grundstein zum Ausbau internationaler Kompetenzen sei. Dabei konstatiert sie, dass der internationalen Kompetenz immer noch wenig Achtung geschenkt wird:

> Internationale Kompetenz ist für das Global Business (...) nach wie vor eine wichtige Schlüsselqualifikation. Diese ist aber viel weniger verbreitet, als man vermuten könnte, denn die geistige Anpassung kann mit der rasanten Geschwindigkeit, mit der Unternehmen, Arbeitsplätze, Produkte, Technologien usw. globalisiert werden, gar nicht Schritt halten. Die meisten Menschen denken und handeln nach wie vor local (M. Keup 2010: 254).

Die Bedeutung der interkulturellen Dimension der Unternehmenskommunikation kann exemplarisch an den von H. Richter (2009: 22ff.) zusammengestellten grafischen Darstellungen, die auf den von G. Hofstede ermittelten Werte[3] basieren belegt werden. Bei Richtigkeit H. Richters Kritik an die Erhebungesmethodik G. Hofstede (ibid. S. 28), geben doch die für Polen, Deutschland, USA, UK, Frankreich und Gabun ermittelten Distanzwerte eine Vorstellung, wenn auch wage, von der kommunikativen Relevanz einzelner Dimensionen (je größer der Wert, desto größer die jeweilige Distanz; s. H. Richter 2009: 22):

---

3   Siehe: http://www.geerthofstede.com/dimension-data-matrix

Machtdistanz

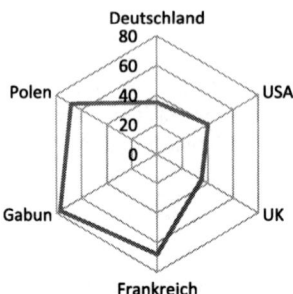

Schema 1.
Machtdistanzwerte: Polen 68, Deutschland
35, USA 40, UK 35, Frankreich 68,
Gabun 77

Individualismus

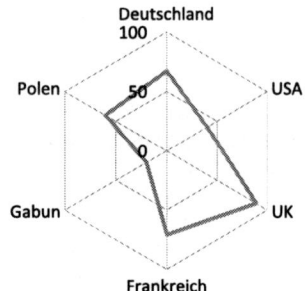

Schema 2.
Individualismuswerte: Polen 60,
Deutschland 67, USA 40, UK 89,
Frankreich 71, Gabun

Maskulinität

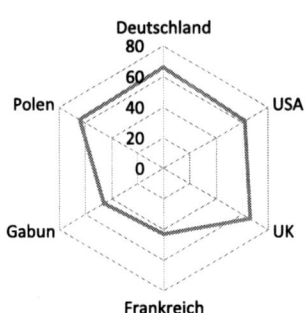

Schema 3.
Maskulinitätswerte:
Polen 64, Deutschland 66, USA 62,
UK 66, Frankreich 43, Gabun 46

Unsicherheitsvermeidung

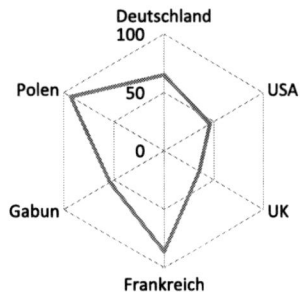

Schema 4.
Unsicherheitsvermeidungswerte:
Polen 93, Deutschland 65, USA 46, UK 35,
Frankreich 86, Gabun 54

Dass internationale Unternehmenskommunikation immer eine interkulturelle Kommunikation ist, belegen auch in einer in L2 schriftlich, online geführte Kommunikationen bei interkulturellen wirtschaftlichen Begegnungen.

2. Finanzielle Dimension einer guten/ schlechten Unternehmenskommunikation

Generell werden Unternehmen nach dem Prinzip der Wirtschaftlichkeit, der ökonomischen Effizienz geführt. Deswegen könnte man meinen, es erklingt heutzutage trivial, wenn festgestellt wird, dass mittels einer guten Kommunikation Unternehmen gesteuert und weiterentwickelt werden können, dass mittels der Kommunikation unternehmerische Planungs- und Steuerungsabläufe effizient zu gestalten sind, dass mittels der Kommunikation Wettbewerbseffektivität erreicht werden kann. Auch die Feststellung, dass schlechte Kommunikation dem Unternehmen teuer zu stehen kommt, scheint selbstverständlich zu sein. Man könnte auch meinen, dass all dies ausreichende Argumente sind, dass Unternehmenskommunikation zu dem bestumsorgten Bereich unternehmerischer Aktivitäten avanciert, dass man um ihre Qualität bangt.

Man könnte meinen. Doch die Wirklichkeit sieht ja immer noch ganz anders aus, was unter anderem G. Wolf (2010: 110) an zwei Beispielen gezeigt hat. Er beruft sich auf zwei Studien der Unternehmensberatung Proudfoot Consulting (2005 und 2007), die jährlich eine Produktivitätsstudie veröffentlicht. Die Erhebungen der Proudfoot Studie 2007 deckten auf, dass im Jahre 2007 schlechte interne Kommunikation die Ursache für 17,2% unproduktiver Arbeitszeit war. Bei einem Siebenstundentag ist es (abgerundet) eine Stunde täglich unproduktiver Arbeitszeit. Bei (abgerundeten) 200 Arbeitstagen pro Jahr ergibt dies 200 Stunden an vergeudeten Ressourcen pro Arbeitskraft.

Aus der Proudfoot Studie 2007 geht auch hervor, dass Führungskräfte 90% ihrer Zeit in Besprechungen verbringen, und dass davon etwa 50% als unproduktive Kommunikationen eingestuft werden. Anhand der Proudfoot-Studie lässt sich bildhaft ausrechnen, dass bei einer Führungskraft und einem Achtstundentag sich (abgerundet) täglich drei Stunden unproduktiver Besprechungszeit ergeben. Bei (abgerundeten) 200 Arbeitstagen pro Jahr ergibt dies 600 Stunden an vergeudeten Ressourcen pro Führungskraft und dies erst bezogen auf Besprechungen. Dazu muss noch die ineffiziente Kommunikationszeit der Mitarbeiter gerechnet werden, wie auch die Zeit anderer unproduktiver Kommunikationsaktivitäten, sowie aufgrund mangelhafter Kommunikation verbrauchte Zeit für Fehlerbehebung, Doppelarbeit usw..

Die Proudfoot-Studie deckt auf, dass Ursachen für unproduktive Besprechungen darin liegen,

dass weniger als ein Drittel (27 Prozent) der Teilnehmer interner Besprechungen vorbereitet erschien. Gerade einmal zwölf Prozent von mehr als 150 Meetings in 50 untersuchten Unternehmen endeten mit klaren Festlegungen der nächsten Schritte. Bei fast 50 Prozent der Meetings fanden sich falsche Eingeladene am falschen Ort zur falschen Zeit ein (Proudfoot Consulting 2005: 6, 13 nach G. Wolf 2010: 110).

Bei der Datenerhebung zu der Proudfoot-Studie 2008 wurde 1.276 Managern weltweit die Frage gestellt, welche kritische Hindernisse bei der Erhöhung der Produktivität ihrer Unternehmen sie sehen würden (Proudfoot Consulting 2008: 6). Unter sechs wichtigsten Hindernissen wurde an erster Stelle mit 27,4% aller Gründe der Mangel an Arbeitskräften und auf zweiter Stelle mit 25,1% die interne Unternehmenskommunikation genannt. Interessant ist, dass erst an dritter Stelle mit 21,9% Legislations- und Regulationsprobleme genannt wurden. Dabei haben die Manager aus Brasilien (44%), Spanien (39%) und Deutschland (27%) Probleme mit der internen Unternehmenskommunikation an erster Stelle genannt (s. Tabelle 1).

	Global	Australia	Brazil	Canada	China	France	Germany	India	Russia	South Africa	Spain	U.K.	U.S.
Staff shortages and an insufficient labour pool	27.4%	48%	14%	35%	10%	32%	18%	28%	34%	37%	31%	19%	31%
Internal communication problems	25.1%	20%	47%	19%	15%	25%	27%	25%	25%	20%	39%	26%	18%
Legislation and regulation	21.9%	20%	22%	24%	10%	27%	24%	28%	21%	33%	12%	21%	26%
Low employee motivation and morale	21.2%	18%	24%	17%	16%	23%	11%	33%	32%	17%	29%	16%	18%
High staff turnover rates	19.9%	29%	18%	20%	8%	18%	9%	29%	34%	24%	18%	12%	23%
Quality of supervisors	19.6%	20%	19%	16%	13%	16%	10%	21%	20%	31%	22%	28%	22%
Inability of general workforce to adopt change programs	18.4%	18%	14%	14%	15%	12%	13%	29%	23%	23%	27%	18%	14%
Lack of desire of general workforce to adopt change programs	17.9%	18%	18%	7%	10%	11%	22%	24%	18%	20%	32%	19%	18%
Lack of training for general workforce	17.4%	17%	15%	12%	21%	12%	11%	24%	30%	16%	17%	13%	18%
Problems with IT and communications technology	17.3%	17%	23%	21%	6%	8%	17%	31%	24%	11%	14%	13%	19%

Tabelle 1. Zehn Haupthindernisse der Produktivitätserhöhung nach Staaten
(Proudfoot Consulting 2008: 22)

Interessant ist, dass bei den befragten Managern Probleme in der externen Kommunikation zwischen Lieferanten und Kunden viel weniger ins Gewicht gefallen sind. Bei 18 genannten Problemkategorien sind sie auf der letzten Stelle der Liste „gelandet". Interessant ist auch, dass Probleme in der externen Kommunikation im Vergleich zu Problemen in der internen Kommunikation mit 13,2% nur die Hälfte ausmachen (Proudfoot Consulting 2008: 65).

Nach der Proudfoot-Studie ist die Stärke der erkannten internen Kommunikationsprobleme branchenunterschiedlich. Wie es scheint, stellen Probleme in der internen Kommunikation bei 33% der befragten Manager des Energiesektors Barrieren dar, die Produktivitätserhöhung ihrer Unternehmen verhindern. Dem Energiesektor folgt der Herstellungssektor (29%) und der Automotivsektor (26%) (s. Tabelle 2).

	Global	Mining	Financial Services	Manufacturing	Food & Beverage	Communications	Energy	Automotive	Retail
Staff shortages and an insufficient labour pool	27.4%	31%	21%	27%	28%	25%	28%	22%	23%
Internal communication problems	25.1%	24%	21%	29%	24%	25%	33%	26%	19%
Legislation and regulation	21.9%	24%	24%	20%	20%	20%	14%	8%	21%
Low employee motivation and morale	21.2%	25%	20%	20%	19%	24%	15%	21%	24%
High staff turnover rates	19.9%	20%	19%	17%	17%	28%	17%	20%	25%
Quality of supervisors	19.6%	20%	18%	20%	24%	22%	9%	20%	21%
Inability of general workforce to adopt change programs	18.4%	20%	17%	20%	16%	24%	14%	14%	15%
Lack of desire of general workforce to adopt change programs	17.9%	20%	15%	19%	18%	22%	10%	12%	9%
Lack of training for general workforce	17.4%	16%	14%	19%	18%	22%	12%	12%	19%
Problems with IT and communications technology	17.3%	18%	20%	16%	14%	18%	14%	8%	21%

Tabelle 2. Zehn Haupthindernisse der Produktivitätserhöhung nach Branchen (Proudfoot Consulting 2008: 24)

Die Erhebungen der Proudfoot-Studie 2008 (s. S. 32f.) haben auch gezeigt, dass die befragten Manager das Potential zur Erhöhung der Produktivität ihrer Unternehmen in Verbesserungen auf zwei Ebenen sahen: auf der Ebene des Managements und der Arbeitskraft und auf der Ebene der Kommunikation und des Trainings. Die neusten Erhebungen (A. Zerfass/ J. Schwalbach/ M. Sherzada 2013: 14) bestätigen die Steigerung der Rolle effizienter Unternehmenskommunikation bei der Wertschöpfung.

Ungeachtet dieser Tatsachen wird all zu oft das Erreichen einer effizienten Kommunikation im Unternehmen nicht als professionelle Aufgabe betrachtet. Zudem wird es als ein Problem des Einzelnen, nicht als ein unternehmensrelevantes Problem angesehen. All zu oft wird effiziente Kommunikation im Unternehmen zur Glückssache. Dass eine effiziente Unternehmenskommunikation in allen Bereichen trainierbar ist, bewiesen auch wissenschaftliche Studien (s. J. Bolten 2002, K. Nazarkiewcz 2003, D.H. Scheible 2009) und die Praxis selbst. Doch ein Kommunikationstraining ist nur dann sinnvoll, wenn zuvor die Kommunikationsebenen in die Unternehmensstrategie durchdacht integriert worden sind (vgl. auch A. Zerfaß/ M. Piwinger 2007: 14). Und nicht nur das. Kommunikationstraining macht Sinn, wenn es entsprechende Controlling-Systeme zum Nachweis des Wertbeitrags von Kommunikation etabliert werden (s. A. Zerfaß/ M. Piwinger 2007, A. Zerfaß 2008, J. Alnajjar 2013). Dabei muss effiziente Unternehmenskommunikation nicht nur als „Werttreiber und Erfolgsfaktor" (A. Zerfaß/ M. Piwinger 2007) sondern auch als Innovationsfaktor angesehen werden. Denn, wenn aus unternehmerischer Sicht Innovation als eine Tätigkeit oder Ergebnis dieser Tätigkeit aufgefasst wird, durch die eine Gewinnsteigerung erreicht werden kann, dann ist jede Verbesserung einer Unternehmenskommunikation ein Innovationsfaktor (mehr dazu unter Punkt 3).

3. Das bisherige Interesse an der polnisch-deutschen Unternehmenskommunikation

Obwohl immer noch nicht alle Unternehmen sich finanzieller Konsequenzen einer schlechten Unternehmenskommunikation bewusst sind, doch sind sich die meisten der Problematik der Unternehmenskommunikation mehr oder weniger bewusst, und dies obwohl diese Problematik schon vor einer gewissen Zeit von der Forschung aufgegriffen wurde. Vielleicht ist dieser Umstand darauf zurückzuführen, dass, wie G. Wolf meint, die gegenwärtige Forschung zur Unternehmenskommunikation im Dschungel der theoretischen Konzepte verschollen ist:

> Bücherregale sind überfüllt mit Publikationen zu Kommunikation und Kommunikationsmanagement. Die Angebote der Beratungs- wie Seminarindustrie sind zu unübersichtlicher Vielfalt angeschwollen. Coaches, Agenturen, Medien- und andere Experten reichern das Spektrum zusätzlich an. Viele der vertretenen Ansätze verweisen selbstbewusst auf Referenzen und reklamieren jeder für sich, den Königsweg zum kommunikativen Erfolg zu bieten. Nur: Es sind so viele. Und: Sie widersprechen sich so oft. Verwirrt bleibt auf der Strecke, wer ernsthaft an fundierten Konzepten interessiert ist (G. Wolf 2010: 21).

A. Zerfaß (2010: 7) bringt es auf den Punkt: „immer noch vernebeln ungeklärte Grundbegriffe und uneinheitliche Terminologien den Blick auf das Wesentliche". Aber diese Vernebelung kommt auch daher zustande, dass kommerzielle Programme für Kommunikationstraining im Unternehmen allzu oft durch Trivialität und theoretische Oberflächlichkeit gekennzeichnet sind. In Bezug auf den Bereich interkulturelle Wirtschaftskommunikation hat die „Trivialität sowohl in der Theorie als auch in der Praxis" schon vor einigen Jahren J. Bolten (2005: 8) sehr deutlich zu Recht kritisiert.

Die Geschichte der wissenschaftlichen Beschäftigung mit der Unternehmenskommunikation[4] erscheint als ein Prozess: (1) Steigerung der Komplexität von

---

4 Einen umfangreichen Überblick über die Entwicklung der Wirtschaftslinguistik in Deutschland gibt J. Bolten (2005); hierzu s. auch die Auswahlbibliographie von K.-H. Kiefer/ Ch. Qian/ T. Schlak (2011) und E. Reuter (2008). Auf wichtige Entwicklungstendenzen in der Betrachtung der interkulturellen Unternehmenskommunikation weist auch J. Alnajjar (2013) auf.

Modellen/Konzepten der Unternehmenskommunikation durch die Einbindung von immer neuen Elementen des Kommunikationskontextes, (2) Differenzierung von Kommunikationsebenen (Kommunikationsgruppen), (3) Differenzierung von immer neuen Funktionen der Unternehmenskommunikation, (4) die immer stärkere akademische Institutionalisierung der Beschäftigung mit der Unternehmenskommunikation.

Wie ist es mit dem wissenschaftlichen Interesse an der polnisch-deutschen Unternehmenskommunikation bestellt?

Die über Jahrtausend alten wirtschaftlichen Beziehungen, die direkte Nachbarschaft und die wirtschaftliche Relevanz einer guten Unternehmenskommunikation müssten ausreichend ins Gewicht fallende Gründe dafür sein, um die polnisch-deutsche Unternehmenskommunikation zu einem wichtigen Gegenstandsbereich wissenschaftlicher Untersuchungen zu machen. Sie müssten es. Leider interessierten sich *bis dato* kaum sowohl die polnische germanistische Linguistik/ Kommunikationswissenschaft als auch die deutsche polonistische Linguistik/ Kommunikationswissenschaft aber genauso wenig, auch die deutschen und polnischen Wirtschaftswissenschaften für Fragen der polnisch-deutschen Unternehmenskommunikation. Nicht erkannt wurde von diesen Linguistiken/ Kommunikationswissenschaften/ Wirtschaftswissenschaften, dass eine interkulturelle Unternehmenskommunikation erst dann effizient gestaltet werden kann, wenn die sie gestaltenden Subjekte eine interkulturelle Kommunikationskompetenz erlangt haben. Nicht erkannt wurde vor allem aber die Notwendigkeit einer wissenschaftlichen Auseinandersetzung mit diesem Gegenstandsbereich. Es gilt noch ein Mal zu wiederholen: Jeder Akt der Unternehmenskommunikation ist ein sprachlicher Handlungsakt, mit dem unternehmensrelevante (letztlich gewinnorientierte) Handlungen bestimmt, ausgeführt und koordiniert werden. Viele dieser Handlungsabläufe lassen sich in mehr oder weniger feste und komplexe Strukturen, Sets von Handlungsrastern, einschließen, die dann im Unternehmensalltag entsprechend gemanagt werden können (womit natürlich nicht nur das Einsetzen dieser sondern auch eine ständige Analyse und Evaluierung dieser Raster gemeint ist – hierzu s. J. Alnajjar 2013).

Die Komplexität und die Gefahren einer interkulturellen Unternehmenskommunikation liegen auf der Hand (generell wurden sie auch sehr ausführlich in der einschlägigen Fachliteratur beschrieben). Und die polnisch-deutsche Unternehmenskommunikation ist eine interkulturelle Kommunikation. Das Desinteresse an der polnisch-deutschen Unternehmenskommunikation ist schon daran zu erkennen, dass selbst die Antwort auf die Frage inwieweit Deutsch bzw. Polnisch als Lingua franca in der polnisch-deutschen Unternehmenskommunikation verwendet wird, mangels entsprechender empirischer Erhebungen unbeantwortet bleiben muss.

Allgemeine Erkenntnisse zu den polnisch-deutschen Kulturunterschieden, Stereotypenbildern und Vorurteilen, die auf die polnisch-deutschen Unternehmenskommunikation bezogen werden können, liefern die zahlreichen einschlägigen Publikationen[5]. Jedoch angesichts der oben angesprochenen Facetten der polnisch-deutschen Unternehmenskommunikation, dürfen sie nicht automatisch zu interkulturellen Hindernissen der polnisch-deutschen Unternehmenskommunikation erklärt werden. Hierzu sind systematische Studien notwendig.

Ebenso notwendig sind tiefgreifende zuerst konzeptuelle, dann analytische Studien zu Wechselwirkungen zwischen Unternehmenskommunikation und Innovation. Hier allerdings nicht nur bezogen auf die polnisch-deutsche Unternehmenskommunikation. Denn, wie gesagt, jede Verbesserung einer Unternehmenskommunikation, mit der eine Wertsteigerung erreicht werden kann, ist ein Innovationsfaktor[6]. Die Wechselwirkungen zwischen Unternehmenskommunikation und Innovation sind seit einiger Zeit Gegenstand wissenschaftlicher Reflexion. Die bisherigen Überlegungen gehen allerdings nur in eine Richtung, die als Innovationsmanagement[7] oder als Innovationskommunikation bezeichnet wird. Unter beiden Namen wird sowohl Kommunikation bei der Implementierung von Innovationen, als auch die kommunikative Vermittlung von Innovationen durch PR-Abteilungen und Journalisten verstanden[8].

Diese Betrachtung der Unternehmenskommunikation berücksichtigt, meiner Meinung nach, nicht alle Aspekte der Wechselwirkungen zwischen Unternehmenskommunikation und Innovation. Der weitere Aspekt der Wechselwirkungen zwischen Unternehmenskommunikation und Innovation betrifft die Relation zwischen dem Ablauf einer Kommunikation und der Entstehung einer Innovation. Einfach ausgedrückt, geht es hier um Kommunikation, die zu Innovation führt, um Kommunikation als Innovationsmechanismus. Dieser Erkenntnisbereich ist weitgehend wissenschaftlich unberührt geblieben. Dennoch lassen sich einige linguistische Ansätze, die als Ausgangspunkte weiterer Untersuchungen dienen könnten, vorbringen.

---

5   Interessante Hinweise auf die Stellung des Business Deutschen in Mitteleuropa liefert eine etwas ältere Studie M. Nekula/ J. Nekvapil/ K. Šichová 2005.

6   Hier verstehe ich „Innovation" in der Bedeutung von A. Zerfass (2005), die in ihre Wurzeln in J. Schumpeters (1911) Auffassung von Innovation hat, und die um das Konzept der open innovation von H.W. Chesbrough (2003) erweitert wurde. Hinzugefügt sei noch, dass seit einiger Zeit wird die Inflation des Wortes „Innovation" bemängelt, s. dazu J. Hoewner/ M. Jansen/ K. Jantke 2008).

7   Siehe: Th. Stern/ H. Jaberg 2010, K. Goffin/ R. Mitchell/ C. Herstatt 2009.

8   Einen Überblick über die Konzeption der Innovationskommunikation geben die einzelnen Beiträge in den Sammelbändern C. Mast/ A. Zerfaß 2005, A. Zerfaß/ K.M. Möslein 2009 sowie die Beiträge A. Zerfaß 2005, A. Zerfass/ S. Huck 2007.

In erster Linie wäre hier der anthropozentrische Fachsprachen-Ansatz zu nennen, im Rahmen dessen (Fach)Sprachen als Produkte zivilisatorischer Entwicklung und zugleich deren Mittel sind, die ermöglichen, neues Wissen zu erwerben, vorhandenes Wissen zu präzisieren und zudem die vorgefundene Welt zu vervollkommnen, ihre Ordnung auf unterschiedlichen Gebieten zu verbessern (s. S. Grucza 2012). Bekanntlich konstatierte schon W. von Humboldt eine umfassende Wechselbeziehung zwischen der Erkenntnis und den menschlichen Sprachen, wie seine folgende Aussage belegt:

> Durch die gegenseitige Abhängigkeit des Gedankens, und des Wortes voneinander leuchtet es klar ein, dass die Sprachen nicht eigentlich Mittel sind, die schon erkannte Wahrheit darzustellen, sondern weit mehr, die vorher unerkannte darzustellen. Ihre Verschiedenheit ist nicht eine von Schällen und Zeichen, sondern eine Verschiedenheit der Weltansichten selbst (W. von Humboldt 1968: 27).

Bezogen auf Innovationen könnte diese Sprachfunktion als innovationsstiftende Funktion, oder als Innovationsfunktion genannt werden. Ein gutes Beispiel der „Anwendung" dieser Funktion auf der Ebene der Unternehmenskommunikation, ist Projektrealisierung auf der Time&Material Basis im Bereich von Business Services, auf die in dem Beitrag von S. Grucza/ J. Alnajjar/ R. Grucza (2014) etwas näher angegangen wird (ausführlich wird es demnächst in einem anderen Beitrag von S. Grucza und J. Alnajjar besprochen). Es liegt auf der Hand, dass dieser Aspekt auch für den Bereich der polnisch-deutschen Unternehmenskommunikation von großer Bedeutung ist.

Zusammenfassend kann gesagt werden, dass die Wechselwirkungen zwischen Unternehmenskommunikation und Innovation (mindestens) drei Bereiche betreffen: (i) Kommunikation als Innovationsmechanismus, (ii) Kommunikation bei der Implementierung von Innovationen, (iii) Kommunikation bei der Vermittlung von Innovationen. Alle drei Bereiche sollten auch in der Erforschung der polnisch-deutschen Unternehmenskommunikation berücksichtigt werden.

4. Ausgangspunkte zur Erforschung der (polnisch-deutschen) Unternehmenskommunikation

Der eher magere Stand der Erforschung der polnisch-deutschen Unternehmenskommunikation kann als Anlass zur Eröffnung einer Grundsatzdebatte zu Forschungsgegenständen und Forschungszielen einer (polnisch-deutschen) Unternehmenslinguistik genutzt werden. Da, meines Erachtens, diese Debatte nicht mit Fragen der Bezeichnung einer dafür „zuständigen" Disziplin begonnen werden soll, sondern mit Fragen nach den Forschungsgegenständen und Forschungszielen, werde ich zuerst mal die Bezeichnung Unternehmenslinguistik im Sinne eines *Terminus technicus* gebrauchen. Welcher Name für die Bezeichnung dieser Disziplin letztendlich verwendet werden soll erscheint zuerst zweitrangig.

Jede Unternehmenskommunikation und jede Art der Unternehmenskommunikation ist zuerst eine konkrete Kommunikation (Handlung), an der bestimmte (konkrete) Menschen mit ihren bestimmten (konkreten) Kompetenzen teilnehmen. Jede (konkrete) Unternehmenskommunikation wird mittels bestimmter (konkreter) Äußerungen vollzogen. Diese sind Signalobjekte, denen seitens des Äußerungsproduzenten und des Äußerungsrezipienten bestimmte Bedeutungen zugeschrieben werden. Menschen können Äußerungen produzieren, senden, empfangen und verstehen, weil sie im Besitz bestimmter Eigenschaften, d.h. Kompetenzen, sind. Die Menge der für eine erfolgreiche Unternehmenskommunikation notwendigen Kompetenzen werde ich hier als Unternehmenskommunikationskompetenzen, kurz: UK-Kompetenzen, nennen. Eine Unternehmenskommunikation, wie jede andere Kommunikation auch, kann prinzipiell nur dann erfolgreich sein, (a) wenn die an dieser Kommunikation beteiligten Partner im Besitz von UK-Kompetenzen sind, und wenn zwischen den UK-Kompetenzen der Kommunikationspartner ein entsprechender Grad an Ähnlichkeit besteht, (b) wenn die Kommunikationsteilnehmer über bestimmte Wissen verfügen, zwischen denen ein entsprechender Grad an Ähnlichkeit besteht.

Auf die Frage nach dem Umfang (der komponentalen Zusammensetzung) der UK-Kompetenzen, d.h. die Frage danach, welche Kompetenzen den UK-Kompetenzen zugerechnet werden können, werde ich hier nicht näher eingehen. Was die Unternehmenskommunikationskompetenz betrifft, so kann ihr Bereich enger oder breiter bestimmt werden, je nach dem, wie eng oder wie breit die Bereiche bestimmt werden, die als Unternehmen und Kommunikation bezeichnet werden. Aber unabhängig davon, wie breit diese Bereiche abgesteckt werden, müssen in dem Bereich UK-Kompetenzen sprachliche Kompetenzen, diskursive Kompetenzen (Fähigkeiten, die es den Kommunikationsteilnehmern erlauben, sich an der Interaktion zu beteiligen) und kulturelle Kompetenzen, und bei interkultureller Unternehmenskommunikation auch interkulturelle Kompetenzen zugerechnet werden. Letztendlich aber hängt die Entscheidung darüber welche Kompetenzen (Fähigkeiten) und in welchem Umfang den UK-Kompetenzen zugerechnet werden können davon ab, wie eng oder wie breit die Bereiche sprachliche, diskursive, kulturelle (und interkulturelle) Kompetenzen bestimmt werden.

Aus dem bereits Gesagten geht hervor, dass die Unternehmenslinguistik sich im Prinzip für Menschen interessiert. Sie interessieren aber die Unternehmenslinguistik nur insoweit, als sie in der Lage sind (sein sollen), an sprachlichen Akten der Unternehmenskommunikation teilzunehmen. Genauer gesagt, die Unternehmenslinguistik interessiert sich für ihre UK-Kompetenzen. Da diese einer direkten empirischen Beobachtung nicht zugänglich sind, können sie erst durch eine Analyse eines Datenmaterials rekonstruiert (beschrieben) werden, das aus Äußerungen, die als Ergebnis der Anwendung von UK-Kompetenzen und/oder als Ergebnisse (Folgen) dieser Äußerungen, besteht. Somit kann man schon jetzt sagen, dass die Unternehmenslinguistik zum Ziel die Rekonstruktion (Beschreibung) der UK-Kompetenzen hat.

Jede Analyse einer konkreten Unternehmenskommunikation beginnt mit der Analyse eines konkreten Datenmaterials konkreter Teilnehmer dieser Kommunikation, d.h. mit der Rekonstruktion konkreter UK-Kompetenzen konkreter Kommunikationsteilnehmer. Im Verlauf der Rekonstruktion (Beschreibung) werden die konkreten Analyseergebnisse, d.h. die Rekonstruktionen UK-Kompetenzen einzelner Kommunikationsteilnehmer aufeinander bezogen und generalisiert (idealisiert). Nicht bei jeder Analyse können gleich alle UK-Kompetenzen untersucht werdenAus den oben gemachten Feststellungen ergibt sich, dass jede Analyse einer konkreten Unternehmenskommunikation, mit der Analyse realer Kommunikationsteilnehmer und ihrer realen UK-Kompetenzen beginnt und, dass in Wirklichkeit viele (reale) Gegenstände der Unternehmenslinguistik konstituiert werden können, da unterschiedliche Unternehmenskommunikationssituationen, unterschiedliche Kommunikationsteilnehmer und unterschiedliche UK-Kompetenzen in Betracht gezogen werden können.

Zusammenfassend kann gesagt werden, dass, um den Gegenstand der Unternehmenslinguistik bestimmen zu können, müssen zunächst die diesen Gegenstand konstituierenden Objekte, dann die Eigenschaften, deretwegen die Unternehmenslinguistik sich für die in Frage kommenden Objekte interessiert, sowie die Relationen zwischen den Eigenschaften und zwischen den in Frage kommenden Objekten festgelegt werden[9]. Der generelle Gegenstand der Unternehmenslinguistik kann folgendermaßen beschrieben werden:

Schreibt man einem beliebigen Kommunikationsteilnehmer das Kennzeichen KT zu, dann kann der Bestand der Menschen, der den primären Gegenstand der Unternehmenslinguistik bestimmen, als die Menge $\{KT_1 \ldots KT_X\}$ notiert werden. Wird dann weiter der Eigenschaft Unternehmens-Kommunikationskompetenz das Kennzeichen E(KK) zugeschrieben, dann kann der Bestand aller in Frage kommenden UK-Kompetenzen (Eigenschaften) der Menge $KK_1 \ldots KK_X$, für die sich die Unternehmenslinguistik interessiert, als $\{E(KK)_1 \ldots E(KK)_Y\}$ notiert werden. Schreibt man einer beliebigen Relation zwischen den in Frage kommenden Eigenschaften $E(KK)_1 \ldots E(KK)_Y$ Kennzeichen R(KK) zu, dann kann der Bestand der die Unternehmenslinguistik interessierenden Relationen dargestellt werden als: $\{R(KK)_1 \ldots R(KK)_Z\}$. Schließlich kann die allgemeine Form des Gegenstan-

---

9   Ausführlicher zur Bestimmung von Forschungsgegenständen wissenschaftlicher Disziplinen habe ich mich u.a. in S. Grucza 2012: 179ff. geäußert. An dieser Stelle übertrage ich die dort gemachten Feststellungen auf den Bereich der Unternehmenslinguistik.

des der Unternehmenslinguistik folgendermaßen definiert werden: $\{KT_1 \dots KT_x;$ $E(KK)_1 \dots E(KK)_y; R(KK)_1 \dots R(KK)_z\}$.

Mit Nachdruck sei betont, dass diese Definition keinen konkreten Gegenstand der Unternehmenslinguistik beschreibt, sondern lediglich eine verallgemeinerte Form konkreter Gegenstände der Unternehmenslinguistik, eine Idealisierung, widerspiegelt. Um Missverständnisse zu vermeiden, sind folgende Erläuterungen hinzuzufügen: (1) In Wirklichkeit ist es so, dass die Untersuchungen, die eine Rekonstruktion (Beschreibung) der Kommunikationskompetenzen zum Ziel haben, naturgemäß mit der Rekonstruktion von Kommunikationskompetenzen konkreter Kommunikationsteilnehmer beginnen muss. In Wirklichkeit gibt es keine Kommunikationsteilnehmer im Allgemeinen. (2) Unabhängig davon, wie breit die Komponenten der Kommunikationskompetenz erfasst werden, können sich die unternehmenslinguistischen Untersuchungen in einem konkreten Fall auf die eine oder andere Eigenschaft konzentrieren.

Was die Forschungsaufgaben der Unternehmenslinguistik anbelangt, so können sie, wie bei jeder anderen empirischen Wissenschaftsdisziplin[10], zunächst in drei Hauptbereiche eingeteilt werden – in diagnostische, anagnostische und prognostische Aufgaben. Infolgedessen ist auch die Unternehmenslinguistik in diagnostische, anagnostische und prognostische einzuteilen. Die Aufgabe jedes dieser Bereiche ist, eine andere Art von Wissen zu gewinnen, dennoch immer Wissen über denselben Gegenstand. Die Aufgabe der diagnostischen Unternehmenslinguistik (die auch als Reine Unternehmenslinguistik bezeichnet werden kann) ist Antwort auf die Frage nach dem aktuellen Zustand der UK-Kompetenzen zu gewinnen, d.h. auf die Frage nach der komplementären Zusammensetzung sowie der funktionalen Andersartigkeit dieses Wirklichkeitsbereichs. Die Aufgabe der anagnostischen Unternehmenslinguistik (die auch als Historische Unternehmenslinguistik bezeichnet werden kann) ist Wissen zum vergangenen Zustand der UK-Kompetenzen zu liefern. Die Aufgabe der prognostischen Unternehmenslinguistik (die auch als Angewandte Unternehmenslinguistik bezeichnet werden kann) ist die Frage nach der Möglichkeit der rationalen Einmischung in die Entwicklung von UK-Kompetenzen mit dem Ziel, sowohl die UK-Kompetenzen der Teilnehmer der Unternehmenskommunikation als auch ihre Verwendung zu vervollkommnen, sowie die Frage nach der Verbesserung der Effektivität von Unternehmenskommunikationen.

Den Beginn der Erkenntnistätigkeit der Unternehmenslinguistik stellen diagnostische Aufgaben, da man sich mit der Vergangenheit wie mit der Zukunft eines Gegenstandes erst dann sinnvoll befassen kann, wenn zunächst eine Antwort auf die Frage gegeben werden kann, was der Gegenstand sei, der die Unternehmenslinguistik interessiert, wovon er bestimmt wird usw. Dagegen kann das

---

10   d.h. einer Wissenschaft, die annimmt, dass die ihren Gegenstand bestimmenden Objekte und ihre Eigenschaften tatsächlich existent seien, existierten oder existent sein werden.

im Rahmen der Anagnose gewonnene Wissen als eine Art Bestätigung des diagnostischen Wissens betrachtet werden, und die prognostischen Aufgaben sollen als Fortsetzung der diagnostischen Aufgaben gesehen werden. Als finale Phase obligatorischer Forschung der Unternehmenslinguistik muss der Bereich der angewandten Forschung angesehen werden, weil die praktische Anwendung des in diesem Rahmen gewonnenen Wissens zugleich eine Art Testfunktion des diagnostischen Wissens erfüllt.

Daraus ergibt sich, dass bezüglich der zu realisierenden Aufgaben sowie bezüglich des bei ihrer Realisierung zu erschaffenen Wissens, die diagnostische, anagnostische und prognostische Unternehmenslinguistik unterschieden werden kann. Da aber diese Bezeichnungen sich in der Fachliteratur noch nicht eingebürgert haben, werde ich im Folgenden die geläufigeren Bezeichnungen, Angewandte Unternehmenslinguistik, Reine Unternehmenslinguistik und Historische Unternehmenslinguistik verwenden. Das Verhältnis zwischen den diagnostischen, anagnostischen und prognostischen Aufgaben der Unternehmenslinguistik, sowie zwischen den die Aufgaben zu realisierenden Unternehmenslinguistiken, lässt sich graphisch wie folgt darstellen (s. Schema 1):

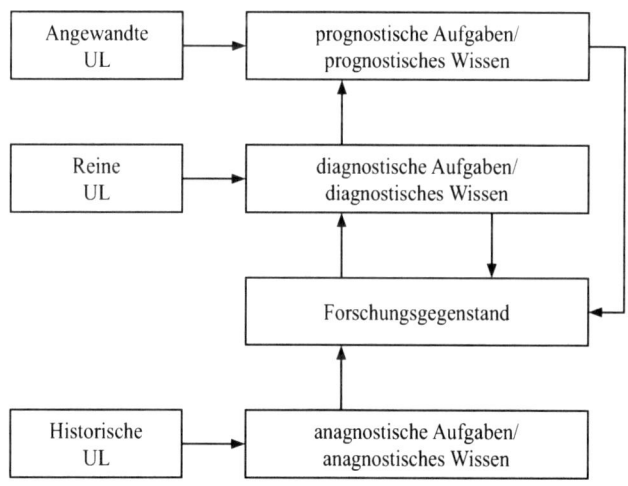

Schema 1. Aufgaben der Unternehmenslinguistik

5. Abschlussbemerkungen

Bei der Untersuchung der polnisch-deutschen Unternehmenskommunikation geht es nicht nur um das Feststellen der Tatsachen, sondern vor allem um das Herausarbeiten von konkreten Vorschlägen für die Bildung bikultureller polnisch-deutscher UK-Kompetenz im Sinne einer internationalen Kommunikationskompetenz. Dabei geht es nicht nur darum, einzelne Vorschläge für eine Vermeidung von Kommunikationsfallen bzw. Kulturfallen auf den Tisch zu legen. Es geht vielmehr darum, sowohl komplexe Muster von kommunikativen Handlungskompetenzen, als auch komplexe Muster für bikulturelle (hier polnisch-deutsche) Unternehmenskommunikation zu erarbeiten. Dabei geht es um kommunikative Handlungskompetenzen des Einzelnen wie auch um die sog. kollektiven kommunikativen Handlungskompetenzen – bekanntlich ist die Kette so stark, wie ihr schwächstes Glied.

Heute kann sich kein leistungsorientiertes Unternehmen ein kritisches Hinterfragen ihrer eigenen Unternehmenskommunikation und der Kommunikationskompetenzen seiner Mitarbeiter nicht mehr leisten. Das Management der Unternehmenskommunikation ist Aufgabe des Unternehmens. Die Untersuchung dieses Bereichs und die Erarbeitung effizienter Verbesserungsvorschläge bleibt aber Aufgabe der Unternehmenslinguistik – eine, im guten Sinne des Wortes, volkswirtschaftliche Aufgabe. Dass diese Aufgabe nur durch eine enge Zusammenarbeit beider Seiten möglich ist, liegt wohl auf der Hand.

Literatur

Alnajjar J. (2013): *(R)evolution in Intercultural Business Communication Research. Selected Considerations.* In: Kwartalnik Neofilologiczny 3/2013. (im Druck)

Alnajjar, J. (2014): *Kommunikationsaudit im Visier der Angewandten Linguistik.* In: S. Grucza/ M. Wierzbicka/ J. Alnajjar/ P. Bąk (Hg.) Polnisch-deutsche Unternehmenskommunikation. Ansätze zu ihrer linguistischen Erforschung, Frankfurt/ M. 93–117.

Ammon, U. (2001): *Deutsch als Lingua franca in Europa.* In: Sociolinguistica 15. 32–41.

Ammon, U. (2006): *Language conflicts in the European Union. On finding a politically acceptable and practicable solution for EU institutions that satisfies diverging interests.* In: International Journal of Applied Linguistics 16 (3). 319–338.

Bolten, J. (2002): *InterAct. Das Konzept eines interkulturellen Business Trainings.* In: Interculture-Online Bd. 1, Nr. 1 (2002). [http://www.interculture-journal.com/index.php/icj/article/view/3/4] (Abruf: 24.8.2013).

Bolten, J. (2005): *Interkulturelle (Wirtschafts-)Kommunikation: Fach oder Gegenstandsbereich? Wissenschaftshistorische Entwicklungen und studienorganisatorische Perspektiven.* In: Interculture-Online Bd. 4, Nr. 11 (2005) [http://www.interculture-journal.com/index.php/icj/article/view/38/42] (Abruf: 24.8.2013).

Bücker, J./ E. Poutsma (2010): *Global management competencies: a theoretical foundation.* In: Journal of Managerial Psychology, 25(8). 829–844.

Chesbrough, H.W. (2003): *Open innovation. The new imperative for creating and profiting from Technology.* Boston.

Clyne, M. (2007): *Braucht Deutschland eine bewusstere, kohäsive Sprachenpolitik?* In: Braucht Deutschland eine bewusstere, kohäsive Sprachenpolitik? In: Diskussionspapier der Alexander von Humboldt-Stiftung 11/2007. 4–28.

Davies, A./ D. Fidler/ M. Gorbis (2011): *Future World Skills 2020.* Palo Alto, CA.

Goffin, K./ R. Mitchell/ C. Herstatt (2009): *Innovationsmanagement.* München.

Grucza, F. (2014): *Deutsche Sprache in Polen – Geschichte, Gegenwart, Zukunft.* In: S. Grucza/ M. Wierzbicka/ J. Alnajjar/ P. Bąk (Hg.) Polnisch-deutsche Unternehmenskommunikation. Ansätze zu ihrer linguistischen Erforschung, Frankfurt/ M. 9–31.

Grucza, S. (2012): *Fachsprachenlinguistik.* Frankfurt/ M.

Grucza, S./ J. Alnajjar/ R. Grucza (2014): *Projektkommunikation bei Nearshoring-Kooperationen. Am Beispiel von polnisch-deutschen Projektkooperationen bei REC Global.* In: S. Grucza/ M. Wierzbicka/ J. Alnajjar/ P. Bąk (Hg.) Polnisch-deutsche Unternehmenskommunikation. Ansätze zu ihrer linguistischen Erforschung, Frankfurt/ M. 153–170.

Hilker, C. (2010): *Social Media für Unternehmer. Wie man Xing, Twitter, YouTube and Co. erfolgreich im Business einsetzt,* Wien.

Hoewner, J./ M. Jansen/ K. Jantke (2008): *Von der Spinnovation zur Sinnovation.* Düsseldorf.

Humboldt, W. von (1968): *Über das Vergleichende Sprachstudium.* In: W. von Humboldt 1903-36. Gesammelte Schriften (ed. Albert Leitzmann). Bd. IV. Berlin.

Keup, M. (2010): *Internationale Kompetenz. Erfolgreich kommunizieren und handeln im Global Business.* Wiesbaden.

Kiefer, K.-H./ Ch. Qian/ T. Schlak (2011): *Bibliographie „Wirtschaftsdeutsch", „Wirtschaftskommunikation" unter linguistischer, interkultureller und didaktischer Betrachtung.* http://www.daf.tu-berlin.de/fileadmin/fg75/Forschung/Bibliographie_Wirtschaftsdeutsch_TU_Berlin_1.pdf (Abruf: 10.9.2013).

Koch, M./ A. Richter (2009): *Enterprise 2.0. Planung, Einführung und erfolgreicher Einsatz von Social Software in Unternehmen,* 2 Aufl., München.

Labuda, G. (2001): *Vergangenheit und Zukunft im deutsch-polnischen Dialog. Versuch einer Bilanz.* In: F. Grucza (Hg.): Tausend Jahre polnisch–deutscher Beziehungen: Sprache – Literatur – Kultur – Politik. Materialien des Milleniumkongresses: 5.–8. April 2000. Warszawa. 55–87.

Mast, C. (2013): *Unternehmenskommunikation: ein Leitfaden.* 5 Aufl. Konstanz.

Mast, C./ A. Zerfaß (Hg.) (2005): *Neue Ideen erfolgreich durchsetzen. Das Handbuch der Innovationskommunikation.* Frankfurt/ M.

McAfee, A. (2009): *Enterprise 2.0: New Collaborative Tools for Your Organization's Toughest Challenges,* Boston.

Nazarkiewicz, K. (2003): *Die kommunikative Vermittlung von interkultureller Kompetenz in Trainings zur interkulturellen Kommunikation.* In: Interculture-Online Bd. 2, Nr. 5 (2003). [http://www.interculture-journal.com/index.php/icj/article/view/162] (Abruf: 24.8.2013).

Nekula, M./ J. Nekvapil/ K. Šichová (2005): *Sprachen in multinationalen Unternehmen auf dem Gebiet der Tschechischen Republik* (= forost Arbeitspapier Nr. 31) München

Nickerson, C. (2005): *Editorial. English as a lingua franca in international business contexts.* In: English for Specific Purposes 24 (2005). 367–380.

Potocki A./ R. Winkler/ A. Żbikowska (2003): *Techniki komunikacji w organizacjach gospodarczych.* Warszawa.

Proudfoot Consulting (2005): *Proudfoot Productivity Report. An international Study of company-level Productivity* [http://enable06.myenable.com/fusion/apps/doc/ public/130/Productivity%20Study/Productivity_Study_2005_English_A4.pdf] (Abruf: 4.8.2013).

Proudfoot Consulting (2007): *Proudfoot Productivity Report 2007. A Search for hidden Value in large Corporations*, [http://enable06.myenable.com/fusion/apps/doc/public/130/Productivity%20Study/Productivity%20Report.pdf] (Abruf: 4.8.2013).

Proudfoot Consulting (2008): *Global Productivity Report 2008. A world of unrealized Opportunities*, [http://enable06.myenable.com/fusion/apps/doc/public/130/Productivity%20 Study/ 2008%20Global%20Productivity%20Study%20US.pdf] (Abruf: 4.8.2013).

Reuter, E. (2008): *Auswahlbibliographie „Professionelle Kommunikation".* In: Jahrbuch Deutsch als Fremdsprache. Intercultural German Studies 34/2008.

Richter, H. (2009): *Interkulturelle Kommunikation Kosten und Nutzen einer Lingua franca.* (Dissertation, Universität Heidelberg). Heidelberg [http://archiv.ub.uni-heidelberg.de/ volltextserver/10430] (Abruf: 22.8.2013).

Riehl, C.M. (2013): *Deutsch spricht man auch anderswo. Die deutsche Sprache im Kontakt in Europa und Übersee.* In: B. Hans-Bianchi (Hg.) Fremdes wahrnehmen, aufnehmen, annehmen: Studien zur deutschen Sprache und Kultur in Kontaktsituationen. Frankfurt/ M. 159–178.

Safko, L. (2010): *The Social Media Bible: Tactics, Tools, and Strategies for Business Success,* New Jersey.

Scheible, D.H. (2009): *Interkulturelles Training für internationale Führungskräfte.* In: Interculture-Online Bd. 8, Nr. 9 (2009). 71-82. [http://www.interculture-journal.com/index. php/icj/article/view/84] (Abruf: 24.8.2013).

Schumpeter, J.A. (1911): *Theorie der wirtschaftlichen Entwicklung.* Leipzig.

Stern, Th./ H. Jaberg (2010): *Erfolgreiches Innovationsmanagement.* 4 Aufl. Wiesbaden.

Tench, R./ A. Zerfass/ P. Verhoeven/ D. Verčič/ A. Moreno/ A. Okay (2013): *Competencies and Role Requirements of Communication Professionals in Europe. Insights from quantitative and qualitative studies. ECOPSI Research Project.* Leeds, UK.

Vollstedt, M. (2002): *Sprachenplanung in der internen Kommunikation internationaler Unternehmen* (Germanistische Linguistik, 8), Hildesheim.

Vollstedt, M. (2005): *„Deutsch ist keine Sprache, mit der man auftreten kann!" Sprachenwahl in mittelständischen Betrieben.* In: E. van Leewen (Hg.) Sprachenlernen als Investition in die Zukunft. Festschrift für Heinrich P. Kelz zum 65. Geburtstag. Tübingen. 255–273.

Willemsen, M. (2009): *Culture and Communication in a Multinational. An Investigation into the Global and Local Aspects in the Internal Communication of a Multinational.* In: R. Crijns/ N. Janich (Hg.) Interne Kommunikation von Unternehmen. Psychologische, kommunikationswissenschaftliche und kulturvergleichende Studien. Wiesbaden. 151–169

Winkler R. (2008): *Zarządzanie komunikacją w organizacjach zróżnicowanych kulturowo.* Kraków.

Wolf, G. (2010): *Der Business Discourse. Effizienz und Effektivität der unternehmensinternen Kommunikation.* Wiesbaden.

Zerfass, A. (2005): *Innovation Readiness – A framework for enhancing corporations and regions by Innovation Communication.* In: Innovation Journalism, 2(8). 1–27.

Zerfaß, A. (2007): *Unternehmenskommunikation und Kommunikationsmanagement: Grundlagen, Wertschöpfung, Integration*. In: A. Piwinger/ A. Zerfaß (Hg.) Handbuch Unternehmenskommunikation. Wiesbaden. 21–70.

Zerfaß, A. (2004): *Unternehmensführung und Öffentlichkeitsarbeit. Grundlegung einer Theorie der Unternehmenskommunikation und Public Relations*. 2 Aufl. Wiesbaden.

Zerfaß, A. (2008): *Kommunikations-Controlling. Methoden zur Steuerung und Kontrolle der Unternehmenskommunikation*. In: M. Meckel/ B.F. Schmid (Hg.) Unternehmenskommunikation. Kommunikationsmanagement aus Sicht der Unternehmensführung. 2 Aufl. Wiesbaden. 435–469.

Zerfaß, A./ A. Moreno/ R. Tench/ D. Verčič/ P. Verhoeven (2013): *European Communication Monitor 2013. A Changing Landscape – Managing Crises, Digital Communication and CEO Positioning in Europe. Results of a Survey in 43 Countries*. Brussels.

Zerfaß, A./ J. Schwalbach/ M. Sherzada (2013): *Unternehmenskommunikation aus der Perspektive des Top-Managements. Eine empirische Studie bei Vorständen und Geschäftsführern in deutschen Großunternehmen*. Leipzig.

Zerfaß, A./ K.M. Möslein (Hg.) (2009): *Kommunikation als Erfolgsfaktor im Innovationsmanagement – Strategien im Zeitalter der Open Innovation*. Wiesbaden.

Zerfaß, A./ M. Piwinger (2007): *Kommunikation als Werttreiber und Erfolgsfaktor*. In: A. Piwinger/ A. Zerfaß (Hg.) Handbuch Unternehmenskommunikation. Wiesbaden. 5–16.

Zur linguistischen Erforschung der Unternehmenskommunikation

Krzysztof Nycz

(Universität Rzeszów)

Einleitung

„Wirtschaften" wird in der Betriebswirtschaftslehre als zweckgerichtetes menschliches Handeln definiert, das sich nach einem der jeweiligen Wirtschaftsordnung entsprechenden Plan vollzieht. Gegenstand des Wirtschaftens sind knappe Güter und dessen Ziel ist es, menschliche Bedürfnisse mit Hilfe diverser Institutionen wirtschaftlicher Art zu befriedigen.[1] Institutionen, deren Aufgabe die Gewinnung, Erstellung und Verteilung von Gütern sowie Erbringung von Dienstleistungen im Hinblick auf die menschliche Bedürfnisbefriedigung ist, werden als Betriebe bezeichnet.[2] So verschieden alle wirtschaftlichen Institutionen auch sein mögen, eines haben sie gemeinsam: Sie sind komplexe Sozialgebilde, in denen alle beschäftigten Mitarbeiter einer internen Arbeitsteilung und Rollendifferenzierung unterliegen. Ungeachtet ihrer Stellung, Rechte, Befugnisse und Kompetenzen streben alle Betriebsangehörigen die Verwirklichung von gesetzten Zielen bewusst an, um den weiteren Bestand des Unternehmens zu sichern.

Unternehmen sind aber nicht ausschließlich als Organisationen zu charakterisieren, die wirtschaftliche Ziele verfolgen und wo es dementsprechend gilt, die Mitarbeiter als Rädchen im Getriebe effektiv einzusetzen und zu steuern. Laut neueren Ansätzen (J. Bolten 1995, 1996, 2000; T. Bungarten 1994, 1994a, 1994b, 1999) sind Unternehmen auch als ein soziokulturelles Phänomen zu sehen, das einen festen Bestandteil der jeweiligen Kultur darstellt, in die sie eingebettet und

---

1   Das Gegenteil stellen sog. freie Güter (z.B. Luft, Sonne, Seewasser) dar. Da sie - im Gegensatz zu knappen Gütern - im Überfluss vorhanden und durch Eigenversorgung überall erhältlich sind, stehen sie meist außerhalb des wirtschaftlichen Interesses (vgl. wirtschaftslexikon.gabler.de, Stichwort: *freies Gut*).

2   In der Betriebswirtschaftslehre herrscht jedoch keine terminologische Einheitlichkeit in Bezug auf die Verwendung der Begriffe *Betrieb* und *Unternehmen*. Beide Begriffe werden zum Teil gleichgeordnet gebraucht. Danach sind Betrieb und Unternehmen zwei verschiedene Seiten desselben Objektes: das Unternehmen wird als rechtliche und finanzielle Einheit und der Betrieb als technische Produktionsstätte bezeichnet. Nach einer anderen Auffassung stehen Betrieb und Unternehmen im Verhältnis der Über- bzw. Unterordnung. Danach gilt das Unternehmen als eine übergeordnete Einheit, die aus mehreren Betrieben bestehen kann. Insoweit ist jedes Unternehmen immer ein Betrieb, nicht jeder Betrieb ist aber zugleich ein Unternehmen (D. Ahlert et al. 1991; F.X. Bea et al. 1990; W. Endres 1991 u.a.).

von der sie geprägt sind. Sie sind ferner charakterisiert durch „die im Rahmen dieser Grundprägung möglichen spezifischen und konkreten Persönlichkeitsmerkmale, die abhängig sind z.b. von der Branche, den Produkten und Dienstleistungen, vom Führungsverhalten, von den Werten, Normen, Einstellungen und Erwartungshaltungen aller Mitarbeiter im Hinblick auf ethisch-moralische Werte und Kriterien der Qualität, Effizienz, Leistungsbereitschaft, Verantwortung, Kommunikation, usw." (T. Bungarten 1994: 13).

1. Zum Begriff der Kommunikation

Es gibt wohl nur wenige Phänomene, die so häufig diskutiert worden sind und zugleich immer noch sehr unscharf definiert werden und umstritten bleiben wie das der Kommunikation. Der Fülle an möglichen Betrachtungsweisen entspricht eine kaum überschaubare Menge von theoretischen bzw. empirisch fundierten Untersuchungen zu dieser Problematik (z.B. K. Bühler 1934; G. Antos 1988, 1989, 1996; G. Brünner 1986, 1987, 2000; J. Bolten 1995, 1996, 2000; T. Bungarten 1994, 1994a; H.-K.E. Wahren 1987; R. Fiehler 1980; A.M. Theis 1994 usw.). Zu Recht verweist T. Bungarten auf eine verwirrende Vielfältigkeit in der terminologischen Verwendung von Kommunikation, je nachdem, ob von einer wirtschaftlichen, wirtschaftswissenschaftlichen, kommunikationsforschungsbezogenen, oder aber von einer linguistischen Perspektive ausgegangen wird. Zu der Begriffsbestimmung führt er folgendes aus:

> Große deutsche Unternehmen etablieren auf der Managementebene zunehmend Abteilungen namens ‚Unternehmenskommunikation' und fassen darin recht unterschiedliche Aufgaben zusammen. Für die technischen und organisatorischen Mittel im Unternehmen – technische Installationen wie auch die Kommunikation via Satellit, Telefon, Fax, innerbetriebliche Computernetze, Web, E-Mail – finden wir die vagen Bezeichnungen ‚Kommunikations-' und ‚Informationstechnologie (IT)'. In weiten Bereichen der Betriebswirtschaftslehre wiederum finden sich simple informationstheoretische Modelle von ‚Kommunikation', die Kommunikation ausschließlich als Informationstransfer vom Emittenten zum Rezipienten qualifizieren. In Kommunikationswissenschaft, Semiotik, Linguistik, Rhetorik und Sprechwissenschaft, Verhaltenswissenschaft, Psychologie, Kybernetik, Systemtheorie, Ethnologie und Anthropologie – um nur die wichtigsten Disziplinen zu nennen, die sich um das Phänomen der Kommunikation bemühen – weisen die Konzeptualisierungen z.T. erhebliche Differenzen auf (T. Bungarten 1999: 7)

Aus einem breiten Spektrum der Kommunikationsmodelle bzw. -definitionen, auf die hier allerdings näher nicht eingegangen wird, wären etwa das Organon-Modell von K. Bühler (1934), das informationstheoretische Kommunikationsmodell von C.E. Shannon und W. Weaver (1949), das Vier-Seiten-Modell von F. Schulz von Thun (1981), oder die Kommunikationsmodelle von E.G. Bormann (1971) und N. Luhmann (1987) zu nennen. Einen relevanten Beitrag zur Erforschung des Kommunikationsprozesses leisteten P. Watzlawick et al. in ihrer Studie *Menschliche Kommunikation: Formen, Störungen, Paradoxien* (1980), die als Basis einer angewandten Kommunikationsforschung aufgefasst wird. Sie formulierten fünf Axiome, die jeder zwischenmenschlichen Kommunikation grundsätzlich innewohnen, wie folgt:

1. *Man kann nicht nicht kommunizieren.* Alles Verhalten hat Mitteilungscharakter. Man kann sich nicht *nicht verhalten*, deshalb kann man auch nicht *nicht kommunizieren.* Auch jedes „Nicht-Verhalten" wie Schweigen oder Nichtbeachtung des Kommunikationspartners gilt als Kommunikation.

2. *Jede Kommunikation hat einen Inhalts- und einen Beziehungsaspekt.* Jede Mitteilung enthält außer dem Informationswert (Was?) zusätzlich einen Hinweis darauf, wie ihr Sender sie vom Empfänger verstanden haben möchte und wie der Sender das Verhältnis zwischen sich selbst und dem Empfänger sieht (Wie?) (vgl. P. Watzlawick 1980: 53).

3. *Kommunikation ist immer Ursache und Wirkung.* Die Beziehung zwischen Kommunikationspartnern ist durch Interpunktion der Kommunikationsabläufe geprägt. Der Austausch von Informationen vollzieht sich demnach nicht in einem ununterbrochenen Strom. Das Verhalten des einen Kommunikationspartners ist Reaktion auf das Verhalten des anderen und zugleich Reiz für dessen Verhalten.

4. *Menschliche Kommunikation bedient sich digitaler und analoger Modalitäten.* Als analog bezeichnen P. Watzlawick et al. die Kommunikationsformen wie Gestik, Mimik oder Körpersprache. Die digitale Kommunikation wird hingegen durch die Sprache (Worte und Zahlen) repräsentiert. P. Watzlawick et al. folgend, wird der Beziehungsaspekt der Kommunikation überwiegend analog, der Inhaltsaspekt dagegen digital übermittelt (vgl. ebd.: 62 ff.).

5. *Zwischenmenschliche Kommunikationsabläufe sind entweder symmetrisch oder komplementär.* Als symmetrische Kommunikation wird die Beziehung zwischen gleichrangigen Kommunikationspartnern bezeichnet. Sie zeichnet sich durch das Streben nach Gleichheit und Verminderung von Unterschieden zwischen den Partnern aus. Bei komplementärer Kommunikation basiert man dagegen auf Ungleichheit und den sich ergänzenden Unterschiedlichkeiten der Kommunikationspartner (z.B. Lehrer-Schüler, Vorgesetzter-Untergebener).

Zum Schluss sei noch auf ein erweitertes Modell der Kommunikation von H.-K. E. Wahren hingewiesen, das die Relevanz des Kontextes unterstreicht. Wie H.-K. E. Wahren ausführt, wird der Kontext von einer Vielzahl von Faktoren gebildet:

So zählen zum Kontext zunächst die räumlichen Verhältnisse, die räumliche Distanz der Teilnehmer der Kommunikation, die von den Teilnehmern eingesetzten Statussymbole, aber auch in der Vergangenheit liegende Ereignisse (z.b. frühere Erfahrungen in ähnlichen Situationen) bzw. die Ereignisse, die der Kommunikation unmittelbar vorausgegangen sind (H.-K. E. Wahren 1987: 37).

Der Kontext ist nach seiner Auffassung für das Zustandekommen der Kommunikation von nahezu konstituierender Bedeutung, denn „erst durch die gemeinsame Festlegung des Kontextes bilden die Kommunikationspartner die Basis für den Austausch von Informationen" (ebd.: 39).

2. Zum Begriff der Wirtschaftskommunikation

In Unternehmen bilden Sprache und kommunikatives Handeln ein wichtiges Element sämtlicher wirtschaftlichen Aktivitäten. Die Sprache ist dabei ein essentielles Instrument für die Vermittlung von Handlungsanweisungen und Richtlinien einerseits, sowie für die Entwicklung und Verwirklichung von Management- und Marketingkonzepten andererseits. Deshalb sind Sprache und kommunikatives Handeln nicht zuletzt bedeutende Indikatoren für Umfang, Intensität und Qualität der Kommunikation innerhalb eines Unternehmens sowie zwischen Unternehmen und Kunden, zwischen Produzenten und Konsumenten (vgl. T. Bungarten 1999: 8). Da Kommunikation und Interaktion an so vielen Bereichen des wirtschaftlichen Handelns beteiligt sind, werden sie von H.-K.E. Wahren (1987: 3) als Lebensnerv von Unternehmen bezeichnet.[3]

G. Brünner sieht die Wirtschaftskommunikation in ihrem facettenreichen Wesen zugleich als institutionelle, fachliche und berufliche Kommunikation, denn: „Die Handelnden im Unternehmen sind Professionelle, in der Regel ausgebildete Fachleute, und zugleich Agenten der Institution" (G. Brünner 2000: 17). Fachliches Handeln im Prozess der Wirtschaftskommunikation bzw. Fachkommunikation wird durch eine Vielzahl von Faktoren bestimmt. Es setzt primär bei den

---

3 H.-K.E. Wahren unterstreicht dabei die Relevanz von Kommunikation und Interaktion zwischen Mitarbeitern innerhalb eines Unternehmens und mit der Umwelt, ohne die ein Unternehmen als System nicht funktionieren könnte. Zugleich verweist er darauf, dass die meisten Probleme der zwischenmenschlichen Kommunikation und Interaktion im Unternehmen aus dessen hierarchischem Charakter resultieren. Er schlägt gleich eine Lösung vor: Bei der Gestaltung der betrieblichen Kommunikation sollen neben zweck- und leistungsbezogenen Gesichtspunkten der Führungskräfte im gleichen Maß soziale und emotionale Interessen der Mitarbeiter berücksichtigt werden, denn eine mangelnde bzw. fehlerhafte Kommunikation kann zu „Erfahrungen der Vereinzelung, der Bedeutungs- und Sinnlosigkeit, der Desorientierung" und dadurch zu „Beeinträchtigung von Leistungseinsatz und –ergebnissen" führen (vgl. ebd.: 4).

Kommunikationspartnern ein gewisses Kenntnisniveau über einen bestimmten Tätigkeitsbereich voraus, d.h. ein systematisches Fachwissen, das in Fachbereiche unterteilt und meist in Termdatenbanken oder einfach in Lehrbüchern kodifiziert ist. Ein solches (Fach-)Wissen wird im Prozess einer fachlichen Ausbildung erworben, wobei sein Erwerb „mit dem Erwerb bestimmter Normen und Gepflogenheiten des Umgangs mit dem Wissen, des Wahrnehmens, Denkens und Handelns in Bezug auf den betreffenden Wirklichkeitsausschnitt" (ebd.) einhergeht.[4] Neben dem Fachwissen können weitere u.a. soziale, institutionelle, interkulturelle Faktoren im fachlich-kommunikativen Handeln im institutionellen Zusammenhang von Relevanz sein und es weitgehend bestimmen.

2.1. Gliederung der Unternehmenskommunikation

Eine umfassende Gliederung der Unternehmenskommunikation, die funktionale Handlungsgesichtspunkte berücksichtigt, hat G. Brünner (2000) vorgelegt. Aus linguistischer Perspektive sind Unternehmen als „überwiegend kommunikativ geprägte Institutionen", als „Ensemble unterschiedlicher kommunikativer Formen" zu sehen, die sich durch eine Vielfalt an Texten und Diskursen auszeichnen (vgl. G. Brünner 2000: 8). Als relevant sind G. Brünner zufolge folgende Dimensionen wirtschaftlicher Kommunikation in Unternehmen hervorzuheben:

a.   kooperationsbezogene und kooperationsunabhängige Kommunikation

Die *kooperationsbezogene bzw. Arbeitskommunikation* als *conditio sine qua non* dient direkt wirtschaftlichen Zwecken und steht im Unternehmen im Vordergrund. Sie erfüllt eine Orientierungs- und Regulationsfunktion für das betriebliche Handeln, das weitestgehend personenunabhängig standardisiert ist. Formelle Regelungen reichen von standardisierten einheitlichen fachsprachlichen Benennungen, über standardisierte Texte (z.B. Berichte, Protokolle usw.) sowohl innerhalb eines Unternehmens wie auch in Kommunikation mit Kunden bis hin zu normierten und vorgeschriebenen Kommunikationswegen, in denen Abteilungen miteinander bzw. Mitarbeiter mit Vorgesetzten kommunizieren können (vgl. ebd.: 9). Die kooperationsbezogene Kommunikation kann *eigenständiger* oder *subsidiärer* Natur sein. Bei eigenständiger Kommunikation handelt es sich um Dominanz des kommunikativen Handelns gegenüber anderen Handlungsformen. Sämtliche Tätigkeiten des Handelnden richten sich dabei auf das Erfüllen einer kommunikativen Aufgabe, die von ihm als wichtig und anspruchsvoll empfunden wird. Die

---

4   Im Sinne von L. Fleck findet in der Ausbildungsphase eine Einweihung in ein bestimmtes Gebiet, eine „Hinein-Führung" in einen besonderen Denkstil statt und wird die geistige Bereitschaft „für selektives Empfinden und für entsprechend gerichtetes Handeln" (L. Fleck 1994: 130) gewonnen.

eigenständige Kommunikation spielt bei folgenden Tätigkeiten eine entscheidende Rolle:
- (planende, koordinierende, kontrollierende) Management-Tätigkeit
- Verhandlungen, Besprechungen
- Verträge, Schriftverkehr, Formulare
- Öffentlichkeitsarbeit, Werbung
- Beratung, Verkauf, Service, Reklamationsabwicklung
- technische Dokumentation, Gebrauchsanleitungen
- Terminologiearbeit, Übersetzung
- Betriebliche Aus- und Fortbildung (vgl. ebd.: 15).

Bei *subsidiärer* Kommunikation ist kommunikatives Handeln zweitrangig, hat eher den Charakter einer Hilfstätigkeit bzw. einer Routine (z.b. kurze mündliche Anweisungen, schriftliche Notizen). Im Vordergrund stehen hier andere, meist praktische Handlungsformen.

Nicht alle Gespräche, die zwischen Mitarbeitern innerhalb eines Unternehmens geführt werden, sind gleich sowohl in ihrer Funktion wie auch in ihrem Inhalt beruflich bezogen. Die sog. *kooperationsunabhängige* bzw. *Sozialkommunikation*, die die Arbeitskommunikation begleitet, erfüllt eine „Entlastungsfunktion" für das betriebliche Handeln und dient primär der Unterhaltung und Beziehungspflege. Elemente der kooperationsunabhängigen Kommunikation, d.h. leichte, beiläufige Konversationen, Scherze oder sogar persönliche Themen, werden auch im beruflichen Handeln, z.b. in Geschäftsverhandlungen oder Verkaufsgesprächen, mit Absicht eingeführt, um einen besseren Kontakt zu Kunden aufzunehmen und damit wirtschaftliche Ziele besser erfüllen zu können. Kooperationsunabhängige Kommunikation wird auch als *homileïscher Diskurs* bezeichnet (vgl. ebd.: 8).

b. empraktische und nicht-empraktische bzw. apraktische Kommunikation

Diese Differenzierung bezieht sich primär auf die subsidiäre Kommunikation. Empraktische Kommunikation ist an praktisch dominierte Handlungszusammenhänge gebunden und auf diese direkt bezogen, im Gegensatz zu apraktischen Gesprächen, die keine handlungsbegleitende Funktion erfüllen und nur dem kommunikativen Austausch dienen. Empraktischer Natur sind beispielsweise Verkaufsgespräche oder Arbeitsgespräche während der Installation eines Gerätes. Da die empraktische Kommunikation übergeordnete praktische Handlungen begleitet und von diesen beeinflusst wird, ist ihr diskontinuierlicher und bruchstückhafter Charakter durchaus legitim. Die Kommunikationspartner bedienen sich sowohl semantischer wie auch syntaktischer Mittel so sparsam, wie es für die Verständigung erforderlich ist (vgl. ebd.: 16).

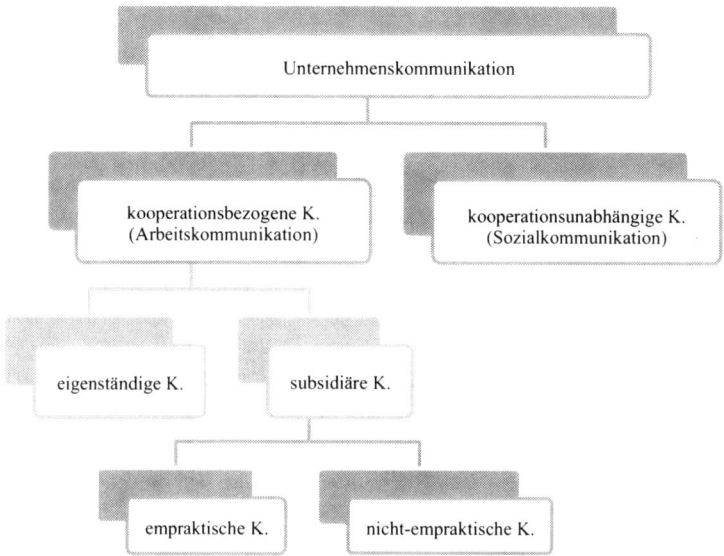

Abbildung 1: Kooperationsbezogene und kooperationsunabhängige Kommunikation

c. formelle und informelle Kommunikation

Wie bereits erwähnt, sind Unternehmen komplexe Institutionen, in denen alle Beschäftigten einer internen Arbeitsteilung und Rollendifferenzierung unterliegen, über verschiedene Rechte, Befugnisse und Kompetenzen verfügen und internen Vorschriften zu folgen haben. Solche institutionell formalisierten Regelungen gelten auch für das sprachliche Handeln und schreiben Teilnehmer, Inhalt, Form und Verlauf der Kommunikation vor. Selbstverständlich bildet die *formelle* Kommunikation einen wesentlichen Teil der Unternehmenskommunikation. Die formell vorgeschriebenen Kommunikationsstrukturen werden jedoch durch *informelle* Kommunikationsformen ergänzt und bilden miteinander ein komplexes Handlungssystem, das durch eine innere Spannung geprägt ist. Die informellen Kommunikationsformen sind meist ungeregelt und damit nicht kontrollierbar, mitunter verstoßen sie gegen die vorgeschriebenen Regeln, oder aber bewegen sich an der Grenze des Zulässigen. Dies passiert aus dem Grunde, dass es unmöglich ist, alle Handlungsmuster vorherzusehen und sie damit im Vorweg zu regeln. Ferner sind informelle Kommunikationsnetze nicht selten schneller und effizienter als vorgeschriebene Dienstwege und normierte Informationsflüsse. G. Brünner verweist darauf, dass mit der Kommunikationsdichte in einer Abteilung die Zufriedenheit der Mitarbeiter einhergeht und dass erfolgreiche Unternehmen sich durch viel informelle Kommunikation auszeichnen (ebd.: 13).

d. sachlich-technisch und hierarchisch-ökonomisch bezogene Kommunikation

Sachlich-technisch bezogene (Fach-)Kommunikation ist unmittelbar mit Gewinnung, Erstellung und Verteilung von Gütern bzw. Erbringung von Dienstleistungen verbunden. Sie dient in erster Linie der Planung und Gestaltung technischer Aspekte betrieblichen Handelns im Unternehmen. Sachlich-technisch bezogene Kommunikation kann weiter in *fachinterne* und *fachexterne* Kommunikation differenziert werden. *Fachinterne* Kommunikation erfolgt zwischen Kommunikationspartnern innerhalb eines fachlichen Kommunikationsbereiches. Die gewonnenen Fachkenntnisse, die fachliche Erfahrung und die Beziehung zwischen den an der Kommunikation Beteiligten sind relevante Faktoren, die den Prozess der Fachkommunikation wesentlich beeinflussen. In der Tat entscheiden sie über Inhalt, Form, Verlauf und Fachlichkeitsgrad der Kommunikation. (vgl. K.-D. Baumann 1994: 70). Nach G. Brünner (2000: 14) kann *fachexterne* Kommunikation in folgenden Formen auftreten:

a. *interfachlich*, z.b. zwischen Fachleuten aus verschiedenen Abteilungen,

b. *betriebsextern*, z.b. zwischen Betriebsangehörigen und Kunden,

c. *betriebsintern*, z.b. zwischen Fachleuten und Lehrlingen in der betrieblichen Ausbildung (vgl. G. Brünner 2000: 14).

An dieser Auffassung muss jedoch eine misslungene Wahl der Termini kritisiert werden, weil sie nicht nach einheitlichen Gesichtspunkten getroffen worden ist. Die Bezeichnung *interfachlich* bezieht sich auf den Inhalt der Kommunikation, während die Begriffe *betriebsextern* und *betriebsintern* den Ort der Kommunikation einbeziehen. Sowohl fachinterne als auch fachexterne Kommunikation kann betriebsintern bzw. -extern erfolgen. Fachinterne Kommunikation in ihrer betriebsinternen Realisierung vollzieht sich zwischen Experten innerhalb eines Fachgebietes und zugleich eines Unternehmens. Wären Kommunikationspartner zwar innerhalb eines Fachgebietes, aber in verschiedenen Unternehmen tätig, müsste die Kommunikation zwischen ihnen als betriebsextern aufgefasst werden. Nicht anders verhält es sich mit fachexternen Inhalten: Sie können das Gesprächsthema von Mitarbeitern sowohl innerhalb eines Unternehmens, wie auch von Betriebsangehörigen und interessierten Externen, z.B. Kunden sein.

Hierarchisch-ökonomisch bezogene Kommunikation betrifft die ökonomische Seite der Produktion, ergibt sich aus der Kapitalverwertung und Hierarchisierung der Unternehmen und ist durch solche Faktoren wie Macht- und Kompetenzansprüche, Interessenkonflikte, Konkurrenz und Rivalität bestimmt. Wie in anderen Bereichen spielt der Kostenfaktor auch im Kommunikationsbereich eine wichtige Rolle. Deshalb werden in Unternehmen moderne Kommunikationstechniken (z.B. Telefon-Konferenzschaltung, Instant Messenger, E-Mail-Kommunikation) eingesetzt, damit kommunikative (sowohl schriftliche wie auch mündliche) Handlungen zeitsparend und kostengünstig, dabei aber effektiv sind. G. Brünner weist zugleich auf die Verrechtlichung betrieblicher Kommunikation und Scheinhaftigkeit im Handeln hin. Sie resultiert aus dem Versuch, die bürokratischen Vorschriften, die das sachlich-technisch bezogene Handeln oft behindern, zum Teil zu umgehen. Da aber der Schein der Normgerechtheit gewahrt werden muss,

> wird mitunter erheblicher kommunikativer Aufwand betrieben, um kompensatorisch den Anschein von Ordnungsgemäßheit zu erzeugen und auch gegen die Realität aufrecht zu erhalten. Man denke z.b. an offizielle Protokolle oder Berichte gegenüber internen Absprachen. Kommunikativ wird eine zweite Wirklichkeit etabliert, eine Scheinrealität im Sinne von *'so verlangen es die Vorschriften'* (...) (G. Brünner 2000: 13).

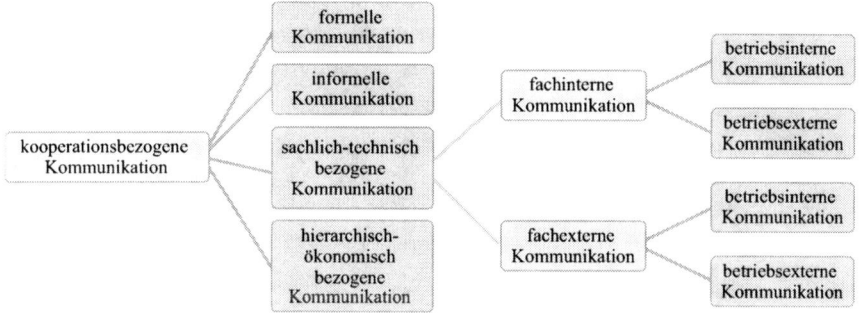

Abbildung 2: Dimensionen kooperationsbezogener Kommunikation

3. Wirtschaft und Linguistik

Linguistische Untersuchungen unternehmensrelevanter Aspekte lassen sich in verschiedene Bereiche ordnen. Grundsätzlich sind sprach- und kommunikationsbezogene Problemfelder im Bereich extern gerichteter und interner Unternehmenskommunikation zu finden. Extern gerichtete sprachlich-kommunikative Aktivitäten beziehen sich u.a. auf:

- Verkauf von Produkten und Dienstleistungen, Service, Verhandlungsgespräche, Werbung;
- Verfassen von Handbüchern, Hilfen, Betriebs- und Gebrauchsanleitungen, Dokumentationen;
- externer Schriftverkehr, wie Geschäftsbriefe, Kundenangebote, Verträge;
- Übersetzung, Terminologiearbeit.

Primär intern orientiert sind u.a.:

- Erstellen von betriebsinternen Dienstwegen und Kommunikationsnetzen und die damit zusammenhängende Koordination der Kommunikation innerhalb und zwischen Abteilungen;
- interner Schriftverkehr, wie z.B. Formulare, Berichte, Protokolle;

– betriebliche Aus- und Fortbildung (vgl. G. Brünner 1991: 4).

Während die in der zweiten Gruppe genannten Schwerpunkte in erster Linie den Untersuchungsgegenstand der Kommunikations-, Sozial- bzw. Arbeitspsychologie bilden, so können bei Bereichen der ersten Gruppe detaillierte linguistische Analysen vom vorwiegend korpusbezogenen empirischen Material (wie etwa Aufzeichnungen bzw. Transkription von authentischen Gesprächen) dafür eingesetzt werden, sprachlich-kommunikative Problemfelder gezielter zu diagnostizieren, zu bearbeiten und wirksame Lösungen zu entwickeln. Tatsächlich ist in den letzten Jahrzehnten eine kaum überschaubare Menge von meist empirisch fundierten Untersuchungen entstanden, die diese unternehmensrelevanten Fragestellungen aufnehmen. Systematisch gesehen konzentrieren sich die linguistisch orientierten Forschungsansätze zur betriebsexternen Kommunikation vorwiegend auf folgende Bereiche:

1. Kommunikationsberatung bezogen auf mündliche Gesprächsführung, darunter:
a. auf telefonische Verkaufsgespräche (W.-F. Anton 2012; S. Beckmann/ P.-P. König 1985; R. Brons-Albert 1994, 1995; G. Brünner 1994, 2000; Beiträge in F. Hundsnurscher/ W. Franke Hg. 1985; J. Kießling-Sonntag 1994; D. Müller 2008; A. Pothmann 1997);
b. auf Optimierung telefonischer Reklamations- bzw. Beschwerdegespräche (G. Antos 1988, 1989; R. Fiehler/ W. Kindt 1994; R. Fiehler/ W. Kindt/ G. Schnieders 1999; G. Schnieders 2005);
c. auf Dienstleistungs- und Servicegespräche, wie etwa Kommunikation in einer Autowerkstatt (J. Beneke 1992), Telefongespräche im EDV-Service (G. Brünner 2000), oder effiziente ärztliche Gesprächsführung (F. Menz/ J. Lalouschek/ A. Gstettner 2008; F. Menz 1991, 2011; J. Rehbein 1986, 1993);
d. auf Geschäftsverhandlungen (auch unter interkulturellem Aspekt) (A. Blom 1991; G. Kappel/ R. Rathmayr/ N. Diehl-Zelonkina 1992; F. Lenz 1991; I. Neumann 1994; L. Tiittula 1991, 1994);
e. auf Telefonmarketing und Akquisegespräche (G. Antos 1989; K. Plog 1994, 1996);
f. auf Werbung, die – ob mündlich (Radio- und Fernsehwerbung) oder schriftlich (Anzeigenwerbung) – auf den Absatz von Waren und Dienstleistungen indirekt ausgerichtet ist und damit einen Sonderfall betriebsexterner Kommunikation darstellt. Nichtsdestotrotz werden ihre verschiedensten Aspekte, von geschlechtsbezogenen Gesichtspunkten über die durch die Werbung vermittelten Lebensstile und Werte bis hin zu interkulturellen Bezügen, in einer Reihe von Arbeiten mit Vorliebe thematisiert (F. Al Barkani 2012; M. Baumgart 1992; H. Burger 1993; R. Gläser 1992; E. Goffman 1981; J. Golonka 2009;

J. Heerdegen 2012; B. Hölscher 1998; N. Janich 1998; K. Leppälä 1994;
Ch. Lichtefeld 2012; H. Seyfarth 1995; H. Spörri 1993);

g. auf Vorstellungs- bzw. Bewerbungsgespräche (K. Birkner/F. Kern 1996;
U. Gersbacher 1991; A. Lepschy 1995; F. Menz 1999)[5].

2. Kommunikationsberatung bezogen auf schriftliche Darbietungsformen der Information, darunter:

a. auf die Verständlichkeit technischer Dokumentation (H.-J. Friske 1996;
T. Becker et al. Hg. 1990; M. Becker-Mrotzek 1992),

b. auf die benutzerfreundliche Gestaltung von Gebrauchsanweisungen, Handbüchern und Packungsbeilagen (C. Hertzsch 2010; L. Hoffmann 1983; C. Kühn 2004; C. Neubach 2009; J. Schuldt 1991),

c. auf Aspekte der E-Mail-Kommunikation in Unternehmen (U. Günther/ E.L. Wyss 1996; N. Janich 1994; S. Hampel 2011; P. Pansegrau 1997; J. Zając 2013).

Die Untersuchung der internen Unternehmenskommunikation erstreckt sich auf einige wenige Fragestellungen, die vorwiegend sachlich-technisch ausgerichtet sind, wie etwa:

a. Analyse von Arbeitsbesprechungen, Konferenzen und Tagungen (M. Dannerer 1999; Ch. Domke 2008; F. Lenz 1994; C. Meier 1997; A. Ruschel 1989);

b. Kommunikations- und Verhaltenstraining (G. Brünner 2001; S. Dietz 2008; E. Flieger/G. Wist/ R. Fiehler 1992; U. Günther/ W. Sperber 1993; E. Hess-Lüttich 1994; H. Klippert 2010; R. Schmitt 1999), dabei Training interkultureller Kompetenz (J. Bolten Hg. 1995; T. Bungarten 1994b; J. Haberleithner 2008; A. Knapp-Potthoff 1994);

c. geschriebene und gesprochene Sprache im Unternehmen, sowohl in formellen, wie auch in informellen Kontexten (R. Kraus 2009; J. Niederhauser 1994; W. Niehüser 1995; D. Tannen 1995).

Organisationsstrukturelle bzw. hierarchische Aspekte der Unternehmenskommunikation kommen in diskursanalytischen Untersuchungen zum Ausdruck, in denen mündliche Kommunikationsformen zwischen Mitarbeitern und Vorgesetzten, etwa Instruktionen und Unterweisungen, diskutiert werden (H. Baßler 1996; G. Brünner 1987, 1994a, 2005).

---

5   Unzählige Autoren sehen dabei von linguistischen Gesichtspunkten ab und konzentrieren sich auf psychologische Tipps bzw. auf typische Frage-Antwort-Muster, die einem Bewerber bei der Vorbereitung auf ein Vorstellungsgespräch hilfreich sein sollten.

4. Schlussbemerkungen und Ausblick

Wie die angeführten linguistischen Arbeiten andeuten, stellt die Unternehmens-kommunikation ein vieldimensionales und komplexes Netzwerk wechselseitiger Beziehungen dar. Dem Spektrum kommunikativer Formen, die von den einfachsten mündlichen Mitteilungen bzw. Anweisungen bis hin zu Geschäftsverhandlungen, von kurzen schriftlichen Notizen bis zu umfangreichen Dokumentationen und Verträgen reichen und sich kaum in einen einheitlichen Rahmen bringen lassen, entspricht eine immense Vielfalt an möglichen Betrachtungsweisen. Der interkulturelle Aspekt, der in diesem Beitrag nur am Rande betrachtet werden konnte, stellt einen zusätzlichen Faktor dar, der den Untersuchungsgegenstand *Unternehmenskommunikation* in der Zeit der wirtschaftlichen Globalisierung noch interessanter macht.

Literatur

Ahlert, D./ K.-P. Franz/ W. Kaefeer (1991): *Grundlagen und Grundbegriffe der Betriebswirtschaftslehre.* Düsseldorf.

Al Barkani, F. (2012): *Die Ankertechnik des Neurolinguistischen Programmierens in der Werbung.* München.

Anton, W.-F. (2012): *Verkaufsgespräche optimieren: Gesprächsführung in Verkaufsgesprächen unter dem besonderen Aspekt der Beratung.* Norderstedt.

Antos, G. (1988): *Zwischen Kunde und Computer. Interaktionsprobleme bei telefonischen Reklamationsgesprächen.* In: N. Gutenberg (Hg.) Kann man Kommunikation lehren? Konzepte mündlicher Kommunikation und ihrer Vermittlung. Frankfurt/M. 9–17.

Antos, G. (1989): *Optimales Telefonieren nach Script. Neue Formen des Mediengebrauchs in der Wirtschaftskommunikation. Ein Beitrag zu einer „Bedarfs-Linguistik".* In: G. Antos, G. Augst (Hg.) Textoptimierung. Das Verständlichmachen von Texten als linguistisches, psychologisches und praktisches Problem. Frankfurt/M. 125–160.

Antos, G. (1996): *Laien-Linguistik. Studien zu Sprach- und Kommunikationsproblemen im Alltag. Am Beispiel von Sprachratgebern und Kommunikationstrainings.* Tübingen.

Baumann, K.-D. (1994): *Fachlichkeit von Texten.* Egelsbach.

Baumgart, M. (1992): *Die Sprache der Anzeigenwerbung.* Heidelberg.

Baßler, H. (1996): *Wissenstransfer in intrafachlichen Vermittlungsgesprächen: Eine empirische Untersuchung von Unterweisungen in Lehrwerkstätten für Automobilmechaniker.* Tübingen.

Bea, F.X./ E. Dichtl/ M. Schweitzer (1990): *Allgemeine Betriebswirtschaftslehre. Band 1. Grundfragen.* Stuttgart, New York.

Becker, T. et al. (Hg.) (1990): *Sprache und Technik: Gestalten verständlicher technischer Texte.* Aachen.

Becker-Mrotzek, M. (1992): *Wie entsteht eine Bedienungsanleitung? Eine empirisch-systematische Rekonstruktion des Schreibprozesses.* In: H. Krings/ G. Antos (Hg.) Textproduktion. Neue Wege der Forschung. Trier. 257–280.

Beckmann, S./ P.-P. König (1985): *Untermuster des Dialogtyps Verkaufs-/Einkaufsgespräch und deren Einbettung in situative Kontexte.* In: F. Hundsnurscher/ W. Franke (Hg.) Das Verkaufs-/Einkaufs-Gespräch. Eine linguistische Analyse. Stuttgart. 113–140.

Beneke, J. (1992): *Na, was fehlt ihm denn? Kommunikation in und mit der Autowerkstatt.* In: R. Fiehler/ W. Sucharowski (Hg.) Kommunikationsberatung und Kommunikationstraining. Anwendungsfelder der Diskursforschung. Opladen. 212–233.

Birkner, K./ F. Kern (1996): *Deutsch-deutsche Reparaturversuche. Alltagstheoretische Gestaltungsverfahren ostdeutscher Sprecherinnen und Sprecher im westdeutschen Aktivitätstyp 'Bewerbungsgespräch'.* In: GAL-Bulletin 26. 53–76.

Blom, A. (1991): *Verhandlungsspiele.* In: B.-D. Müller (Hg.) Interkulturelle Wirtschaftskommunikation. München. 159–180.

Bolten, J. (Hg.) (1995): *Interkulturelles Handeln in der Wirtschaft.* Berlin.

Bolten, J. (1996): *Fachsprachliche Phänomene in der Interkulturellen Wirtschaftskommunikation.* In: L. Hoffmann/ H. Kalverkämper/ H.E. Wiegand (Hg.) Fachsprachen. Languages for Specific Purposes. Berlin/ New York. 849–855.

Bolten, J. (Hg.) (2000): *Studien zur internationalen Unternehmenskommunikation.* Waldsteinberg.

Bormann, E.G. et al. (1971): *Kommunikation in Unternehmen und Verwaltung. Die interpersonelle Kommunikation in der modernen Organisation.* München.

Brons-Albert, R. (1994): *Artefakte in simulierten Verkaufsgesprächen und ihre Behandlung durch den Trainer.* In: T. Bliesener, R. Brons-Albert (Hg.) Rollenspiele in Kommunikations- und Verhaltenstrainings. Opladen. 105–128.

Brünner, G. (1986): *Spezifika der Kommunikation in praktisch dominierten Tätigkeitszusammenhängen – am Beispiel von Instruktionen.* In: B. Dunaj et al. (Hg.) Badania języka mówionego w Polsce i w Niemczech. Krakau. 23–46.

Brünner, G. (1987): *Kommunikation in institutionellen Lehr-Lern-Prozessen. Diskursanalytische Untersuchungen zu Instruktionen in der betrieblichen Ausbildung.* Tübingen.

Brünner, G. (1994): *„Würden Sie von diesem Mann einen Gebrauchtwagen kaufen?" Interaktive Anforderungen und Selbstdarstellung in Verkaufsgesprächen.* In: G. Brünner/ G. Graefen (Hg.) Texte und Diskurse. Methoden und Forschungsergebnisse der Funktionalen Pragmatik. Opladen. 328–350.

Brünner, G. (1994a): *Drei Ausschnitte in der beruflichen Ausbildung im Bergwerk.* In: A. Redder/ K. Ehlich (Hg.) Gesprochene Sprache. Transkripte und Tondokumente. Tübingen. 161–227.

Brünner, G. (2000): *Wirtschaftskommunikation. Linguistische Analyse ihrer mündlichen Formen.* Tübingen.

Brünner, G. (2001): *Gespräche in der Wirtschaft.* In: G. Antos et al. (Hg.) Text- und Gesprächslinguistik. 2. Halbband. Berlin, New York. 1526–1540.

Brünner, G. (2005²): *Kommunikation in institutionellen Lehr-Lern-Prozessen: Diskursanalytische Untersuchungen zu Instruktionen in der betrieblichen Ausbildung.* Radolfzell am Bodensee.

Bühler, K. (1934): *Sprachtheorie. Die Darstellungsfunktion der Sprache.* Stuttgart.

Bungarten, T. (1994): *Die Unternehmenskultur aus semiotischer und kompetenztheoretischer Sicht. Zur materiellen und „geistigen" Repräsentationsebene der Unternehmenskultur.* In: T. Bungarten (Hg.) Unternehmenskultur als Herausforderung für Gesellschaft und Unternehmen. Tostedt. 9–50.

Bungarten, T. (Hg.) (1994a): *Unternehmenskultur als Herausforderung für Gesellschaft und Unternehmen.* Tostedt.

Bungarten, T. (Hg.) (1994b): *Sprache und Kultur in der interkulturellen Marketingkommunikation.* Tostedt.

Bungarten, T. (Hg.) (1999): *Kommunikation in Management, Marketing und Ausbildung.* Tostedt.

Burger, H. (1993): *Dialogisches in Radio- und Fernsehwerbung.* In: H. Löffler (Hg.) Dialoganalyse IV. Referate der 4. Arbeitstagung Basel 1992. Tübingen. 109–116.

Dannerer, M. (1999), *Besprechungen im Betrieb. Empirische Analysen und didaktische Perspektiven.* München.

Dietz, S. (2008): *Die Optimierung der Redeleistung im Rhetorik- und Kommunikationstraining: Eine geschlechtsdifferenzierte Untersuchung.* Diss. München.

Domke, Ch. (2008): *Besprechungen als organisationale Entscheidungskommunikation.* Berlin.

Endres, W. (1991): *Der Betrieb: Grundriss der Allgemeinen Betriebswirtschaftslehre.* Bergisch Gladbach, Köln.

Fiehler, R. (1980): *Kommunikation und Kooperation.* Berlin.

Fiehler, R./ W. Kindt (1994), *Reklamationsgespräche. Schulungsperspektiven auf der Basis von Ergebnissen diskursanalytischer Untersuchungen.* In: E. Bartsch (Hg.) Sprechen, Führen, Kooperieren in Betrieb und Verwaltung. Kommunikation in Unternehmen. München. 255–269.

Fiehler, R./ W. Kindt/ G. Schnieders (1999): *Kommunikationsprobleme in Reklamationsgesprächen.* In: G. Brünner/ R. Fiehler/ W. Kindt (Hg.) Angewandte Diskursforschung. Bd. 1. Opladen/Wiesbaden. 120–154.

Fleck, L. (1994), *Entstehung und Entwicklung einer wissenschaftlichen Tatsache. Einführung in die Lehre vom Denkstil und Denkkollektiv.* Frankfurt/M.

Flieger, E./ G. Wist/ R. Fiehler (1992): *Kommunikationstrainings im Vertrieb und Diskursanalyse. Erfahrungsbericht über eine Kooperation.* In: R. Fiehler/ W. Sucharowski (Hg.) Kommunikationsberatung und Kommunikationstraining. Anwendungsfelder der Diskursforschung. Opladen. 289–337.

Friske, H.-J. (1996): *Technische Dokumentation: Grundlagen zum Verfassen von Anleitungstexten.* Münster.

Gersbacher, U. (1991): *Körpersprache im Beruf. Das Bewerbungsgespräch.* München.

Gläser, R. (1992): *Gestalt- und Stilwandel in der kommerziellen Werbung der neuen Bundesländer.* In: E. Hess-Lüttich (Hg.) Medienkultur – Kulturkonflikt. Massenmedien in der interkulturellen und internationalen Kommunikation. Opladen. 189–214.

Goffman, E. (1981): *Geschlecht und Werbung.* Frankfurt/M.

Golonka, J. (2009), *Werbung und Werte. Mittel ihrer Versprachlichung im Deutschen und im Polnischen.* Wiesbaden.

Günther, U./ W. Sperber (1993): *Handbuch für Kommunikations- und Verhaltenstrainer.* München/Basel.

Günther, U./ E.L. Wyss (1996): *E-Mail-Briefe – eine neue Textsorte zwischen Mündlichkeit und Schriftlichkeit.* In: E. Hess-Lüttich et al. (Hg.) Textstrukturen im Medienwandel. Frankfurt/M. 61–86.

Haberleithner, J. (2008): *Interkulturelles Kommunikationstraining: Potentialanalyse eines arbeitsmarktpolitischen Projektes am Berufsförderungsinstitut Wien.* Saarbrücken.

Hampel, S. (2011): *Werbewirksames E-Mail-Marketing: Eine experimentelle Studie zur Wirkung formaler Gestaltungselemente der E-Mail-Kommunikation auf ausgewählte Konstrukte des Konsumentenverhaltens.* Berlin.

Heerdegen, J. (2012): *Das Bild in der Werbung: Gestaltung, Potentiale, Entwicklung.* Saarbrücken.

Hertzch, C. (2010): *Möglichkeiten und Grenzen einer patientenfreundlicheren Gestaltung von Packungsbeilagen im Hinblick auf Inhalte, formale Gestaltung und Textumfang.* (Diss.). Bonn.

Hess-Lüttich, E. (1994): *Kritische Dialog-Rhetorik. Kommunikationstraining in Wirtschaft und Management: Anspruch und Wirklichkeit.* In: T. Bungarten (Hg.) Kommunikationstraining und Trainingsprogramme im wirtschaftlichen Umfeld. Tostedt. 135–159.

Hoffmann, L. (1983): *Arzneimittel-Gebrauchsinformation: Struktur, kommunikative Funktion und Verständlichkeit.* In: Deutsche Sprache 11. 138–159.

Hölscher, B. (1998): *Lebensstile durch Werbung? Zur Soziologie der Life-Style-Werbung.* Wiesbaden.

Janich, N. (1994): *Electronic Mail, eine betriebsinterne Kommunikationsform.* In: Muttersprache 3. 248–259.

Janich, N. (1998): *Fachliche Information und inszenierte Wissenschaft. Fachlichkeitskonzepte in der Wirtschaftswerbung.* Tübingen.

Kappel, G./ R. Rathmayr/ N. Diehl-Zelonkina (1992): *Verhandeln mit Russen. Gesprächs- und Verhaltensstrategien für die interkulturelle Gesprächspraxis.* Wien.

Kießling-Sonntag, J. (1994): *Verkaufsgespräche öffnen. Anmerkungen zum Umgang mit normierten Gesprächsstrukturen am Beispiel des Vertriebs von Finanzdienstleistungen.* In: E. Bartsch (Hg.) Sprechen, Führen, Kooperieren in Betrieb und Verwaltung. Kommunikation in Unternehmen. München. 190–200.

Klippert, H. (2010): *Kommunikations-Training: Übungsbausteine für den Unterricht.* Weinheim.

Knapp-Potthoff, A. (1994): *Training interkultureller Kommunikationsbewusstheit.* In: T. Bungarten (Hg.) Kommunikationstraining und Trainingsprogramme im wirtschaftlichen Umfeld. Tostedt. 160–177.

Kraus, R. (2009): *Ausübung betrieblicher Mitbestimmung durch informelle Kommunikation: Mitbestimmung im Betrieb - Informelle Kommunikation als Bestandteil der Verhandlungen zwischen den Betriebsverfassungsorganen.* Saarbrücken.

Kühn, C. (2004): *Handlungsorientierte Gestaltung von Bedienungsanleitungen.* Lübeck.

Lenz, F. (1991): *Interkulturelle Probleme in Verhandlungen zwischen Deutschen und Finnen?* In: E. Feldbusch/ R. Pogarell/ C. Weiß (Hg.) Neue Fragen der Linguistik. Akten des 25. Linguistischen Kolloquiums, Padeborn 1990. Bd.2. Tübingen. 279–286.

Lenz, F. (1994): *Gesprächsorganisatorische Aspekte innerbetrieblicher Besprechungen. Ergebnisse einer Untersuchung in einem englischen Betrieb.* In: T. Bungarten (Hg.) Kommunikationsprobleme in und von Unternehmungen. Wege zu ihrer Erkennung und Lösung. Tostedt. 108–119.

Lepälä, K. (1994): *Kulturelles Wissen in der Werbung.* In: T. Bungarten (Hg.) Sprache und Kultur in der interkulturellen Marketingkommunikation. Tostedt. 130-135.

Lepschy, A. (1995): *Das Bewerbungsgespräch: Eine sprechwissenschaftliche Studie zu gelingender Kommunikation aus der Perspektive von Bewerberinnen und Bewerbern.* St. Ingbert.

Lichtefeld, Ch. (2012): *Das Erfolgspotential interaktiver Werbung im interaktiven Web-TV: Eine Untersuchung über interaktive Bewegtbildwerbung.* Saarbrücken.

Luhmann, N. (1987): *Soziale Systeme. Grundriß einer allgemeinen Theorie.* Frankfurt/M.

Meier, C. (1997): *Arbeitsbesprechungen. Interaktionsstruktur, Interaktionsdynamik und Konsequenzen einer sozialen Form.* Opladen.

Menz, F./ J. Lalouschek/ A. Gstettner (2008): *Effiziente ärztliche Gesprächsführung. Optimierung kommunikativer Kompetenz in der ambulanten medizinischen Versorgung. Ein gesprächsanalytisches Trainingskonzept.* Münster.

Menz, F. (1991): *„Zucker! Des Hams ma gar net gsagt!" Zur Kommunikation zwischen Arzt und Patient im Krankenhaus.* In: H. Tüchler/ D. Lutz (Hg.) Lebensqualität und Krankheit. Auf dem Weg zu einem medizinischen Kriterium Lebensqualität. Köln. 33–43.

Menz, F. (1999): *„Erfolg" oder „Fehlgriff"? Zum Entscheidungsmuster bei Bewerbungen in Wirtschaftsunternehmen. Eine Fallstudie.* In: T. (Hg), *Wirtschaftshandeln. Kommunikation in Marketing, Management und Ausbildung.* Tostedt. 87–112.

Menz, F. (2011): *Ärztliche Gespräche mit PatientInnen mit geringen Deutschkenntnissen.* In: M. Peintinger (Hg.) Interkulturell kompetent. Ein Handbuch für Ärztinnen und Ärzte. Wien. 225–237.

Müller, D. (2008): *Angewandte Diskursforschung - Verkaufsgespräche.* München.

Neubach, C. (2009): *Deutsche und französische Packungsbeilagen: Vergleichende Fachtextanalyse von Packungsbeilagen der deutschen und französischen Sprache zwischen 1991 - 2007.* Hamburg.

Neumann, I. (1994): *Die Distribution der Gesprächsschritte in einer interkulturellen Verhandlung.* In: T. Bungarten (Hg.) Unternehmenskommunikation. Linguistische Analysen und Beschreibungen. Tostedt, 162–185.

Niederhauser, J. (1994): *Personalzeitung und Unternehmenskommunikation. Zur innerbetrieblichen Kommunikation in einem nationalen Bahnunternehmen.* In: T. Bungarten (Hg.) Kommunikationsprobleme in und von Unternehmungen. Wege zu ihrer Erkennung und Lösung. Tostedt. 120–139.

Niehüser, W. (1995): *Klatsch, Gerüchte, Mobbing. Informelle Kommunikation im Unternehmen.* In: G. Hindelang et al. (Hg.) Der Gebrauch der Sprache. Münster. 285–295.

Pansegrau, P. (1997): *Dialogizität und Degrammatikalisierung in E-mails.* In: R. Weingarten (Hg.) Sprachwandel durch Computer. Opladen. 86–104.

Plog, K. (1994): *Akquisegespräche.* In: P.-P. König/ H. Wiegers (Hg.) Satz - Text - Diskurs. Akten des 29. Linguistischen Kolloquiums, Münster 1992. Bd. 2. Tübingen. 333–339.

Plog, K. (1996): *Telefonmarketing. Ziele und Methoden aus linguistischer Perspektive.* Opladen.

Pothmann, A. (1997): *Diskursanalyse von Verkaufsgesprächen.* Opladen.

Rehbein, J. (1986): *Institutioneller Ablauf und interkulturelle Missverständnisse in der Allgemeinpraxis. Diskursanalytische Aspekte der Arzt-Patienten-Kommunikation.* In: Curare. Zeitschrift für Ethnomedizin, Vol. 9. 297–328.

Rehbein, J. (1993): *Ärztliches Fragen. Analysen zu einem interdisziplinären Problem.* In: P. Löning/ J. Rehbein (Hg.) Arzt-Patienten-Kommunikation. Analysen zu interdisziplinären Problemen des medizinischen Diskurses. Berlin. 311–364.

Ruschel, A. (1989): *Besprechungen und Konferenzen. Kommunikation im Unternehmen.* München.

Seyfarth, H. (1995): *Bild und Sprache in der Fernsehwerbung. Eine empirische Untersuchung der Bereiche Auto und Kaffee.* Münster.

Schmitt, R. (1999): *Rollenspiele als authentische Gespräche. Überlegungen zu deren Produktivität im Trainingszusammenhang.* In: G. Brünner/ R. Fiehler/ W. Kindt (Hg.) Angewandte Diskursforschung. Bd. 2. Opladen/Wiesbaden. 81–99.

Schnieders, G. (2005): *Reklamationsgespräche. Eine diskursanalytische Studie.* Tübingen.

Schuldt, J. (1991): *Den Patienten informieren. Beipackzettel von Medikamenten.* Tübingen.

Schulz Von Thun, F. (1981): *Miteinander Reden. 1: Störungen und Klärungen.* Reinbek bei Hamburg.

Shannon, C.E./ W. Weaver (1949): *The Mathematical Theory of Communication.* Urbana.

Spörri, H. (1993): *Werbung und Topik. Textanalyse und Diskurskritik.* Bern.

Tannen, D. (1995): *Job-Talk. Wie Frauen und Männer am Arbeitsplatz miteinander reden.* Hamburg.

Theis, A.M. (1994): *Organisationskommunikation.* Opladen.

Tiittula, L. (1991): *Gesprächsverhalten in Verhandlungen: Anmerkungen zu den „monologischen Finnen".* In: E. Reuter (Hg.) Wege der Erforschung deutsch-finnischer Kulturunterschiede in der Wirtschaftskommunikation. Tampere. 60–74.

Tiittula, L. (1994), *Verständigungsprozeduren in interkulturellen Geschäftsverhandlungen.* In: T. Bungarten (Hg.) Sprache und Kultur in der interkulturellen Marketingkommunikation. Tostedt. 215–230.

Wahren, H.-K.E. (1987): *Zwischenmenschliche Kommunikation und Interaktion in Unternehmen. Grundlagen, Probleme und Ansätze zur Lösung.* Berlin, New York.

Watzlawick, P./ J.H. Beavin/ D.D. Jackson (1980): *Menschliche Kommunikation: Formen, Störungen, Paradoxien.* Stuttgart.

Zając, J. (2013): *Communication in Global Corporations. Successful Project Management via Email.* Frankfurt/M.

Multimodalität der Unternehmenskommunikation

Silvia Bonacchi
(Universität Warschau)

Einleitung

Kaum ein anderes linguistisches Gebiet genießt in jüngster Zeit eine so große Aufmerksamkeit wie Unternehmenskommunikation. Die Gründe sind zum Teil naheliegend: In einer Zeit der Globalisierung und des raschen organisatorischen Wandels im Geschäftswesen bei der explosionsartigen Entwicklung von neuen Technologien wird die linguistische Forschung vor neue Herausforderungen gestellt, die vor allem um die Fragestellung kreisen, wie kommunikative Prozesse in Unternehmen erfolgen und wie sie am effektivsten gestaltet werden können. Unternehmenskommunikation erweist sich als eine Kommunikationsform, die (sprach)wissenschaftlich multidimensional erfasst werden muss: Sie entfaltet sich in einer Vielfalt von miteinander interagierenden Dimensionen (Multilingualität, Multikulturalität, Multimedialität) und stellt einen hochkomplexen Untersuchungsgegenstand dar, der oft hybride Züge (s. u.a. C.M. Fiol/ E.J. O'Connor 2005) trägt. Bei der Pluralität dieser Dimensionen rückt „Multimodalität" immer stärker in den Vordergrund.[1]

Im Folgenden wird der Versuch unternommen, auf die interaktionskonstitutive Rolle von Multimodalität (verstanden als die Gesamtheit der körpergestützten kommunikativen Modalitäten) und Multimedialität (verstanden als die Interaktion von unterschiedlichen technischen Medien in der Realisierung des Kommunikats) in der Unternehmenskommunikation von Angesicht zu Angesicht und in der (quasi)synchronen mediengestützten Kommunikation einzugehen und dabei einige für die multimodale Forschung relevante Aspekte hervorzuheben.

1. Unternehmenskommunikation

In den meisten Studien wird Unternehmenskommunikation als eine Form von Kommunikation definiert, bei der *Optimalisierung* in der Kommunikatsformu-

---

1 Einen wichtigen Ansporn können die Ergebnisse von neuen Projekten zur Erforschung von Mündlichkeit in der Wissenschafts- und Fachkommunikation liefern, darunter: MCCA (Multimodal Communication: Culturological Analysis, Universität Warschau, Institut für Anthropozentrische Kulturologie und Linguistik, www.mcca.uw.edu.pl), GeWiss (zur gesprochenen Wissenschaftssprache, Universität Leipzig, Herder-Institut, https://gewiss.uni-leipzig.de/index.php?id=home).

lierung, -übertragung und -rezeption angestrebt wird (s. exemplarisch G. Wolf
2010, J. Zając 2013: 165), wobei unter „Kommunikat" eine (sprachliche) Handlung erfasst wird, die kommunikative Funktion(en) hat. Kommunikative Prozesse im Unternehmenskontext sind sehr unterschiedlicher Art, je nach den sprachlich agierenden Subjekten und ihren Interaktionsrollen sowie dem situativen
Kontext, in dem sie sich abspielen. Sie hat aufgrund ihrer Zielorientierung (in
erster Linie kommerzieller Erfolg) teleologischen Charakter. An der Unternehmenskommunikation sind, wie gesagt, verschiedene „Akteure" beteiligt, die verschiedene Rollen und Funktionen im Unternehmenskontext haben. Diese „Akteure" (etwa Entwickler, Projektmanager, Kaufleute, Sachbearbeiter, Angestellte,
Geschäftspartner usw.) können wiederum unterschiedliche Kommunikationsgemeinschaften bilden, die in unterschiedlichen kommunikativen „Figurationen"
(N. Elias 1987: 274f.) dynamisch miteinander interagieren. Trotz dieser Diversifikation bilden aber alle Kommunikationsteilnehmer durch die Zugehörigkeit
zum gleichen Unternehmen ein zusammenhängendes Gebilde (wenn auch mit
unterschiedlichen Kohäsionsgraden und Integrationsebenen). Da die sprachlichen Handlungen der Teilnehmer an der Unternehmenskommunikation von *gemeinsamen* kommunikativen primären (etwa die Entwicklung der Firma, die
Prosperität des Geschäftes) und sekundären Zielen (etwa der persönliche Erfolg,
die finanziellen Gratifikationen, die Realisierung von persönlichen Ambitionen)
motiviert sind (s. M. Kochan 2008: 149), erweist sich Unternehmenskommunikation als eine Form der Kommunikation, die *per definitionem* hoch kooperativ
(im Sinne Grice's[2]) und effektiv (im Sinne der Grice'schen Maximen der Quan-
tität, der Relevanz und der Modalität) sein muss. Ambiguität, leere Redundanz,
Vagheit, undurchsichtige Indirektheit und Täuschungsmanöver sind in der Unternehmenskommunikation unerwünscht, weil sie nicht nur der Erlangung von
Geschäftszielen im Wege stehen, sondern auch vor allem darum, weil sie gegen
bestimmte Werte stoßen, die die Unternehmenskultur schlechthin charakterisieren, allen voran das Prinzip der Gegenseitigkeit im Sinne der Berücksichtigung
von primären und sekundären kommunikativen Zielen beidseitiger Partner, was
die Grundlage für die Stiftung von stabilen und loyalen sozialen Geschäftsbezie-
hungen darstellt. Die Entwicklung einer „Unternehmenskultur", die den jeweiligen kommunikativen „Unternehmensstil" maßgebend bedingt, wird auch generell

---

2   Siehe: P. Grice 1979: 248: „Unsere Gespräche (…) sind kennzeichnenderweise (…) ko-
     operative Bemühungen; und jeder Teilnehmer erkennt bis zu einem gewissen Grad in ih-
     nen einen gemeinsamen Zweck (bzw. mehrere davon) oder zumindest eine wechselseitig
     akzeptierte Richtung an. Zweck und Richtung können von Beginn an festgelegt sein (…)
     oder sich während des Gesprächs herausbilden; sie können ziemlich bestimmt sein oder
     so unbestimmt, dass sie den Teilnehmern ganz beträchtlichen Spielraum lassen (wie bei
     zwangsloser Konversation)."

als eine vordringliche Aufgabe für Führungskräfte in den Konzernen angesehen. Zur „Unternehmens(kommunikations)kultur" gehören nicht nur jene kommunikativen Eigenschaften[3], die den Akteuren in einem Unternehmen ermöglichen, an dienstlichen Gesprächen innerhalb (etwa unter Experten oder zwischen Vertretern von verschiedenen Positionen in der Firma) und außerhalb der Firma (etwa mit Kunden, in den Medien usw.) teilzunehmen, sondern es sind darüber hinaus jene soziopragmatische Eigenschaften, die ihren Trägern eine adäquate Teilnahme an allen kommunikativen Interaktionen ermöglichen, die im Unternehmenskontext stattfinden – angefangen von mehr oder weniger informellen Gesprächen unter Kollegen bis hin zu Arbeitssitzungen, Schulungen, Arbeitsgruppen zur Erstellung von Marketingmaterialen, Dokumentationen, Präsentationen für die Kunden u.ä (s. B. Asmuß 2003: 119, V. Hübl 2010: 22f.).

In Bezug auf die Studien zur Unternehmenskommunikation lässt sich feststellen, dass trotz des zunehmenden Bewusstseins der Komplexität des untersuchten Gegenstandes dessen Erforschung sich auf das Verbale und insbesondere auf die Schriftlichkeit beschränkt, auch wenn diese im erweiterten Verständnis als ein Modus erfasst wird, der neben den klassischen Formen der asynchronen (zeitversetzten) Kommunikation auch die neuen Formen der mediengestützten schriftlichen Kommunikation (Emails, SMS usw.) umfasst. Die meisten Untersuchungen zur Unternehmenskommunikation basieren auf der Analyse von Schriftmaterial, das die Firmen für interne (etwa Schulungen oder andere Prozesse des Wissenstransfers, Präsentationen) und externe (etwa Veröffentlichungen zu Werbezwecken, Dokumentation, u.ä). Zwecke benutzen und meist ungern den Forschern zur Verfügung stellen.[4] Noch bescheidener sind die Forschungsergebnisse zur Unternehmenskommunikation von Angesicht zu Angesicht[5] und zur (quasi)simultanen mediengestützten Kommunikation (etwa durch Internetkommunikatoren, wie Skype, Twitter, Facebook usw.). Die empirischen Arbeiten basieren meist auf Fragebögen, die von den Befragten in nicht natürlichen kommunikativen Verhältnissen ausgefüllt werden. Ebenso ungenügend fallen Korpusanalysen, d.h. Analy-

---

3   Für eine Definition der kommunikativen Eigenschaften als Teilmenge der kulturellen Eigenschaften vgl. S. Bonacchi 2011: 63.

4   Eine Ausnahme stellen die Studien von M. Dannerer 1999, G. Brünner 2000, C. Meier 2002, C. Domke 2006, S. Habscheid 2006, 2008, W. Holly 2006, V. Hübl 2010, J. Zając 2012, 2013 dar.

5   Unter den wertvollen Beiträgen sei hier auf die korpusbasierte Studie von V. Hübl 2010, auf den Sammelband A. Deppermann et al. (2010), des Weiteren auf A. Deppermann 2010b und C. Meier 2002 verwiesen. Wegen des völligen Verzichts auf eine auf mündlichen Interaktionen gründende Analyse erweist sich die Studie von M. Kochan 2008 als etwas enttäuschend.

sen von empirischem Material, das nach bestimmten wissenschaftlichen Kriterien erhoben, erfasst und ausgewertet wird, aus.[6] Besonders problematisch bei dieser ausschließlichen Fokussierung auf die Schriftsprache ist die Tatsache, dass die Ergebnisse der Forschungen zur Schriftsprache restlos auf die Kommunikation *face-to-face* übertragen werden (dazu exemplarisch R. Keller 2009). Dabei wird die Tatsache außer Acht gelassen, dass der tatsächliche kommunikative Austausch in Konzernen multimedial und multimodal erfolgt, d.h.: Er findet dank verschiedener technischer Medien und dank verschiedener körperbasierter Modalitäten statt. Diese besondere Qualität der Multimodalität und der Multimedialität bestimmt die kommunikativen Praktiken maßgeblich.

2. Theoretische Grundlagen

Die theoretischen Grundlagen dieser Ausführungen liefern die Annahmen der anthropozentrischen Linguistik[7], die von einer klaren Unterscheidung zwischen wirklichen Sprachen (Idiolekten und Polylekten) bzw. wirklichen Kulturen (Idiokulturen und Polykulturen) und Modellen (Abstraktionen wie: Nationalsprache, Fachsprache) ausgeht. Der Ausgangspunkt für die anthropozentrisch orientierte Kommunikationswissenschaft sind wirkliche (im Sinne von: empirisch hinterfragbare) kommunikative Eigenschaften konkreter Menschen bzw. Menschengruppen. Die meisten Studien über Unternehmenskommunikation haben sich *bis dato* vorwiegend auf den Aspekt der Fachsprachlichkeit konzentriert, weil dieser zu Recht als einer der zentralen Aspekte der Unternehmenskommunikation angesehen wurde. Unternehmenskommunikation wird dabei primär als *specialist discourse* aufgefasst (J. Zając 2013: 13ff.). Die Kommunikation innerhalb einer Gemeinschaft von Fachleuten ist erst möglich, wenn Mitglieder dieser Fachgemeinschaft über kommunikative „Mittel" (im Sinne von Fähigkeiten) verfügen, die ihnen eine Fachkommunikation ermöglichen, d.h. wenn sie über einen Polylekt verfügen, der auf sprachlichem, fachlichem und kulturellem Wissen basiert (s. ausführlich S. Grucza 2012: 153ff.). Eine wirkliche (empirisch hinterfragbare) Sprache wird immer von nichtsprachlichen Elementen begleitet, die kommunika-

---

6 Was die applikativen Umsetzungen von linguistischen Studien betrifft, basieren die meisten Schulungen für Manager und Mitarbeiter auf der Kulturstandards-Theorie (s. A. Thomas 1993, 2003a, 2003b, 2003c), die die Entwicklung von (interkulturellen und intrakulturellen) kommunikativen Fähigkeiten *per definitionem* als das Erlernen von *Fremd*sprachen und *Fremd*kulturen versteht.

7 Für eine umfassende Darstellung sei hier auf F. Grucza 2010, 2012, S. Grucza 2006, 2012 verwiesen.

tive Funktion haben. Das sind nonverbale Elemente (Gestik und Mimik), sowie paraverbale Erscheinungen (etwa Prosodie, Ton der Stimme, Stimmqualitäten usw.), die zum Zustandekommen des Verbalen beitragen und dieses begleiten, ergänzen, manchmal substituieren oder modifizieren (s. K.R. Scherer 1979: 28ff.). Eine Untersuchung der „redebegleidetenden" Erscheinungen (C. Müller 1998) ist eine primäre Aufgabe der anthropozentrischen Kulturologie (s. S. Bonacchi 2011: 45ff.).

Zu den kommunikativen Eigenschaften konkreter Menschen und konkreter Menschengruppen gehört also die Beherrschung von kommunikativen Mitteln *sensu largo*, also die Beherrschung von verbalen und nonverbalen Mitteln sowie der kompetente kommunikative Umgang mit Gegenständen und das proxemische Verhalten.[8] Orientiert sich die Schriftsprache, zumindest tendenziell, an einem idealen Sprachmodell, spielen in der gesprochenen Sprache Elemente, die in der Schriftsprache eine periphere Bedeutung haben, als störend empfunden werden oder sogar unerwünscht sind (wie etwa Interjektionen, gefüllte und ungefüllte Pausen, syntaktische Brüche, Abtönungspartikel, Modalpartikel, Diskursmarker, Assimilationsprozesse), eine wichtige interaktionskonstitutive Rolle. Die geringere zur Verfügung stehende Vorausplanungszeit und Verarbeitungszeit führt zu verschiedenen Prozessen der Integration und der Portionierung der Äußerungen in kleinere Einheiten, sowie der Überführung bestehender sprachlichen Konstruktionen in andere (etwa durch Anakoluthe und andere Korrekturphänomene, Redundanzen, Auslassungen, Ellipsen, grammatische „Abweichungen"). Prosodische Elemente wie Dehnungen, Stimmsenkungen und -erhöhungen, die Realisierung von Prominenzen tragen dazu bei, dass das Kommunikat deutlich wird und eine adäquate Ausdruckskraft bekommt. Die Dynamik des Sprecherwechsels (glatte Übergänge, Unterbrechungen, Simultansprechen), die Gliederungssignale (Sprecher- und Hörersignale, Rezeptions- bzw. Feedback-Signale), Pausen und Verzögerungssignale haben oft eine bedeutungskonstituierende Rolle. Gestik, Mimik und proxemisches Verhalten sind nicht zu trennen von den Worten, die Menschen benutzen und führen dazu, dass eine kommunikative Interaktion gelingt oder nicht.

Da das nonverbale und paraverbale Verhalten zum Teil „natürlich", andererseits aber erlernt bzw. kulturspezifisch ist, entstehen oft Probleme in der Kommunikation, die über das bloß Verbale hinausgehen. Das Nonverbale und das Paraverbale wird anders mental verarbeitet als das Verbale, das stärker logischen bzw. inferentiellen Prozessen unterliegt. Das „Verstehen" des nonverbalen und paraverbalen Verhaltens erfolgt meist direkt, unbewusst, steuert unsere Einstel-

---

8   Siehe: E.T. Hall 1966, P. Ekman/ W. Friesen 1969, D. Efron 1972, A. Kendon 1979, 1980, 2004, S. Frey 1984, S.F. Sager 2000, R. Schmitt 2005, D. McNeill 2005, A. Esposito 2007, E. Jarmołowicz et al. 2007, E. Keller/ W. Tschacher 2007, 2005, M. Argyle 2013.

lung zum Gesprächspartner, es „filtert" positiv und negativ unsere Rezeptionsprozesse. Oft drücken wir etwas nonverbal aus, für das wir keinen verbalen Ausdruck finden. Das Nonverbale spielt mit dem Verbalen zusammen, es kann verstärken, desambiguieren, modulieren.

Bis vor kurzem wurde alledem, was nicht als „verbal" galt, kaum Aufmerksamkeit geschenkt, es wurde sogar „verdrängt", indem es mit der Negation „Nonverbales" etikettiert wurde (s. S.F. Sager 2005: 8f.). Erst in neuester Zeit wurde diesem „steinernen Gast" unserer Kommunikationsfähigkeit die Würde und Bedeutung zuerkannt, die ihm gebührt. Kommunikation wird als ein multimodales Ausdruckssystem angesehen, in dem all die beschriebenen kommunikativen Modalitäten eine konstituierende Rolle spielen.

3. Multimodalität

In früheren Studien über die Bereiche der Kommunikation, die nicht unter dem Sammelbegriff des „Verbalen" subsumiert werden konnten, herrschte eine große terminologische Varietät. In der älteren Forschung wurde zwischen „verbaler", „nonverbaler" (darunter fielen vor allem Gestik und Mimik), „paraverbaler" (darunter fiel alles, was mit der menschlichen Stimme und den menschlichen Artikulations- bzw. Phonationsorganen verbunden war), und „extraverbaler" Kommunikation (darunter fielen hauptsächlich Proxemik und Chronemik) unterschieden (ausführlicher dazu s. S.F. Sager 2005: 5-17). In neuester Zeit hat sich der Ausdruck „Multimodalität" (aus dem engl. „multimodality", da diese Bezeichnung sich zunächst im angelsächsischem Sprachraum etabliert hat) eingebürgert, der ermöglicht, der modalen Komplexität und der kanalspezifischen Varietät der menschlichen Kommunikation Rechnung zu tragen. Der Terminus wurde den Neurowissenschaften entlehnt: „Modality" bezeichnet eine „sensorische Modalität", die dann entsprechend auf neuronaler Ebene verarbeitet wird (s. etwa E. Pöppel 2009). Ab dem ersten Jahrzehnt des 21. Jahrhunderts hat sich der Terminus in der Sprachwissenschaft etabliert (s. exemplarisch E. Magno Caldognetto/ I. Poggi 1999 und 2001), vor allem in Anlehnung an die designative Valenz in der Semiotik vom Ausdruck „modality" als die Art und Weise, in der eine vermittelte Information enkodiert wird (R. Hodge/ G. Kress 1988: 26).

Unter „Multimodalität" wird in den folgenden Ausführungen die Gesamtheit der körperbasierten kommunikativen Mittel bezeichnet, über die Menschen verfügen, um kommunikativ zu handeln:

> How many languages do we speak? A lot at the same time (...) because our body speaks many languages at the same time (...) We do not communicate only with words, but with our entire body. To exchange information about the environment,

our mental and affective states, and our identity, we exploit the whole gamut of our sensory modalities – sight, audition, smell, touch, even taste – and several parts of our body: our mouth, face, head and eyes, hands, trunk, legs (…) (I. Poggi 2007: 9).

Ihnen entsprechen komplexe neuronale Prozesse in der kognitiven Verarbeitung, die zum Teil modular erfolgen:

Different modules in the visual modality (being, for instance, responsible for colour perception or face recognition) and similarly in the auditory modality (being, for instance, responsible for the prosody or the semantics of the speech) are co-activated (…). Thus, not only on the cellular, but also on the modular level, the brain has to deal with integration of spatially distributed and temporally imprecise neuronal information (…) (E. Pöppel 2009: 1889).

Bei Multimodalität geht es um die „Ko-Aktion" von neuronalen Prozessen, die Reize verarbeiten, daher um „sinnesbasierte Modalitäten", die die Kommunikation ermöglichen und die sich wiederum in produktive und rezeptive Modalitäten unterteilen lassen (*sensor productive* und *sensor reproductive modalities*, vgl. E. Magno Caldognetto/ I. Poggi 2001). Sie umfassen die visuellen, die auditiven, die olfaktorischen, die gustatorischen und die taktilen bzw. haptischen Modalitäten unserer Körper, sowie die Fähigkeit unseres Körpers, diese rezeptiven „Modalitäten" bei anderen zu aktivieren: Gesichtsteile (Augenpartie, Lippen, Ohren), der Kopf, Rumpf, Beine, unsere Stimme. Bereiche der multimodalen Forschung sind daher: nonverbale Kommunikation (Gestik, Mimik), paraverbale Elemente bzw. Suprasegmentalität (vor allem wie die Stimme kommunikativ eingesetzt wird), proxemisches Verhalten.

Sven F. Sager, der die Ergebnisse der nonverbalen Analyse des kommunikativen Verhalten zu Zwecken der Beschreibung, der Segmentierung und der Annotation operationalisiert hat, spricht von drei „Grunddisplays", die zum Zustandekommen eines Kommunikats führen und die in der gegenseitigen Abhängigkeit untersucht werden können: das verbale, das vokale und das kynesische Display (S.F. Sager 2005: 10ff.). Das verbale Display besteht aus verbalen Zeichen, die wiederum unterschiedliche Ausdrucksmodi haben können: etwa das gesprochene Wort oder das geschriebene Wort oder ein gestisches Emblem (denn Embleme sind Gesten mit Zeichen-Funktion). Ich kann zum Beispiel ein Angebot annehmen, indem ich das Wort „ja" sage, ich kann auch durch ein Nicken des Kopfes meinem Gesprächspartner mitteilen, dass ich das Angebot akzeptiere. „Ja" kann aber auch ein Zeichen des Jubels und der Begeisterung sein. Diese expressive Illokution kann z.B. durch ein *Affect Display* – etwa die zusammengeballten Fäuste – ausgedrückt werden. Ein komplexes Zusammenspiel von kommunikativen Modalitäten führt dazu, dass ein Kommunikat in einer bestimmten Form zustande kommt und vom Gesprächspartner interpretiert wird. Aus pragmalinguistischer Sicht bedeutet das, dass die unterschiedlichen illokutionären Akte auch eine gestische Ausdrucksform finden können. Aus der Sicht der Relevanztheorie stellen nonverbale Akte nach dem Prinzip der Ostensivität (D. Sperber/ D. Wilson 1986: 51ff.) eine „Evidenz" der Intention des Sprechers dar, weil deren erste Interpretation sich im kleinsten inferentiellen Aufwand seitens des Hörers niederschlägt: „Communication is successful not when hearers recognise the linguistic meaning of the utterance, but when they infer the speaker's 'meaning' from it" (ibid. S. 23). Da die Verarbeitungsprozesse des Nonverbalen viel kürzer sind als die des Verbalen, verrät unsere Gestik und unsere Mimik meist mehr über die von uns intendierten Sprechhandlungen als das Gesagte. Allerdings ist uns das oft nicht bewusst.

4. Mündlichkeit in der Unternehmenskommunikation

In der Unternehmenskommunikation ist die Unterscheidung zwischen spontanen, privaten oder halbprivaten kommunikativen Interaktionen (s. U. Kleinberger Günther 2005a) und geplanten, öffentlichen oder halböffentlichen kommunikativen Interaktionen grundlegend. Spontane Interaktionen (halb)privaten Charakters erfolgen nach den gleichen Grundsätzen wie die Kommunikation von Angesicht zu Angesicht. Wichtige Variablen sind dabei die Beziehung der Interaktanten, ihre Rollen, die Situation und der Kontext. Als charakteristisches Merkmal von (halb) öffentichen Interaktionen im Unternehmenskontext wurde die „sekundäre Mündlichkeit" anerkannt (vgl. M. Kochan 2008, G. Fehrmann/ E. Linz 2009), in Anlehnung an den Begriff der „sekundären Oralität" von Walter J. Ong (1987). Unter „sekundärer Mündlichkeit" werden jene Formen der Mündlichkeit subsumiert, denen eine medienvermittelte Schriftlichkeit zugrunde liegt. Darunter fallen vor allem Referate und Präsentationen, die auf der Grundlage einer „Text-Matrix" (z.B. einer Power-Point-Präsentation, die nicht selten sogar in einer anderen Sprache, etwa Englisch vorbereitet und dann schon als Muster für Variationen geplant ist) gehalten werden. Die daraus resultierende mündliche Form stellt eine Variation von diesem zugrunde liegenden „Urtext" dar. Mit dieser Form der sekundären Mündlichkeit verbindet sich der Aspekt der Modularität und der Ritualität der Unternehmenskommunikation (s. M. Kochan 2008: 144). Oft werden im Unternehmenskontext fertige „Bausteine" zu spezifischen Zwecken erarbeitet, die dann in Präsentationen, Werbematerial, Schulungen u.ä. beliebig kombiniert und je nach Bedürfnis variiert werden können. Daraus resultiert eine gewisse „Erkennbarkeit" des Unternehmensstils, die sprachlich aufzuspüren ist. Diese Modularität entspricht dem Bedürfnis nach Ökonomisierung der Prozesse und nach Gruppen-Steuerung, beides wichtige Ziele in Unternehmen. Darüber hinaus werden durch diese Modularität im kommunikativen Verhalten bestimmte geprüfte kommunikative Prozeduren durch den Usus (häufigen Gebrauch) akkreditiert. Dieser Wiederholungsprozess kann sogar eine rituelle Qualität annehmen. Die rituelle Wiederholung führt dazu, dass bestimmte kommunikative Praktiken (etwa Grußverhalten, Ablauf von dienstlichen Gesprächen, habituelle Handlungen wie etwa der Besuch des gleichen Fitness-Centers, der von der Firma gesponsert wird) eine symbolische, identitätsstiftende Dimension einnehmen. In der (halb)öffentlichen Unternehmenskommunikation werden einige für die Unternehmenskultur typische Werte zum Ausdruck gebracht: etwa Dynamik und die damit verbundenen Topoi, Innovation, Effektivität (was auch oft in einen aggressiven Sprachgebrauch mündet), Loyalität, Zuverlässigkeit. M. Wolny-Peirs (2005) subsumiert Unternehmenskommunikation unter „Sprache des Erfolgs", die durch Optimismus, Vitalität, Hyperbolizität charakterisiert ist. Es lässt sich schlussfolgern, dass in der Unternehmenskommunikation Sachorientierung mit Ausdrucksstärke einhergeht, was oft nicht einfach zu verbinden ist und nur durch den Einsatz aller kommunikativen Mittel, also multimodal, erreicht werden kann.

Nun gilt die Frage: Welche multimodalen Bereiche können für die Erforschung von kommunikativen Praktiken in Unternehmen von besonderer Relevanz sein? In den folgenden Ausführungen möchte ich mich auf einige Aspekte konzentrieren, die für die Untersuchung von kommunikativen Praktiken in den Unternehmen von besonderer Relevanz sein können: (a) *Kooperation*, darunter Strategien der Selbstdarstellung und der Gruppenidentitätsstiftung, sowie persuasive Strategien; (b) *Prozesse der Distanzregulierung* (Distalisierungs- und Proximalisierungsprozesse, die zur Verteilung des kommunikativen Raums beitragen, wodurch interaktionale Rollen und Positionen kenntlich gemacht werden). Dazu gehört u.a. proxemisches Verhalten *sensu stricto* und *sensu largo* sowie verbale, prosodische und gestische Deixis.

4.1. Kooperation

Damit Kommunikation gelingt, sollen die Gesprächspartner synergisch und synlogisch sprachlich handeln, also kooperieren. Durch ihr kooperatives Verhalten zeigen die Gesprächspartner, dass sie eine konsistente Referenzwelt teilen, darüber hinaus dass sie über die kommunikativen Ziele und über die „Richtung" (die Form, die Wahl der sprachlichen Mittel) des Gesprächs einig sind. Die Ko-Präsenz der Interaktanten in der Kommunikation *face-to-face* führt dazu, dass die Interaktion von den Gesprächspartnern ko-konstruiert (vgl. S. Jacoby/ E. Ochs 1995) wird. Die Sukzessivität der einzelnen sprachlichen Handlungen (Gesprächssequenzen) weicht der Simultanität der sprachlichen Handlungen (A. Deppermann 2010b). Nach dem Prinzip der *co-construction* (Mitgestaltung) des kommunikativen Raums (S. Bonacchi 2013b) werden die einzelnen Gesprächsbeiträge vom

„Sprecher" und „Hörer" nicht in der linearen Kette Aktion-Reaktion, sondern in ihrer gegenseitigen Abhängigkeit betrachtet. Bei synchronen Interaktionen werden das Verbale und das Nonverbale als Modi eines ganzheitlichen Ausdrucksprozesses mitkonstituiert. Dies trifft vor allem die „redebegleitenden Gesten" (s. D. Efron 1972, D. McNeill 1992, C. Müller 1998), die nur unter Berücksichtigung der zugehörigen vokalen Äußerung interpretierbar sind. Die redebegleitenden Gesten sind, wie schon gesagt, zum Teil „natürlich" (etwa die Batons bzw. „tackstockartigen Gesten" nach D. Efron 1972: 96, oder die ideographischen Gesten), zum Teil kulturell vermittelt. David Efron teilte sie in „objektbezogene Gesten", die sich auf den Gegenstand der Rede beziehen, und „diskursbezogene Gesten", die sich auf die Rede selbst beziehen (D. Efron 1972: 96). Diskurbezogene Gesten haben eine ikonische Qualität in Bezug auf die entsprechenden mentalen Prozesse. Sie veranschaulichen und gliedern das Gesagte nach der „mentalen Syntax" (C. Müller 1998: 137ff.). Sie erlauben es, nicht nur „den Gehalt der mentalen Repräsentation" darzustellen, sondern darüber hinaus auch deren „Perspektivität" (E. Fricke 2007: 170).

Zu den „redebegleitenden Gesten" gehören aber nicht nur *Illustratoren*, wie etwa die Batons und die ideographischen Gesten, sondern auch *Regulatoren*, *Adaptoren* und *Affect Displays* (in der Terminologie von P. Ekman/ W. Friesens 1969). Im Folgenden soll darauf eingegangen werden, weil diese Gesten eine grundlegende Rolle in der Realisierung des Kooperationsprinzips zwischen den Gesprächspartnern sowie in den Prozessen der Verteilung und Besetzung des kommunikativen Raums (Distalisierungs- und Proximalisierungsprozesse) spielen. Die *Regulatoren* (P. Ekman/ W. Friesen 1969: 82ff.) sind sowohl verbale Äußerungen als auch mimische und gestische Bewegungen, die das Gespräch aufrechterhalten und regulieren. Dazu gehören Gliederungssignale, Sprecher- und Hörersignale, so genannte Feedbacksignale, sowie Signale zur Markierung von übergaberelevanten Stellen im Gespräch. Ihre Verwendung liegt oft an der Grenze des Bewusstseins. Sie sind erlernt, jedoch oft nicht spezifiziert (ibid. S. 82f.). Zu den Signalen mit regulativer Funktion gehören vor allem Bewegungen des Kopfes, Augenbewegungen, mimische Ausdrücke.

Die kompetente Verwendung dieser Regulatoren führt dazu, dass eine Person „interessant" spricht, dass ein „Hörer" einen aufmerksamen Eindruck macht. Eine kompetente Regulierung des Gesprächs, sowohl seitens des Hörers als auch des Sprechers, führt dazu, dass das Kommunikat besonders effektiv ist, ohne unerwünschte Reibungen, und dass die kommunikative Spannung lebhaft bleibt, denn eventuell auftretende Störungen im Kommunikationsprozess können in Realzeit behoben werden. Der Sprecher kann anhand der korrekten Deutung des nonverbalen Verhaltens seiner Gesprächspartner eruieren, ob er die optimale kommunikative Strategie gewählt hat und sie gegebenenfalls ändern. Zu den wichtigen

Regulatoren gehört auch das Lächeln, das oft kommunikativ eingesetzt wird und supportive Funktionen erfüllen kann (s. A. Żak-Zielińska 2013).

Eine große Bedeutung für kompetente Unternehmenskommunikatoren hat die Beherrschung von *Adaptoren* und *Affect Displays*, sowie ihre richtige Deutung bei den Gesprächspartnern. Die Adaptoren sind zum Teil unbewusste, zum Teil erlernte Bewegungen, die uns ermöglichen, in einer sozial akzeptierten Weise unsere psychophysischen Zustände (etwa: Anspannung, Müdigkeit, Stress) auszudrücken und die damit verbundenen körperlichen Bedürfnisse zu befriedigen. Man unterscheidet zwischen: a) Selbstadaptoren, d.h. Selbstberührungen (autotaktiler Kontakt, Selbsthaptik), wie etwa sich durch die eigenen Haare streichen, sich mit der Hand das Gesicht berühren, um Nervosität oder Angespanntheit zu verschleiern; b) Fremdadaptoren (soziotaktiler Kontakt), d.h. Bewegungen, die auf eine andere Person gerichtet sind, wie etwa Fremdberührungen oder körperliche Taxis (Axialausrichtung durch den Blick, den Kopf oder den Rumpf); c) Objektadaptoren (objekttaktiler Kontakt), d.h. Gegenstandsmanipulationen, wie etwa mit den Händen mit einem Kugelschreiber spielen während einer Präsentation, um die eigene emotionale Spannung zu entladen.

Affect Displays sind Bewegungen, die durch Basisemotionen (Freude, Überraschung, Furcht, Trauer, Wut, Abscheu und Interesse) ausgelöst werden. Sie können mimische Bewegungen, Bewegungen der Arme, der Beine oder anderer Teile des Körpers sein. Sie können ganz kleine Gestenamplituden – so etwa bei der kaum wahrnehmbaren Bewegung eines Lippenendes nach unten als Ausdruck der Missbilligung – oder große Gestenamplituden haben – etwa beim Börsenmakler, der gerade sieht, dass die Aktien seines Portfolios plötzlich nach oben gegangen sind und wie ein Sportler am Ziel jubelt. *Affect Displays* sind Mittel des Ausdrucks von Emotionen, zugleich bilden sie sozial gesehen kathartische Mittel für den Umgang mit Emotionen.

Da der Umgang mit Emotionen (Emotionen-Kontrolle bzw. Unterdrückung, Verschleierung oder freier Ausdruck von Emotionen, empathische Prozesse) in der Unternehmenskommunikation sehr wichtig ist, ist ein kompetenter Umgang mit den eigenen Emotionen und mit den Emotionen der Anderen sehr wichtig. Eine richtige Deutung der *Affect Displays* und der *Adaptoren* kann hier vom Nutzen sein. Die Beobachtung dieser Gesten kann sowohl über uns als Sprecher als auch über unsere Zuhörer Aufschluss geben und kann uns helfen, unsere kommunikativen Strategien dementsprechend anzupassen. In vielen Raschkursen bzw. „100-Seiten-Ratgebern" zur „effektiven Kommunikation" wird empfohlen, diese Bewegungen, die zum Teil spontan sind, zu unterdrücken (etwa mit allgemeinen Hinweisen: „Sie sollen die Hände zusammenhalten, nicht allzu viel zu gestikulieren, das macht einen nicht kompetenten Eindruck"). Diese zu allgemeinen Regeln führen oft dazu, dass die Gesprächspartner sich gehemmt verhalten; dabei entsteht oft der Eindruck einer großen Steifheit, der dazu führt, dass der Sprecher als nicht „aufrichtig" bzw. gehemmt empfunden wird. Dagegen wirken Sprecher, die kompetent mit *Adaptoren* und *Affect Displays* umgehen, als lebhafte und aufrichtige (nicht aufgesetzte) Sprecher.

Da jede Kommunikationsgemeinschaft gewisse kommunikative Praktiken zum Ausdruck von Emotionen erarbeitet, ist die Entwicklung einer dazu gehörigen pragmatischen Kompetenz bzw. Handlungskompetenz (s. A. Thomas 2010, S. Bonacchi 2011) eine wichtige Aufgabe der multimodalen Forschung.

4.2. Prozesse der Distanzregulierung

Eine besondere Aufmerksamkeit im Bereich der multimodalen Kommunikation gebührt dem *proxemischen Verhalten*, das die Verteilung bzw. Besetzung des kommunikativen Raums ermöglicht und die Prozesse der Proximalisierung und Distalisierung steuert. Wie kommunikative Interaktionen (vor allem *face-to-face*) zwischen Menschen zustande kommen, ist maßgebend dadurch geprägt, ob die Gesprächspartner sich als „nah" oder „distanziert" empfinden, d.h. wie sie den *kommunikativen Raum* besetzen bzw. verteilen. Davon hängt die Wahl der sprachlichen Mittel und der kommunikativen Strategien sowie die Dynamik des Aufeinanderfolgens der Redebeiträge ab. Bei „distanziert" und „nah" handelt sich immer um dynamische Werte, d.h. um eine punktuelle Bestimmung auf der Skala zwischen den Polen Proximalität (Annäherung) und Distalität (Entfernung). Die Mitgestaltung des kommunikativen Raums erfolgt multimodal, dem nonverbalen und paraverbalen Verhalten („eye-gaze, facial expression, gesture, body deployment, pitch, intonation, vocal stress, orientation to objects in interactional space, laughter, overlap and its solutions, unfinished and suppressed syllables, and silence", S. Jacoby/ E. Ochs 1995: 176) wohnt eine „sequentielle Relevanz", also eine Relevanz in der Entwicklung der Sequenzstruktur, inne (ibid.).

Proximale und distale kommunikative Elemente stellen eine „Evidenz" (vgl. D. Sperber/ D. Wilson 1986: 22f.) für die Art der zwischenmenschlichen Beziehungen und der hierarchischen Verhältnisse dar. Aufgrund dieser Prozesse werden Machtverhältnisse, die hierarchische Struktur und persönliche Bindungen in Unternehmen sowie die daraus resultierenden diskursiven Rollen und Positionen ersichtlich (s. S. Bonacchi 2013a: 128f.). Die Gestaltung der Prozesse der Proximalisierung und der Distalisierung ist von Gruppe zu Gruppe unterschiedlich. Jedes Unternehmen ist durch ein eigenes Selbstverständnis charakterisiert, das wiederum seinen „kommunikativen Stil" bzw. Kommunikationskultur beeinflusst. Dieses Selbstverständnis kann von oben bestimmt sein, kann sich aber auch im Laufe der kommunikativen Praktiken quasi „aus sich heraus" entwickelt. Einige Unternehmen streben ein schwach hierarchisiertes Modell an (Betonung der *peer-to-peer*-Kommunikation), andere ein hoch hierarchisiertes Modell, in dem Entscheidungsbefugnisse, Abhängigkeiten, Autoritätsbereiche klar definiert sind und die diskursiven Praktiken (d.h. wer mit wem wie wann worüber sprechen kann und darf, vgl. D. Busse 2008: 66f.) bedingen. Innerhalb dieser extremen Pole (hoch hierarchisiertes und schwach hierarchisiertes Modell) verortet sich ein breites Spektrum an kommunikativen Möglichkeiten und Stilen. Aus einer Fehleinschätzung der jeweiligen diskursiven Rollen und einem daraus resultierenden nicht adäquaten Einsatz der Mittel der Proximalisierung und der Distalisierung können erhebliche Kommunikationsprobleme resultieren.

Wichtige Mittel der Proximalisierung und der Distalisierung sind Höflichkeitsformen und sprachliche Routinen (s. U. Kleinberger Günther 2002, S. Bonacchi 2011, 2013a, J. Zając 2013), die wiederum auch als Mittel der rituellen Kohärenz anzusehen sind. Sprachliche Routinen sind rekurrierende Äußerungen, die in einer Kommunikationsgemeinschaft sprachlich kodiert bzw. kulturell habitualisiert sind. Sie stehen den Mitgliedern einer Kommunikationsgemeinschaft als ein Repertoire an sprachlichen Wendungen und Skripten zur Verfügung (R.C. Schank/ R.P. Abelson 1977: 41), die in kommunikativen Situationen als Standardverhalten (nicht markiertes Verhalten) eingesetzt werden können bzw. „sicher" sind, denn der Sprecher muss nicht bei jedem Sprechakt eigens die Strategien überlegen, erwägen, auswerten, sondern kann auf ein sprachliches Inventar zurückgreifen, dessen soziale Akzeptanz schon geprüft wurde. Dies erweist sich im Unternehmenskontext von so großer Bedeutung, dass die Firmen auf unterschiedliche Art und Weise die Firmensozialisierung pflegen, u.a. mit spezifischen Schulungen (K. Knapp 1995). Zu den sprachlichen Routinen gehören Anrede- und Grußforme(l)n, sowie soziales Verhalten *sensu largo*. Studien haben gezeigt, dass vor allem in der interlingualen Kommunikation und in der Kommunikation auf Englisch als *lingua franca* der Zugriff auf standardisierte höfliche Formen, die oft hybrid sind, eine häufige kommunikative Praxis ist (s. L. Louhiala-Salminen et al. 2005, J. Zając 2013).

In jeder Firma gibt es eine Reihe von proximalisierenden Verhaltensweisen, die für eine Integration zwischen den verschiedenen Unternehmensakteuren sorgen und für den kommunikativen Umgang in der Firma charakteristisch sind. Dabei lässt sich feststellen, dass in der Unternehmenskommunikation besonders oft Formen der Proximalisierung in hierarchischen teilreziproken Kontexten routiniert sind. Handshakes, Begrüßungen, Umarmungen, Gelegenheitsfloskeln zwischen hierarchisch höher und niedriger Gestellten sind in hohem Maße konventionalisiert. Vertraute Formen (Körperberührungen, Annäherungen) brauchen eine beidseitige „Akkreditierung". Das Ausbleiben einer solchen Akkreditierung kann große Probleme, auch aus genderspezifischer Sicht, verursachen. Auch die Themen, die in Smalltalks und in nicht dienstlichen Gesprächen angesprochen werden, werden oft durch spezifische diskursive Praktiken rituell eingeführt, die bestimmen, wann (etwa in der Kaffeepause, während Besprechungen, hinter Couloirs) man worüber (Erweiterung von dienstlichen Themen, Freizeitbeschäftigungen, Familie, Politik usw.) sprechen kann und darf.

5. Multimodalität bei Multimedialität

Das Zusammenspiel von Verbalem und Nonverbalem/ Paraverbalem ist in jeder synchronen oder quasisynchronen kommunikativen Interaktion von grundlegender Bedeutung. Zu den (quasi)synchronen Kommunikationsformen gehört auch die medienvermittelte Kommunikation durch Kommunikatoren. Auch in diesem kommunikativen Modus wird das Bedürfnis nach einer Modulierung des Verbalen durch das Nonverbale und das Paraverbale deutlich. Die neuen Medien bzw. „Kulturtechniken" ermöglichen den Einsatz von nonverbalen Elementen (etwa: Bildmaterial, Videomaterial, Animationen, Audiodateien), die den Eindruck erwecken, dass die Gesprächspartner den gleichen Raum teilen. Darüber hinaus verringert sich die zeitliche Verschiebung der Gesprächsbeiträge bis zur Quasisimultaneität. Eine Tendenz zur Proximalisierung (Emotionalisierung, Unmittelbarkeit, Expressivität) wird in der Kommunikation durch die elektronischen Medien deutlich, die Schriftsprache rückt der Mündlichkeit näher. Die Gesprächspartner in mediengestützten kommunikativen Interaktionen greifen oft auf Mittel der Modulierung der emotionalen Intensität zurück, die für die face-to-face-Kommunikation typisch sind.[9] Ein Beispiel dazu liefern die Emoticons und die Smileys, die dem Verbalen eine nonverbale Expressivität verleihen – man denke etwa an das Emoticon ☺ bzw. an das Zeichen :-), das in SMS eine disambiguierende Funktion hat, bzw. verdeutlicht, dass eine Aussage wohlwollend gemeint ist. Oder man denke an verschiedene Kürzel bzw. entvokalisierte Äußerungen als Finalgruß in dienstlichen Emails, an Abkürzungen für Gemütszustände usw. (s. P. Schlobinski 2006). Dabei soll betont werden, dass die technischen Mittel ihren Benutzern neue Instrumente zur eigenen Identitätsstiftung anbieten – man denke etwa an die Fotos bzw. Bilder, die das eigene Image in der Kommunikation durch elektronische Kommunikatoren präsentieren, oder man denke an die Zitate oder Textpassagen, die den Emails bzw. anderen Sorten von E-Texten automatisch eingefügt werden. Der Einsatz von solchen extraverbalen Mitteln ist nicht nur durch das Bedürfnis motiviert, einen Ausdruck des eigenen Selbstbewusstseins zu finden, sondern diese Mittel der Selbstpräsentation verfolgen oft das Ziel, die diskursive Rolle und Position auszudrücken, die ein Mitarbeiter bzw. ein Akteur in der Unternehmens-

---

9   Siehe: N. Janich 1994, C. Dürscheid 1999, 2003, 2005, 2006, 2009, C.J. Gimenez 2000, 2006, V. Thaler 2003, U. Kleinberger Günther 2005b, M. Huber 2010.

kommunikation für sich beansprucht. Hier soll am Rande vermerkt werden, dass kulturologische Untersuchungen der Mittel der eigenen und der kollektiven Identitätsstiftung sowie des beanspruchten Platzes in der organisatorischen Struktur eines Unternehmens noch ein Desideratum darstellen.

6. Schlussfolgerungen

Zusammenfassend lässt sich feststellen, dass eine stärkere Aufmerksamkeit für Multimodalität im Rahmen der stets hervorgerufenen „Multidimensionalität" der Unternehmenskommunikation wünschenswert wäre. Die wissenschaftliche Erhellung der Interaktionsdynamik der verschiedenen Displays könnte helfen, einige Probleme der Kommunikation in Berufskontexten und in Organisationsstrukturen (Konflikte, Missverständnisse, Dialogstörungen) zu lösen. Zugleich wäre eine stärkere Beschäftigung mit den verbalen und nicht verbalen Mitteln als kommunikativen Instrumenten schlechthin nicht nur erkenntnisfördernd, sondern könnte auch praktisch zu einer besseren Gestaltung der zwischenmenschlichen Beziehungen im Unternehmen und somit zur Besserung der wirtschaftlichen Effektivität der Firmen führen.

Literatur

Asmuß, B. (2003): *Zur interaktiven Aushandlung von Teilnehmerkategorien in interkultureller Kommunikation.* In. Linguistik online 14. 107–122 [www.linguistik-online.de/14_03/ asmuss.pdf] (Abruf: 1.10.2013).

Argyle, M. ([10]2013): *Körpersprache & Kommunikation. Nonverbaler Ausdruck und soziale Interaktion.* Paderborn.

Bonacchi, S. (2011): *Höflichkeitsausdrücke und anthropozentrische Linguistik.* Warszawa.

Bonacchi, S. (2012): *Anthropozentrische Kulturologie. Einige Überlegungen zu Grundannahmen und Forschungspraxis anhand der Analyse von Komplimenten.* In: F. Grucza/ G. Pawłowski/ P. Zimniak (Hg.) Die deutsche Sprache, Literatur und Kultur in polnisch-deutscher Interaktion. Warszawa. 33–52.

Bonacchi, S. (2013a): *(Un)Höflichkeit. Eine kulturologische Analyse Deutsch-Italienisch-Polnisch.* Frankfurt etc.

Bonacchi, S. (2013b): *Der kommunikative Raum in der kulturologischen (Un)höflichkeitsforschung.* In: Glottodidactica XL/1. 35–49.

Brunner, G. (2000): *Wirtschaftskommunikation. Linguistische Analyse ihrer mündlichen Formen.* Tübingen.

Busse, D. (2008): *Diskurslinguistik als Epistemologie – das verstehensrelevante Wissen als Gegenstand linguistischer Forschung.* In: I. H. Warnke/ J. Spitzmüller (Hg.) Methoden der Diskurslinguistik. Sprachwissenschaftliche Zugänge zur transtextuellen Ebene. Berlin etc. 57–87.

Dannerer, M. (1999): *Besprechungen im Betrieb. Empirische Analysen und didaktische Perspektiven.* München.

Deppermann, A. (2010a): *Zur Einführung: 'Verstehen in professionellen Handlungsfeldern' als Gegenstand einer ethnographischen Konversationsanalyse.* In: A. Deppermann/ U. Reitemeier/ R. Schmitt/ T. Spranz-Fogasy (Hg.) Verstehen in professionellen Handlungsfeldern. Tübingen. 7–25.

Deppermann, A. (2010b): *Konklusionen: Interaktives Verstehen im Schnittpunkt von Sequenzialität, Kooperation und sozialer Struktur.* In: A. Deppermann et al (Hg.) Verstehen in professionellen Handlungsfeldern. Tübingen. 363–384.

Deppermann, A./ U. Reitemeier/ R. Schmitt/ T. Spranz-Fogasy (Hg.) (2010c): *Verstehen in professionellen Handlungsfeldern.* Tübingen.

Domke, C. (2006): *Besprechungen als organisationale Entscheidungskommunikation.* Berlin etc.

Dürscheid, C. (1999): *Zwischen Mündlichkeit und Schriftlichkeit: die Kommunikation im Internet.* In: Papiere zur Linguistik 60 (1). 17–30.

Dürscheid, C. (2003): *Medienkommunikation im Kontinuum von Mündlichkeit und Schriftlichkeit. Theoretische und empirische Probleme.* In: Zeitschrift für Angewandte Linguistik 38. 37–56.

Dürscheid, C. (2005): *E-Mail – verändert sie das Schreiben?* In: T. Siever/ P. Schlobinski/ J. Runkehl (Hg.) Websprache.net. Berlin etc. 85–97.

Dürscheid, C. (2006): *Merkmale der E-Mail-Kommunikation.* In: P. Schlobinski (Hg.) Von *hdl* bis *cul8er*. Sprache und Kommunikation in den neuen Medien. Mannheim. 104–117.

Dürscheid, C. (2009): *E-Mail: eine neue Kommunikationsform?* In: S. M. Moraldo (Hg.) Internet.kom. Neue Sprach- und Kommunikationsformen im WorldWideWeb. Band 1: Kommunikationsplattformen. Rom. 39–70.

Efron, D. (1972): *Gesture, Race and Culture.* The Hague.

Ekman, P./ W.V. Friesen (1969): *The Repertoire of Nonverbal Behavior: Categories, Origins, Usage, and Coding.* In: Semiotica 1. 49–98.

Elias, N. (1987): *Die Gesellschaft der Individuen.* Frankfurt/ M.

Esposito, A. (2007): *COST 2102: Cross-Modal Analysis of Verbal and Nonverbal Communication (CAVeNC).* In: A. Esposito/ M. Faundez-Zanuy/ E. Keller/ M. Marinaro (Hg.) Verbal and Nonverbal Communication Behaviours: COST Action 2102 International Workshop. Heidelberg. 1–10.

Fehrmann, G./ Linz, E. (2009): *Eine Medientheorie ohne Medien? Zur Unterscheidung von konzeptioneller und medialer Mündlichkeit und Schriftlichkeit.* In: E. Birk/ J.G. Schneider (Hg.) Philosophie der Schrift. Tübingen. 123–143.

Fiol, C.M./ E.J. O'Connor (2005): *Identification in Face-to-Face, Hybrid, and Pure Virtual Teams: Untangling the Contradictions.* In: Organization Science 16/ 1. 19–32.

Frey, S. (1984): *Die nonverbale Kommunikation,* Stuttgart.

Fricke, E. (2007): *Origo, Geste und Raum,* Berlin etc.

Fricke, E. (2012): *Grammatik multimodal,* Berlin etc.

Gimenez, C.J. (2000): *Business e-mail communication: some emerging tendencies in register.* In: English for Specific Purposes 19. 237–251.

Gimenez, C.J. (2006): *Embedded business emails: Meeting new demands in international business communication.* In: English for Specific Purposes 25. 154–172.

Grice, P. (1979): *Logik und Konversation*. In: G. Meggle (Hg.) Handlung, Kommunikation, Bedeutung. Frankfurt/ M. 243–265.

Grucza, F. (2010): *Zum ontologischen Status menschlicher Sprachen - zu ihren Funktionen, den Aufgaben der Sprachwissenschaft und des Sprachunterrichts*. In: Kwartalnik Neofilologiczny LVII/ 3. 257–274.

Grucza, F. (2012): *Zum Gegenstand und zu den Aufgaben der anthropozentrischen Linguistik, Kulturologie und Kommunikologie sowie zur gegenseitigen Vernetzung dieser Erkenntnisbereiche*. In: Kwartalnik Neofilologiczny LIX/ 3. 287–344.

Grucza, S. (2006): *Idiolekt specjalistyczny – idiokultura specjalistyczna – interkulturowość specjalistyczna*. In: J. Lewandowski/ M. Kornacka/ W. Woźniakowski (Hg.) Teksty specjalistyczne w kontekstach międzykulturowych i tłumaczeniach, Warszawa. 30–49.

Grucza, S. (2012): *Fachsprachenlinguistik*. Frankfurt/ M. etc.

Habscheid, S./ W. Holly/ F. Kleemann/ I. Matuschek/ G.G. Voß (Hg.) *Über Geld spricht man...* . Wiesbaden. 62–78.

Habscheid, S. (2006): *Sprache am Arbeitsplatz: Wie Angewandte Linguistik der Praxis beizukommen versucht*. In: W. Forner/ S. Habscheid (Hg.) Sprachliche und fachliche Kompetenzen: Zwei Seiten eines Blattes? Frankfurt/ M. 65–82.

Habscheid, S. (2008): *Kommunikation in Institutionen und Organisationen*. In: F. Grucza/ H.-J. Schwenk/ M. Olpińska (Hg.) Translatorik in Forschung und Lehre der Germanistik. Warszawa. 141–154.

Hall, E.T. (1966): *The Hidden Dimension*. New York

Hodge, R./ G. Kress (1988): *Social Semiotics*. Cambridge.

Holly, W. (2006): *Wandel in der Kommunikation zwischen Banken und Kunden*. In: S. Habscheid/ W. Holly/ F. Kleemann/ I. Matuschek/ G.G. Voß (Hg.) Über Geld spricht man... Wiesbaden. 62–78.

Huber, M. (^{2}2010): *Kommunikation im Web 2.0. Twitter, Facebook & Co*. Konstanz.

Hübl, V. (2010): *Wirtschaftsdeutsch als Fremdsprache für zukünftige Manager*. Münster etc.

Jacoby, S./ E. Ochs (1995): *Co-Construction. An Introduction*. In: Special Issue of Research on Language and Social Interaction 28 (3). 171–183.

Janich, N. (1994): *Electronic Mail, eine betriebsinterne Kommunikationsform*. In: Muttersprache 3/ 1994. 248–259.

Jarmołowicz, E./ M. Karpiński/ Z. Malisz, / M. Szczyszek (2007): *Gesture, Prosody and Lexicon in Task-Oriented Dialogues: Multimedia Corpus Recording and Labelling*. In: A. Esposito/ M. Faundez-Zanuy/ E. Keller/ M. Marinaro (Hg.) Verbal and Nonverbal Communication Behaviours: COST Action 2102. Heidelberg. 99–110.

Keller, E./ Tschacher, W. (2007): *Prosodic and Gestural Expression of Interactional Agrement*. In: A. Esposito/ M. Faundez-Zanuy/ E. Keller/ M. Marinaro (Hg.) (2007): Verbal and Nonverbal Communication Behaviours: COST Action 2102. Heidelberg. 85–98.

Keller, R. (2009): *Die Sprache der Geschäftsberichte: Was das Kommunikationsverhalten eines Unternehmens über dessen Geist aussagt*. In: C. Moss (Hg.) Die Sprache der Wirtschaft. Wiesbaden. 19–44.

Kendon, A. (1979): *Die Rolle sichtbaren Verhaltens in der Organisation sozialer Interaktion*. In: K.R. Scherer (Hg.) Nonverbale Kommunikation. Forschungsberichte zum Interaktionsverhalten. Weinheim etc.

Kendon, A. (1980): *Gesticulation and Speech: Two Aspects of the Process of Utterence*. In: M.R. Key (Hg.) The Relationship of Verbal and Nonverbal Communication. The Hague. 207–227.Kendon, A. (2004): *Gesture: Visible Action as Utterance*. Cambridge. 94–98.

Kleinberger Günther, U. (²2002): *Sprachliche Höflichkeit in innerbetrieblichen e-mails*. In: H.-H. Lüger (Hg.) Höflichkeitsstile. Frankfurt/ M. etc. 147–164.

Kleinberger Günther, U. (2005a): *„Softcommunication" – Relevanz und Strukturierheit von spontaner innerbetrieblicher Kommunikation*. In: Sociolinguistica 19. 73–81.

Kleinberger Günther, U. (2005b): *Textsortenwandel: E-Mails im innerbetrieblichen Kontext*. In: S. Braun/ K. Kohn (Hg.) Sprache(n) in der Wissensgesellschaft. Frankfurt/ M. etc. 303–318.

Knapp, K. (1995): *Interkulturelle Kommunikationsfähigkeit als Qualifikationsmerkmal für die Wirtschaft*. In: J. Bolten (Hg.) Cross Culture – Interkulturelles Handeln in der Wirtschaft. Berlin. 8–23.

Kochan, M. (2008): *Mówiony język biznesu*. In: M. Milewska-Stawiany/ E. Rogowska-Cybulska (Hg.) Polskie języki. O językach zawodowych i środowiskowych. Gdańsk. 139–175.

Lauer, C. (2009): *Contending with Terms: "Multimodal" and "Multimedia" in the Academic and Public Spheres*. In: Computers and Composition 26/ 4. 225–239.

Louhiala-Salminen, L./ M. Charles/ A. Kankaanranta (2005): *English as a lingua franca in Nordic corporate mergers: Two case companies*. In: English for Specific Purposes 24. 401–421.

Magno Caldagnetto, E./ I. Poggi (1999): *The score of multimodal communications and the goals of political discourse*. In: Quaderni dell'Instituto di Fonetica e Dialettologia. Vol. 1. CD-Rom

Magno Caldagnetto, E./ I. Poggi (2001): *Dall'analisi della multimodalità quotidiana alla costruzione di agenti animati con facce parlanti e espressivi*. In: Atti delle XI Giornate di Studio del Gruppo di Fonetica Sperimentale. Multimodalità e multimedialità nella comunicazione. Padova. 47–55.

McNeill, D. (1992): *Hand and Mind. What Gestures Reveal about Thought*. Chicago.

McNeill, D. (2005): *Gesture & Thought*. Chicago.

Meier, C. (2002): *Kommunikation in räumlich verteilten Teams: Videokonferenzen bei Technics*. In: C. Thimm (Hg.) Soziales im Netz. Sprache, Beziehungen und Kommunikationskulturen im Internet. Wiesbaden. 103–134.

Müller, C. (1998): *Redebegleitende Gesten. Kulturgeschichte – Theorie – Sprachvergleich*. Berlin.

Ong, W. J. (1987): *Oralität und Literalität. Die Technologisierung des Wortes*. Opladen.

Poggi, I. (2007): *Mind, Hands, Face and Body: A Goal and Belief View of Multimodal Communication*. Berlin.

Pöppel, E. (2009): *Pre-semantically defined temporal windows for cognitive processing*. In: Phil. Trans. R. Soc. 364. 1887–1896.

Sager, S.F. (2005): *Ein System zur Beschreibung der Gestik*. In: S.F. Sager/ K. Bührig (Hg.) Nonverbale Kommunikation im Gespräch. Duisburg. 19–47.

Sager, S.F./ K. Bührig (Hg.) (2005): *Nonverbale Kommunikation im Gespräch*. Duisburg.

Schank, R.C./ R.P. Abelson (1977): *Scripts, Plans, Goals, and Understanding. An Inquiry into Human Knowledge Structures*. Hillsdale, NY.

Scherer, K.R. (1979): Die Funktionen des nonverbalen Verhaltens im Gespräch. In: K.R. Scherer/ H.G. Wallbott (Hg.) Nonverbale Kommunikation. Forschungsberichte zum Interaktionsverhalten. Weinheim etc. 25–32.

Schlobinski, P. (2006): *Die Bedeutung digitalisierter Kommunikation für Sprach- und Kommunikationsgemeinschaften.* In: P. Schlobinski (Hg.) Von *hdl* bis *cul8er*. Sprache und Kommunikation in den neuen Medien. Mannheim. 26–37.

Schmitt, R. (2005): *Zur multimodalen Struktur von turn-taking.* In: Gesprächsforschung – Online-Zeitschrift zur verbalen Interaktion 6. 17–71

Sperber, D./ D. Wilson (1986): *Relevance. Communication and Cognition.* Oxford.

Thaler, V. (2003): *Chat-Kommunikation im Spannungsfeld zwischen Oralität und Literalität.* Berlin.

Thomas, A. (1993): *Psychologie interkulturellen Lernens und Handelns.* In: A. Thomas (Hg.) Kulturvergleichende Psychologie. Eine Einführung. Göttingen etc. 377–424.

Thomas, A. (2003a): *Kultur und Kulturstandards.* In: A. Thomas/ E.-U. Kinast / S. Schroll-Machl (Hg.) Handbuch Interkulturelle Kommunikation und Kooperation. Band 1: Grundlagen und Praxisfelder. Göttingen. 19–31.

Thomas, A. (2003b): *National- und Organisationskulturen.* In: A. Thomas/ E.-U. Kinast / S. Schroll-Machl (Hg.) Handbuch Interkulturelle Kommunikation und Kooperation. Band 1: Grundlagen und Praxisfelder. Göttingen. 32–43.

Thomas, A. (2003c): *Das Eigene, das Fremde, das Interkulturelle.* In: A. Thomas/ E.-U. Kinast / S. Schroll-Machl (Hg.) Handbuch Interkulturelle Kommunikation und Kooperation. Band 1: Grundlagen und Praxisfelder. Göttingen. 44–59.

Wolf, G. (2010): *Der Business Discourse. Effizienz und Effektivität der unternehmensinternen Kommunikation.* Wiesbaden.

Wolny-Peirs, M. (2005): *Język sukcesu we współczesnej polskiej komunikacji politycznej.* Warszawa.

Zając J. (2012): *Linguistic Issues of Email Discourse in Business Communication.* In: Studia Germanica Gedanensia 27. 245–256.

Zając, J. (2013): *Communication in Global Corporations Successful Project Management via Email.* Frankfurt/ M.

Żak-Zielińska, A. (2013): *Kommunikative Funktionen des Lächelns und des Lachens. Eine gesprächsanalytische Untersuchung am Beispiel ausgewählter Videoaufnahmen.* [Unveröffentlichte Magisterarbeit, Institut für Anthropozentrische Kulturologie und Linguistik, Warschau].

Żebrowska, E. (2013): *Text – Bild – Hypertext.* Frankfurt/ M. etc.

Kommunikationsaudit im Visier der Angewandten Linguistik

Justyna Alnajjar
(Universität Warschau)

Einleitung[1]

Kommunikation spielt eine äußerst wichtige Rolle in und für Unternehmen – diese Tatsache wird sowohl von Managern als auch von Wissenschaftlern aus verschiedenen Fachgebieten bereits immer stärker betont. Jedoch nicht alle sind sich dessen bewusst, dass Unternehmenskommunikation dann effizient ist, wenn ihre Ziele und Abläufe vorher gut durchdacht und geplant wurden, d.h. wenn Unternehmenskommunikation von Anfang an durch Kommunikationsregeln bestimmt wird. Immer mehr Unternehmen bereiten Kommunikationsschulungen und Kommunikationstrainings vor, um die Kommunikationseffizienz ihrer Mitarbeiter zu verbessern oder zu sichern.

Doch allein durch die Bestimmung und die Einführung von Kommunikationsregeln ist die Effizienz der Kommunikation noch lange nicht garantiert. Unternehmen verändern sich ständig: Neue Prozesse, Organisationsstrukturen und Kommunikationsinstrumente werden eingeführt, alte Prozesse, Organisationsstrukturen und Kommunikationsinstrumente werden modifiziert, neue Arbeitnehmer werden eingestellt. All dies trägt dazu bei, dass Unternehmenskommunikation und damit auch ihre Abläufe im ständigen Wechsel sind. Mittlerweile wird schlechte Kommunikation zum Kostenfaktor (s. Beispielkostenaufstellung in S. Grucza 2014). Daher müssen auch die Kommunikationsabläufe in Unternehmen gut überwacht werden.

Dabei ist es das Ziel der Kommunikationsüberwachung, „für tatsächliche Zielerfüllung [zu] sorgen und vermeidbare Kommunikationskosten aus[zu]schalten" (Handelsblatt Wirtschaftslexikon Bd. 6 2006: 2945). Kommunikationsüberwachung in Unternehmen sollte in Form von Ergebniskontrollen durchgeführt werden, die entweder die Wirksamkeit der bereits eingesetzten Kommunikationskonzepte (sogenannte „Ex-post-Wirkungskontrollen") oder die voraussichtliche Wirksamkeit der Kommunikationskonzepte (so-genannte „Ex-ante-Wirkungskontrollen") zum Ziel haben (mehr dazu siehe Handelsblatt Wirtschaftslexikon Bd. 6 2006: 2945–2946). Dies bedeutet, dass die Kommunikationsüberwachung allein nicht ausreicht,

---

1   Ich möchte mich an dieser Stelle bei Herrn Professor Sambor Grucza herzlich für die vielfältigen Anregungen, die zur Entstehung dieses Beitrags geführt haben, bedanken.

um Kommunikationseffizienz in Unternehmen zu sichern. Kommunikationsüberwachung ist nur ein Teil der Aktivitäten, die zur Sicherung einer effizienten Unternehmenskommunikation durchgeführt werden müssen. Genauer genommen sollte Kommunikationsüberwachung ein letzter Schritt jeden Kommunikationsaudits sein, durch den sichergestellt wird, dass die applikativen Schlussempfehlungen des Kommunikationsaudits tatsächlich in die Praxis umgesetzt worden sind. Ähnliches gilt für Kommunikationsschulungen und Kommunikationstrainings, die auch auf der Grundlage der gelieferten applikativen Schlussempfehlungen des Kommunikationsaudits entstehen und regelmäßig modifiziert werden sollten.

Im vorliegenden Beitrag wird der Versuch unternommen, die Charakteristika des Kommunikationsaudits in Unternehmen aus linguistischer Sicht darzustellen. Zuerst sollen die Etymologie und die Bedeutung des deutschen Wortes „Kommunikationsaudit" besprochen werden. Danach werden die bisherigen Forschungsergebnisse zum Thema „Kommunikationsaudit" diskutiert, die vor allem von Wirtschaftswissenschaftlern geliefert wurden. Des Weiteren werden Dokumente präsentiert, in denen allgemeine Leitfäden zur Auditierung aufgeführt wurden. Im nächsten Schritt wird eine mögliche kategoriale Aufteilung des Kommunikationsaudits angesprochen. Anschließend werden kurz Instrumente der Unternehmenskommunikation beschrieben. Abschließend wird ein Vorschlag zur linguistischen Ausrichtung des Kommunikationsaudits präsentiert.

Es sei angemerkt, dass in diesem Text grundlegende Begriffe zum Kommunikationsaudit besprochen werden, die zur Erarbeitung einer methodologischen Basis für die Durchführung eines Kommunikationsaudits in einem internationalen Unternehmen dienen. Während des Kommunikationsaudits wird die Projektkommunikation zwischen ausgewählten polnischen und deutschen Mitarbeitern untersucht, die Business Englisch als lingua franca verwenden (s. S. Grucza/ J. Alnajjar/ R. Grucza 2014).

1. Zur Bezeichnung „Kommunikationsaudit"

Bevor die Herkunft des Wortes „Kommunikationsaudit" besprochen wird, soll kurz auf die Etymologie des deutschen Wortes „Audit" bzw. „Auditing" eingegangen werden. Zuerst sei darauf hingewiesen, dass in deutschen Fachwörterbüchern beide Versionen, sowohl „Audit", als auch „Auditing", vorkommen (vgl. CampusManagement 2003: 1752, Gabler Wirtschaftslexikon A-D 2004: 210, Wahrig Deutsches Wörterbuch 2005: 200, Wahrig Fremdwörterlexikon 2007: 97, Auditing: online, Audit: online). Das deutsche Wort „Audit" kommt aus dem Englischen „audit", das wiederum auf das Lateinische „auditus"[2] (= das (An)hö-

---

2   Im *Wahrig Deutsches Wörterbuch* steht dagegen, dass das Wort „Audit" vom lateinischen *auditio* („Anhören, Zuhören") abgeleitet wurde (Wahrig Deutsches Wörterbuch 2005: 200).

ren; s. Audit: online) zurückgeht. Grammatisch gesehen wird „Audit" entweder mit dem Artikel „das" oder „der" gebraucht. Duden Wörterbuch (*ibid.*) hebt auch hervor, dass das Wort „Audit" vor allem im Wirtschaftskontext in der Bedeutung „unverhofft durchgeführte Überprüfung, Revision" gebraucht wird. Das Wahrig Deutsche Wörterbuch (2005: 200) lässt noch eine weitere Definition zu: „Zertifikat, Auszeichnung für besondere Verdienste in einem bestimmten Wirkungsbereich". Die andere lexikalische Variante, „Auditing", kommt wahrscheinlich auch aus dem Englischen, wo auch neben „audit" die Variante „auditing" gebraucht wird (s. B.S. Kaliski 2001: 48–53, S.O. Idowu et al. A-C 2013: 127, S-Z 2013: 2179–2188).

Bemerkenswert ist, dass das deutsche Wort „Auditor" (und auch „Auditorin") nur im Duden Wörterbuch vorkommt, und zwar in einer sich auf die Wirtschaft beziehenden Bedeutung: „jemand, der Audits durchführt, die Qualitätssicherung kontrolliert" (s. „Auditor" und „Auditorin" in Duden online). Ebenfalls nur im Duden Wörterbuch kommt das Verb „auditieren" vor: „[E]twas als externer Prüfer auf die Erfüllung bestimmter [Qualitäts]standards hin bewerten und anschließend zertifizieren" (s. „auditieren" in Duden online).

Das Wort „Kommunikationsaudit" ist natürlich eine Zusammensetzung aus „Kommunikation" und „Audit" und auf morphologischer Ebene typisch deutsch. Was aber die Begrifflichkeit und den lexikalischen Ursprung angeht, kommt „Kommunikationsaudit" aus der englischsprachigen Fachliteratur. Es war George S. Odiorne, der 1954 in einem Artikel mit dem Titel „An Application of the Communications Audit" das Wort „communications audit" zum ersten Mal verwendet hat und somit auch den Begriff *communications audit* eingeführt hat. In der gegenwärtigen englischen Fachliteratur wird meistens die Bezeichnung „communication audit" und nicht „communications audit" verwendet (s. u.a. O. Hargie/ D. Tourish 2000, C.W. Downs/ A.D. Adrian 2004).

2. Zum Begriff *Kommunikationsaudit*

Das Wort „Kommunikationsaudit" scheint auf den ersten Blick ein fester Bestandteil der deutschen Wirtschaftssprache zu sein – Guido Wolf (2010: 153 ff.) benutzt ihn in seinem Buch so, als wäre es ein fest verankerter Terminus. Doch ist das tatsächlich der Fall, wurde „Kommunikationsaudit" schon zu einem Terminus der deutschen Wirtschaftssprache?

Wenn dem so sein sollte, müsste „Kommunikationsaudit" sowohl in der entsprechenden Fachliteratur vorkommen als auch in den einschlägigen (Fach) Wörterbüchern und (Fach)Enzyklopädien lemmatisiert bzw. thematisiert worden sein. Eine eingehende Recherche bringt jedoch anderes hervor: Die Bezeichnung

„Kommunikationsaudit" kommt in Fachveröffentlichungen und lexikografischen Werken eher selten vor und wird wenn überhaupt marginal verwendet.

Auf die Spur des „Kommunikationsaudits" bin ich im „FOCUS Enzyklopädisches Wörterbuch Marketing – Management – Marktkommunikation – Medien Englisch-Deutsch, Deutsch-Englisch" (2009, hrsg. von Wolfgang J. Koschnick) gestoßen. In dem Englisch-Deutschen Teil des Wörterbuchs kommt das bereits erwähnte englische Wort „communications audit" (J.W. Koschnick 2009a: 566) vor, mit folgender Explikation für das Deutsche: „Bestandsaufnahme der Marktkommunikationsaktivitäten", „Revision der Marktkommunikationsaktivitäten", „Prüfung der Marktkommunikationsaktivitäten", „Überprüfung der Marktkommunikation". Das Wort „Kommunikationsaudit" selbst kommt im FOCUS Enzyklopädischen Wörterbuch aber nicht vor (weder im Englisch-Deutschen noch im Deutsch-Englischen Teil). Hervorgehoben werden soll noch, dass in der deutschen Erklärung von „communications audit" das Kommunikationsaudit mit „Marktkommunikationsaktivitäten" und „Marktkommunikation" in Verbindung gebracht wird, woraus ableitbar wäre, dass das Kommunikationsaudit sich (lediglich) auf die Bestandsaufnahme/ Revision/ Prüfung/ Überprüfung der Marktkommunikation bzw. der Marketingkommunikation begrenzt (J.W. Koschnick 2009c: 4752), die verstanden werden soll als:

Prozess der Übermittlung von Informationen, mit deren Hilfe Austauschprozesse am Markt beeinflusst werden können. Es hat sich als praktisch erwiesen, zwischen symbolischer und signifikativer Kommunikation (oder Produktkommunikation) zu unterscheiden. Die *symbolische Kommunikation* umfasst alle Arten von Kommunikationsprozessen, bei denen das Produkt oder die Dienstleistung in Form von Zeichen und Symbolen (in Worten, Bildern) physisch nicht greifbar dargestellt wird. Unter *Produktinformation* (signifikative Kommunikation) versteht man hingegen all jene Kommunikationsprozesse, bei denen das Produkt Träger und Übermittler der Information ist (J.W. Koschnick 2009b: 1662).

Meines Erachtens ist die begriffliche Bestimmung von „Kommunikationsaudit" viel breiter anzulegen. Kommunikationsaudit muss nämlich nicht nur die externe (Unternehmens)Kommunikation, sondern auch vor allem die interne (Unternehmens)Kommunikation einbeziehen. Argumente dafür liefern zum einen die einschlägigen Definitionen des Terminus „Audit". J.C. Burton, R.E. Palmer und R.S. Kay, Autoren des *Handbook of Accounting and Auditing* (1981), nennen drei Formen des Audits: finanzielle (*financial*), betriebliche (*operational*) und soziale (*social*) (*ibid*. S. 9-2–9-4). Dafür unterscheidet B.S. Kaliski (2001: 41 ff.) zwischen Finanzaudits (*financial audits*) und Übereinstimmungsaudits (*compliance audits*). Nach CampusManagement (2003: 1752) ist „Audit" in Börsen-, Bank- und Rechnungswesen eine synonyme Bezeichnung für „Revision" und bezogen auf das Management bedeutet „Audit" entweder so viel wie Begutachtung bestimmter

Betriebsaktivitäten unter Einbezug unterschiedlicher Aspekte (Qualität des Managements = Qualitätsaudit, Qualität des Umweltmanagements = Umweltaudit) oder Begutachtung von Verhaltensformen gegenüber bestimmten Anspruchsgruppen (Qualität des Sozialmanagements = Sozialaudit). Eine Reihe von verschiedenen Arten von Audits (Audit-Verfahren) erwähnt F. Westernmann (2007: 12–15): Financial Audit, Operational Audit, Performance Audit, Compliance Audit, Management Audit, Qualitäts-Audit. Unter Qualitäts-Audits unterscheidet F. Westermann weitere Audit-Verfahren: System-Audit, Prozess-Audit, Verfahrens-Audit, Produkt-Audit, Öko-Audit und IT-Audit. Aus den angeführten Beispielen geht hervor, dass Audits sich auf verschiedene, sowohl externe als auch interne, Unternehmensaktivitäten beziehen können – somit können auch verschiedene Kategorien des Kommunikationsaudits unterschieden werden.

Zum anderen deutet die Bedeutung des Wortes „Unternehmenskommunikation" auf die duale Bedeutung des Kommunikationsaudits hin:

Unter <Unternehmenskommunikation> möchten wir die *nach innen wie nach außen*[3] gerichtete Kommunikation der Subkultur <Unternehmen> verstehen, oder auch, genauer formuliert, die innerbetriebliche Kommunikation, die Kommunikation des Unternehmens mit anderen Unternehmen, die Kundenkommunikation und die gesellschaftliche Kommunikation (Th. Bungarten 1994: 32).

Unternehmenskommunikation [kann] in *externe und interne*[3] Kommunikation eingeteilt werden (M. Vollstedt 2002: 14).

Unternehmenskommunikation MANAGEMENT sämtliche Aktivitäten einer Organisation, die auf Nachrichtenaustausch ausgerichtet sind, sowohl intern mit den Angestellten als auch extern mit alten und neuen Kunden und der Öffentlichkeit im Allgemeinen. Die Unternehmenskommunikation bezeichnet manchmal vorrangig die Kommunikation nach außen, in anderen Fällen vorrangig die interne Kommunikation, umfasst jedoch streng genommen *beide Bereiche*[3]. Der Begriff legt den Akzent auf die *Corporate Identity* und versucht ein konsistentes, einheitliches *Image* zu vermitteln (CampusManagement 2003: 2007–2008).

Der Begriff der internationalen Unternehmenskommunikation bezeichnet *alle internen und externen*[3] Kommunikationsaktivitäten eines Unternehmens, deren Ziel es ist, Beziehungen in anderen Nationen bzw. Kulturen aufzubauen. Es handelt sich also um länder- und kulturüberschreitendes Kommunikationsmanagement und seine Umsetzung vor Ort (S. Huck 2007: 89).

Aus den obigen Zitaten geht hervor, dass nicht nur Marktkommunikationsaktivitäten, sondern auch die interne Kommunikation eines Unternehmens auditiert werden können. Von diesem Standpunkt aus betrachtet müsste die oben angeführte Definition aus „FOCUS Enzyklopädisches Wörterbuch Marketing – Management – Marktkommunikation – Medien" (J.W. Koschnick 2009a: 566) korrigiert

---

3   Hervorhebung J.A.

(ergänzt) werden; und im Prinzip nicht nur diese eine Definition, sondern auch andere, die von Natur aus eher allgemein bzw. unvollständig sind. Generell besteht in der Fachliteratur kein Konsens über die Definition des Begriffes Kommunikationsaudit. Kommunikationsaudit wird einmal als ein Messungssystem der Organisationskommunikation („a communication audit is an organizational communication measurement system" – O.A. Wiio/ G.M. Goldhaber/ M.P. Yates 1980: 84) definiert, das andere Mal als „ausführliche und gründliche Untersuchung in Bezug auf Kommunikationsphilosophie, -konzepte, -struktur, -fluss und -praxis innerhalb eines Unternehmens" („comprehensive and thorough study of communication philosophy, concepts, structure, flow and practice within an organisation" – M. Emmanuel 1985: 50), oder als „systematische, dialogförmige Untersuchung der Maßnahmen zur Planung, Realisierung und Bewertung interner Kommunikation" (G. Wolf 2010: 154).

Ich gehe davon aus, dass „Kommunikationsaudit" auf der Ebene der Metakommunikation anzusetzen ist. Dieser Auffassung gemäß bezieht sich das Wort „Kommunikationsaudit" auf den Verständigungsprozess zwischen Auditor und Auditierten über die in einer Institution, Organisation oder in einem Unternehmen verlaufenden Kommunikationsschemata und über deren Verwendung durch den Auditierten während dessen berufsbezogener Aufgabenerfüllung.

Daraus folgt, dass die Bedeutung des Wortes „Kommunikationsaudit" nicht gleich der Bedeutung des Wortes „Sprachaudit" ist. Das Wort „Sprachaudit" bezieht sich auf die Kontrollform bestimmter Sprachkompetenzen einer bestimmten Gruppe von Mitarbeitern des auditierten Unternehmens, der auditierten Institution. Während eines Sprachaudits werden meistens die allgemeinen Fremdsprachenkompetenzen, selten die Fachsprachenkompetenzen, bewertet. Die Ergebnisse eines Sprachaudits werden zur Vorbereitung von Sprachschulungen für Mitarbeiter oder bei der Erstellung von Einstellungsmustern neuer Mitarbeiter verwendet (s. N. Reeves/ C. Wright 1996, M. Charles/ R. Marschan-Piekkari 2002: 23–24, F. Bargiela-Chiappini/ C. Nickerson/ B. Planken 2007: 117). Kurz gesagt: Kommunikationsaudit ist viel mehr als Sprachaudit.

Nicht selten wird in der Fachliteratur Kommunikationsaudit mit Finanzaudit und manchmal auch mit jährlicher medizinischer (Pflicht)Untersuchung gleichgesetzt. Das Hauptziel des Finanzaudits besteht in der Vorbeugung finanzieller, das Hauptziel der medizinischen Untersuchung in der Vorbeugung gesundheitlicher Schwierigkeiten und somit der Erhöhung der Chancen auf das Überleben der untersuchten Institution/ Organisation bzw. des untersuchten Patienten. Hierzu schreiben G.M. Goldhaber/ P.D. Krivonos (1977: 41) folgenderweise:

> When an accountant audits the books of a large organization, he determines its financial health by computing the ratio of cash resources and reserves to cash flow. (...) Such periodic audits help organizations select their investments, determine future

markets for their goods or services, and plan their growth. (...) forecasts developed from these audits help organizations prevent crises and ensure their own survival.

When a patient receives an annual physical examination from a doctor, the physician assesses the patient's health by comparing his vital signs with the norms for healthy people of his age and sex. Repeating this exam at least once a year will typically give both doctor and patient sufficient advance notice about pending ailments, thus helping prevent severe consequences and increasing the patient's chances for survival.

Just as accountants' and physicians' check-ups provide clients information necessary to retain the "health" needed for survival, so too does a "communication audit" provide an organization with advance information which may prevent major breakdowns that limit overall effectiveness.

Auch O. Hargie, D. Tourish und N. Wilson (2002: 415) vergleichen das Kommunikationsaudit mit der Untersuchung der kommunikativen Gesundheit einer Organisation: „The first step in developing a coherent communication strategy is to ascertain the state of the organization's communicative health". In der Tat: Ähnlich wie im Falle von Finanzaudit oder jährlicher medizinischer Untersuchung besteht das Hauptziel des Kommunikationsaudits darin, eine bestimmte Organisation/ Institution oder ein Unternehmen durch effektive Kommunikation in guter Form zu halten.

3. Zum Stand der Forschung

Erste akademisch-wissenschaftliche Einblicke ins Kommunikationsaudit sind relativ jung. Obwohl das Wort „Kommunikationsaudit", oder besser gesagt seine englische Version „communications audit", wie bereits unter Punkt 1 ausgeführt, in der Fachliteratur zum ersten Mal 1954 verwendet wurde, beginnt sich die Wissenschaft erst 20 Jahre später, d.h. in den 70er Jahren des 20. Jahrhunderts, für diesen Bereich zu interessieren. Eine dynamische Entwicklung der Forschung zu Kommunikationsaudit findet aber erst in den letzten Jahren statt.

In den 70er Jahren des 20. Jahrhunderts wurden parallel aber unabhängig voneinander zwei Formen des Kommunikationsaudits ausgearbeitet, zum einen das sog. ICA-Kommunikationsaudit und zum anderen das sog. LTT-Kommunikationsaudit (mehr dazu s. O.A. Wiio/ G.M. Goldhaber/ M.P. Yates 1980: 84). Das ICA-Kommunikationsaudit entwickelten Mitglieder der *International Communication Association* (*ICA*) und das LTT-Kommunikationsaudit zwei finnische Wissenschaftler, Osmo A. Wiio und Martti Helsilä, vom *Helsinki Research Institute for Business Economics*. Das LTT-Kommunikationsaudit wurde später von O.A. Wiio modifiziert und in die so genannte OCD-Prozedur („Organizational Communication Development Procedure") umgewandelt. So wurde das LTT-Kommunikationsaudit in das LTT/OCD-Kommunikationsaudit umbenannt.

Die beiden Formen des Kommunikationsaudits, das ICA-Kommunikationsaudit und das LTT/OCD-Kommunikationsaudit, wurden auf der Grundlage zahlreicher, authentischer Daten ausgearbeitet. Obwohl sie dem gleichen Ziel dienen
sollten, sind sie methodologisch doch unterschiedlich. Bei der Durchführung der
Prozedur des ICA-Kommunikationsaudits werden die folgenden Methoden verwendet: Umfragen (questionnaire survey), Interviews (interviews), soziale (Kommunikations)Netzwerkanalyse (network analysis), Analyse der (kritischen) Kom-
munikationssituationen (communication experiences), Kommunikationstagebuch
(communication diary). Hingegen wird das LTT/OCD-Kommunikationsaudit lediglich anhand von Umfragen durchgeführt.

Ergebnisse von Kommunikationsaudits, die mittels beider Prozeduren in der
70er Jahren des 20. Jahrhunderts durchgeführt worden sind, weisen darauf hin, dass
Audits von Unternehmenskommunikationen unter Berücksichtigung des jeweiligen Kontextes und der jeweiligen Situation durchgeführt werden müssen. Weiterhin
müssen im Falle interner Kommunikationen auch die Charakteristika des jeweiligen Unternehmens berücksichtigt werden (vgl. dazu u.a. O.A. Wiio/ G.M. Goldha-
ber/ M.P. Yates 1980: 95). Zu ähnlichen Ergebnissen ist man auch 20 Jahre später,
zu Beginn des 21. Jahrhunderts gekommen, als Fragen des Kommunikationsaudits intensiver wieder aufgenommen wurden (s. O. Hargie/ D. Tourish 2000, C.W.
Downs/ A.D. Adrian 2004: 18, R. Winkler 2010: 121, s. auch D. Ellis et al. 1993:
143, L. Smeltzer 1993: 183, O. Hargie/ D. Tourish/ N. Wilson 2002: 416).

Ein weiteres Ergebnis der jüngsten Überlegungen zu Kommunikationsaudit
ist die, dass es unmöglich ist, eine für alle Unternehmen passende Standardprozedur des Kommunikationsaudits zu entwickeln:

> [T]here is no one 'right' method for auditing communication. (...) Each method has its
> strengths and limitations, and each organisation has its own unique needs, culture and
> problems in the marketplace. There is no perfect recipe, guaranteeing a meal to satisfy
> all tastes. However, we believe that it is possible to specify some ingredients which, in
> our experience, consistently characterise good practice (D. Tourish/ O. Hargie 2004b:
> 22–23).

Des Weiteren weisen die neuesten Publikationen darauf hin, dass es auch kaum
möglich ist, eine Standardprozedur des Kommunikationsaudits für ein Unternehmen auszuarbeiten:

> Usually a combination of these [= measures of organizational communication, J.A.]
> is desirable to avoid inadequacies that can occur from overreliance on one instru-
> ment. Adaptation to the organization may require using a "cafeteria approach" to find
> the methodologies that would be most useful in a specific organization. Generally,
> some methodological *triangulation* is likely to give a more complete picture of the
> organization. "Triangulation" refers to the collecting of data about the same pheno-
> mena using several different methods or approaches to data collection (C.W. Downs/
> A.D. Adrian 2004: 9 f.).

Diese Annahmen scheinen auch Sh.M. Maki et al. (2009) mit eigenen Forschungen zum Kommunikationsaudit zu bestätigen, die durch eine heftige Kritik von Ergebnissen der ersten Kommunikationsaudits (s. G.M. Goldhaber/ P.D. Krivonos 1977: 42, 52–54; M.Z. Sincoff/ R.S. Goyer 1977; s. auch G.M. Goldhaber 1977) angestoßen worden sind. Gerade wegen dieser Kritik versuchten Sh.M. Maki et al., die bisher erbrachten Ergebnisse der Kommunikationsaudits zu verifizieren, vor allem aber Ergebnisse zum Verhalten der Mitarbeiter. Die Ergebnisse der durchgeführten Verifizierung haben Sh.M. Maki et al. dazu veranlasst, festzustellen, (1) dass das Kommunikationsverhalten der Mitarbeiter in erster Linie von der Akzeptanz von Kommunikationsregeln des eigenen Unternehmens abhängt und, (2) dass obwohl die Mitarbeiter oft mit den Kommunikationsregeln und -standards des eigenen Unternehmens (die sog. „Unternehmenskultur") nicht unbedingt einverstanden sind oder sie sogar nicht akzeptieren, diese jedoch im Großen und Ganzen befolgen. Diese Tatsache bekräftigt noch ein Mal die These, dass ein Kommunikationsaudit die jeweilige Unternehmenslage und Unternehmenscharakteristika berücksichtigen muss, um erfolgreich zu sein. C.W. Downs und A.D. Adrian (2004: 3) nennen diese Lage „Organisationskontext und -umgebung" und betonen, dass: „[O]rganizational contexts and environments significantly influence the success of organizational communication" (*ibid.*). Sie stellen auch explizit und zu Recht fest, dass Kommunikation immer im historischen und situativen Kontext betrachtet und erforscht werden sollte (*ibid.*).

Aus den oben dargestellten Überlegungen kann man das Fazit ziehen, dass gegenwärtig keine allgemeingültigen Prozeduren des Kommunikationsaudits mehr verwendet werden sollten (dürften). Die meisten Autoren sprechen sich für eine prozedurale Methodenmischung aus, d.h. für eine an das untersuchte Unternehmen angepasste Methodentriangulation.

4. Allgemeine Leitfäden zur Auditierung

Es gibt zahlreiche Dokumente, in denen allgemeine Richtlinien zum Prozessverlauf des Audits vorgeschlagen worden sind. Sie sollen unten kurz besprochen werden.

Die unter Punkt 3 dieses Aufsatzes zitierte Bemerkung von D. Tourish und O. Hargie (2004b: 22–23) wurde in der von der *International Organization for Standardization* (ISO) entwickelten Norm ISO 19011:2011(E) bereits berücksichtigt. Die deutsche Version dieser Norm trägt den Titel „DIN EN ISO 19011:2011 – Leitfaden zur Auditierung von Managementsystemen (ISO 19011:2011); Deutsche und Englische Fassung EN ISO 19011:2011" [engl. *Guidelines for auditing management systems*]. In diesem Beitrag stütze ich mich auf die englische

Fassung dieser Norm, da sie als Originaldokument angesehen werden kann. Die Norm ISO 19011:2011(E) ist im Dezember 2011 erschienen und ersetzte die Norm ISO 19011:2002(E) „Guidelines for quality and/or environmental management systems" [Leitfaden für Audits von Qualitätsmanagement und/oder Umweltmanagementsysteme]. Die Norm ISO 19011:2011(E) wird heutzutage auch für die Durchführung von Kommunikationsaudits benutzt (s. z.B. G. Wolf 2010: 154). Hervorzuheben ist, dass in der Einleitung dieses Dokuments mehrmals die Bedingung zum Ausdruck gebracht wurde, die Auditdurchführung solle immer die gegebene Auditsituation (den gegebenen Auditkontext) sowie die Spezifik des auditierten Unternehmens berücksichtigen:

> This International Standard **does not state requirements, but provides guidance** on the management of an audit programme, on the planning and conducting of an audit of the management system, as well as on the competence and evaluation of an auditor and an audit team.

> Organizations can operate more than one formal management system. To simplify the readability of this International Standard, the singular form of "management system" is preferred, but **the reader can adapt the implementation of the guidance to their own particular situation.** This also applies to the use of "person" and "persons", "auditor" and "auditors".

> This International Standard is intended to apply to a broad range of potential users, including auditors, organizations implementing management systems, and organizations needing to conduct audits of management systems for contractual or regulatory reasons. **Users of this International Standard can, however, apply this guidance in developing their own audit-related requirements.** (...)

> **The guidance in this International Standard is intended to be flexible.** As indicated at various points in the text, **the use of this guidance can differ depending on the size and level of maturity of an organization's management system and on the nature and complexity of the organization to be audited, as well as on the objectives and scope of the audits to be conducted** (ISO 19011:2011(E): v; Hervorhebung J.A.).

Es gibt auch weitere Dokumente, in denen allgemeine Leitfäden zur Auditierung formuliert wurden. Ein Beispiel dafür ist das US-amerikanische Dokument „Generally Accepted Auditing Standards" (GAAS, s. GAAS: online), das einen Teil eines anderen Dokuments, „Statements on Auditing Standards" (SAS, s. SAS: online), darstellt. Das GAAS wurde vom *Auditing Standards Board* am *American Institute of Certified Public Accountants* bearbeitet und veröffentlicht. Beide Dokumente stellen aber Leitfäden für das Finanzaudit dar, was schon dem Namen des Instituts entnommen werden kann. (Das Wort „accountants" steht für Buchhalter). Überhaupt zwei Drittel dieser Leitfäden („Standards of Field Work" und „Standards of Reporting", s. GAAS: online) gehen explizit auf Finanzberichte und Rechnungsregelungen zurück.

In der Europäischen Union richtet man sich beim Auditing nach einem ähnlichen Dokument, dem „International Standards on Auditing" (ISA), das vom *International Assurance and Auditing Standards Board* (IAASB) festgelegt wurde, dem Gremium der *International Federation of Accountants* (Internationale Vereinigung der Wirtschaftsprüfer, IFAC) (vgl. u.a. Grünbuch KOM(2010) 561: online). Ähnlich wie bei dem US-amerikanischen GAAS-Leitfaden handelt es sich auch im Falle vom ISA-Dokument um einen Leitfaden für das Finanzaudit.

Ein weiteres Dokument, in dem einen Leitfaden für Audietierung (allerdings lediglich für interne Auditierung) formuliert wurden, ist das „International Standards for the Professional Practice of Internal Auditing" (2012). Dieses Dokument wurde vom *Institute of Internal Auditors* veröffentlicht und vom Deutschen Institut für Interne Revision e.V. (DIIR), vom Institut für Interne Revision Österreich (IIA Austria) und vom Schweizerischen Verband für Interne Revision (IIA Switzerland) in die deutsche Sprache übertragen und unter dem Titel „Internationale Standards für die berufliche Praxis der Internen Revision" im Jahre 2013 veröffentlicht. Das Dokument „Internationale Standards für die berufliche Praxis der Internen Revision" formuliert jedoch auch ganz allgemeine Prinzipien der internen Auditierung, so z.B. (Internationale Standards 2013: 9–10):

1. Das Darstellen der verbindlichen Grundprinzipien der Berufsausübung der Internen Revision.
2. Das Bereitstellen eines Rahmenwerks für Ausführung und Förderung eines breiten Spektrums wertschöpfender Aktivitäten der Internen Revision.
3. Die Schaffung einer Basis für die Beurteilung der Leistung der Internen Revision.
4. Die Förderung von verbesserten Prozessen und Ergebnissen einer Organisation.

Da die erwähnten Dokumente vor allem Finanzaudits betreffen und im besten Fall nur allgemeine Hinweise zum Verlauf einer Auditierung geben, werden sie im Folgenden nicht weiter besprochen.

Dafür sollen im Folgenden, in Anlehnung an G. Wolf (2010: 168), die universalen Schritte eines Audits, somit auch des Kommunikationsaudits, wie sie in Abbildung 1 zusammengestellt sind, erörtert werden. Zuvor soll aber betont werden, dass die vorgeschlagenen Schritte je nach Bedarf modifiziert bzw. ergänzt werden können. Eine genauere Beschreibung jeden Schrittes des Kommunikationsaudits wurde u.a. von C.W. Downs und A.D. Adrian (2004: 36–49) präsentiert. Hinweise, die von C.W. Downs und A.D. Adrian ausgearbeitet wurden, sind besonders wertvoll, weil sie aus der Praxis hervorgehen und mit zahlreichen und ausführlich besprochenen Bespielen belegt wurden.

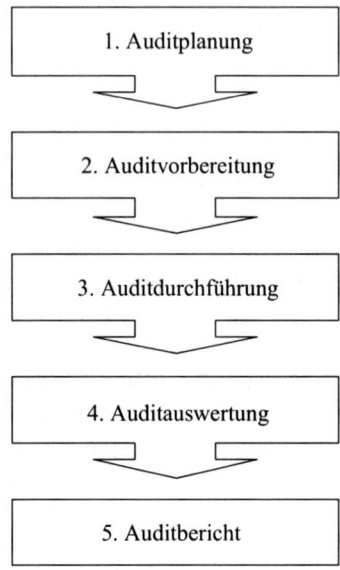

Abbildung 1: Prozess eines Kommunikationsaudits (s. G. Wolf 2010: 168)

Wie bereits in der Einleitung erwähnt, sollten Kommunikationsaudits nicht nur mit dem Auditbericht abgeschlossen werden. Eine Folgeüberwachung der Kommunikation in Unternehmen ist notwendig, um zu prüfen, ob nicht nur die applikativen Schlussempfehlungen des Kommunikationsaudits in die Praxis umgesetzt wurden, sondern auch, ob die Kommunikation nach der Einführung dieser Schlussempfehlungen effizienter verläuft.

5. Typen des Kommunikationsaudits

Bisher wurde keine Klassifikation von verschiedenen Typen des Kommunikationsaudits ausgearbeitet. Im Folgenden wird der Versuch unternommen, einige Kriterien für die kategoriale Aufteilung von Kommunikationsaudits zur Diskussion zu stellen. Dieser Vorschlag mag an einigen Stellen erweiterbar sein, doch hoffe ich, dass er auch in dieser Form eine gewisse Systematik, um nicht zu sagen, Ordnung, für eine weitere Diskussion über Kommunikationsaudits einbringt.

Kommunikationsaudits können anhand der folgenden Kriterien klassifiziert werden:
1. *Position des Auditors zum auditierten Unternehmen:* Ähnlich wie andere Formen des Audits, sollte auch das Kommunikationsaudit durch unabhängige Per-

sonen durchgeführt werden. Man unterscheidet zwischen „internen Audits" (Internal Auditing), die von unternehmensinternen Auditoren organisiert werden, und „externen Audits" (Independent Auditing), die von externen Auditoren durchgeführt werden (vgl. Gabler Wirtschaftslexikon, A-D, 2004: 210).

2. *Art der Audit-Prozedur:* Wie unter Punkt 3 erwähnt, wurden bisher zwei Prozeduren des Kommunikationsaudits entwickelt. Zum einen das ICA-Kommunikationsaudit und zum andren das LTT/OCD-Kommunikationsaudit. Beide Prozeduren sind methodologisch reif und können ohne Weiteres durch Kommunikationsauditoren angewendet werden.

Es sollte hier noch hinzugefügt werden, dass aus zwei Gründen das Kriterium der ausgewählten Prozedur nicht als ein festgesetztes Kriterium betrachtet werden kann. Erstens wurden auch andere Dokumente publiziert, die bestimmte allgemeine Leitfäden zur Auditierung beinhalten. Diese sollen aber, wie unter Punkt 4 ausgeführt, lediglich als Hinweise für Kommunikationsaudits betrachten werden, da sie meistens primär für die Zwecke der Finanzaudits ausgearbeitet wurden. Zweitens wird ein modernes Kommunikationsaudit anhand einer Kombination aus verschiedenen, den jeweiligen Gegebenheiten angepassten, Prozeduren durchgeführt, d.h. bei der Durchführung eines Kommunikationsaudits wird selten nur eine Prozedur (blind) verfolgt.

3. *Art der auditierten Kommunikationsform:* Linguistisch gesehen wird das Wort „Kommunikationsform" nicht einheitlich definiert (verstanden). Beispielsweise hat Ch. Dürscheid (2003) eine ganz klare intensionale Abgrenzung zwischen „Kommunikationsmedium", „Kommunikationsform" und „Textsorte" vorgeschlagen.

Kommunikationsmedien fasst sie als „diejenigen materiellen Hilfsmittel, die der Kommunikation über räumliche Entfernung hinweg dienen (wie z.b. das Telefon)" (*ibid.* S. 40). Eine solche Auffassung nennt St. Habscheid (2000: 128) eine technologische Konzeption des Medienbegriffs, eine Konzeption, die sich technischer Hilfsmittel der Kommunikation bezieht (s. hinzu auch S. 136). Dies bedeutet, dass Kommunikationsmedien auch als Kommunikationsmittel bezeichnet werden könnten.

Was Kommunikationsformen anbelangt, ist Ch. Dürscheid (2003: 40) der Auffassung, dass sie „nicht materieller Art, sondern rein ‚virtuelle Konstellationen' seien und, dass die (...) entweder unabhängig von einem Kommunikationsmedium (z.B. das Face-to-Face-Gespräch) [bestehen] oder werden über ein Kommunikationsmedium ermöglicht (z.B. das Telefongespräch)". Kommunikationsformen werden lediglich durch textexterne, situative Merkmale bestimmt, unter denen man die Kommunikationsrichtung (monologisch/ dialogisch), die Anzahl der Kommunikationspartner sowie die zeitliche Dimension der Kommunikation (synchron/ asynchron) nennen kann (*ibid.*, ähnlich auch St. Habscheid 2000:

136). Diese Liste sollte in Bezug auf die Unternehmenskommunikation durch weitere Merkmale ergänzt werden. Bei der Kommunikationsrichtung sollte auch zwischen interner und externer Kommunikation sowie zwischen vertikaler und horizontaler Kommunikation unterschieden werden (genauer dazu s. Punkt 6). Bei Textsorten unterscheidet Ch. Dürscheid (2003: 40) sowohl zwischen text-externen und textinternen Merkmalen als auch zwischen bestimmten thematischen Funktionen. Im Unterschied zu Textsorten sind Kommunikationsformen multifunktional.

Ch. Dürscheid (*ibid.* S. 42) präsentierte in Form einer Tabelle ausgewählte Beispiele für Kommunikationsmedien und Kommunikationsformen. Die modifizierte Tabelle stelle ich unten dar:

Kommunikationsmedien	Kommunikationsformen
Faxgerät	Fax
Telefon	Telefonat
Handy	Telefonat, SMS, MMS
Smartphone	Telefonat, SMS, MMS, E-Mail, Chat, Instant Messaging, Sharepoint, Social Media, Video-Konferenz, Blog, Wiki, Internetseiten
vernetzter Computer	E-Mail, Chat, Instant Messaging, Sharepoint, Social Media, Video-Konferenz, Blog, Wiki, Internetseiten

Tabelle 1: Kommunikationsmedien vs. Kommunikationsformen
(eigene Bearbeitung nach Ch. Dürscheid 2003: 42)

Beim Kommunikationsaudit kann eine bestimmte Kommunikationsform oder es können mehrere Kommunikationsformen in Bezug auf eine bestimmte Angelegenheit oder in Bezug auf ein bestimmtes Projekt unter die Lupe genommen werden. Eine Beschränkung stellt lediglich die mündliche Kommunikation dar, die (vor allem) retrospektiv nur schwer wahrnehmbar ist. Auch „hier und jetzt" ist es nicht ganz einfach, mündliche Unternehmenskommunikation zu analysieren, da Kommunikationsteilnehmer sich meistens unnatürlich benehmen und ausdrücken, wenn sie aufgenommen werden.

6. Instrumente der Unternehmenskommunikation

Der Ausdruck „Kommunikationsinstrument" wird oft in der wirtschaftswissenschaftlichen Fachliteratur in der Bedeutung „Marketinginstrumente und sonstige betriebspolitische Instrumente mit Kommunikationswirkung" verwendet (Handelsblatt Wirtschaftslexikon 2006, Bd. 6: 2944; s. auch Gabler Wirtschaftslexikon 2004, K-R, 1706–1707; Handelsblatt Wirtschaftslexikon 2006, Bd. 6: 2942–2944; Handelsblatt Wirtschaftslexikon 2006, Bd. 11: 5795, 5799–5800). Als Beispiele von Kommunikationsinstrumenten werden vor allem Werbung, Public Relations, Verkaufsförderung, Persönlicher Verkauf, Event, Product Placement und Sponsoring genannt (s. Gabler Wirtschaftslexikon 2004, K-R: 1706; Handelsblatt Wirtschaftslexikon 2006, Bd. 6: 2943). Eine Kombination der Einzelinstrumente wird als „Kommunikations-Mix" bezeichnet (*ibid.*). Linguistisch gesehen werden Kommunikationsinstrumente in der Bedeutung *technische Einrichtungen/ Mittel/ Werkzeuge* verstanden, die der Durchführung der Kommunikation dienen.

Aus dem oben Gesagten geht hervor, dass der Ausdruck „Kommunikationsinstrument" sowohl das, wofür der Ausdruck „Kommunikationsmedium" steht, als auch das, wofür der Ausdruck „Kommunikationsform" steht, beinhaltet. Meines Erachtens sind heutzutage Kommunikationsmedien und Kommunikationsformen unzertrennlich. Kommunikationsformen treten ohne Kommunikationsmedien nicht in Erscheinung, und sollten daher immer zusammen mit Kommunikationsmedien betrachtet werden. Dies ist für mich der Grund, für Kommunikationsmedien und Kommunikationsformen einen Oberbegriff, den der Kommunikationsinstrumente, einzuführen.

Im Folgenden soll der Versuch unternommen werden, eine Systematisierung der Kommunikationsinstrumente in Unternehmen herauszuarbeiten. Zuvor soll kurz auf ausgewählte Klassifikationen der Unternehmenskommunikation im Hinblick auf situative Merkmale eingegangen werden, ohne sie jedoch detailliert zu beschreiben.

Üblicherweise wird (1) zwischen mündlicher und schriftlicher Unternehmenskommunikation sowie (2) zwischen externer und der interner Unternehmenskommunikation differenziert. Des Weiteren wird die Unternehmenskommunikation in (3) formelle oder informelle Kommunikation und (4) in vertikal oder horizontal ablaufende Kommunikation unterschieden. Dabei wird oft keine klare begriffliche Abgrenzung zwischen diesen Kommunikationsarten (-formen[4]) getroffen. Für den Fall der Differenzierung zwischen mündlicher und schriftlicher Unternehmenskommunikation haben beispielsweise bereits P. Koch und W. Oesterreicher (1985 und 1994) anlehnend an L. Söll (1985, s. auch D. Biber 1988[5]) Folgendes bemerkt:

Wer sich mit der Problematik der Schriftlichkeit im Hinblick auf Sprache und Sprachen beschäftigt, stößt unweigerlich auf begriffliche Schwierigkeiten, die damit zusammen-

---

4   Hier benutze ich das Wort „Art", und nicht das Wort „Form", so dass es eine Abgrenzung zu den obigen Erwägungen unter Punkt 5 klar geschaffen werden kann.

5   „No absolute spoken/written distinction is identified in the study. Rather, the relations among spoken and written texts are complex and associated with a variety of different situational, functional, and processing considerations" (D. Biber 1988: 24–25).

hängen, dass die Termini 'mündlich/ schriftlich' in doppeltem Sinne verwendet werden: zum einen beziehen sie sich auf das *Medium* der Realisierung sprachlicher Äußerungen, wo 'mündlich' = 'phonisch' und 'schriftlich' = 'graphisch' ist; zum anderen meinen die beiden Termini oft den Duktus, die Modalität der Äußerung sowie die verwendeten Varietäten, kurz: die *Konzeption*, die die Äußerungen pflegt (...). Beim Medium sind die Begriffe 'mündlich/ schriftlich' dichotomisch zu verstehen (unbeschadet der Tatsache, dass jederzeit ein Medienwechsel, sei es beim Vorlesen, sei es beim Diktieren, stattfinden kann). Bei der Konzeption bezeichnen die Begriffe 'mündlich/ schriftlich' demgegenüber die Endpunkte eines Kontinuums (P. Koch/ W. Oesterreicher 1994: 587).

Das 1994 von P. Koch und W. Oesterreicher entwickelte Modell der Mündlichkeit/ Schriftlichkeit wurde mit der Zeit von einigen Autoren aktualisiert, z.b. in Bezug auf das Internet (s. u.a. Ch. Dürscheid 1999, 2003; St. Elspaß 2002; V. Thaler 2003; J. Bittner 2003; P. Schlobinski 2006; J. Androutsopoulos 2007; G. Fehrmann/ E. Linz 2009).

Innerhalb der vier genannten Arten der Unternehmenskommunikation kann es verschiedene Konstellationen geben, d.h. die Unternehmenskommunikation kann gleichzeitig mündlich und schriftlich (z.b. eine Konferenz auf Skype mit einer Powerpoint Präsentation), extern und intern (eine E-Mail an externe Stakeholder, die an interne Kollegen kopiert wird), formell und informell (Chat mit dem Vorgesetzten über berufliche Aufgaben), vertikal und horizontal (eine E-Mail an Teammitglieder, die an den Vorgesetzten kopiert wird) ablaufen. Tabelle 2 führt mehr Bespiele solcher Konstellationen auf:

	münd-lich	schrift-lich	intern	extern	formell	infor-mell	vertikal	hori-zontal
Fax		X	X	X	X	X	X	X
Telefonat	X		X	X	X	X	X	X
SMS		X	X	X		X	X	X
MMS		X	X	X		X	X	X
E-Mail		X	X	X	X	X	X	X
Instant Messaging		X	X	X	X	X	X	X
Sharepoint		X	X		X		X	X
Social Media		X	X	X		X	X	X
Video-Konferenz	X	X	X	X	X	X	X	X
Blog		X	X	X	X	X	X	X
Wiki		X	X	X	X	X	X	X
Internetseiten		X	X	X	X	X	X	X

Tabelle 2: Konstellationen von Kommunikationsarten

Für den Kommunikationsaudit im Unternehmen geht aus dem oben Gesagten hervor, dass das Kommunikationsaudit (nach Absprache mit Verantwortlichen des Unternehmens) auf bestimmte Kommunikationsinstrumente zu fokussieren ist (s.g. *focal areas*).

7. Linguistische Ausrichtung des Kommunikationsaudits und der Beschäftigung mit selbigem

Nach der Definition des Kommunikationsaudits, die ich unter Punkt 2 präsentiert habe, bezieht sich Kommunikationsaudit auf den Verständigungsprozess zwischen dem Auditor und dem Auditierten über die in einer Institution, Organisation oder in einem Unternehmen verlaufenden Kommunikationsschemata und über deren Verwendung durch den Auditierten während seiner auditbezogenen Aufgabenerfüllung. Im Grunde genommen besteht die Aufgabe der Auditoren darin, im Laufe des Verständigungsprozesses mit auditierten Personen ihren kommunikativen Eigenschaften gründlich nachzugehen. Dies bedeutet, dass auch Auditoren über bestimmte Eigenschaften, genauer gesagt über bestimmte (meta)kommunikative Eigenschaften, verfügen müssen, die es ihnen erlauben, die kommunikativen Eigenschaften der Auditierten systematisch und effizient zu untersuchen. In Bezug darauf stellen sich mindestens zwei Fragen: (1) Was genau bedeutet der Ausdruck „(meta)kommunikative Eigenschaften des Auditors"? und (2) Wie können diese (meta)kommunikativen Eigenschaften erforscht werden?

Wenden wir uns zuerst den Kommunikationseigenschaften selbst zu. *Bis dato* wurden die Kommunikationseigenschaften der Kommunikationsauditoren nur sehr allgemein und unzulänglich beschrieben. Zum Beispiel stellen nach G. Wolf (2010: 156–158) kommunikative Fähigkeiten der Kommunikationsauditoren eine Untergruppe innerhalb der „Voraussetzungen für ein Kommunikationsaudit" dar. Er unterscheidet weiter zwischen Kompetenzen und Prinzipien der Auditoren (*ibid.*). Unter den Kompetenzen der Auditoren versteht G. Wolf abgeschlossene Berufsausbildung und mehrjährige praktische Berufserfahrung, ausgeprägte Kenntnisse über organisatorische Zusammenhänge zu Grundlagen des Prozessmanagements, der Personalarbeit und des Kommunikationsmanagements, Grundlagen kommunikationstheoretischer Ansätze, ausgeprägte kommunikative Fähigkeiten, Kenntnisse von Frage- und Interviewtechniken, Ausdrucksfähigkeit in Wort und Schrift, sowie die Fähigkeit, aufmerksam und aktiv zuhören zu können (*ibid.* S. 157–158). Zu den Prinzipien der Auditoren zählt G. Wolf Diskretion, Sachlichkeit, Unparteilichkeit und Unvoreingenommenheit (*ibid.* S. 158, s. auch „auditor's paradox" in O. Hargie/ D. Tourish/ N. Wilson 2002: 419). G. Wolf hat seine Liste um zwei formale Prinzipien ergänzt, die bei der Durchführung des Kommunikationsaudits behilflich sein sollten. Prinzip eins: Kommunikationsauditteams sollen aus mindestens zwei Personen bestehen, damit objektive Einschätzungen garantiert werden können. Prinzip zwei: Der Kommunikationsauditor soll eine von der Unternehmenshierarchie unabhängige Person sein. Der Kommunikationsauditor kann weder ein unmittelbarer Untergebener noch ein direkter Vorgesetzter der auditierten Person sein (G. Wolf 2010: 157). G.M. Goldhaber und P.D. Krivonos (1977: 51) fügen im Kontext des ICA-Audits hinzu, dass der Kommunikationsauditor mit den Prozeduren eines Kommunikationsaudits bekannt gemacht werden sollte.

Im Grunde genommen stellen die von G. Wolf genannten Fähigkeiten und Kompetenzen kaum kommunikative Eigenschaften eines Kommunikationsauditors dar. Darüber hinaus wurden die „ausgeprägten kommunikativen Fähigkeiten" und „angemessene Ausdrucksfähigkeiten in Wort und Schrift" (G. Wolf 2010: 158) nicht weiter ausgeführt. Somit können diese Kompetenzdifferenzierungen lediglich als bestimmte allgemeine Hinweise betrachtet werden, die jeder Auditor, nicht nur der Kommunikationsauditor, in seiner professionellen Tätigkeit zu befolgen hat. Die Anmerkung von G.M. Goldhaber und P.D. Krivonos (1977: 51) klingt dagegen eher trivial.

Eine etwas differenzierter ausgebaute Kompetenzliste wurde in ISO 19011:2011(E) (2011: 24–36) vorgeschlagen. Auch in diesem Dokument jedoch wurde nur ganz allgemein auf die „kommunikativen Fähigkeiten" der Auditoren hingewiesen, ohne diese weiter auszuführen:

> An auditor should be able to do the following: (...) communicate effectively, orally and in writing (either personally, or through the use of interpreters and translators) (ISO 19011:2011(E) 2011: 26).

Interessanterweise wurden in der ISO-Norm unter dem Punkt „Organisationskontext" auch kulturelle und soziale Fähigkeiten berücksichtigt: „knowledge and skills (...) should cover (...) cultural and social aspects of the auditee" (*ibid.* S. 27). Linguistisch gesehen sind diese Fähigkeiten eng mit kommunikativen Fähigkeiten verbunden (s. F. Grucza 1989: 28, 2000: 22–23). Zudem haben die Autoren der ISO 19011:2011(E) ganz präzise die Beurteilungskriterien der Auditoren angegeben. Unter anderem werden danach kommunikative Fähigkeiten der Auditoren während eines Interviews mit dem Auditor bewertet (2011: 29). Obwohl die ISO Norm den Begriff *kommunikative Fähigkeiten* nicht weiter erklärt, wurde hier der Versuch unternommen, Kompetenzen der Auditoren je nach Branche zu differenzieren (ISO 19011:2011(E) 2011: 31–36), was als äußerst positiv zu bewerten ist.

Kommen wir nun zu der zweiten Frage und versuchen zu beantworten, wie kommunikative Eigenschaften erforscht werden können. *In puncto* Untersuchung/ Rekonstruktion der kommunikativen Eigenschaften der Auditoren haben lediglich die Autoren der ISO 19011:2011(E) erwähnt, dass man die kommunikativen

Fähigkeiten der Auditoren während der Interviews mit Auditoren beurteilen kann. Mit dieser Feststellung haben die Autoren nur teilweise Recht. Vor dem Hintergrund der anthropozentrischen Linguistik muss diese Feststellung revidiert werden. Kommunikative Fähigkeiten der (Kommunikations)Auditoren können nicht nur auf Grund der Interviews mit Auditoren, sondern vor allem auf Grund der Beobachtungen (i) aller konkreter von Auditoren produzierten (mündlichen und schriftlichen) Texte und (ii) ihrer aller konkreten Diskursbeteiligungen rekonstruiert werden (mehr dazu s. weiter unten).

Auf Grund der eingehenden Analyse der einschlägigen Fachliteratur können zwei Schlussfolgerungen formuliert werden. Erstens: Bisher haben Linguisten keine nennenswerten Untersuchungen zum Kommunikationsaudit vorgelegt, die über die formalen und organisatorischen Aspekte des Kommunikationsaudits hinausgehen. Dies sollte schnellstmöglich nachgeholt werden, da sich in erster Linie die Linguistik mit den Fragen des Kommunikationsaudits auseinandersetzen sollte. Zweitens: Die bisherigen Befunde zum Kommunikationsaudit sind evident mit den Grundannahmen der anthropozentrischen Linguistik (s. S. Grucza 2008/2013, 2010a, 2010b, F. Grucza 2010a, 2010b) und der anthropozentrischen Kulturologie (S. Bonacchi 2011a, 2011b, F. Grucza 2012, 2012, J. Zając 2013) konform. Es ist also legitim festzustellen, dass die Annahmen der anthropozentrischen Linguistik und der anthropozentrischen Kulturologie in weiteren Untersuchungen des Kommunikationsaudits berücksichtigt werden sollten.

Ich möchte eines ganz deutlich betonen: Meiner Ansicht nach sollten die linguistischen Untersuchungen zum Kommunikationsaudit als Untersuchungen über Fachsprachen und Fachkommunikation klassifiziert werden, weil abhängig von der Branche, vom Unternehmen usw. jedes Mal die auditierten Personen (Fachleute) und auch der Auditor eine andere „Auditsprache" verwenden, die sogar für andere Fachleute, die in derselben Branche oder in demselben Unternehmen tätig sind, nicht ganz verständlich ist (s. „Unternehmenssprache" in Handelsblatt Wirtschaftslexikon, Bd. 6 2006: 2936 sowie „Projektmanagementsprache" und „Teamsprache" in J. Zając 2013: 122–125). Daraus resultiert, dass Kommunikation zwischen dem Auditor und der auditierten Person als Fachkommunikation betrachtet werden sollte.

Aus den Grundannahmen der anthropozentrischen Linguistik lassen sich aufschlussreiche Hinweise für empirische Untersuchungen der Fachkommunikation ableiten. In diesem Beitrag möchte ich lediglich die wichtigsten von ihnen nennen, die relevant für die weitere Forschung auf dem Gebiet Kommunikationsaudit sind. Zum ersten sollten sich Kommunikationsaudit-Forscher die Rekonstruktion der wirklichen (Fach)sprachen zum Ziel setzen, d.h. sie sollten versuchen, die sprachlichen Eigenschaften konkreter Fachleute, und genauer genommen ihre textproduktiven und textanalytischen sowie diskursiven Eigenschaften, kennenzulernen.

Auf Grund der genannten Eigenschaften können Fachleute ihre konkreten mündlichen/ schriftlichen/ hybriden Fachdiskurse (Interaktionen) durchführen (F. Grucza 2010: 40 ff.). Zum zweiten sollten Forscher zum Zwecke der Rekonstruktion entsprechendes linguistisches Datenmaterial sammeln. Unter dem Datenmaterial werden hier Texte subsumiert, die produziert, externalisiert, erhalten und zu einem größeren oder kleineren Grad verstanden werden. Die Qualität der rekonstruierten wirklichen Fachsprachen hängt von der Menge des gesammelten und in Betracht gezogenen Datenmaterials (Textmaterials), d.h. von der Menge der berücksichtigen (Fach)Texte, ab (*ibid.*). Zum dritten sollten auch Kontexte und Situationen (Umstände) analysiert werden, in denen der Fachdiskurs durchgeführt wurde. Es sollte ebenso festgestellt werden, ob diese Umstände typisch oder eigenartig sind (*ibid.* S. 47). Zum vierten können im Lichte der anthropozentrischen Linguistik Untersuchungen auch auf Grundlage der wirklichen Fachdiskurse durchgeführt werden, die aus fehlerhaften oder unvollständigen Texten bestehen (*ibid.* S. 52). Zum fünften werden in der Analyse alle in diskursiven (textuellen) Interaktionen vorgekommenen Elemente berücksichtigt, die irgendeine kommunikative Rolle spielen. Diese Elemente brauchen nicht rein linguistisch zu sein (*ibid.* S. 52–53). Das Datenmaterial kann auch para- und extrasprachliche sowie andere kulturelle Elemente des Fachdiskurses berücksichtigen (*ibid.*).

Hier sollte noch hinzugefügt werden, dass im Lichte der anthropozentrischen Linguistik das primäre Datenmaterial für linguistische Analysen aus konkreten Fachtexten und anderen direkt beobachtbaren Zeichen kommunikativer Tätigkeiten der Fachleute besteht. Dies bedeutet, dass Untersuchungen auf konkrete Fachleute, ihre konkreten Produkte und ihre sprachlichen Tätigkeiten begrenzt werden müssen (F. Grucza 2010: 36). In Folge einer linguistischen Analyse, die auf der Basis des so definierten Datenmaterials durchgeführt wird, können textproduktive und textanalytische sowie diskursive Eigenschaften der Fachleute rekonstruiert werden (*ibid.* S. 41–43). In anderen Worten können wirkliche Fachsprachen der Fachleute rekonstruiert werden, auf Grund deren Fachleute die untersuchten Fachtexte/ Fachdiskurse produzierten, die analysierten Tätigkeiten ausübten und die konkreten beobachtbaren kommunikativen Ergebnisse erbrachten (*ibid.* S. 32). Weiterhin sollte die linguistische Analyse zu dem Primärziel des Kommunikationsaudits führen. Das Primärziel des Kommunikationsaudits besteht aus: (1) der Beurteilung des Zustands der Fachkommunikation, die von bestimmten Fachleuten geführt wird (Beschaffung und Sammlung des diagnostischen und anagnostischen Wissens über Fachkommunikation), (2) dem Versuch der Optimierung des durchgeführten Diskurses (Beschaffung und Sammlung des prognostischen Wissens über Fachkommunikation).

8. Schlussbemerkungen

Aus den oben präsentierten Ausführungen ergeben sich die folgenden Schlussbemerkungen:

1. Wirtschaftliche und technologische Veränderungen, die sowohl außerhalb als auch innerhalb von Unternehmen eintreten, sollten Unternehmen zur ständigen Verifizierung und Optimierung der angenommenen Kommunikationsschemata und Kommunikationsprozesse in Unternehmen zwingen.
2. Diese Aufgabe zu lösen, ermöglicht nur das reguläre Durchführen eines auf wissenschaftlicher Grundlage aufgebauten Kommunikationsaudits.
3. Zwar können bisherige Konzeptionen des Kommunikationsaudits als erfolgreich betrachtet werden, doch es lassen sich noch viele linguistische Verbesserungen vorschlagen.
4. Die bisher entwickelten Prozeduren und Methoden des Kommunikationsaudits sollten baldmöglichst um linguistische und kulturelle Aspekte ergänzt werden.
5. Eine geeignete Grundlage für diese Ergänzungen bildet die anthropozentrische Linguistik und die anthropozentrische Kulturologie.
6. Künftige Untersuchungen sollten auch die bisherigen Ergebnisse der Untersuchungen zu Fachsprachen und Fachkommunikation in Betracht ziehen.

Zum Schluss sollte noch einmal betont werden, dass die in diesem Beitrag dargelegten Ausführungen in der Vorbereitungsphase des Kommunikationsaudits in einem polnischen Unternehmen mit Sitz in Polen entwickelt wurden. Das Kommunikationsaudit wird Anfang 2014 durchgeführt werden. Es wird die Kommunikation eines deutsch-polnischen Projektteams unter die Lupe genommen. Die Ergebnisse des Kommunikationsaudits werden in Form von „communication best practices" für Mitarbeiter des Unternehmens (vgl. S. Grucza/ J. Alnajjar/ R. Grucza 2014) vorbereitet. Die genauen methodologischen Schritte sowie die Beschreibung des Auditprozesses sollen in weiteren Beiträgen dargestellt werden.

Literatur

Androutsopoulos, J. (2007): *Neue Medien – neue Schriftlichkeit?* In: *Mitteilungen des Deutschen Germanistenverbandes* 1/07. 72–97.
Bargiela-Chiappini, F./ C. Nickerson/ B. Planken (Hg.) (2007): *Business Discourse*. New York.
Biber, D. (1988): *Variation across speech and writing*. Cambridge etc.
Bittner, J. (2003): *Digitalität, Sprache, Kommunikation. Eine Untersuchung zur Medialität von digitalen Kommunikationsformen und Textsorten und deren varietätenlinguistischer Modellierung* Berlin. (= Philologische Studien und Quellen 178)
Bonacchi, S. (2011a): *Höflichkeitsausdrücke und anthropozentrische Linguistik*. Warszawa.

Bonacchi, S. (2011b): *Anthropozentrische Kulturologie: einige Überlegungen zu Grundannahmen und Forschungspraxis anhand der Analyse von Komplimenten.* In: F. Grucza/ P. Zimniak/ G. Pawłowski (Hg.) (2011): Die deutsche Sprache, Kultur und Literatur in polnischdeutscher Interaktion. Warszawa. 33–52.

Bonacchi, S. (2012): *Interkulturelle Kommunikation, Dialog- und Konfliktforschung: Einige Bemerkungen zum Forschungsgegenstand, zu den Erkenntniszielen und Untersuchungsmethoden der anthropozentrischen Kulturologie.* In: G. Pawłowski/ M. Olpińska-Szkiełko/ S. Bonacchi (Hg.) Mensch – Sprachen – Kulturen. Warszawa. 35–49.

Bungarten, Th. (1994): *Die Sprache in der Unternehmenskommunikation.* In: Th. Bungarten (Hg.) *Unternehmenskommunikation. Linguistische Analysen und Beschreibungen (= BWK 4).* Tostedt. 29–42.

Burton, J.C./ R.E. Palmer/ R.S. Kay (Hg.) (1981): *Handbook of Accounting and Auditing.* Boston, New York.

CampusManagement 2 (2003): Frankfurt/Main.

Charles, M./ R. Marschan-Piekkari (2002): *Language Training for Enhanced Horizontal Communication: A Challenge for MNCs.* In: Business Communication Quarterly 65/2. 9–29.

Downs, C.W./ A.D. Adrian (2004): *Assessing Organizational Communication. Strategic Communication Audits.* New York.

Dürscheid, Ch. (1999): *Zwischen Mündlichkeit und Schriftlichkeit: die Kommunikation im Internet.* In: Papiere zur Linguistik 60 (1/1999). 17–30.

Dürscheid, Ch. (2003): *Medienkommunikation im Kontinuum von Mündlichkeit und Schriftlichkeit. Theoretische und empirische Probleme.* In: Zeitschrift für Angewandte Linguistik 38. 37–56.

Ellis, D./ R. Barker/ S. Potter/ C. Pridgeon (1993): *Information audits, communication audits and information mapping.* In: International Journal of Information Management 13/2. 134–151.

Elspaß, St. (2002): *Alter Wein und neue Schläuche? Briefe der Wende zum 20. Jahrhundert und Texte der neuen Medien – ein Vergleich.* In: U. Schmitz/ E.L. Wyss (Hg.) Briefkommunikation im 20. Jahrhundert (= Osnabrücker Beiträge zur Sprachtheorie 64). 7–31.

Emmanuel, M. (1985): *Auditing Communication Practices.* In: C. Reuss/R. DiSilvas (Hg.) *Inside Organisational Communication.* New York.

Fehrmann, G./ E. Linz (2009): *Eine Medientheorie ohne Medien? Zur Unterscheidung von konzeptioneller und medialer Mündlichkeit und Schriftlichkeit.* In: E. Birk/ J.G. Schneider (Hg.) *Philosophie der Schrift.* Tübingen. 123–143.

Gabler Wirtschaftslexikon A-D (2004): 16. Aufl., Wiesbaden.

Gabler Wirtschaftslexikon K-R (2004): 16. Aufl., Wiesbaden.

Goldhaber, G.M. (1977): *Rebuttal of Sincoff/Goyer Critique of the ICA Audit.* In: The Journal of Business Communiation 15, Fall. 63–64.

Goldhaber, G.M. / P.D. Krivonos (1977): *The ICA Communication Audit: Process, Status and Critique.* In: The Journal of Business Communiation 15, Fall. 41–56.

Grucza, F. (1989): *Język a kultura, bilingwizm a bikulturyzm: lingwistyczne i glottodydaktyczne aspekty interlingwalnych i interkulturowych różnic oraz zbieżności.* In: F. Grucza (Hg.) Bilingwizm, bikulturyzm, implikacje glottodydaktyczne. Warszawa. 9–49.

Grucza, F. (2000): *Kultur aus der Sicht der Angewandten Linguistik,* In: H.D. Schlosser (Hg.) Sprache und Kultur. Forum Angewandte Linguistik 38. Frankfurt/M. etc. 17–29.

Grucza, F. (2010a): *Od lingwistyki wyrazu do lingwistyki tekstu i dyskursu: o wielości dróg rozwoju lingwistyki i kryteriów jego oceny.* In: A. Waszczuk-Zin (Hg.) Lingwistyka stosowana – języki specjalistyczne – dyskurs zawodowy. Warszawa.13–56.

Grucza, F. (2010b): *Zum ontologischen Status menschlicher Sprachen, zu ihren Funktionen, den Aufgaben der Sprachwissenschaft und des Sprachunterrichts.* In: *Kwartalnik Neofilologiczny*, LVII, H. 3/2010. 257–274.

Grucza, F. (2012): *Zum Gegenstand und zu den Aufgaben der anthropozentrischen Linguistik, Kulturologie und Komunikologie sowie zur gegenseitigen Vernetzung dieser Erkenntnisbereiche.* In: *Kwartalnik Neofilologiczny*, LIX, H. 3/2012. 287–344.

Grucza, S. (2008): *Lingwistyka języków specjalistycznych.* Warszawa.

Grucza, S. (2010a): *Główne tezy antropocentrycznej teorii języków.* In: Lingwistyka Stosowana – Applied Linguistics – Angewandte Linguistik 2. 41–68.

Grucza, S. (2010b): *Specyfika uczenia języków specjalistycznych w świetle antropocentrycznej teorii języka,* In: A. Waszczuk-Zin (Hg.) Lingwistyka stosowana – języki specjalistyczne – dyskurs zawodowy. Warszawa. 107–130.

Grucza, S. (2012): *Fachsprachenlinguistik.* Frankfurt a. M. etc. (= Warschauer Studien zur Germanistik und zur Angewandten Linguistik 1).

Grucza, S. (2013): *Lingwistyka języków specjalistycznych,* Warszawa. (= Studi@ Naukowe 5) [http://portal.uw.edu.pl/en/web/snikla/tomy-serii, abgerufen am 7. Juli 2013].

Grucza, S. (2014): *Zur Notwendigkeit der Erforschung der polnisch-deutschen Unternehmenskommunikation.* In: S. Grucza/ M. Wierzbicka/ J. Alnajjar/ P. Bąk (Hg.) Polnisch-deutsche Unternehmenskommunikation. Ansätze zu ihrer linguistischen Erforschung. Frankfurt/ M. 33–53.

Grucza, S./ J. Alnajjar/ R. Grucza (2014): *Projektkommunikation bei Nearshoring-Kooperationen. Am Beispiel von polnisch-deutschen Projektkooperationen bei REC Global.* In: S. Grucza/ M. Wierzbicka/ J. Alnajjar/ P. Bąk (Hg.) Polnisch-deutsche Unternehmenskommunikation. Ansätze zu ihrer linguistischen Erforschung, Frankfurt/ M. 153–170.

Habscheid, St. (2000): *„Medium' in der Pragmatik. Eine kritische Bestandsaufnahme.* In: Deutsche Sprache 2(28). 126–143.

Handelsblatt Wirtschaftslexikon. Das Wissen der Betriebswirtschaftslehre. Band 6. (2006): Stuttgart, Schäffer-Poeschel Verlag.

Handelsblatt Wirtschaftslexikon. Das Wissen der Betriebswirtschaftslehre. Band 11. (2006): Stuttgart, Schäffer-Poeschel Verlag.

Hargie, O./ D. Tourish (Hg.) (2000/2004): *Handbook of Communication Audits for Organisations.* London.

Hargie, O./ D. Tourish/ N. Wilson (2002): *Communication Audits and the Effects of Increased Information: A Follow-up Study.* In: The Journal of Business Communication 39/4, October. 414–436.

Huck, S. (2007): *Internationale Unternehmenskommunikation.* In: M. Piwinger/A. Zerfaß (Hg.) *Handbuch Unternehmenskommunikation.* Wiesbaden. 891–904.

Idowu, S.O./N. Capaldi/L. Zu/A. Das Gupta (Hg.) (2013): *Encyclopedia of Corporate Social Responsibility*, Volume 1, A–C, Berlin, Heidelberg.Idowu, S.O./N. Capaldi/L. Zu/A. Das Gupta (Hg.) (2013): *Encyclopedia of Corporate Social Responsibility,* Volume 4, S–Z, Berlin, Heidelberg.

International Standards for the Professional Practice of Internal Auditing (Standards) (2012): The Institute of Internal Auditors [https://na.theiia.org/standards-guidance/Public%20 Documents/IPPF%202013%20English.pdf, abgerufen am 14. April 2013].

Internationale Standards für die berufliche Praxis der Internen Revision (2013): DIIR –Deutsches Institut für Interne Revision e.V., Frankfurt am Main, Institut für Interne Revision Österreich (IIA Austria): Wien, Schweizerischer Verband für Interne Revision (IIA Switzerland): Zürich [http://www.diir.de/fileadmin/fachwissen/standards/downloads/IIA_Standards_2013.pdf, abgerufen am 12. Mai 2013].

ISO 19011:2011(E) *Guidelines for auditing management systems*. Geneva.

Kaliski, B.S. (Hg.) (2001): *Encyclopedia of Busine$$ and Finance*, Volume 1, New York etc..

Koch, P./ W. Oesterreicher (1994): *Schriftlichkeit und Sprache*. In: H. Günther/O. Ludwig (Hg.) *Schrift und Schriftlichkeit/Writing and Its Use. Ein interdisziplinäres Handbuch internationaler Forschung/An Interdisciplinary Handbook of International Research. (Handbücher zur Sprach- und Kommunikationswissenschaft/Handbooks of Linguistics and Communication Science 10.1.).* Berlin/New York. 587–604.

Koschnick, W.J. (Hg.) (2009a): *FOCUS Enzyklopädischen Wörterbuch. Marketing – Management – Marktkommunikation – Medien* (Englisch-Deutsch, A–E): 2. Aufl., München, FOCUS Magazin Verlag.

Koschnick, W.J. (Hg.) (2009b): *FOCUS Enzyklopädischen Wörterbuch. Marketing – Management – Marktkommunikation – Medien* (Englisch-Deutsch, F–O): 2. Aufl., München, FOCUS Magazin Verlag.

Koschnick, W.J. (Hg.) (2009c): FOCUS *Encyclopedic Dictionary. Marketing – Management – Market Communication – Media* (German-English, H–P): 2. Aufl., München, FOCUS Magazin Verlag.

Maki, M.Sh./ St. Shimotsu/ Th.A. Avtgis/ N. Kimble/ L. Lilly/ A. Petrovich/ D. Ward (2009): *International Communication Association Audit: An Exploratory Investigation into Trait or State.* In: Human Communication Vol. 12, No. 4: 383–401 [http://www.uab.edu/Communicationstudies/humancommunication/120403_Maki.pdf, abgerufen am 15. Januar 2013].

Odiorne, G.S. (1954): *An Application of the Communications Audit.* In: Personal Psychology, Vol. 7, Issue 2, June. 235–243 [http://onlinelibrary.wiley.com/doi/10.1111/j.1744-6570.1954. tb01596.x/pdf, abgerufen am 7. Februar 2013].

Schlobinski, P. (Hg.) (2006): *Von *hdl* bis *cul8er*. Sprache und Kommunikation in den neuen Medien*. Mannheim. (= Thema Deutsch 7)

Sincoff, M. Z./ R. S. Goyer (1997): *Communication Audit Critique: The Researcher's Perspective.* In: The Journal of Business Communiation 15, Fall. 57–63.

Smeltzer, L. (1993): *Emerging questions and research paradigms in business communication.* In: Journal of Business Communication 30. 181–198.

Söll, L.(1985): *Gesprochenes und geschriebenes Französisch*. 3. Aufl., Berlin.

Thaler, V. (2003): *Chat-Kommunikation im Spannungsfeld zwischen Oralität und Literalität.* Berlin.

Tourish, D./ O. Hargie (2004a): *Communication and organisational success.* In: O. Hargie/ D. Tourish (Hg.) *Handbook of Communication Audits for Organisations*, Hove and New York. 3–21.

Tourish, D./ O. Hargie (2004b): *Auditing communication to maximise performance.* In: O. Hargie/ D. Tourish (Hg.) *Handbook of Communication Audits for Organisations.* Hove and New York. 22–41.

Vollstedt, M. (2002): *Sprachenplanung in der internen Kommunikation internationaler Unternehmen.* Hildesheim – Zürich – New York.

Wahrig Deutsches Wörterbuch (2005): Gütersloh/München.

Wahrig Fremdwörterlexikon (2007): Gütersloh/München.

Westermann, F. (2007): *Management Audit. Praxisvergleich und Optimierungsmöglichkeiten.* München und Mering.

Wiio, O.A./ G.M. Goldhaber/ M.P. Yates (1980): *Organizational Communication Research: Time for Reflection? Some Conclusions from Audit and Network Studies in Different Countries.* In: D. Nimmo (Hg.) *Communication Yearbook 4. An Annual Review Published by the International Communication Association.* United States of America. 83–97.

Winkler, R. (2008): *Zarządzanie komunikacją w organizacjach zróżnicowanych kulturowo.* Kraków.

Winkler, R. (2010): *Audyt komunikacyjny – wymiar wewnętrzny.* In: A. Stabryła (Hg.) *Systemy controllingu, monitoringu i audytu.* Kraków. 119–126.

Wolf, G. (2010): *Der Business Discourse. Effizienz und Effektivität der unternehmensinternen Kommunikation.* Wiesbaden.

Zając, J. (2013): *Communication in Global Corporations. Successful Project Management via Email.* Frankfurt a. M. (= Warschauer Studien zur Germanistik und zur Angewandten Linguistik 8).

Online Quellen:

Audit: http://www.duden.de/rechtschreibung/Audit [abgerufen am 11. April 2013].
Auditing: http://www.duden.de/rechtschreibung/Auditing [abgerufen am 11. April 2013].
auditieren: http://www.duden.de/rechtschreibung/auditieren [abgerufen am 11. April 2013].
Auditor: http://www.duden.de/rechtschreibung/Auditor [abgerufen am 11. April 2013].
Auditorin: http://www.duden.de/rechtschreibung/Auditorin [abgerufen am 11. April 2013].
Grünbuch KOM(2010) 561: http://eur-lex.europa.eu/Notice.do?mode=dbl&lng1=en,de&lang=&lng2=bg,cs,da,de,el,en,es,et,fi,fr,hu,it,lt,lv,mt,nl,pl,pt,ro,sk,sl,sv,&val=525379:cs [abgerufen am 12. Mai 2013].
GAAS: http://www.aicpa.org/Research/Standards/AuditAttest/DownloadableDocuments/AU-00150.pdf [abgerufen am 14. April 2013].
SAS: http://www.aicpa.org/Research/Standards/AuditAttest/Pages/SAS.aspx [abgerufen am 14. April 2013].

Im Dschungel der Kompetenzen
Überlegungen zur Pragmatik der Geschäftstätigkeit

Jan B. Łompieś
(Universität Warschau)

Vorbemerkungen

Den Titel habe ich teilweise dem Artikel von Hans Dieter Huber entnommen, der *Im Dschungel der Kompetenzen* (H.D. Huber 2004) lautet und mir größtenteils immer noch aktuell erscheint. Darin befasst sich der Autor eingehend mit der Begriffsgeschichte der Kompetenz von der römischen Antike bis zur Gegenwart.

Die Bemerkungen H.D. Hubers, dass wir uns immer tiefer im Dschungel der vielen Kompetenzbegriffe befinden, deren Komponenten ineinander übergehen und kaum klar abzugrenzen sind, finde ich immer noch treffend. Wenn wir jetzt aber versuchen, aus diesem Dschungel hinauszugehen, könnte man meiner Meinung nach dieses Ziel nur mit Hilfe von zwei „Wegweisern" erfolgreich erreichen: erstens mit der Rückkehr zu einigen theoretischen Anhaltspunkten großer Vordenker, und zweitens mit einer pragmatischen Einstellung, die auch die Konkretisierung des Gegenstands unserer Überlegungen umfassen sollte, um nicht in eine Falle der Allgemeinplätze zu geraten. Diese beiden Punkte will ich einer kurzen Analyse unterziehen, um die möglichen Wege aus diesem Dschungel aufzuzeigen.

1. Zum Kompetenzbegriff

Wie H.D. Huber richtig erinnert, ist der Begriff der Kompetenz vor allem von Noam Chomsky in die linguistische Terminologie als Sprachkompetenz eingeführt worden. In den *Aspects of the Theory of Syntax* (N. Chomsky 1965: 4) bezeichnet N. Chomsky die Sprachkompetenz als die Sprachkenntnis des Sprechers/Hörers. Dazu hat er zwei Arten dieser Kompetenz unterschieden: die Sprachfähigkeit und die Performanz (Sprachverwendung)[1]. Die Sprachkompetenz im Sinne N. Chomskys bezeichnet die ideale angeborene, universale Fähigkeit eines idealen Sprechers/Hörers, mit Hilfe eines begrenzten Inventars von Kombinationsregeln und lexikalischen Elementen potenziell viele neue, noch nie gehörte Sätze

---

[1] N. Chomsky (1965: 4) hat es folgendermaßen zum Ausdruck gebracht: „We thus make a fundamental distinction between *competence* (the speaker-hearer's knowledge of his language) and *performance* (the actual use of language in concrete situations)".

bilden und verstehen zu können. Unabhängig von N. Chomsky hat ein anderer amerikanischer Wissenschaftler – David C. McClelland – den Begriff der Kompetenz für die praktische Verwendung in der amerikanischen Wirtschaft geprägt. Nach W. Sarges (2006: 1) hat D.C. McClelland 1973 mit seinem Artikel *Testing for Competence Rather Than for „Intelligence"* eine vertiefte Diskussion über Kompetenzen in der Psychologie ausgelöst, weil er es schon damals für zweckmäßig hielt, Kompetenzen an Stelle der Intelligenz zu erforschen. Mit diesem Artikel hat er, wie allgemein angenommen, den Grundstein für die beachtliche „Competency"-Bewegung der letzten Jahrzehnte gelegt (*ibid.*).

Die Kritik am Kompetenzbegriff von N. Chomsky wurde von vielen Wissenschaftlern formuliert, unter denen sich der eminente deutsche Philosoph Jürgen Habermas, der englische Anthropologe Dell Hymes und auch der polnische Linguist Franciszek Grucza befand.

D. Hymes forderte die Entwicklung einer Konzeption der kommunikativen Kompetenz, die vom tatsächlichen, aktuellen Sprachgebrauch ausgeht. Neben der grammatisch-linguistischen Kompetenz, die von N. Chomsky postuliert wurde, erkennt D. Hymes weitere Kompetenzen, die es dem Sprecher ermöglichen, die Sprache im vorgegebenen Kontext angemessen zu verwenden.

Nach F. Grucza (1988: 311) hat D. Hymes mit Recht darauf hingewiesen, dass ein normaler Sprecher-Hörer nicht nur die Kriterien der grammatischen Akzeptabilität, sondern auch die Kriterien der soziokulturellen Angemessenheit von Sätzen kennt und die Fähigkeit zum Sprachgebrauch in konkreten Situationen berücksichtigt. F. Grucza hat auch die Meinung vertreten, dass sich das Konzept von Chomsky durch die Idealisierung und Autonomisierung der menschlichen Sprache auszeichne, d.h. nach Chomsky beherrsche der ideale Sprecher/Hörer die Sprache einer völlig homogenen Sprachgemeinschaft, sei völlig immun gegen alle möglichen Störeinflüsse und mache somit im Sprachgebrauch überhaupt keine Fehler (s. F. Grucza 1988: 309f.).

Ausführlich betrachtet F. Grucza die Kompetenzbegriffe von N. Chomsky, D. Hymes und anderen Wissenschaftlern in seinem Artikel *Zum Begriff von Sprachkompetenz, Kommunikationskompetenz und Kulturkompetenz* (F. Grucza 1988). Im Gegensatz zu H.D. Huber, der die Metapher vom Dschungel benutzte, hat uns F. Grucza in diesem Artikel und in vielen späteren Beiträgen viel Klarheit in den erwähnten Begriffsdschungel gebracht.

F. Grucza hat sich nicht nur der Kritik am Konzept von Chomsky angeschlossen, sondern er hat auch sein breites Konzept der Sprach- und Kulturkompetenz im Rahmen seiner anthropozentrischen Sprach- und Kulturtheorie entwickelt, deren Grundlagen er schon 1983 darstellte[2]. Deshalb wird also diese anthropozentri-

---

2   Siehe: F. Grucza 1983.

sche Sprachtheorie von F. Grucza einen Ausgangspunkt und Wegweiser für unsere Überlegungen bilden. Im Mittelpunkt der anthropozentrischen Linguistik stehe der Mensch als „sprach-, wissens- und kulturgenerierendes" Wesen (F. Grucza 1997: 15). Der einzelne Mensch sei Träger seiner individuellen und angeeigneten Sprache (Idiolekt), seines Wissens (Idiowissen) und seiner Kultur (Idiokultur). F. Grucza stellt fest, dass sich im Allgemeinen diese Triade der menschlichen Spracheigenschaften im Laufe der Sozialisierung durch Erkenntnisprozesse und in der Praxis des täglichen Handelns zu einem höheren Kompetenzgrad entwickele.

Was ist aber in diesem Kontext genau unter dem Begriff *Kompetenz* zu verstehen? Nicht nur sein Bedeutungsfeld, seine Etymologie, sondern auch der ontologische Status des Begriffs ist bemerkenswert. Bis heute ist dieser Begriff in vielen Disziplinen sehr populär geworden, und diese Tendenz scheint in letzter Zeit nach Huber steigend zu sein (H.D. Huber 2004: 31).

Der Kompetenzbegriff hat den betrieblichen wie den privaten Alltag erobert – so lautet der erste Satz der Einführung ins *Handbuch Kompetenzmessung*, das von John Erpenbeck und Lutz von Rosenstiel herausgegeben wurde (J. Erpenbeck/ L. von Rosenstiel 2007: XVII). Nach Zählungen des Projekts „Deutscher Wortschatztest" von 2006 findet sich der Begriff *Kompetenz* unter den 5000 am meisten verwendeten deutschen Wörtern – noch knapp vor alltäglichen Wörtern wie *Freizeit* oder *Unterhaltung*, *Leidenschaft* oder *Witz* (zitiert nach J. Hartig 2006: 2).

So findet der Begriff *Kompetenz* auch in unterschiedlichen wissenschaftlichen Disziplinen, wie z.B. der Philosophie, Psychologie, Soziologie, Linguistik, Ethnologie, Kulturtheorie, Pädagogik, der Wirtschaftsverwaltung und dem Management, aber auch im alltäglichen Sprachgebrauch seine Verwendung. In wissenschaftlichen Kreisen dieser Disziplinen allerdings ist der Begriff der *Kompetenz* auch nach langjährigen, lebhaften Diskussionen leider immer noch von einer gewissen begrifflichen Ungenauigkeit geprägt. Der wissenschaftliche Konsens über einen universellen und allseitigen Kompetenzbegriff scheint in weiter Ferne zu sein und ist vielleicht auch gar nicht erreichbar.

Jedoch steht der Begriff *Kompetenz* im Zentrum vieler internationaler Überlegungen. In dem OECD-Projekt DeSeCo (Defining and Selecting Key Competencies) werden Kompetenzen folgendermaßen definiert:

> Eine Kompetenz ist die Fähigkeit zur erfolgreichen Bewältigung komplexer Anforderungen in spezifischen Situationen. Kompetentes Handeln schließt den Einsatz von Wissen, von kognitiven und praktischen Fähigkeiten genauso ein wie soziale und Verhaltenskomponenten (Haltung, Gefühle, Werte und Motivationen). Eine Kompetenz ist also zum Beispiel nicht reduzierbar auf ihre kognitive Dimension, sie beinhaltet mehr als das (vgl. D. Gnahs 2012: 21).

Dies bedeutet, so meine These, dass eine Kompetenz einerseits auf kognitiven Eigenschaften eines konkreten Individuums und seiner Wirksamkeit basiert, andererseits steht die individuelle Kompetenz in Beziehung zum konkreten Kontext und Handlungsfeld, d.h. sie ist auch kontextbezogen.

In der Einleitung zur *Empfehlung des Europäischen Parlaments und des Rates vom 18. Dezember 2006 zu Schlüsselkompetenzen für lebensbegleitendes Lernen* wird Folgendes festgestellt: „In einer Wissensgesellschaft ist der Erwerb von Schlüsselkompetenzen wie Wissen, Fähigkeiten und Einstellungen, die an das jeweilige Umfeld angepasst sind, für alle Personen von grundlegender Bedeutung"[3]. Die oben genannte Empfehlung zählt acht Schlüsselkompetenzen auf und definiert das Wissen sowie die Fähigkeiten und Einstellungen, die für die einzelnen Kompetenzen benötigt werden. Diese acht Schlüsselkompetenzen sind wie folgt: (1) Muttersprachliche Kompetenz, (2) Fremdsprachliche Kompetenz, (3) Mathematische Kompetenz und grundlegende naturwissenschaftlich-technische Kompetenz, (4) Computerkompetenz, (5) Lernkompetenz (die Fähigkeit zu lernen), (6) Soziale Kompetenz und Bürgerkompetenz, (7) Eigeninitiative und unternehmerische Kompetenz, (8) Kulturbewusstsein und kulturelle Ausdrucksfähigkeit (Amtsblatt L 394 vom 30.12.2006: 13).

Den oben erwähnten Schlüsselkompetenzen kann man entnehmen, dass sie in hohem Maße auf der Sprach- und Kommunikationskompetenz beruhen. Fast jede Schlüsselkompetenz ist in größerem oder kleinerem Grade von der Sprach- und Kommunikationskompetenz abhängig, die es den Leuten ermöglicht, ihr Wissen auszudrücken. Dies gilt sogar für Situationen, wenn wir sprachlich die Texte bzw. Worte zwar noch nicht externalisieren, aber wir uns in Form innerer Autodialoge oder eines Selbstgesprächs auf die Externalisierung vorbereiten. Um seine Kompetenz oder Ausdrucksfähigkeit zu prüfen, muss ein Individuum seine eigene oder fremde Sprache in unterschiedlichen sozialen Kontexten korrekt und angemessen verwenden können, und nur die im Ergebnis entstehenden Texte zeugen von der sprachlichen und kommunikativen Kompetenz (oder deren Mangel) dieses Individuums. Inmitten der unabdingbaren Voraussetzungen für das erfolgreiche Funktionieren der Menschen in der heutigen Gesellschaft wird also zu Recht die Sprach- und Kommunikationskompetenz hervorgehoben.

Das Wort *Kompetenz* stammt vom lateinischen Wort *competentia* ab und sein Bedeutungsfeld ist eigentlich ungeklärt, unscharf und nicht eindeutig. Bei Verwendung dieses Wortes werden gewöhnlich (zumindest inmitten von einigen polnischen und slowakischen Wissenschaftlern, vgl. W. Furmanek, M. Ďuriš 2007: 212) die folgenden zwei Bedeutungen gemeint:
1. Das Wissen zusammen mit den Fähigkeiten und Fertigkeiten des praktischen Könnens eines Individuums bilden seine Haupteigenschaften, die allesamt notwendig sind, um die konkreten Probleme und Aufgaben zu lösen und aus-

---

3   Siehe: http://europa.eu/legislation_summaries/education_training_youth/lifelong_learning/c11090_de.htm

zuführen. Dies bedeutet, dass neben dem Besitz von Wissen und Kenntnissen auch das Können und die Fähigkeit zur erfolgreichen Anwendung eine wichtige Komponente der *Kompetenz* bilden. Nicht nur vorhandenes Wissen, sondern auch die Handlungsfähigkeit, die dem Wissen konkrete und erfolgreiche Taten in der Praxis folgen lässt, determinieren die Faktoren der Umsetzung von Wissen in ein kompetentes Handeln. H. Mandl (2011: 4-5) spricht in diesem Zusammenhang von einer Kluft zwischen dem Wissen und dem Handeln, denn Wissen und Fähigkeiten werden erst im Handeln bzw. in den Resultaten dieses Handelns offenbar und manifest. Weitere Komponenten können im Rahmen der Wissensforschung nach verschiedenen Kriterien ausführlicher unterschieden und analysiert werden, u.a. das Metawissen, das sprachliche Wissen oder das außersprachliche Wissen. Die Abgrenzung der Kriterien ist jedoch unscharf und würde den Rahmen dieses Artikels sprengen.

2. Die zweite Bedeutungsebene umfasst den Bereich der formaljuristischen Befugnisse, die aus der institutionellen Kommunikation einer Organisation resultieren. Es handelt sich um formale, genau definierte Kompetenzen, die im juristischen Sinne gleichzusetzen sind mit der Befugnis, etwas tun zu dürfen. Laut Erpenbeck und Rosenstiel (vgl. J. Erpenbeck/ L. von Rosenstiel 2007: XVIII) bedeutet *Kompetenz* im Staatsrecht die Zuständigkeit, Befugnis oder Rechtmäßigkeit oberster Staatsorgane und nachgeordneter Behörden, Anstalten, Körperschaften oder Personen für öffentliche Aufgaben und hoheitliche Befugnisse. Mit diesem Aspekt des Kompetenzbegriffs werde ich mich hier ebenfalls nicht befassen.

In der Philosophie wird oft der Begriff *Kompetenz* noch in einem weiteren Sinne verwendet – und zwar beinhaltet *Kompetenz* auch Elemente des Wissens, der Fähigkeiten, der Begabung, der Tugend und Erfahrung (vgl. J. Hartman 2007: 159ff.). Unter *Kompetenz* wird auch die „Verbindung von Fähigkeiten, die eingesetzt werden, um eine bestimmte Anforderung zu erfüllen oder eine bestimmte Handlung vorzunehmen", subsumiert (zitiert nach S. Bonacchi 2012: 20).

In dieser Situation scheint es mir zweckmäßig, den Begriff *Kompetenz* im Kontext konkreter Anwendungsfelder durch eine einschränkende Arbeitsdefinition zu präzisieren. Ich habe keinesfalls vor, eine „richtige" Definition von Kompetenz zu formulieren, aber ich möchte mich auf einen potentiellen und konkreten Kompetenzträger in seinem Umfeld konzentrieren. Dadurch, hoffe ich, sieht der Kompetenzdschungel bereits anders aus und wird quasi vom Dschungel zum lichteren Wäldchen. In meiner Reflexion wird im Folgenden die *Kompetenz* in einem engeren und konkreten Sinn gefasst. Ich betrachte sie als Komplex von Eigenschaften eines konkreten Individuums und zeige, wie sich die *Kompetenz* in einem konkreten Tätigkeitsbereich, der Wissen, Fähigkeiten und Können (*Knowhow*) umfasst, entwickelt.

2. Wissens- und Kompetenzkonstruktion

Im allgemeinen Sinne meint *Kompetenz* ein theoretisches Konstrukt, das eine reelle Dimension nur in Bezug auf eine individuelle Person, als *Idiokompetenz* z.b. eines konkreten Chirurgen, gewinnt. Die *Idiokompetenz*, sollte genau wie der *Idiolekt*, das *Idiowissen* und die *Idiokultur* als bestimmtes Wissen und Eigenschaft konkreter Individuen betrachtet werden. Unter dem Begriff *Idiokompetenz* verstehe ich das Wissen (z.b. Sprach- oder Kulturwissen) wie auch die Fähigkeit, dieses Wissen anzuwenden. Diese Eigenschaften entziehen sich der direkten Betrachtung, sie kommen nur im Zuge menschlicher Tätigkeit und im Ergebnis seines Schaffens zum Vorschein, das verschiedene sprachliche (Texte), materielle (Produkte) oder kulturelle Formen annimmt. Mit Kompetenzen ist es, so meine These, ähnlich wie mit dem Wissen: man sollte Kompetenzen und Wissen als Eigenschaften betrachten, die sich durch aktive Prozesse der Wahrnehmung, der individuellen kognitiven Arbeit und durch Wissenserzeugungsprozesse konstruieren lassen. Jeder muss sein Wissen und seine Kompetenz selbst erzeugen und entwickeln auf Basis seines genetischen Wissens und seiner angeborenen Fähigkeit. Der Erkenntnisprozess vollzieht sich auf dem Weg der Analyse des erworbenen Wissens und der dieses Wissen ausdrückenden („repräsentierenden") Texte (vgl. S. Grucza 2012: 146).

Nach der anthropozentrischen Theorie von F. Grucza lassen sich Wissen und Kompetenzen nicht vermitteln. Wissen ist kein transportierbarer Gegenstand und menschliches Wissen kann eben nicht „weitergegeben" werden wie bloße Daten und Informationen. Es gibt verschiedene Exponenten des Wissens wie menschliche Erzeugnisse aller Art (materielle und intellektuelle), darunter Texte, die auch entscheidende Bestätigungen des Wissens- und Kompetenzenbesitzes darstellen. Nach der anthropozentrischen Theorie spielen Texte im Prozess der Wissenskonstruktion eine grundlegende Rolle, aber nicht im alltäglichen Sinne. In Texten wird nicht so sehr individuelles und kollektives Wissen gespeichert, ausgelagert und übertragbar gemacht, sondern mittels Texten wird dieses Wissen „textualisiert", d.h. es erhält eine textuelle Gestalt (S. Bonacchi 2011: 127). Solange ein Individuum sein Wissen über einen Gegenstand nicht sprachlich ausdrückt und nicht imstande ist, dafür zu argumentieren, kann man nicht sicher sein, ob es wirklich etwas darüber weiß oder nicht. Dazu lässt sich anmerken, dass sich nur günstige Bedingungen für die selbstständige Wissenskonstruktion oder eben für die Kompetenzkonstruktion schaffen lassen. Die Erzeugung von Wissen wie auch von Kompetenzen und deren Entwicklung sind zentrale Begriffe, wenn es darum geht, die Fähigkeiten und Potenziale von Menschen zu aufzubauen, weiterzuentwickeln und auch zu behalten. In diesem Kontext ist die Auffassung, man könne ein bestimmtes Wissen endgültig erzeugen, unzutreffend. Mit den Worten des französischen Soziologen Gabriel Tarde, der die Wirklichkeit definierte als „etwas, das nur einmal und nur einen Augenblick dauert" (zit. nach O. Leszcz-ak 2010: 41), unterliegt unsere Wissensstruktur, wie auch unsere ganze Wirk-lichkeit, ständigen und dynamischen Veränderungen. Die mentalen Prozesse, die grundsätzlich auf Daten- und Informationsverarbeitung im Gehirn beruhen und zur nachhaltigen Konstruktion von Wissen führen können, arbeiten unter der Vo-raussetzung aber, dass das Individuum seine Wahrnehmungen und Erfahrungen mittels einer ständigen kognitiven Gehirntätigkeit in eine neue Wissensstruktur organisiert. Ein unerbittlicher und fortschreitender Gedächtnisschwund will es, dass eine absolute quantitative Größe von Wissenszunahme im Kontrast zum re-alen Verhältnis von Wissenszuwachs und Wissensverlust steht. J. Hartman äußert sich darüber, dass „wir es bei diesem Thema mit einer Konfiguration von Wissen und Unwissen, Kompetenz und Inkompetenz, Fähigkeiten und Mangel an Fähig-keiten, Intelligenz und Trägheit zu tun haben" (J. Hartman 2007: 159). Selbstver-ständlich sollte man auch hinzufügen, dass diese Wissenskonstruktionsprozesse sich nicht automatisch vollziehen können. Diese Prozesse bräuchten einen ex-ternen oder internen Reiz, einen bedeutenden Verbrauch an Energie und insbe-sondere die Motivation und Intention als bestimmende Faktoren menschlicher Tätigkeit, denn Wissen allein bewirke nichts, falls es nicht in ein wirksames Han-deln umgesetzt werde. Obwohl in den verschiedenen Bereichen und Situationen der Prozess der Kompetenzkonstruktion jeweils unterschiedlich ist, sind an der menschlichen Kompetenzerzeugung meistens die folgenden Komponenten, die durch das Individuum wahrgenommen werden, beteiligt:

–   Daten – Sie repräsentieren nicht verbundene und nicht geordnete Fakten oder eine Ziffernfolge ohne kontextuelle Bedeutung, z.B. die folgende Ziffernfol-ge: +1, -1, -2;

–   Informationen – Sie stellen umgestaltete Daten dar, die mittels Einordnung, Kategorisierung oder Klassifikation in eine neue Struktur und einen neuen Kontext übertragen wurden, z.B. infolge hinzugefügter kontextueller Anga-ben. Wird den oben erwähnten Ziffern ‚Januar' und ‚Warszawa' hinzuge-fügt, so bedeuten sie die mittleren Temperaturen für den Januar in Warszawa. Dann und nur dann wird diese Ziffernfolge begreiflich und klar. Im Ergebnis wird die Ziffernfolge, die anfangs sinnlos schien, eine sinnvolle Information (J. Fazlagić 2010: 126);

–   Wissen – Darunter wird eine neue Qualität und Eigenschaft menschlich geis-tiger Tätigkeit verstanden und es ist der Effekt und das Ziel der Aneignung von Kenntnissen. Wissen lässt sich nur auf der Basis internalisierter subjek-tiver Informationen, individueller Erfahrungen sowie auch auf der Basis von Informationen konstruieren, die auf spezielle Kontexte bezugnehmen. Das neu generierte Wissen wird mit dem bisherigen Wissen im Langzeitgedächtnis gespeichert, eingeordnet und integriert als Folge gründlicher Überlegungen und Reflexionen (vgl.: Kowalczyk, A., Nogalski, B., 2007: 27). Manche Wissenschaftler definieren Wissen weiterhin als die Gesamtheit aller in irgendeiner Form mental internalisierten Informationen eines Individuums. In diesem Zusammenhang sollte allerdings betont werden, dass Informationen nicht mit Wissen gleichzusetzen sind.

Diese Triade aus Daten, Informationen und Wissen sollte durch die zielgerichtete Entwicklung von Fähigkeiten ergänzt werden, damit ein Individuum seine eigene Kompetenz als Ergebnis intensiver und an den jeweiligen Kontext angepasster Handlungen effektiv aufbauen und erweitern kann. Der Kompetenzatlas unter dem Titel KODE® (die Abkürzung für Kompetenz-Diagnostik und Entwicklung) wurde Mitte der 1990er Jahre von Volker Heyse, John Erpenbeck und Horst Max[4] entwickelt. Dieser Kompetenzatlas umfasst 64 Kompetenzen, die auf Basis der nachstehenden vier menschlichen Grundkompetenzen ausgearbeitet wurde:

Personale Kompetenz: Fähigkeit, sich selbst gegenüber klug und kritisch zu sein, produktive Einstellungen, Werte und Ideale zu entwickeln;

Aktivitäts- und Handlungskompetenz: Fähigkeit, alles Wissen und Können, alle Ergebnisse sozialer Kommunikation, alle persönlichen Werte und Ideale auch wirklich willensstark und aktiv umsetzen zu können;

Fachlich-methodische Kompetenz: Fähigkeit, mit fachlichem und methodischem Wissen gut ausgerüstet, schier unlösbare Probleme schöpferisch zu bewältigen;

Sozial-Kommunikative Kompetenz: Fähigkeit, sich aus eigenem Antrieb mit anderen zusammen- und auseinanderzusetzen. Kreativ zu kooperieren und zu kommunizieren."

Dieser Atlas, der wahrscheinlich ein ganzheitliches Bild der Kompetenzen anstrebt, beinhaltet eine große Menge von Kompetenzen, welche trotz alledem für jede Berufstätigkeit in zahlreichen spezifischen Kontexten nicht relevant erscheinen. Meiner Ansicht nach gibt es in jedem Kontext und in jeder Berufstätigkeit kontextspezifische Anforderungen, die bestimmte Kompetenzen von Individuen erzwingen, damit sie ihre Ziele erreichen können.

In der *Empfehlung des Europäischen Parlaments und des Rates vom 18. Dezember 2006 zu Schlüsselkompetenzen für lebensbegleitendes Lernen* wird zudem betont, dass Kompetenzen auch an das jeweilige Umfeld angepasst werden sollen. In der Welt der Diplomatie sind beispielsweise die Verhandlungskunst, die Höflichkeitskompetenz und das diplomatische Protokoll vorrangig. In der Geschäftswelt unserer Zeit sieht es wiederum anders aus. In dieser Hinsicht halte ich es für angebracht, meine Reflexion mehr auf die Kompetenzen als Eigenschaften

---

4   Siehe: http://www.competenzia.de/index.php?option=com_content&task=view&id=24&I
      temid=52 (Abruf 17.9.2013).

konkreter Individuen in konkreten Bereichen, und zwar auf dem Gebiet der Geschäftstätigkeit, zu konzentrieren.

3. Unternehmer-Kompetenzen

Um den steigenden Anforderungen der heutigen komplexen und höchst spezialisierten Wirtschaftswelt gerecht zu werden, ist es zweckmäßig, bei den Überlegungen zur *Kompetenz* konkrete Individuen zu fokussieren. Das Individuum, dem meine Aufmerksamkeit gilt, ist der Geschäftsmann als Gründer, Eigentümer, selbständiger Unternehmer und Geschäftsführer eines kleinen oder mittleren Unternehmens, hier kurz Unternehmer. Daneben ist er auch Besitzer einer Reihe von Kompetenzen, die es ihm ermöglichen, sein Geschäft aufzubauen und erfolgreich zu entwickeln.

Kleine und mittlere Unternehmen (KMU) bilden das Rückgrat der Wirtschaft in Polen und in vielen anderen Ländern Europas. Sie stellen die überwiegende Mehrheit der Unternehmen in Europa dar und spielen in der Wirtschaft eine besonders wichtige Rolle. Die Welt der KMU ist aber nicht nur zahlenmäßig groß und äußerst vielfältig, sondern untersteht auch einem raschen Wandel – einem Wandel, der viele Unternehmen in neue Hände übergehen lässt oder gar aus dem Markt drängt als Folge von Ereignissen, die oft unzureichende Kompetenzen des Unternehmers zugrunde haben. Dazu zählen vielfach mangelnde, aber nötige Fachkenntnisse, darunter finanzielle Kenntnisse, die sich in einer allzu rudimentären Budget- und Finanzplanung niederschlagen, oder eine ungenügende Diversifikation von Produkten und Märkten, die gerade in Krisenzeiten die Palette der Handlungsoptionen stark einschränkt. Deshalb sind entsprechende Fachkompetenzen der Unternehmer als Determinanten des Unternehmenserfolgs nicht zu unterschätzen.

Die Fachkompetenzen als bestimmte Eigenschaften konkreter Fachleute bilden auch den Gegenstand der Fachsprachenlinguistik, die von S. Grucza in seiner Monographie eingehend dargestellt wird[5]. Im Gegensatz zu H. Bußmans Definition, die den Sprachwissenschaften nur eine beschreibende Rolle zugeteilt hat, soll sich nach S. Grucza die (Fach)Sprachenlinguistik nicht nur auf die Beschreibung des untersuchten Stands der Dinge beschränken, sondern muss eine Antwort auf die Frage finden, wovon die Verständigung unter den (Fach)Leuten abhängt bzw. was deren Gelingen voraussetzt (S. Grucza 2012: 149). Dieser Auffassung ist auch W. Czachur (2012: 325), der als Definition im Metzler Lexikon angibt, dass diese Disziplin „sich mit der Beschreibung und Erklärung von Sprache, Sprachen und sprachlicher Kommunikation befasst" (ibid.). Um sich mit der

---

5   Siehe: S. Grucza 2012.

Erklärung sprachlicher Kommunikation erfolgreich und nützlich zu befassen, sollen Linguisten über ihre Disziplin hinausgehen und nicht nur sprachsystemische, sondern auch pragmalinguistische und fachspezifische Phänomene untersuchen, die mit dem konkreten Kontext verbunden sind. Zu Recht weist S. Grucza (2012: 145ff.) darauf hin, dass unter den Fähigkeiten, die den Fachleuten ermöglichen, gelungene Texte zu erzeugen, folgende Konstituenten zu unterscheiden sind: sprachliche Fachkompetenz, fachliche Diskurskompetenz und fachliche Kulturkompetenz (ibid.). In Analogie zu S. Gruczas Einteilung nehme ich an, dass ein Geschäftsmann oder ein Geschäftsführer eines kleineren Unternehmens auch über eine solche Kompetenz verfügen soll, die die genannten Teilkompetenzen (fachsprachliche Kompetenz, fachdiskursive Kompetenz, fachspezifische (inter) kulturelle Kompetenz) umfasst.

Diese Kompetenzen, die seine Eigenschaften bilden, ermöglichen dem Unternehmer die erfolgreiche Erzeugung von Fachtexten. Es muss aber betont werden, dass sich die auf der Abbildung qualitativ unterschiedenen Typen von Kompetenzen in Wirklichkeit nicht separat oder statisch zeigen. Sie stellen ein komplexes Ganzes bzw. eine Gesamtheit der Schlüsselkompetenzen dar, innerhalb derer dynamische Bestandteile zusammenwirken, um den Herausforderungen der Geschäftssituation gerecht zu werden. Die kommunikative Kompetenz kann also, so meine ich, als Gesamtheit derjenigen Kompetenzen betrachtet werden, über die das Individuum bei der Interaktion verfügt, um durch seine Kommunikation seine Intentionen und Ziele zu realisieren. Die obige Abbildung soll nun durch einige Erläuterungen ergänzt werden:

– Die fachliche Sprachkompetenz umfasst die formativen (generativen) und funktionalen Kompetenzen. Die formative Kompetenz bedeutet die Fähigkeit eines Unternehmers, Fachwörter, Fachsätze und Texte zu bilden, während die funktionale Kompetenz bedeutet, die Kenntnis dieser Fachwörter, Fachsätze und Texte in ihrer Zeichenfunktion zu verwenden. Diese zwei Typen von Sprachkompetenz sind weiter zu unterteilen: die formative Kompetenz in die substantielle Kompetenz (d.h. die Fähigkeit, phonische und graphische Signale herzustellen und als solche zu identifizieren) und in die grammatische Kompetenz (d.h. die morphologische und syntaktische Kompetenz), während die funktionale Kompetenz in die semantische und pragmatische Kompetenz eingeteilt werden kann. Die semantische Kompetenz bedeutet die Fähigkeit, die Fachwörter, Fachsätze und Texte mittels des Sprachwissens über die semantische Funktion richtig zu verwenden. Die letztgenannte, pragmatische Kompetenz scheint besonders wichtig zu sein, denn sie bezieht sich auf die richtige Auswahl sprachlicher Ausdrucksmittel in konkreten Kommunikationsakten in Hinsicht auf pragmatische Intentionen und Ziele eines Unternehmers;

– Die fachliche Diskurskompetenz umfasst Fähigkeiten, die es dem Unternehmer erlauben, sich an fachlicher Interaktion zu beteiligen, d.h. an Dialogen,
Diskussionen oder Verhandlungen, deren Gegenstand Fachwissen ist (vgl.
S. Grucza 2012: 148). In der Geschäftswelt wird sie oft als Verhandlungskunst identifiziert.

– Die fachspezifische (inter)kulturelle Kompetenz umfasst das internalisierte
Wissen und Fähigkeiten, die ein Unternehmer für seinen Bedarf im Rahmen
entsprechender Fachgemeinschaft „erworben" bzw. hervorgebracht hat. In
verschiedenen Fachgemeinschaften gibt es eine Reihe von herrschenden Ide-
en, die Leitwerte, Sitten, Ziele etc. umfassen und anstreben. Diese (inter)kul-
turelle Fähigkeit kommt u.a. durch verschiedene Stilformen zum Ausdruck,
mit denen der fachspezifische Diskurs sowohl generiert als auch geführt wird
(S. Grucza 2012: 149ff). Das Präfix „inter" deutet auf die Fähigkeit hin, zwischen den fachspezifischen Kulturen korrekt zu „schalten", denn die fachspezifische kulturelle Kompetenz eines polnischen Unternehmers, die er z.B. in
Handelsbeziehungen mit den USA erworben hat, kann in Japan völlig wir-
kungslos sein.

Die fachliche Sprachkompetenz eines Unternehmers kann folgendermaßen dargestellt werden:

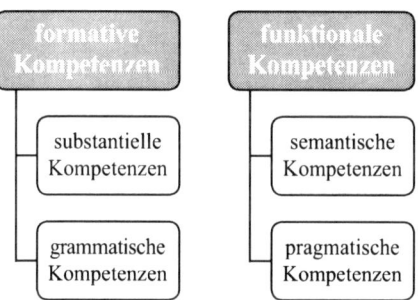

*Schema 1: Fachliche Sprachkompetenz eines Unternehmers und ihre Komponenten
(nach S. Grucza 2012: 145ff)*

Laut D. Kirchhöfer (2006: 28) gibt es in der fachwissenschaftlichen Diskussion
in Deutschland darüber Einigung, dass über die Wettbewerbsfähigkeit neben den
technischen, technologischen und finanziellen Bedingungen in den Unternehmen
auch die Kompetenzen ihrer Unternehmer entscheiden. In der heutigen ökono-
misch unsicheren Zeit müssen Unternehmer mehreren Rollen gerecht werden und
über ausreichende Kompetenzen verfügen, um ihre Firmen erfolgreich zu betrei-

ben. Was unterscheidet aber erfolgreiche Unternehmer und Firmen von weniger erfolgreichen? Vor allem geht es darum, diejenigen Unternehmer in Firmen zu haben, die die richtigen Kompetenzen mitbringen, um die Entwicklung der Firma erfolgreich zu verfolgen. Ein Unternehmer soll in unzähligen Fachsituationen und in angemessenen Fachsprachen kompetente Gespräche führen, Fachtexte richtig rezipieren und soll sich in Kommunikationsprozessen mit Kunden, Banken, Lieferanten, verschiedenen Dienstleistungsanbietern, mit dem Finanzamt und anderen Staatsbehörden erfolgreich präsentieren können. Die geschäftliche Kommunikation eines Unternehmer, abgesehen von der mit seinen Mitarbeitern, wird in mindestens vier Hauptrichtungen geführt: Lieferanten, Kunden, verschiedene Dienstleister (z.B. Rechtsberatung, Buchhaltung, Werbung, EDV) und Staatsbehörden (Finanzamt und andere). Dies erfordert eine fachliche Sprachkompetenz, die ein Unternehmer als Rezipient und Produzent der Texte in vielen Bereichen besitzen soll. Diese Sprachkompetenz umfasst z.B. mindestens elementare Kenntnisse der juristischen Fachsprache, der Handels- und Werbungssprache oder Marketingsprache, der Finanzsprache oder Sprache der Buchhaltung, der Sprache der Technik in Bezug auf alle offerierten Produkte und Leistungen. Aus pragmatischer Sicht soll ein Unternehmer mit Hilfe von konkreten Äußerungen praktische Effekte erzeugen, um seine Gesprächspartner zu einer Handlung zu bewegen und um seine pragmatischen Intentionen und Ziele erfüllen zu können. Deshalb kommen hier auch die nötigen kommunikativen Kompetenzen und Regeln in Betracht, die seine Sprachverwendung in unterschiedlichen sozialen und internationalen Kontexten steuern. Die Bedeutung der fachlichen Sprach- und Kommunikationskompetenz ergibt sich auch aus der wachsenden Komplexität von Handlungssituationen in globalisierten, wirtschaftlichen Prozessen, die durch ihren fortwährenden Wandel zunehmend unter Frustration und Unsicherheit für die Unternehmer ablaufen. In den meisten Fällen hält der Unternehmer eines kleineren Unternehmens auch die operativen Geschäftsabwicklungen in seinen Händen. Nicht selten ist er Familienoberhaupt, Eigentümer, Geschäftsführer, Hauptbuchhalter und Verwaltungsratspräsident in einer Person. In dieser ganzen Komplexität seiner Situation soll er darauf achten, einerseits alle sprachlichen Mitteilungen und Äußerungen richtig zu verstehen und zu interpretieren, um die richtigen Maßnahmen zeitgemäß ergreifen zu können. Andererseits soll er imstande sein, seine Äußerungen im Kommunikationsprozess pragmatisch, d.h. vor allem angemessen, zielgerichtet und wirksam zu treffen. Andernfalls wird seine private Existenz akut bedroht werden. Fast jeder Unternehmer lebt also unter dauernden Bedrohungen verschiedener Art und soll alle Alarmsignale richtig interpretieren und auf diejenigen aufmerksam achten, die eine Gefahr für das Unternehmen darstellen. In Wirklichkeit erinnert sein Leben an einem Hindernislauf, dass schematisch folgendermaßen dargestellt werden kann:

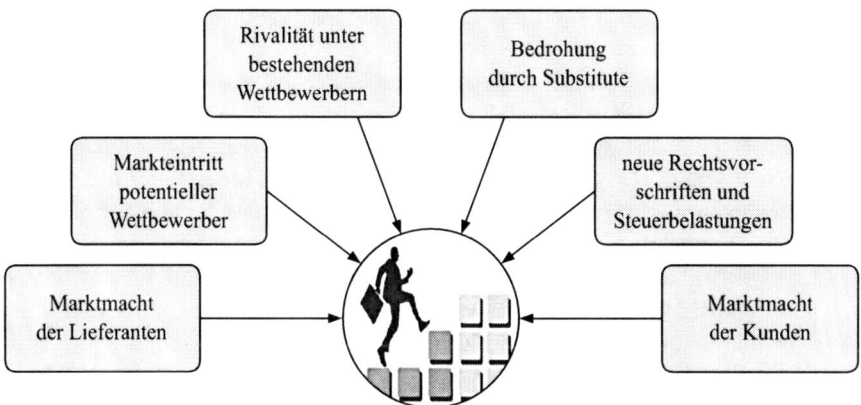

Schema 2: Hindernislauf eines Unternehmers
(in Anlehnung an das Fünf-Kräfte-Modell von M. Porter6)

4. Intentionen und Texte als Triebkräfte des Geschäftsprozesses

Wenn wir den sprachlichen Produktionsprozess eines Unternehmers näher unter die Lupe nehmen, ergibt sich also eine große Menge und Vielfältigkeit von mündlichen und schriftlichen Fachtexten, die produziert werden sollen um den richtigen Verlauf der Geschäftsentwicklungen zu gewährleisten. Wer nichts mit der Geschäftspraxis zu tun hat, kann wirklich über die ungeheure Menge der Geschäftstexte in Erstaunen versetzt werden. Manch ein Gründer unterschätzt auch die Anzahl notwendiger Texte, Anmeldungen, Steuererklärungen, verpflichtender Berichte, Genehmigungen und den damit verbundenen Aufwand an Arbeit, Zeit und Geld. Dazu lässt sich bemerken, dass inmitten der Äußerungen des Unternehmers es sehr viele direkte oder indirekte Sprechakte wie Direktiven, Anweisungen, Bitten und dergleichen mehr gibt. Mit ihnen versucht der Unternehmer, die Mitarbeiter dazu zu bewegen, etwas Nützliches für das Geschäft zu tun. Es wird also eine Intention kommuniziert, die verbal eine neue Geschäftssituation gestaltet. Demzufolge erweist es sich oftmals als notwendig, neue Sprechakte und Texte herzustellen, die auch von illokutiver und perlokutiver Kraft geprägt sind. Pragmatische Texte eines Unternehmer, die Exponenten seines Wissens und seiner Intentionen sind, halten das Geschäft entweder am Laufen und bringen es zur Entfaltung oder in den Ruin, – abhängig von seinen fachlichen und auch kommunikativen Kompetenzen. Ich zweifle daran, dass irgendwo eine Wirtschaftsakade-

---

6   Siehe: J. Sutherland/ D. Canwell 2008: 155

mie existiert, die in der Lage wäre, ihren Studenten einen wirklich vollständigen und aktuellen Überblick zu bieten, in dem sich, neben den überaus ökonomischen und wirtschaftlichen Themen, auch die ganze Palette der genannten Fachtexte befänden. Um ein Beispiel eines Umfangs dieses Themas zu geben, lasse ich mir eines der führenden Handbücher der englischsprachigen Welt – *The Fundamentals of Business Writing* (C.L. Boros/ L.L. Boros 2012) vorbringen, das 1300 Seiten in zwei Bänden umfasst. Doch dieses Handbuch betrachtet nur Texte in schriftlicher Form für Unternehmen und Korporationen, und scheint mir auch nicht erschöpfend. Es geht mir hier natürlich nicht im buchstäblichen Sinne darum, den Studenten alle möglichen Texte beizubringen. Es geht vor allem um eine linguistische Analyse der Haupttypen der mündlichen und schriftlichen Geschäftstexte, ihrer Satz-, Text- und Handlungsstrukturen, Strukturierungsregeln und pragmatischer Verwendungsregeln usw., so ähnlich wie es Th. Schröder (2003: 193ff) am Beispiel der Presseberichte genau untersucht hat.

In diesem Prozess lässt sich ebenfalls bemerken, dass die Textproduktion eines Unternehmers mit seiner Geschäftstätigkeit stark gekoppelt ist und eine Kette von Ursache und Wirkung bildet. Man kann also in diesem Prozess kausale Zusammenhänge leicht feststellen: beginnend bei der pragmatischen Intention, die zur Textproduktion führt, zur angemessenen Aktion der Mitarbeiter oder anderer Rezipienten als Verwirklichung der Intention. Infolge dieser Aktion wird eine neue Situation geschaffen, in der fast immer neue Probleme auftauchen, die oft eine Untersuchung der entstandenen Geschäftslage erfordern. Sodann entstehen neue Texte, die Analysen und Verbesserungsvorschläge nach sich ziehen, um endlich weitere Intentionen zu generieren, die wiederum zur Textproduktion führen usw. Diese Nachfolge von Ursachen und Wirkungen kann vereinfacht wie folgt dargestellt werden.

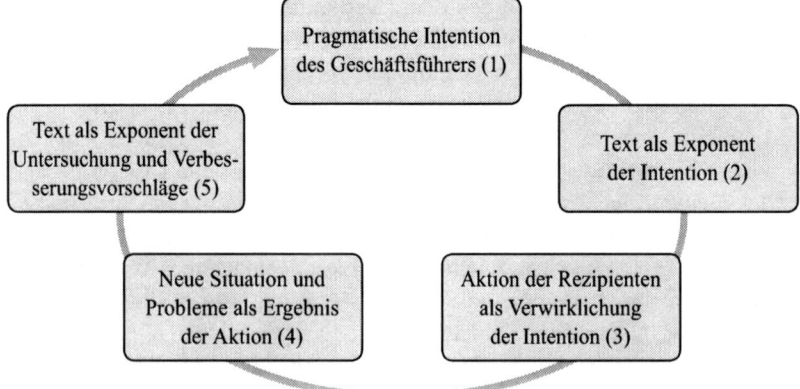

Schema 3: Vereinfachtes Schema von Ursachen und Wirkungen in der Geschäftspraxis

5. Abschlussbemerkungen

Aus den oben erwähnten Überlegungen folgt deutlich, dass die pragmatisch orientierte Textproduktion und professionelle Geschäftstätigkeit (Aktion) eines Unternehmers eng miteinander verflochten sind. Einer Aktion geht zwar eine Intention voran, aber es gibt immer dazwischen einen Text, genauer einen Fachtext als Exponenten der Intention. Das vereinfachte Schema dieses Prozesses bringt nur eine allgemeine Idee zum Vorschein. In verschiedenen Etappen der reellen Geschäftstätigkeit wird von einem Unternehmer die kompetente Produktion einer unzähligen Menge pragmatisch geprägter (mündlicher oder schriftlicher) Fachtexte gefordert, die die Betreibung des Geschäfts steuern und unterstützen. Deshalb meine ich, dass inmitten der durch das EU-Parlament genannten Schlüsselkompetenzen (s.o.) gerade diese kommunikative Kompetenz, Texte und Fachtexte interpretieren und erzeugen zu können, zu den wichtigsten und vorrangigen Schlüsselkompetenzen gehört. Nicht nur ein Unternehmer, sondern ein jeder Mensch sollte in der heutigen Zeit über diese Kompetenz verfügen, um sich in vielen Bereichen der Berufstätigkeit erfolgreich bewegen zu können.

Literatur

Bonacchi, S. (2011): *Höflichkeitsausdrücke und anthropozentrische Linguistik.* Warszawa.
Bonacchi, S. (2012): *Einige Bemerkungen zum Begriff der Höflichkeitskompetenz.* In: Kwartalnik Neofilologiczny, LIX, 1/2012. 17–35.
Boros, C.L./ L.L. Boros (2012): *The Fundamentals of Business Writing.* Bloomington (Indiana).
Ceglarek, P. (2009): *Der Wortassoziationsversuch als wissensdiagnostisches Instrument im arbeitspsychologischen Kontext: Eine Befundintegration zur Verfahrensvalidierung.* Berlin.
Chomsky, N. (1965): *Aspects of the Theory of Syntax.* Cambridge, Massachusetts.
Czachur, W. (2013): *Kontrastive Diskurslinguistik – Sprach- und kulturkritisch durch Vergleich.* In: U.H. Meinhof/ M. Reisigl/ I.H. Warnke (Hg.) Diskurslinguistik im Spannungsfeld von Deskription und Kritik. 325–350.
Erpenbeck J./ L. von Rosenstiel (Hg.) (2007): *Handbuch Kompetenzmessung.* Stuttgart
Fazlagić, J. (2010): *Know-How w działaniu! Jak zdobyć przewagę konkurencyjną dzięki zarządzaniu wiedzą.* Gliwice.
Furmanek, W. (2007): *Kompetencje raz jeszcze. Ku humanistycznie ujętym kompetencjom kluczowym.* In: W. Furmanek/ M. Ďuriš (Hg.) Kompetencje kluczową kategorią pedagogiki. Studia porównawcze polsko-słowackie. Rzeszów. 211–222.
Gnahs, D. (2010): *Kompetenzen – Erwerb, Erfassung, Instrumente.* Bielefeld.
Grucza, F. (1983): *Zagadnienia Metalingwistyki. Lingwistyka – jej przedmiot, lingwistyka stosowana.* Warszawa.
Grucza, F. (1988): *Zum Begriff der Sprachkompetenz, Kommunikationskompetenz und Kulturkompetenz.* In: N. Honsza/ H -G. Rollof (Hg.) Das eine Nation die andere verstehen möge. Chloe. Beihefte zum Daphnis. Bd. 7. 309–331.

Grucza, F. (1997): Języki *ludzkie a wyrażenia językowe, wiedza a informacja, mózg a umysł ludzki.* In: F. Grucza/ M. Dakowska (Hg.) Podejście kognitywne w lingwistyce, translatoryce i glottodydaktyce. Warszawa. 7–21.

Grucza, S. (2012): *Fachsprachenlinguistik.* Frankfurt/ M.

Hartig, J. (2006): *Kompetenzen als Ergebnisse von Bildungsprozessen.* dipf informiert, Journal des Deutschen Instituts für Internationale Pädagogische Forschung, Ausgabe Nr. 10. 2–7.

Hartman, J. (2007): *Prolegomena do teorii kompetencji.* In: J. Gąssowski/ J. Goćkowski/ K. Machowska (Hg.) Problemy cywilizacyjne naszej współczesności. Pułtusk. 159–170.

Huber, H.D. (2004): *Im Dschungel der Kompetenzen.* In: H.D. Huber/ B. Lockemann/ M. Scheibel (Hg.) Visuelle Netze. Wissensräume in der Kunst. Ostfildern-Ruit. 31–38.

Kirchhöfer, D. (2006): *Weiterbildung verändert.* In: G. Aulerich et al. (Hg.) *Kompetenzentwicklung 2006:* Das Forschungs- und Entwicklungsprogramm „Lernkultur Kompetenzentwicklung". Ergebnisse – Erfahrungen – Einsichten. Münster.

Kowalczyk, A./ B. Nogalski (2007): *Zarządzanie wiedzą. Koncepcja i narzędzia.* Warszawa.

Leszczak, O. (2010): *Lingwosemiotyka kultury. Funkcjonalno-pragmatyczna teoria dyskursu.* Toruń.

Mandl, H. (2011): *Wissensnutzung als verkanntes Problem. Grundannahmen und Instruktionsätze.* In: news&science, Begabtenförderung und Begabungsforschung, vom Österreichisches Zentrum für Begabtenförderung und Begabungsforschung herausgegeben, Nr.27/ Ausgabe 1, 2011. 4–5.

McClelland, D.C. (1973): *Testing for competence rather than for "intelligence.* American Psychologist, 28(1): Jan 1973. 1–14.

von Rosenstiel, L. (2011): *Kompetenzen erkennen und entwickeln in der Krise.* [http://www.psy.lmu.de/soz/studium/downloads_folien/ws_09_10/muf_09_10/von_rosenstiel_krise.pdf] (Abruf: 19.8.2013).

Sarges, W. (2006): Competences Statt Anforderungen – nur alter Wein in neuen Schläuchen. [http://www.sarges-partner.de/artikel/Sarges%20-%20Competencies.pdf] (Abruf: 22.8.2013).

Schröder, T. (2003): *Die Handlungsstruktur von Texten.* Tübingen.

Sutherland S./ D. Canwell (2008): *Klucz do marketingu. Najważniejsze teorie, pojęcia, postaci.* Warszawa.

Internetquellen

http://www.competenzia.de/index.php?option=com_content&task=view&id=24&Itemid=52 (Abruf: 25.8.2013).

http://europa.eu/legislation_summaries/education_training_youth/lifelong_learning/c11090_de.htm (Abruf: 19.8.2013).

Unternehmenskommunikation aus der Sicht der diskursorientierten Ansätze

Łukasz Kumięga
(Universität Warschau)

Einleitung[1]

Der vorliegende Beitrag verfolgt das Ziel, aufzuzeigen, wie sich über den Bezug auf das Feld der Diskursforschung die breit gefasste Unternehmenskommunikation beschreiben, analysieren und interpretieren lässt. In dem Sinne wird einer von vielen möglichen Forschungsansätzen dargestellt, der sowohl in allgemein-theoretischen als auch in praktisch-empirischen, beispielsweise deutsch-polnischen, Kontexten seine Explikationsanwendung finden kann.

1. Zum Konzept der Wissensgesellschaft

Vor allem (aber nicht nur) innerhalb der Soziologie werden für das Erfassen der gesellschaftlichen Entwicklungen/Veränderungen diverse wissenschaftliche Konstrukte angeboten, wie beispielsweise das Konzept der Medien-, Informations- oder Wissensgesellschaft. Im Kontext dieses Beitrages ist vor allem das letztgenannte Konzept zentral, das im Deutschen als „Wissensgesellschaft" bzw. im Englischen als *knowledge-based society* (B.N. Stehr 1994) bezeichnet wird, weil es einerseits Gegenstand vieler wissenschaftlicher und wissenschaftlich-kritischer Diskussionen ist (M. Czyżewski 2012) und andererseits auf Entwicklungen hinweist, die nicht ohne Konsequenzen auch für die Unternehmenskommunikation bleiben.

Die „Wissensgesellschaft" ist als ein „Relationskonstrukt" aufzufassen, weil es auf ein anderes Konstrukt (nämlich „Industriegesellschaft") hinweist. Als grundlegende Merkmale der sog. Industriegesellschaften werden vor allem die folgenden bestimmt (s. M. Heidenreich 2002): das Primat des Erfahrungswissens, die Dominanz des industriellen Sektors und der manuellen Tätigkeiten und die Auseinandersetzungen zwischen Kapital und Arbeit. In Relation dazu sucht das Konzept der Wissensgesellschaft den grundlegenden gesellschaftlichen Wandel zu erfassen und konzeptionell zu bestimmen. Dieser wird vor allem in der sich abzeichnenden neuen sozialen, politischen und ökonomischen Ordnung begrün-

---

1   An dieser Stelle möchte ich mich bei Professor Sambor Grucza für die Hilfe bei der Entstehung der Endfassung dieses Beitrags bedanken.

det, die aus der Reorganisierung vieler gesellschaftlicher (inklusive öffentlicher und privater) Bereiche resultiert und neue Formen der Lebensstile bzw. der Identitäten, der Teilnahme an demokratischen Prozessen und des Arbeitens umfasst. Die angesprochene Reorganisierung wird mit diversen semantischen Inhalten/ Elementen gefüllt, wodurch eine relativ breite Palette von Konzeptualisierungsweisen des Begriffs „Wissensgesellschaft" resultiert. Allgemein kann man dieses „definitorisch-konzeptionelle" Spektrum in mindestens zwei Bereiche gliedern: den medial-politischen (der die *allgemein*sprachlichen Bestimmungen der medialen und politischen Institutionen umfasst) und den (sozial)wissenschaftlichen (der auf der *fach*sprachlichen Bestimmungen der wissenschaftlichen Institutionen beruht).

Im medial-politischen Bereich fungiert der Begriff der „Wissensgesellschaft" als eine Art Schlagwort, das die komplexen Wandlungsprozesse der modernen Gesellschaften kondensiert und auf diverse semantische Elemente bezogen wird. M. Heidenreich (2002) rekonstruiert diesen Bereich und hält fest, dass er sich über die Betonung der folgenden vier Aspekte artikuliert: Entstehung neuer Informations- und Kommunikationstechnologien, Primat der Innovationen, veränderter Stellenwert von Bildung, zunehmende Bedeutung wissensbasierter Tätigkeiten und Wirtschaftsbereiche.

Bei dem oben ausdifferenzierten (sozial)wissenschaftlichen Bereich geht es hingegen und vor allem um das Erfassen und die Bestimmung der grundlegenden Mechanismen, über die sich die sog. Wissensgesellschaft konstituiert. Wie das in der Wissenschaft üblich ist, lassen sich hier viele miteinander konkurrierende Ansätze identifizieren. Im Folgenden werden nur einige und für diesen Beitrag relevante wissenschaftliche Stränge skizzenhaft rekonstruiert (genauer dazu s. M. Heidenreich 2002).

Die etwas älteren sozialwissenschaftlichen Ansätze (etwa D. Bell 1973, P.F. Drucker 1994) betrachten „Wissensgesellschaft" als: (1) Phänomen, bei dem vorwiegend Wissen und nicht nur Arbeit, Rohstoffe oder Kapital zur grundlegenden Quelle von Produktivität, Wachstum, aber auch von sozialen Ungleichheiten werden, (2) Phänomen, bei dem die zentrale Stellung dem theoretischen Wissen eingeräumt wird und die Wissensgesellschaft in dem Sinne als „verwissenschaftlichte, dienstleistungszentrierte, akademisierte Gesellschaft" (M. Heidenreich 2002) verstanden wird.

In den etwas neueren sozialwissenschaftlichen Arbeiten (auch vor dem Hintergrund der aktuellen gesellschaftlichen Prozesse; s. K. Knorr-Cetina 1998, W. Rammert 1999, H. Willke 1999) wird nach etwas spezifischeren und umfassenderen Mechanismen gesucht, die die moderne „Wissensgesellschaft" charakterisieren. Diese werden vor allem in der Infragestellung etablierter Regeln und Normen gesehen, d.h. in der fortlaufenden und beschleunigten Erosion bisheriger

Regulationsstrukturen und in der Entwicklung neuer Regeln. In dem Sinne oszillieren die modernen Wissensgesellschaften (laut diesen Ansätzen) „zwischen Deregulierung und Neuregulierung" von Wissensbeständen (M. Heidenreich 2002).

Die eingehende Analyse etablierter Konzeptualisierungsweisen des Begriffs „Wissensgesellschaft" führt zu den folgenden Schlussfolgerungen:

(i)   Der erste Vorteil dieses Konzepts besteht darin, dass die modernen Gesellschaften nicht nur auf die Entstehung und somit auf den Einfluss neuer Informations- und Kommunikationstechnologien reduziert werden – dies ist insbesondere der Fall bei den Konzepten der Medien- und Informationsgesellschaften. Der offensichtlich stattfinde „Wandel" der modernen Gesellschaften wird als Resultat des Zusammenspiels von diversen Elementen betrachtet.

(ii) Der andere Vorteil besteht darin, dass sich über dieses Konzept diverse gesellschaftliche Sektoren beschreiben lassen – also nicht nur der breit gefasste wirtschaftliche Sektor. Hinzuweisen wäre in diesem Zusammenhang z.B. auf die die Debatten über die Ökonomisierung von Bildung und Wissenschaft (s. M. Czyżewski 2012, A.S. Gille 2013).

(iii) Ein weiterer Vorteil besteht darin, dass das Konzept der Wissensgesellschaft umfassendere Veränderungen und Entwicklungen thematisiert, die auf die Unternehmen Einfluss haben, wie beispielsweise: Wandel der Bildungs-, Arbeits- und Organisationsformen. Besonders stark kommt diese Thematisierung im Rahmen des Konzepts *knowledge-based economies* zum Ausdruck.

(iv) Problematisch hingegen erscheint der durch dieses Konzept stark adressierte Bezug auf „Wissen", mit dem implizit, aber sprachlogisch suggeriert wird, dass der identifizierte gesellschaftliche Wandel sich über den Wissensbezug vollzieht. Man kann in diesem Kontext zu Recht fragen, ob (historisch betrachtet) irgendeine Gesellschaft „ohne Wissen" auskommen konnte und ob tatsächlich die starke Akzentuierung des Wissensbegriffs den beschriebenen Wandel zutreffend thematisiert und adäquat erfasst. Der soziologische Entstehungskontext dieses Konzepts erklärt einigermaßen diese Tatsache, doch in erster Linie stellt es die Frage nach weiteren Lösungen.

(v)   Eine Lösung wäre z.B. eine stärkere, in den soziologischen Kontexten zu Unrecht fehlende, Akzentuierung der Rolle der Sprache, die als ein entscheidender Faktor der modernen Wandelprozesse verstanden werden kann, die sich ohne Zweifel über die inflationären Formen der sprachlichen (Mikro)kommunikation manifestieren. In diesem Sinne ist die Position der Sprache im Vordergrund der uns hier interessierenden Diskussion ein Novum, wobei die Notwendigkeit einer solchen Perspektivenverschiebung seitens der Linguistik bereits ausdrücklich signalisiert wurde (s. F. Grucza 2010, 2012, S. Grucza 2012). Versucht man aber makroanalytisch zu denken (und die umfassenderen Mechanismen der modernen Gesellschaften stärker zu thematisieren), ist als eine Alternative auch der Diskursbegriff denkbar, weil er den gesellschaftlichen Wandel etwas breiter fasst, d.h. nicht auf die Infragestellung der jeweilig gültigen Wissensbestände reduziert, sondern diesen als (auch sprachlich ausgetragenen) gesellschaftlichen Aushandlungsprozess betrachtet. Im Folgenden wird dieser Gedanke ausführlicher behandelt. Abschließend gilt es festzustellen, dass das hier angesprochene Konzept der Wissensgesellschaft einen Rahmen (im Sinne eines Ausgangspunktes) für die weiteren (diskursorientierten) Überlegungen darstellt, und zwar entlang der folgenden Aspekte: (1) entlang der Bestimmung des Verhältnisses zwischen Wissen und Diskurs, (2) entlang der Bestimmung der möglichen Forschungsfragen, die den durch das Konzept der Wissensgesellschaft genannten Wandel vor allem im Kontext der Unternehmenskommunikation zu erfassen und zu thematisieren suchen.

2. Wissen und Diskurs

Die folgenden Überlegungen haben zum Ziel, das Verhältnis zwischen Wissen und Diskurs zu thematisieren, um daran anknüpfend über den Bezug auf das Feld der sog. Diskursforschung dessen Implikationen für die Untersuchung der Unternehmenskommunikation aufzuzeigen. Bevor dies geschieht, erscheint es als notwendig zu klären, was in diesem Beitrag als „Diskursforschung" verstanden wird. Dies resultiert aus der relativ stark ausgeprägten terminologischen „Unordnung" des Diskursbegriffs (s. Z. Bilut-Homplewicz 2011). Sie ist vor allem mit den folgenden Umständen verbunden: (1) Der Diskursbegriff wird von einigen Forschern sehr intuitiv (d.h. nicht theorie- und methodologiegeleitet) zur Bezeichnung diverser Ausschnitte der gesellschaftlichen Wirklichkeit verwendet, die dann aus unterschiedlichen Forschungsperspektiven analysiert werden. Man spricht in diesem Kontext beispielsweise von Analysen des Medien-, Rechts-, Wirtschafts-, Integrationsdiskurses. Dieser Umstand ist in erster Linie darauf zurückzuführen, dass die Verwendung des Diskursbegriffs zu einer gewissen „Modeerscheinung" geworden ist, wodurch er zu einem gewissen Grade „entsemantisiert" wird (Ł. Kumięga 2013b). (2) Der Diskursbegriff wird mit diversen – sehr oft sich gegenseitig ausschließenden – Theorie- und Forschungstraditionen in Verbindung gesetzt.

Im Kontext des vorliegenden Beitrages ist vor allem der letztgenannte Aspekt von Bedeutung. J. Bolten (2005) zeigt bei der Rekonstruktion des breit gefassten Bereichs der (Wirtschafts-)Kommunikation auf, mit welchen wissenschaftlichen Ansätzen und in welchen wissenschaftlichen Kontexten der Diskursbegriff bei der wirtschaftsbezogenen Studien seine Verwendung findet. Einerseits ist das mit der sog. „Wende zur Handlungsorientierung" im Rahmen der Fachsprachenforschung (also auch der Wirtschaftssprachenforschung) verbunden, die u.a. durch J. Habermas mit seiner *Theorie des kommunikativen Handelns* eingeleitet wurde, in deren Rahmen auch dem Diskursbegriff (gemeint ist hier vor allem das von J. Habermas entworfene Programm der Diskursethik, s. J. Habermas 1981) eine wichtige Bedeutung zukommt. Andererseits wird als eine Spielart der „interkulturellen Wirtschaftskommunikation" (in ihrer „kommunikationswissenschaftlichen" Variante) die sog. „Interkulturelle Diskursanalyse" genannt, die darauf abzielt, mündliche (!) Wirtschaftskommunikation insbesondere in Bezug auf die „interkulturellen Missverständnissituationen" zu untersuchen (vgl. J. Bolten 2005). Diese Rekonstruktion macht deutlich, dass der Diskursbegriff im Rahmen der (Wirtschafts-) Kommunikation nur auf wenige und relativ spezifische Diskursansätze bezogen wird. Das Feld der diskursorientierten Forschung ist inzwischen sehr breit geworden und umfasst viele Theorien, Methodologien und Konzeptionen, die über das oben skizzierte Feld hinausgehen. Eine Forschungstradition, die diesem Bereich zugeordnet wird, wird im Folgenden skizzenhaft dargestellt und anschließend auf den Gegenstand „Unternehmenskommunikation" bezogen.

Dieser Bereich wird hier gezielt mit dem Lexem „Diskursforschung" versehen, um ihn deutlich vom Bereich der sog. *Diskursanalyse* zu unterscheiden, der im Endeffekt (vor allem in linguistischen Kreisen) weiterhin intuitiv mit der eigentlichen *Konversationsanalyse* bzw. *Gesprächsanalyse* assoziiert wird (s. G. Graefen/ M. Liedke 2008). So wird in diesem Beitrag unter der Diskursforschung eine Untersuchungsperspektive verstanden, die sich im deutschsprachigen und zum Teil auch im englischsprachigen (N. Fairclough 1992) Raum inspirierend durch die Schriften M. Foucaults etabliert hat und *bis dato* vor allem in drei Varianten vorkommt: in der diskurslinguistischen, in der diskurskritischen und in der diskurssoziologischen. Auch wenn diese drei Zugänge zum Diskurs viele Unterschiede aufweisen, wird in diesem Beitrag der Versuch unternommen, diese als eine Forschungsperspektive mit etwas differenzierten Forschungsfragen bzw. -strategien auf die Unternehmenskommunikation zu betrachten, zumal die genannten Unterschiede zum größten Teil nur „Scheinunterschiede" sind (vgl. dazu W. Heinemann 2011, Ł. Kumięga 2013a).

Was ohne Zweifel all die ausdifferenzierten Spielarten der Diskursforschung verbindet, ist die sog. „philosophische Haltung" bzw. der „epistemologische Standpunkt" (J. Spitzmüller/ I. Warnke 2011: 77), die sich in dem Gedanken manifestieren, dass „Wissen – auch unser Wissen – kulturell, historisch und sozial verankert ist" (ibid.). Wenn man diese auf den ersten Blick etwas triviale Position ausbuchstabiert, kann man den Kern der diskursorientierten Ansätze erfassen. Dieser besteht vor allem darin, dass sich die (sozialen) Bedeutungen im Rahmen des gesellschaftlichen Aushandlungsprozesses konstituieren. Die diskursorientierten

Ansätze versuchen also zu rekonstruieren, wie sich die semantischen Ordnungen (inklusive der Regeln für deren Entstehung) in den jeweiligen gesellschaftlichen Bereichen/ Feldern (wie beispielsweise Politik, Wirtschaft, Bildung usw.) etablieren. Besonders hervorgehoben wird der angesprochene Aushandlungscharakter dieses Prozesses, wodurch bestimmt werden kann: (1) wie dominante Bedeutungen in bestimmten gesellschaftlichen Bereichen entstehen, (2) über welche diskursiven Mechanismen diese in Frage gestellt werden, (3) wie alternative (zu den dominanten) Bedeutungen sich etablieren können und über welche diskursiven Mechanismen diese „verstärkt" werden, (4) wo das strategische Moment der Etablierung von dominanten und alternativen Bedeutungen zu suchen ist, wodurch das Verhältnis zwischen Diskurs und Macht thematisiert wird.

Diese Palette von Grundannahmen der Diskursforschung führt zu den definitorischen Bestimmungen des Diskursbegriffes. In der diskurslinguistischen Variante wird Diskurs verstanden als „virtuelle Textkorpora, deren Zusammenhang durch im weitesten Sinne inhaltliche bzw. semantische) Kriterien bestimmt wird" (D. Busse/ W. Teubert 1994: 14). Das Ziel der so verstandenen explikativen, transtextuellen und textkorporaorientierten Diskurssemantik[2] besteht darin, „gesellschaftliches Wissen in Form von vorherrschenden sozialen Konstruktionen in historischer Zeit" (D. Busse 2003: 16) zu rekonstruieren. Etwas anders wird Diskurs innerhalb der soziologischen Forschung aufgefasst, und zwar als „eine nach unterschiedlichen Kriterien abgrenzbare Aussagepraxis bzw. Gesamtheit von Aussageereignissen, die im Hinblick auf institutionell stabilisierte gemeinsame Strukturmuster, Praktiken, Regeln und Ressourcen der Bedeutungserzeugung untersucht werden" (R. Keller 2011: 68). Diskurssoziologisch betrachtet sind die Analysen nicht auf die semantische Tiefenstruktur eines Diskurses ausgerichtet (oder wie einige Sozialwissenschaftler behaupten, auf die „Text(korpus)beschreibungen"), sondern auf die Rekonstruktionen der Sets von Regeln der diskursiven Praxis, weil, soziologisch gesehen, Diskurse in erster Linie Ausdruck des Sozialen sind, die die soziale Praxis und das Handeln der Kommunizierenden beeinflussen und in diesem Sinne an der Rekonstruktion der Regeln dieser „Beeinflussung" interessiert sind. Die diskurskritische Variante versteht Diskurs hingegen als „geregelte, ansatzweise institutionalisierte Redeweisen als Räume möglicher Aussagen, insofern sie an Handlungen gekoppelt sind und dadurch Machtwirkungen ausüben" (J. Link 2005). Hier liegt der Schwerpunkt auf den Analysen der sprachlichen und sozialen Ausschlussmechanismen, die über/durch Diskurse hervorgebracht und in Diskursen sichtbar gemacht werden.

Für den eigentlichen Gegenstand dieses Beitrags, d.h. für die Beschreibung der Unternehmenskommunikation und für die Beschreibung des die Unternehmens-

---

2   Die diskurslinguistische Variante der Diskursforschung kann man grob gesehen als Erweiterung semantisch orientierter Forschung betrachten.

kommunikation begleitenden und oben skizzierten Wandels, der sich im Konzept „Wissensgesellschaft" manifestiert, bedeuten die angeführten Überlegungen über die Diskursforschung, dass auf der metatheoretischen Ebene das Konzept der *Wissens*gesellschaft nach den obigen Ausführungen sehr wohl in das Konzept der *Diskurs*gesellschaft übersetzt werden kann. Dies deswegen, weil die modernen Gesellschaften (und die diese ausmachenden gesellschaftlichen Bereiche/ Felder) nicht auf der Basis irgendeines Wissens funktionieren, sondern nur auf der Basis des Wissens/ der Wissensbestände, die zu einer gegebenen Zeit und an einem gegebenen Ort im Rahmen des gesellschaftlichen Aushandlungsprozesses (meistens institutionell) als „wahr", „rational", „produktiv" empfunden werden und in dem Sinne auf der Basis eines bestimmten Diskurses funktionieren. Als logische Schlussfolgerung dieser Bestimmung muss dann festgehalten werden, dass das Konzept der Wissensgesellschaft einen bestimmten, zur Zeit offensichtlich expansiven und institutionell verfestigten (beispielsweise durch die EU, OECD usw.) Diskurs darstellt, der bestimmte Ordnungen in bestimmten Bereichen (inklusive wirtschaftlichen und unternehmensbezogenen) schafft.

Aus einer solchen Konstellation ergeben sich zumindest eine generelle Forschungsfrage und daran anschließend mindestens drei Forschungsaspekte, die wichtig für den Gegenstand dieses Beitrags sind. Die gemeinte Forschungsfrage kann man folgendermaßen bestimmen: Welche Konsequenzen hatte/ hat das Konzept der Wissensgesellschaft in Bezug auf die breit gefasste Unternehmenskommunikation? Diese Forschungsfrage kann man diskursanalytisch entlang der drei folgenden Aspekte (in Form von weiteren Subfragen) behandeln: (i) Welche semantischen Ordnungen dominieren aktuell im Feld der Unternehmenskommunikation; welche diskursiven Regeln bestimmen die Reproduktion dieser Semantiken? Über welche Genres werden diese reproduziert? (ii) Geht man von der Annahme aus, dass im Diskurs und durch Diskurs nicht nur diversen Prozessen oder Sachverhalten, sondern auch Subjekten Bedeutungen zugewiesen werden, kann man diskursanalytisch fragen, welche Subjekttypen innerhalb der oder über die Unternehmenskommunikation semantisch reproduziert werden. (iii) Wenn Diskurs (laut einigen diskurskritischen Ansätzen) immer an die Macht gebunden ist, dann entsteht auch die Frage, welche Machtform/ Machtkonzeption die Unternehmenskommunikation bestimmt und welche Konsequenzen dies mit sich bringt.

3. Diskursforschung und Unternehmenskommunikation

Bevor die oben angesprochenen Aspekte etwas ausführlicher behandelt werden, erscheint es als erforderlich den Gegenstand dieses Beitrags, d.h. die Unternehmenskommunikation, zu definieren, weil diese etwas breiter gefasst wird. Laut kommunikationswissenschaftlichen Ansätzen (beispielsweise A. Zerfaß 2007, C. Mast 2010) kann man den Bereich der Unternehmenskommunikation je nach den sie konstituierenden Elementen mindestens aus den drei folgenden Blickwinkeln beschreiben:

(a) *strategisch*: in dieser Hinsicht fasst man Unternehmenskommunikation als eine Art der Unternehmensstrategie auf und man unterscheidet auf dieser Basis zwischen interner und externer Unternehmenskommunikation. Die erste umfasst insbesondere alle Spielarten der Mitarbeiterkommunikation, die zweite Marktkommunikation und Public Relations,

(b) *(kommunikations)*instrumentenbezogen: unter diesem Blickwinkel werden die Instrumente der Unternehmenskommunikation akzentuiert, d.h. die „Kanäle", über die sie vollzogen wird. Bezüglich der externen Unternehmenskommunikation werden u.a. die folgenden Bereiche genannt: Mediawerbung, Direktmarketing, Mobile Marketing, Verkaufsförderung, Sponsoring, Messen, Events, Product Placement, Öffentlichkeitsarbeit, Corporate Publishing. Zu der internen Unternehmenskommunikation gehören die folgenden Kommunikationsinstrumente: Mitarbeiterzeitung, Newsletter, Mitarbeiter-Blog, Firmennetzwerke, Betriebsversammlung, Firmenevent, Mitarbeitergespräch, Mitarbeiterbefragung, Beschwerdenmanagement, Intranet, Elektronische Textkommunikation (E-Mail, Chat), informelle Gespräche usw.,

(c) *akteurebezogen*: in dieser Blickrichtung werden die jeweiligen für die Unternehmenskommunikation relevanten Akteure herangezogen, die jeweils die Unternehmenskommunikation und ihre Form bestimmen und beeinflussen: Mitarbeiter, Management, Eigentümer, Kunden, Lieferanten, Geldgeber, Staat, Gesellschaft, Konkurrenz.

Diese kurze Stratifikation macht deutlich, dass der Bereich der Unternehmenskommunikation ein komplexes und mehrdimensionales Gebilde darstellt. Die ausdifferenzierten kommunikationswissenschaftlichen Perspektiven fokussieren also vor allem die verschiedenen Formen, Instrumente und (gesellschaftliche) Akteure der Unternehmenskommunikation und versuchen sie vor diesem Hintergrund zu beschreiben und zu analysieren. Wählt man jedoch einen diskursorientierten Zugang, lässt sich dieser Bereich etwas anderes konzeptualisieren. Unternehmen kann man als (soziale) Orte der jeweiligen Diskurs(re)produktion erfassen, d.h. in der diskursorientierten Nomenklatura als eine Diskursebene (vgl. S. Jäger 2004). Gefragt wird, welche Diskurse (verstanden als die zu einer gegebenen Zeit und an einem gegebenen Ort „wahren" Wissensbestände) fließen in den Bereich der Unternehmen ein und wie werden sie dort sprachlich (!) ausgehandelt und praktiziert. Daran anschließend wird auch die Frage fokussiert, wie die anderen Diskursebenen (beispielsweise Staat oder Wissenschaft) die Unternehmen (einschließlich der

Unternehmenskommunikation) beeinflussen und welche Relation diesbezüglich festzuhalten sind.

Im Folgenden geht es also darum aufzuzeigen, welche Forschungsfragen in Bezug auf die breit gefasste Unternehmenskommunikation in einer diskursorientierten Blickrichtung möglich sind. Die folgende Rekonstruktion erhebt keinen Anspruch auf die Vollständigkeit der möglichen Forschungsfragen und ist im Sinne einiger diskursorientierten Impulse aufzufassen. Ganz allgemein betrachtet, kann man feststellen, dass diskursorientierte Perspektiven insbesondere den (semantischen/ sprachlichen und sozialen) Wandel innerhalb bestimmter (gesellschaftlichen) Bereiche (also Diskursebenen) zu erfassen suchen. N. Fairclough (1992: 5), ein wichtiger Vertreter der englischsprachigen Diskursforschung, betont dabei Folgendes: „changes in language use are an important part of wider social and cultural changes". Der Ansatz von N. Faircough ist also als ein Versuch zu deuten, die mikro- und die makroanalytische Perspektive zu verbinden bzw. auf der Grundlage des Wandels auf der Mikroebene (also auf der sprachlichen Ebene) auf die Makroebene (also auf die soziale Ebene) zu schließen. Bezogen auf die Unternehmenskommunikation bedeutet das die Fokussierung auf die Analysen der diesen Bereich konstituierenden/ prozesshaften Semantiken, die als Spuren umfassenderer, gesellschaftlicher Prozesse zu deuten sind.[3] Diese globalen Fragen werden im Folgenden entlang der drei oben ausdifferenzierten Kategorien, und zwar Genre, Subjekt und Macht, exemplarisch aufgezeigt.

3.1. Diskurssemantische Analysen entlang der Kategorie Genre

Den ersten Zugriff auf die diskursorientierten Analysen der Unternehmenskommunikation kann man entlang der Kategorie des Genres konzeptualisieren. Hier muss jedoch eine generelle Bemerkung gemacht werden: Dem Autor dieses Beitrags ist klar, dass aus der Perspektive der deutschsprachigen Textlinguistik die Kategorie „Genre" mehr als problematisch erscheinen kann, zumal dort zwischen Textsorten, Texttypen und Textgattungen unterschieden wird. Die Kategorie des Genres wird jedoch in spezifischen – diskursorientierten – Kontexten verwendet, um die für diesen Forschungsbereich relevanten Aspekte zum Ausdruck zu bringen. So bildet laut A. Duszak (2012: 19) die Kategorie „Genre" den Kern der diskursorientierten Studien und wird „als kommunikatives Ereignis mit bestimmten textuellen und kontextuellen Parametern begriffen, das die Ausschnitte der

---

3 In dem Kontext ist noch die von M. Krzyżanowski (2010) vorgeschlagene Differenzierung zwischen globalem diskursivem Wandel (*discursive change*), der vor allem alle globalen und übernationalen Prozesse miteinschließt, und zwischen lokalem diskursiven Wandel (*discursive shifts*), den er als Antwort auf den globalen Wandel in bestimmten Diskursen (also beispielsweise in Unternehmensdiskursen) konzeptualisiert.

sozialen und diskursiven Wirklichkeit organisiert" (A. Duszak 2012: 19). Dabei wird auch an Bachtins Gedanken erinnert, nach dem „Leute mit Genres sprechen" (M. Bachtin 1986).

Die Unternehmenskommunikation wird in der Tat über die verschieden Genres organisiert. Das wurde deutlich in der oben skizzierten (kommunikationswissenschaftlich konzipierten) Aufzählung der sog. Instrumente der Unternehmenskommunikation. Was dort nicht explizit genannt wurde, ist die Tatsache, dass nicht nur die klassischen unternehmensbezogenen Genres analysiert werden können, sondern sozusagen auch die Genres, die im unmittelbaren Umfeld der Unternehmenskommunikation entstehen und auf diese einen spezifischen Einfluss haben (können).

Es steht nämlich außer Zweifel, dass die modernen Unternehmen den Bereich der Managementberatung sehr expansiv entwickelt haben, der zum großen Teil auf spezifischen, meistens wissenschaftlichen oder aber auch populärwissenschaftlichen, Wissensbeständen beruht. Das manifestiert sich durch die wissenschaftliche Institutionalisierung dieses Bereichs (in Form von diversen Studiengängen, Fächern oder Zeitschriften) und ist insgesamt (entsprechend dem oben skizzierten Konzept der Wissensgesellschaft) als Resultat der gesellschaftlichen Forderung nach der „Produktion" des angewandten oder praxisbezogenen „Wissens" durch die wissenschaftliche Institutionen zu betrachten. Das bildet – vor allem für die diskurskritischen Ansätze – den Anlass zur genaueren (metawissenschaftlichen) Betrachtung dieses Feldes, zumal (so die oft aufgegriffene Vermutung) die angewandte oder praxisbezogene Wissenschaft, die wirtschaftliche (also unternehmensbezogene inklusive) Problematik aufgreift, dazu neigt, nur eine (grob gesagt: dem Konzept der Wissensgesellschaft verpflichtete) Perspektive durchzusetzen, die – wie jeder „dominante" Diskurs – andere Perspektiven/ Diskurse ausschließt und in dem Sinne als effizienter Ausschlussmechanismus anwendbar ist.

In dem Sinne bilden auch wissenschaftliche Texte (im Sinne der Genres) einen spezifischen Untersuchungsgegenstand der Unternehmenskommunikation. Man kann in dem Kontext die berechtigte Frage stellen, in welcher Relation diese Genres zur Unternehmenspraxis stehen. Zwei Relationsbestimmungen sind denkbar: Die Unternehmenspraxis kann die Grundlage der wissenschaftlichen oder auch populärwissenschaftlichen Texte und der dort enthaltenen Semantiken bilden. Diese können aber auch präexistent sein, d.h. sie machen die Grundlage und Impulse für Unternehmenspraxis aus. Betrachtet man wissenschaftliche Texte als Genres (also als spezifische soziale Praxis, die bestimmte Merkmale aufweist), liegt die Vermutung nahe, dass eher der zweitgenannte Umstand als wahrscheinlicher einzuschätzen ist. Das ist damit zu begründen, dass wissenschaftliche Texte (auch wenn im Zeitalter der postmodernen Gesellschaften einige Verschiebungen festzuhalten sind) weiterhin als „Orte" der (Re)produktion von Expertenwissen angesehen werden, wodurch diesen eine besondere Rolle zukommt. Das bedeutet aber nicht, dass bei dem Problem der Relationsbestimmung zwischen Wissenschaft und Unternehmenspraxis eher eine vermittelnde Position einzunehmen ist, die davon ausgehen sollte, dass die beiden Bereiche sich gegenseitig und in spezifischer Weise beeinflussen.

Im Kontext der so skizzierten Problematik sei auf eine Studie hingewiesen, die von E. Chiapello und N. Fairclough (2008) durchgeführt wurde. Die beiden Autoren gehen von der dominanten Rolle einiger wissenschaftlicher oder quasiwissenschaftlicher Texte zur sog. „neuer Managementideologie" aus und zeigen, wie diese im Kontext der diskurskritischen Betrachtung analysiert werden können. Als Untersuchungsgegenstand wird ein Buch von R.M. Kanter (2001) herangezogen, das große Resonanz im wissenschaftlichen, aber auch in unternehmensbezogenen (durch die gewählte „einfache" und nicht strickte komplexwissenschaftliche Art des Buches) Umfeld erzeugt hat und sich mit dem Thema der innovativen Methoden der Unternehmensführung auseinandersetzt. Das Buch wird also in erster Linie als ein Genre betrachtet und vor diesem Hintergrund auf den drei folgenden Ebenen analysiert:

(i)   auf der Ebene der durch den Buchtext aktualisierten genrespezifischen Merkmale. In dem Kontext wird also in erster Linie danach gefragt, welche von diesen (genrespezifischen) Merkmalen zur Begründung/ Legitimation vertretener (ideologischer) Positionen eingesetzt werden,

(ii)   auf der Ebene der durch den Buchtext aktualisierten Stile (die Kategorie des Stils meint innerhalb der englischsprachigen, kritischen Diskursforschung die durch die Sprache markierten Identitäten, im deutschsprachigen Raum spricht man eher von der Subjektbildung[4]),

(iii) auf der Ebene der im Buchtext enthaltenen Diskursrepräsentationen, also semantischen Ordnungen. In dem Kontext muss erwähnt werden, dass E. Chiapello und N. Fairclough (2008) die „neue Managementideologie" als Teil einer anderen, viel umfassenderen Ideologie betrachten, die als „neuer Kapitalismus" konzeptualisiert wird, und nennen drei zentrale Kategorien, entlang deren diese Ideologie begründet wird: 1) Motivation, 2) Sicherheit und 3) Gerechtigkeit.[5] Auf dieser analytischen Ebene wird also danach gefragt, mit welchen semantischen Inhalten die folgenden Fragen gefüllt werden: 1) Was wird als effiziente Motivation zur Teilnahme der Menschen an den „neu-kapitlaistischen" Formen der modernen Gesellschaften (zu denen auch die modernen Unternehmen gehören) definiert? 2) Wie wird die Relation

---

4   Dieser Aspekt wird im Folgenden separat behandelt.

5   Selbstverständlich sind die hier eingeführten Kategorien als einige von vielen möglichen zu verstehen, die im Rahmen einer diskurssemantischen Untersuchung analysiert werden können (vgl. dazu z.B. C. Schmidt-Wellenburg 2009).

zwischen dieser Teilnahme und dem Gefühl der individuellen (beispielsweise sozialen) Sicherheit bestimmt? 3) Wie wird die Relation zwischen dieser Teilnahme und der allgemeingesellschaftlichen sozialen Gerechtigkeit konzipiert?[6].

Die so angelegte diskurskritische Analyse verfolgt das Ziel, ein bestimmtes Genre (im Kontext der herangezogenen Analyse: einen wissenschaftlichen Text) einer Feinanalyse zu unterziehen, um auf dieser Basis eine Art „De-Sakralisierung" dieses Textes vorzunehmen, dem „vorgeworfen" wird, eine bestimmte, also „neukapitalistische", Ideologie zu kondensieren. Die gemeinte „De-Sakralisierung" besteht in der Rekonstruktion der verwendeten genre-, identitäts- und semantischspezifischen Mechanismen zur Legitimation der vertretenen ideologischen Position.

3.2. Subjektbezogene Analysen

Einen weiteren interessanten Bereich im Kontext der Unternehmenskommunikation bildet ohne Zweifel die Frage nach der Subjektbildung durch Diskurs und im Diskurs. Wie oben kurz angedeutet, ist die Kategorie der Subjektbildung vor allem innerhalb der deutschsprachigen Diskursforschung präsent. Im englischsprachigen Raum verwendet man in dem Kontext die Kategorie des Stils oder der Identität. Abgesehen von diesen terminologischen Unterschieden, muss man an dieser Stelle betonen, dass der Diskursforschung insgesamt sehr oft vorgeworfen wird, die Einführung des abstrakten Diskursbegriffes bedeute „den Tod des Subjekts". Das ist nur teilweise der Fall. Die neueren Arbeiten der breit gefassten Diskursforschung (vgl. z. B. A.D. Bührmann/ W. Schneider 2008) versuchen in dem Kontext eine vermittelnde Position zu vertreten und schenken den Prozessen der Subjektbildung viel Aufmerksamkeit. Somit wird auf der einen Seite betont, dass verschiedene Diskurse (semantische) Subjektivierungsangebote (im Sinne der „diskursiv produzierten und vermittelten normativen Vorgaben": A.D. Bührmann/ W. Schneider 2008:69) bereitstellen. Das Subjekt ist aber in dem Sinne nicht „tot", weil es empirisch herauszuarbeiten gilt, welche von diesen Angeboten tatsächlich übernommen bzw. zurückgewiesen werden, welche alternativen Subjektivierungsangebote (im Sinne der „nicht-dominanten") bevorzugt werden und welche Effekte diese Übernahmen zeigen. Für den Gegenstand dieses Beitrags bedeutet die so skizzierte Problematik mindestens zwei analytische Zugriffsweisen: (a) einerseits kann danach gefragt werden, welche semantischen Subjektivierungsangebote im dominanten (also dem Konzept der Wissensgesellschaft ver-

---

6   Zum, über diese Analyse festgehaltenen, semantischen Wandel innerhalb der „neuen Managementideologie" vgl. E. Chiapello und N. Fairclough 2008: 395-402.

pflichteten) Unternehmenskonzeptionen präsent sind, was beispielsweise durch die Analysen der gängigen Fachbücher, Fachzeitschriften usw. rekonstruierbar ist; (b) andererseits kann man danach fragen, welche von diesen Subjektivierungsangeboten tatsächlich durch die Unternehmensmitarbeiter übernommen und praktiziert werden, indem strukturierte Interviews- oder Beobachtungsverfahren eingesetzt werden.

C. Schmidt-Wellenburg (2009) zeigt in seiner Analyse anhand ausgewählter Managementzeitschriften, wie sich die Konzeptionen der Subjektbildung in der unternehmensbezogenen Fachliteratur historisch gewandelt haben: von den „optimierbaren Mitarbeitern" über „autonome Mitarbeiter" bis zu „selbstoptimierenden" Mitarbeitern. Da dieser Wandel eng mit den machtbezogenen Analysen zusammenhängt, wird er im Folgenden vor dem Hintergrund der unternehmensbezogenen Machtkonzeptionen näher erläutert.

3.3. Machtbezogene Analysen

Ergänzend zu den oben dargestellten Aspekten soll noch die Frage nach einem etwas umfassenderen Mechanismus gestellt werden, der die Unternehmenskommunikation ohne Zweifel mit beeinflusst. Betrachtet man also die oben referierten punktuellen empirischen Hinweise auf den innerhalb der Unternehmenskommunikation stattfindenden (vor allem sprachlichen bzw. semantischen) Wandel, ist vor diesem Hintergrund zu fragen, welche Konsequenzen dies hat und über den Bezug auf welche umfassenderen sozialen Prozesse (vor allem deren Logik) sich dieser Wandel erklären lässt. In dem Kontext bietet die von Foucault entworfene Machtkonzeption einige wichtige Impulse.

Diskursproduktion im Allgemeinen (also auch Diskursproduktion innerhalb eines Unternehmens) wird zugleich kontrolliert, selektiert, organisiert und kanalisiert, und zwar durch gewisse Mechanismen (M. Foucault 2002: 7). Wie schon oben angesprochen, bedeutet die Präsenz eines bestimmten Diskurses in einem bestimmten gesellschaftlichen Bereich den zwangsläufigen Ausschluss anderer Diskurse. In dem Sinne ist Diskursproduktion immer an die Macht gebunden.

Die foucaultsche Machtkonzeption ist für den Gegenstand dieses Beitrags in zweierlei Hinsicht wichtig. Auf der einen Seite besteht der Reiz dieses Konzeptes darin, dass es Macht nicht in repressiven, sondern in produktiven Kategorien auffasst. Macht ist in dem Sinne als eine Instanz zu betrachten, die Wissen formt und Diskurse produziert. Ohne Macht ist also kaum eine gesellschaftliche oder unternehmensbezogene Ordnung zu denken und deswegen gilt es nach seiner Natur (auch in unternehmensbezogenen Kontexten) zu fragen.

Der andere Reiz der foucaultschen Machtkonzeption besteht darin, dass M. Foucault davon ausgeht, dass die Macht vor allem dort sichtbar wird, wo bestimmte „Semantiken" als selbstverständlich bzw. natürlich erscheinen. An diesen Gedanken knüpfen die diskurskritischen Ansätze an, indem versucht wird, die gesellschaftlich reproduzierten „Selbstverständlichkeiten" zu dekonstruieren. Bezogen auf den Gegenstand dieses Beitrags ist als eine solche „Selbstverständlichkeit" das Konzept der „Wissensgesellschaft" oder der „neuen Managementideologie" aufzufassen.

Aus einer solchen Konstellation ergibt sich also die Frage nach der Machtform, die die modernen Gesellschaften (Unternehmen inklusive) bestimmt. M. Foucault beschreibt Macht unter einem historischen Gesichtspunkt, indem er historisch kontingente Machtpraktiken, Machttechniken und Funktionsweisen der Macht aufzeigt. Dabei werden Transformationen, Modifikationen, wechselseitige Beziehungen, Ergänzungen der Macht skizziert. M. Foucault unterscheidet zwischen souveräner Macht, Disziplinarmacht und Normalisierungsmacht.

Souveräne Macht wird verstanden als traditionelle juridische Machtanalytik, die vorwiegend auf Techniken der Kontrolle beruht und sich in der Form des Rechts und der gesetzlichen Scheidung von erlaubt und verboten vollzieht.

Als zweite Machtform wird Disziplinarmacht ausdifferenziert, die darauf ausgerichtet ist, Individuen zu formen und den normativen Vorgaben anzupassen. Im Zentrum dieses Machttypus steht eine Norm (z.B. medizinische Naturnormen, industrialistische oder „neu-kapitalistische" Produkt- und Arbeitsnormen), die ordnet, klassifiziert und alle Abweichungen ausschließt. Die Individuen werden auf einer Skala „gemessen", die zwischen normal und anormal unterscheidet. Diese Machtform ist auf die Individualisierung und Selbstdisziplinierung ausgerichtet und ist präexistent, d.h. sie existiert, bevor gehandelt wird, und leitet in dem Sinne Handeln der Individuen ein.

Den dritten Machttypus stellt die sog. Normalisierungsmacht dar. Normalisierung (in einer gewissen Unterscheidung zur Norm) beruht auf dem Mechanismus der Skalierung bzw. der Herstellung einer homogenen Gesellschaft. Im Gegensatz zur Disziplinierungsmacht ist die Normalisierungsmacht massenkonstituierend, d.h. sie bezieht sich nicht auf ein Individuum, sondern auf die Bevölkerung bzw. bestimmte soziale/berufliche Gruppen. Das Ziel besteht in der Optimierung, in der Herstellung eines globalen Gleichgewichts in der Bevölkerung, in der Herstellung der inneren Sicherheit einer Gesellschaft. Im Gegensatz zur Norm (die gegeben ist und die Grenze zwischen Normalem und Anormalem klar festlegt) ist die sog. Normalisierung flexibel und dynamisch. Was normal oder anormal ist, wird im Prozess der diskursiven Aushandlung bestimmt.

Auch wenn alle von drei genannten Machttypen bis heute in verschiedenen Formen anzutreffen sind, scheint insbesondere die Normalisierungsmacht sehr expansiv zu sein. Das hängt vor allem damit zusammen, dass diese Machtform

sehr effizient ist. Im Folgenden wird auf einige Merkmale dieses Machttypus eingegangen, die im Kontext der Unternehmenskommunikation sichtbar werden.

Wie oben (bei der Rekonstruktion des Wandels im Bereich der Subjektbildung festgestellt wurde) bilden die sog. „selbstoptimierenden Mitarbeiter" ein
„Optimum" vieler unternehmensbezogenen Konzeptionen. Möchte man diesen
Umstand erklären, ist der Bezug auf die dargestellte Konzeption der Normalisierungsmacht erforderlich. Wenn man davon ausgeht (so wie das in den wissenschaftlichen Konzeptionen der Fall zu sein scheint), dass die „selbstoptimierenden Mitarbeitern" ein Optimum einer Unternehmenswirklichkeit darstellen, muss
ein Unternehmen auf gewisse Mechanismen und Prozeduren zurückgreifen, die
die Herstellung dieses Optimums gewährleisten. Einer der grundlegenden Mechanismen ist insbesondere in der neuen Führungslogik der Unternehmen zu sehen,
die auf die Machtform zurückgreift, die nicht zentralisiert ist, keine Einheit bildet
und als dezentriertes, substratloses Operieren bzw. Netz funktioniert, das insbesondere die Funktion der Subjektkonstitution übernimmt (s. H. Bublitz 2003).
Mit anderen Worten: Die neue Führungslogik der Unternehmen manifestiert sich
durch den fortlaufenden Verzicht auf die klassischen, hierarchisch-bürokratischen
Organisationsstrukturen. An diese Stelle treten Strukturen, die nichthierarchischer
Natur und flexibel sind sowie auf der Eigenverantwortung der Beschäftigten beruhen. Der besondere Reiz einer solchen neuen Führungslogik besteht darin, dass
den Mitarbeitern der Unternehmen das Gefühl einer performativen/ wirksamen
Subjektivität (im Polnischen: „sprawcza podmiotowość") vermittelt wird. Mit anderen Worten: Ein für das Unternehmen optimaler Mitarbeiter ist autonom, ergeb-
nisverantwortlich, eigenständig, flexibel, verfügt über große Entscheidungsspiel-
räume, ist stark in die Verantwortung des Unternehmens einbezogen und opti-
miert seine Leistungen (anhand der Beurteilung von Risiken) selbst. In dem Sinne
ist der Mechanismus der Herstellung der performativen/ wirksamen Subjektivität
als eine unternehmensbezogene Spielart der oben geschilderten Normalisierungsmacht zu verstehen (mehr dazu s. C. Schmidt-Wellenburg 2009), als ein sukzessiv
stattfindender Wandel im Verständnis der Führungslogik eines Unternehmens und
– was aus der diskurskritischen Perspektive besonders wichtig ist – als effizierter
und strategisch eingesetzter Mechanismus der Machtausübung .

Abschlussbemerkungen

Nach dieser kurzen Rekonstruktion sollte deutlich geworden sein, dass insbesondere die folgenden diskursorientierten Zugriffsweisen auf die Unternehmenskommunikation (auch in Form eines integrierten Mehr-Ebenen-Modells) denkbar
sind: (1) Analysen, die darauf abzielen, die in diversen (u.a. wissenschaftlichen)

Genres reproduzierten Semantiken zu erfassen, die kondensiert werden und zu gesellschaftlichen „Selbstverständlichkeiten" werden, (2) Analysen, die den Aspekt der Subjektbildung fokussieren, (3) Analysen, die nach den machtbezogenen Mechanismen der Unternehmensorganisation fragen.

Drei weitere mit diesen Analysetypen verbundene Aspekte wurden innerhalb dieses Textes zum Ausdruck gebracht. (A) Die Tatsache, dass der diskursanalytische Zugang insbesondere den Wandel innerhalb der breit gefassten Unternehmenskommunikation zu erfassen sucht/ zu erfassen suchen kann (z.b. von Hierarchisierung bis zur Enthierarchisierung, von Zentralisierung bis zur Dezentralisierung, von Bürokratisierung zur Entbürokratisierung) (B) Die Logik dieses Wandels wird zweidimensional betrachtet: Der Wandel wird vor allem sprachlich ausgetragen und diese sprachlichen Austragungen sind als Spuren der umfassenderen, sozialen Prozesse aufzufassen. (C) Und zuletzt wurde darauf hingewiesen, dass das diskurskritische Modell vor allem dort ansetzt, wo sich gesellschaftliche „Selbstverständlichkeiten" kondensieren, die einer wissenschaftsfundierten Kritik zu unterziehen sind.

Literatur

Bachtin, M. (1986): *Estetyka twórczości słownej*. Warszawa.

Bell, D. (1985): *Die nachindustrielle Gesellschaft*. Frankfurt am Main.

Bilut-Homplewicz, Z. (2011): *Wie vage darf der Diskursbegriff sein? Kritische Anmerkungen zum Terminus Diskurs in der deutschen Linguistik*. In: M. Wierzbicka/ Z. Wawrzyniak (Hg.) Moderne deutsche Texte. Frankfurt am Main etc. 27–38.

Bolten, J. (2005): *Interkulturelle (Wirtschafts-)Kommunikation: „Fach" oder „Gegenstandsbereich"? Wissenschaftshistorische Entwicklungen und studienorganisatorische Perspektiven*. In: A. Moosmüller (Hg.) Interkulturelle Kommunikation. Konturen einer wissenschaftlichen Disziplin. Münster.

Bublitz, H. (2003): *Diskurs*. Bielefeld.

Bührmann, A./ W. Schneider (2008): *Vom Diskurs zum Dispositiv. Eine Einführung in die Dispositivanalyse*. Bielefeld.

Busse, D. (2003): *Diskursanalyse in der Sprachgermanistik. Versuch einer Zwischenbilanz und Ortsbestimmung*. In: U. Haß/ Ch. König (Hg.) Literaturwissenschaft und Linguistik. Marbach. 75–187.

Busse, D./ W. Teubert (1994): *Ist Diskurs ein sprachwissenschaftliches Objekt? Zur Methodenfrage der historischen Semantik*. In: D. Busse/ F. Hermanns/ W. Teubert (Hg.) Zeichengeschichte, Begriffsgeschichte, Diskursgeschichte. Opladen. 10–28.

Chiapello, E./ N. Fairclough (2008): *Nowa ideologia zarządzania. Podejście transdyscyplinarne krytycznej analizy dyskursu i nowej socjologii kapitalizmu*. In: A. Duszak/ N. Fairclough (Hg.) Krytyczna Analiza Dyskursu. Interdyscyplinarne podejście do komunikacji społecznej. Kraków. 373–404.

Czyżewski, M. (2012): *Wiedza specjalistyczna i praktyka społeczna – przemiany i pułapki*. In: A. Jabłoński/ J. Szymczyk/ M. Zemło (Hg.) Kontrowersje dyskursywne. Między wiedzą specjalistyczną a praktyką społeczną. Lublin. 71–93.

Drucker, P. F. (1994): *The Age of Social Transformation*. In: The Atlantic Monthly 273/11. [http://www.theatlantic.com/election/connection/ecbig/soctrans.htm] (Abruf: 14.10.2013)

Fairclough, N. (1992): *Discourse and social change*. Cambridge.

Duszak, A. (2012): *Centra, hybrydy i zmiana społeczno-dyskursywna*. In: *Oblicza komunikacji* 5/2012. 9–24.

Foucault, M. (2002): *Porządek dyskursu*. Gdańsk.

Gille, A. S. (2013): *Die Ökonomisierung von Bildung und Bildungsprozessen aus dispositiva-nalytischer Sicht*. In: J. Caborn Wengler/ B. Hoffarth/ Ł. Kumięga (Hg.) Verortungen des Dispositiv-Begriffs. Analytische Einsätze zu Raum, Bildung, Politik. Wiesbaden. 73–89.

Graefen, G./ M. Liedke (2008): *Germanistische Sprachwissenschaft*. Tübingen/Basel.

Grucza, F. (2010): *Zum ontologischen Status menschlicher Sprachen, zu ihren Funktionen, den Aufgaben der Sprachwissenschaft und des Sprachunterrichts*. In: *Kwartalnik Neofilologiczny*, LVII, H. 3/2010. 257–274.

Grucza, F. (2012): *Zum Gegenstand und zu den Aufgaben der anthropozentrischen Linguistik, Kulturologie und Komunikologie sowie zur gegenseitigen Vernetzung dieser Erkenntnisbereiche*. In: *Kwartalnik Neofilologiczny*, LIX, H. 3/2012. 287–344.

Grucza, S. (2012): *Fachsprachenlinguistik*. Frankfurt am Main etc. (= Warschauer Studien zur Germanistik und zur Angewandten Linguistik 1).

Habermas, J. (1981): *Theorie des kommunikativen Handelns*. Frankfurt am Main.

Heidereich, M. (2002): *Merkmale der Wissensgesellschaft*. [http://www.sozialstruktur.uni-oldenburg.de/dokumente/blk.pdf] (Abruf: 17.10.2013)

Heinemann, W. (2011): *Diskursanalyse in der Kontroverse*. In: *tekst i dyskurs – text und diskurs* 4/2011. 31–67.

Jäger, S. (2004): *Kritische Diskursanalyse. Eine Einführung*. Münster.

Kanter, R. M. (2001): *Evolve! The Song. Lyrics by R. M. Kanter*. Boston.

Keller, R. (2011): *Diskursforschung. Eine Einführung für SozialwissenschaftlerInnen*. Wiesbaden.

Knorr-Cetina, K. (1998): *Sozialität mit Objekten. Soziale Beziehungen in post-traditionalen Wissensgesellschaften*. In: W. Rammert (Hg.) Technik und Sozialtheorie. Frankfurt am Main/New York. 83–120.

Krzyżanowski, M. (2010): *The Discursive Construction of European Identities. A Multi-Level Approach to Discourse and Identity in the Transforming European Union*. Frankfurt am Main etc.

Kumięga, Ł. (2013a): *Rechtsextremistischer Straßendiskurs in Deutschland*. Frankfurt am Main etc.

Kumięga, Ł. (2013b): *Getting to the Bottom of "Discourse"*. In: *Academia: The Magazine of the Polish Academy of Sciences* 1 (37). 9–14.

Link, J. (2005): *kultuRRevolution – ein notwendiges Konzept. Interview mit Jürgen Link*. In: *DISS-Journal* 14 (2005). 17–18.

Mast, C. (2005): *Unternehmenskommunikation*. Stuttgart.

Rammert, W. (1999): *Produktion von und mit „Wissensmaschinen".* *Situationen sozialen Wandels hin zur „Wissensgesellschaft".* In: K. Wilfried/ W Schumm (Hg.) Wissen und Arbeit. Neue Konturenvon Wissensarbeit. Münster. 40–57.

Spitzmüller, J./ I. Warnke (2011): *Diskurslinguistik. Eine Einführung in Theorien und Methoden der transtextuellen Sprachanalyse.* Berlin, Boston.

Stehr, N. (1994): *Knowledge Societies.* London.

Schmidt-Wellenburg, C. (2009): *Die neoliberale Gouvernementalität des Unternehmens – Management und Managementberatung zu Beginn des 21. Jahrhunderts.* In: Zeitschrift für Soziologie 38/4. 320–341.

Willke, H. (1998): *Systemisches Wissensmanagement.* Stuttgart.

Zając, J. (2013): *Specjalistyczna komunikacja multikulturowa i multilingwalna w korporacjach globalnych.* Warszawa.

Zerfaß, A. (2007): *Unternehmenskommunikation und Kommunikationsmanagement: Grundlagen, Wertschöpfung, Integration.* In: A. Piwinger/ A. Zerfaß (Hg.) Handbuch Unternehmenskommunikation. Wiesbaden. 21–70.

Projektkommunikation bei Nearshoring-Kooperationen Am Beispiel von polnisch-deutschen Projektkooperationen bei REC Global

Sambor Grucza, Justyna Alnajjar
(Universität Warschau)

Radomir Grucza
(REC Global)

Einleitung[1]

Die fortschreitende und immer tiefer greifende Globalisierung der Wirtschaft und die technologische Entwicklung der modernen Kommunikationsmedien drücken sich u.a. in der globalen Verteilung unternehmensrelevanter Aufgaben aus. In Folge dessen sind neue Modelle der Unternehmensplanung, Unternehmensführung, Projektdurchführung usw. entstanden. Eine der Folgen der unternehmerischen Globalisierung und Technologisierung war das sog. Outsourcing, d.h. die Auslagerung von bestimmten Unternehmensleistungen bzw. Teilen von ihnen, und das Beauftragen (meist) externer Unternehmen diese Leistungen zu erbringen. Heute wird unter Outsourcing auch generell der Fremdbezug von Dienstleistungen verstanden.

Versteht man Outsourcing generell als Fremdbezug von Dienstleistungen, so kann zwischen einem unternehmensinternen und unternehmensexternen Outsourcing sowie zwei allgemeinen Grundformen des Outsourcings, Ausgliederung und Kooperation, unterschieden werden. Darüber hinaus kann bekanntlich zwischen Inshoring (Onshoring, Inshore Outsourcing) und Offshoring (Offshore Outsourcing) unterschieden werden. Beim Inshoring handelt es sich um den Fremdbezug von Dienstleistungen aus demselben Land, beim Offshoring um den Fremdbezug von Dienstleistungen aus einem anderen Land bzw. aus anderen Ländern. Eine besondere Art des Offshorings stellt das Nearshoring dar, womit der Fremdbezug von Dienstleistungen aus einem Nachbarland (oder aus einem sich nicht weit befindenden Land) gemeint wird.

Die Outsourcing-Erfahrungen haben gezeigt, dass bei Outsourcing-Entscheidungen vorausschauend Faktoren berücksichtigt werden müssen, die langfristig Einfluss auf die Rentabilität des Outsourcings nehmen können. Hierzu gehören u.a. die sog. Länder-Faktoren, d.h. Eigenschaften des Outsourcing-Landes: Po-

1 An dieser Stelle möchten wir uns bei Herrn Dr. Gerhard Zauner (REC Global) für die wertvollen Anregungen zu Fragen des Projektmanagements bedanken.

litik, Ökonomie, Umwelt, Sicherheit, Einwohnerzahl, Technologie, Arbeitskraft, Arbeitskosten, Aggregations-Möglichkeiten, Zeitzone, Soziales, Kultur (hier auch das Zeitverständnis, Umgang mit Mitarbeitern, Umgang mit Autorität und Führung), Sprache. Wie bedeutend diese Faktoren sind schildert Christoph von Gamm von der vonGammCom Global[2]:

> Kulturunterschiede kosten Profit. Weil im Endeffekt ist ein indisches „Yes" ein anderes als ein Schweizer „Ja". Bespricht man ein Projekt mit einem indischen Kollegen und der macht Commitments, heißt ein „Yes" Commitment „Ja, ich hab's verstanden" oder „Ja, ich mach's bis dann und dann"? Wie sichert man sich ab gegen Failures? Was ich oft erlebt habe ist, dass sich Inder sehr übercommiten nur um den Auftrag zu kriegen und dann „Mein Gott, dann schauen wir halt wo wir sind." Auch die Fähigkeiten zu selbstständigen Arbeiten: Man denkt die indische Kultur ist ähnlich wie die westliche. Ist sie aber nicht. Für Inder ist Scheitern kein Problem, für Japaner ist Scheitern Harakiri. Oder die Schweiz: Es gibt so einen Grundsatzspruch, den müssen die Leute hier anscheinend in der Schule lernen: Never admit! Das heißt dann auch, dass wenn die Leute einmal einen Fehler machen, versuchen sie den Fehler zu kaschieren und ihn nicht objektiv anzugehen. Eine ganz andere Fehler-Kultur, hier in der Schweiz und teilweise auch in Deutschland. In England: „Indeed, we made a mistake, so what? Die Kultur Unterschiede zu verstehen und zu managen, das kann zwischen 10 und 15 Prozent Profit Marge bedeuten".[3]

Aus dem oben Gesagten folgt, dass die Globalisierung der Wirtschaft unterschiedliche Facetten annimmt und sich in unterschiedlichen Unternehmensmodellen ausdrückt. Die jeweiligen Unternehmensmodelle werden heute nicht nur durch die verschiedenen Formen des Outsourcings, sondern auch durch die verschiedenen Formen der Zusammenarbeit zwischen den Outsourcings-Partnern bestimmt.

Als Beispiel dafür können globale Projekte dienen. Immer mehr unternehmerische Aktivitäten werden in Form von globalen Projekten ausgeführt, die durch globale virtuelle Projektteams (vgl. K. Prasad/ K.B. Akhilesh 2002, A. Majchrzak/ A. Malhotra 2003: 7, N. Zakaria/ A. Amelinckx/ D. Wilemon 2004: 17, P. Bjørn/ O. Ngwenyama 2009: 228, P.R. Kuruppuarachchi 2009: 20, J. Zając 2013: 107ff.) bewerkstelligt werden. Diese Aktivitäten können aber u.a. dann effizient[4] bewerkstelligt werden, wenn sich bei der Projektrealisierung (Lösung der Projektaufgabe) alle Beteiligten auf Kommunikationsstrukturen stützen können, die auf die jeweilige Projektrealisierung zugeschnittenen sind, und wenn diese optimal genutzt werden. Projektkommunikation muss gut geplant und noch besser überwacht werden, sonst wird die Kommunikation kostspielig (vgl. J. Alnajjar 2014, S. Grucza 2014).

---

2   Siehe: www.von-gamm.com.
3   Siehe: www.it-business.de/management/strategische-ausrichtung/articles/359419/ (Abruf 9.8.2013).
4   Zum Begriff *kommunikative Effizienz* s. M. Dannerer 2005.

Dass es nicht ganz einfach ist, eine gute Projektkommunikation auf die Beine zu bringen und dass es noch schwieriger ist eine globale Projektkommunikation zu managen und erfolgreich zu Ende zu führen (s. J. Zając 2013) resultiert daraus, dass meist eine globale Projektkommunikation eine interkulturelle Projektkommunikation ist (mehr dazu s. S. Grucza 2014). Hinzu kommt, dass eine globale Projektkommunikation sehr oft eine virtuelle Kommunikation unter Zuhilfenahme von technischen Hilfsmitteln (Video, Telefon, E-Mail, Chat, Planung- und Tracking Tools) ist. „Nebeneffekt" einer solchen virtuellen Projektkommunikation ist ihre eingeschränkte Effizienz (s. J. Lipnack/ J. Stamps 2000).

Wie wichtig Planung, Kontrolle, vor allem aber bewusster Umgang mit interkulturellen Aspekten ist, zeigt z.B. N. Adler (2008). Sie belegt in ihrer Studie, dass die Produktivität eines Projektteams davon abhängt, wie die Führung die Unterschiede im Team behandelt. Wenn die Projektleitung bewusst offen damit umgeht, kann dies zu höheren Leistungen des ganzen Projektteams führen. Ignoriert die Projektleitung Diversität im Team, kann sich das auf die Leistung negativ auswirken (s. auch M.J. Bennett 1998).

Abhilfe in diesem Bereich könnte ein Forschungsprojekt, das in Zusammenarbeit zwischen dem Research Center for Bussines Commnuication Audit der Universität Warschau[5] und REC Global[6] realisiert wird. Ziel dieses Forschungsprojekts[7] ist das Erarbeiten von Richtlinien für „communication best practices" für Projektkommunikation bei polnischen Nearshoring Projektteams. In diesem Beitrag sollen am Beispiel des transnationalen Unternehmens REC Global die organisatorischen Möglichkeiten einer (interkulturellen) Nearshoring Projektkommunikation zwischen einem polnischen Unternehmen aus dem Bereich Software R&D und seinen DACH Partnern erörtert werden.

Der Beitrag ist wie folgt strukturiert: Abschnitt 1 schildert die Rolle polnischer Unternehmen im Outsorcing Geschäft; Abschnitt 2 präsentiert das Unternehmensprofil von REC Global; Abschnitt 3 gibt einen Überblick über die Wechselwirkungen zwischen Projektmethode, Projektkooperationsmodell, Projektteamzusammensetzung und Projektkommunikationsabläufen beim Nearshoring.

1. Zu Bedeutung Polens als Nearshoring-Standort

Wie bereits gesagt, handelt es sich beim Nearshoring um den Fremdbezug von Dienstleistungen aus einem sich nicht weit befindenden Land. Den Quellen zufol-

---

5   Siehe: www.rc-bca.ikla.uw.edu.pl.

6   Siehe: www.rec-global.pl / www.rec-global.de.

7   Auf Grund der Geheimhaltung können die konkreten Angaben zum Projekt nur eingeschränkt veröffentlicht werden.

ge ist das Wort „Nearshoring" (noch in Anführungsstrichen und in der Schreib-
weise „near-shore") und zugleich der Begriff *Nearshoring* zum ersten Mal im
ökonomischen Sinne in dem Artikel „The Antihero's Guide to the New Economy"
(1998) von M.S. Hopkins verwendet, einem Beitrag, in dem das Entstehen eines
IT-Unternehmens auf der Insel Barbados dargestellt wurde.

Es gibt gewiss unterschiedliche Gründe, warum Entscheidungsträger
Nearshoring-Lösungen wählen. Beobachtet man die Entwicklung des Outsourcings in den letzten Jahren, stellt man fest, dass die zu Anfang der 90er Jahre
des 20. Jahrhunderts formulierte Leitidee des Outsourcings „Do what you can
do best – outsource the rest" nicht mehr blind verfolgt wird, dass immer weniger
nur wegen der reinen Kostengründe outgesourct wird. Es scheinen sich auch die
Prophezeiungen von F. Cairncross, die er in dem Buch „*The Death of Distance*"
(2001) geschildert hat, nicht zu bestätigen – Distanz ist doch ein wichtiger unternehmerischer Faktor, wie P.Y. Abbott und M.R. Jones in dem Aufsatz „The
importance of being nearest: nearshore software outsourcing and globalisation
discourse" (2002) gezeigt haben. Zu betonen ist jedoch, dass mit „Distanz" nicht
nur die geographische Distanz gemeint wird. Wie E. Carmel und P. Abbott (2007)
durch eine Analyse von 150 Texten zum globalen IT-Outsourcing aus den Jahren 1998–2006 bestätigen, wird der Ausdruck „Distanz" auch auf die temporale,
kulturelle, sprachliche, politische, ökonomische und historische Distanz bezogen
(s. Tabelle 1):

Construct	% of Texts using this Construct	Characteristic of the Nearshore Destination	Examples from Texts
Geographic	59%	Physically closer and takes less travel time to reach	"moving parts of your work to countries that cost less but are *not too far away;*"
Temporal	31%	Some time zone overlap	"focus will be on delivering *same time zone services to U.S. clients*"
Cultural	41%	Similar cultural characteristics such as way of life, or way of doing business	"you need an outsourcing contractor with a *similar corporate culture and way of doing things* to your own"
Linguistic	47%	Shares linguistic similarities such as adopting English as the language of business, or sharing the same native language	Forty million Americans speak Spanish, [this is] responsible for a new breed of outsourcing company that aims to *take advantage of its Spanish origins*
Political/ Economic	28%	Political alignment or economic grouping	"Nearshoring partners can *take advantage of the NAFTA treaty*, it is much easier for them to gain access for visas"
Historical	11%	Shares some historical perspectives such as colonial history, diaspora linkages	"Morocco and Tunisia, *former French colonies*, will remain focused on the French markets"

Tabelle 1. Bedeutung von „Distanz" (E. Carmel/ P. Abbott 2007: 44)

Für Europa bezieht sich Nearshoring auf den Fremdbezug von Dienstleistungen durch Unternehmen, die ihr Kerngeschäft (im Allgemeinen) in größeren europäischen Ökonomien betreiben. Zu den europäischen Nearshoring Ländern gehören: Bulgarien, Kroatien, Polen, Portugal, Rumänien, Serbien, die Slowakei, Slowenien, Tschechien, Ungarn und die Baltischen Staaten. Oft wird die Liste der Nearshoring-Länder noch um Russland, Weißrussland und die Ukraine, Moldawien und Albanien ergänzt. Nearshoring wird manchmal als Gegenreaktion auf die Dominanz asiatischer, vor allem indischer, Offshore-Standorte interpretiert. Nach Meinung mancher entwickelt sich Nearshoring in Europa auch als Folge schlecht eingeschätzter Länder-Faktoren (vgl. Th. Meyer 2006 und Economist: Special report 2013).

Im Schatten der großen Schlagzeile entwickelt sich Polen sukzessiv zu einem festen und immer mehr an Bedeutung gewinnenden Standort der Shared Service Centers (SSC), Business Process (BP), Information Technology (IT) und Research&Development (R&D) Branche, die zusammen Business Services genannt werden. Weltunternehmen wie Microsoft, HP, Google, Oracle, IBM, SAP, Samsung, Siemens unterhalten ihre Business Services Standorte in Polen. Mehr noch: Sie bauen sie ständig aus. Nach Berechnungen des ABSL[8] beschäftigte die Business Services Branche in Polen Mitte 2013 in mehr als 400 Zentren über 110.000[9] Mitarbeiter und die Zahl steigt kontinuierlich[10].

Immer mehr europäische Unternehmen nutzen den Standort Polen und seine Business Dienstleistungen auch in Form des Nearshorings. Dabei spielen bei den meisten dieser Unternehmen vor allem die guten Länder-Faktoren eine entscheidende Rolle in den Rechnungen für Business Services Outsourcing: EU-Zugehörigkeit, Pro-Europa-Politik, politische und gesellschaftliche Stabilität, rechtliche Sicherheit, stabil wachsende Ökonomie, Sicherheit, mit knapp 40 Millionen Einwohner das sechstgrößte EU-Land, sich rasch entwickelnder Business Services Dienstleistungssektor, hochqualifizierte Arbeitskraft, niedrige Arbeitskosten, Absicherung des Zuflusses neuer Arbeitskräfte durch sehr gute akademische Ausbildung, sehr gute akademische Business Services Basis, gute Aggregations-Möglichkeiten, dieselbe Zeitzone.

Für deutsche Unternehmen bietet der Business Services Standort Polen weitere Länder-Faktoren: sehr gute Erreichbarkeit und Mobilitätsmöglichkeiten, wenige kulturelle Unterschiede in der Kommunikation, gute BELF-Kompetenzen[11]

---

8   Association of Business Service Leaders in Poland: www.absl.pl.
9   Dies Zahl bezieht sich nur auf Unternehmen mit einem Fremdkapital. Nicht berücksichtigt wurden Unternehmen mit nur einem polnischen Kapital.
10   ABSL Bericht: Business Services Sector in Poland 2013 s. http://www.absl2013.epublish24.com, S. 11 (Abruf: 8.9.2013).
11   BELF = Business Englisch als Lingua Franca.

der Mitarbeiter, neutrale bzw. positive Einstellung zu Deutschland, weitverbreitete (im Vergleich zu anderen Nearshore-Ländern) Deutschkenntnisse[12]. Nach „IT Outsourcing News from Central and Eastern Europe" (IT Outsourcing News 2013) geben die Entscheidungsträger folgende Gründe für das Outsourcing in Polen an:

- Polish university graduates often have strong backgrounds in information technology and engineering, a continued legacy of the communist-era educational system, as well as widespread knowledge of English and other foreign languages.
- Poland is a sizeable country in the center of Europe and produces about 400,000 university graduates each year (…).
- Political stability and a strong rule of law strengthened by EU membership.

Die große Bedeutung des Outsourcing-Standortes Polen im globalen Vergleich belegen auch andere Zahlen. Tholons, eine in Washington ansässige Offshore Consulting Firma, gibt an, dass Kraków 2013 auf Rang 10 unter den 100 ermittelten Outsourcing Destinationen platziert wurde[13] (s. Tabelle 2):

Rang	Region	Land	Stadt
1	South Asia	India	Bangalore
2	South Asia	India	Mumbai
3	Southeast Asia	Philippines	Manila (NCR)
4	South Asia	India	Delhi (NCR)
5	South Asia	India	Chennai
6	South Asia	India	Hyderabad
7	South Asia	India	Pune
8	Southeast Asia	Philippines	Cebu City
9	Western Europe	Ireland	Dublin
10	**Eastern Europe**	**Poland**	**Kraków**
11	East Asia	China	Shanghai
12	East Asia	China	Beijing
13	Central America	Costa Rica	San José
14	East Asia	China	Shenzhen
15	East Asia	China	Dalian (Dairen)
16	Southeast Asia	Vietnam	Ho Chi Minh City
17	Eastern Europe	Czech Republic	Prague

---

12   Der bereits angesprochene ABSL Bericht gibt an, dass 98% der Befragten ihre Dienstleitungen auf Englisch anbieten, 79% auf Deutsch und 2/3 auf Polnisch (insgesamt wurden von den befragten 34 Sprachen genannt); ausführlicher dazu in S. Grucza 2014.
13   Siehe: http://www.tholons.com/TholonsTop100/index.html (Abruf: 8.8.2013).

18	South America	Brazil	São Paulo
19	Southeast Asia	Malaysia	Kuala Lumpur
20	South Asia	Sri Lanka	Colombo

Tabelle 2. die 20 wichtigsten Outsourcing Destinationen (Tholons Top 100[14])

Laut dem „Central and Eastern Europe IT Outsourcing Review 2010"[15] (S. 43), der von der Central and Eastern European Outsourcing Association[16] erstellt wurde, wurde für die europäischen Nearshore-Standorte an erster Stelle ein Exportzuwachs des IT-Sektors prognostiziert. Die Bedeutung der Erforschung der Offshore-Zusammenarbeit wurde letztlich auch von der Deutschen Forschungsgemeinschaft bestätigt, die seit Februar 2013 das Projekt „Techniken und Praktiken der Kooperation in transnational verteilten Projekten der Softwareentwicklung" fördert[17].

Wie gesagt stellt Nearshoring eine Art der Verlagerung der innerbetrieblichen Aktivitäten ins Ausland dar. Wie diese Aktivitäten dann abgewickelt werden ist eine andere Frage. Und diese interessiert uns hier besonders. Als Untersuchungsbeispiel nehmen wir Nearshoring Projekte aus dem R&D Bereich und wenden uns zuerst standardisierten Projektmethoden zu, die in diesem Bereich bei Projektrealisierungen angewendet werden (können).

2. REC Global und seine Unternehmensaktivitäten

REC Global ist ein 2007 gegründeter, polnischer Software und R&D Dienstleister. Sein Angebot erstreckt sich von Automobilen Systemen, Eingebetteten Systemen, Grünen Technologien, M2M, Telematik, Telekommunikation bis hin zu Web und Mobilen Anwendungen. Das Dienstleistungsangebot von REC Global beinhaltet im Kerngeschäft neben Software Design und Software Development auch Software Integration und Software Verifikation sowie Software Projekt-Management.

REC Global ist eine multinationale Unternehmensgruppe mit über 350 Mitarbeitern und lokalen Vertriebsbüros in Europa und Nordamerika, unterstützt durch Entwicklungszentren in Polen, in der Slowakei und in Kroatien. Die Firmenzentrale und zugleich das größte Entwicklungszentrum befinden sich in Wrocław (Breslau), Polen. Insgesamt ist REC Global auf zwei Kontinenten in neun Län-

---

14   Siehe: http://www.tholons.com/TholonsTop100/index.html (Abruf: 8.8.2013).
15   Siehe: http://ceeoa.org/assets/Uploads/CEEITOReview2010.final.pdf (Abruf: 8.8.2013).
16   Siehe: http://ceeoa.org (Abruf: 8.8.2013).
17   Siehe: http://www.uni-due.de/transsoft (Abruf: 26.9.2013).

dern standortmäßig vertreten: Deutschland, Großbritannien, Kroatien, den Nie-
derlanden, Österreich, Polen, der Schweiz, der Slowakei, den USA.

Die polnisch-deutschen Unternehmensaktivitäten stellen zurzeit den Löwen-
anteil von REC Global dar – 70% der erbrachten Software und R&D Dienstleitungen werden in die DACH-Länder exportiert. Zu seinen Kunden zählen u.a.:
Gemalto M2M (Berlin), Elektrobit (Erlangen), NXP (Gratkorn), BSH (Berlin),
Siemens (München), Continental (Babenhausen), Tesis Dynaware (München),
dSPACE (Padeborn).

All diese Gegebenheiten zeigen, dass REC Global ein gutes Beispiel nicht
nur für Nearshoring, sondern darüber hinaus auch für die polnisch-deutsche Unternehmensbeziehungen darstellt. Von Bedeutung ist auch, dass die Mehrheit des
REC-Managements intensive und langjährige Erfahrung in der Zusammenarbeit
mit DACH-Unternehmen hat, da seine Managementführung zuvor lange in und
für verschiede DACH-Unternehmen gearbeitet hat. Unter dem uns hier interessierenden Aspekt wäre noch hinzuzufügen, dass diese Manager über ausgezeichnete
Sprach- und Kulturkompetenzen im Bereich des Deutschen verfügen, sowohl im
Bereich des Business-Deutschen als auch im Bereich der Businesskommunikati-
on mit Unternehmen aus den DACH-Ländern. Soweit es die Umstände erlauben,
wird die externe Unternehmenskommunikation auf Deutsch geführt, sonst wird
English als Kommunikationssprache gewählt. Die Mitarbeiter von REC Global
sind gebürtige Polen, Deutsche, Kroaten und Slowaken.

Die oben angeführte kurze Charakteristik von REC Global zeigt, dass dieses
Unternehmen in doppelter Hinsicht ein sehr gutes Beispiel für die uns hier inte-
ressierende Frage nach den Wechselwirkungen zwischen Projektmethoden und
Projektkommunikation ist: Zum einen betreibt REC Global Nearshoring-Kooperationen mit Unternehmen aus den DACH-Ländern, und zum anderen wendet
REC Global bei diesen Kooperationen standardisierte Projektmethoden an. Im
Folgenden werden wir uns dem Charakteristikum der polnisch-deutschen Projektkommunikation bei REC Global aus der Sicht möglicher Projektmodalitäten
zuwenden.

3. Projektmodalitäten und Projektkommunikation bei Nearshoring-Kooperationen

In der einschlägigen Fachliteratur wird die Einsicht vertreten, dass unternehmerische Handlungen sich in wiederholbare Aktivitäten sowie in nichtwiederholbare
Aktivitäten aufteilen lassen (vgl. z.B. J. Haffer 2009: 14). Die nichtwiederholba-
ren Aktivitäten werden weiter in zwei Kategorien aufgeteilt: Interne Aktivitäten,
die darauf ausgerichtet sind, innerbetriebliche Projekte zu realisieren, und externe

Aktivitäten, die darauf ausgerichtet sind, die vom Auftraggeber gestellten Aufgaben zu lösen. Der letzten Kategorie wenden wir uns im Folgenden zu und nennen sie vereinfacht Projekte. Im Allgemeinen wird Projekt als ein zeitlich begrenztes Vorhaben, das unternommen wird, um ein einzigartiges Produkt, eine einzigartige Dienstleistung oder ein einzigartiges Ergebnis zu erstellen, definiert (s. PMBOK 2008: 5, G. Patzak/ G. Rattay 2009). Projekte werden durch einen Projektmanager geleitet, der darauf achten sollte, dass Projekte termingerecht, im Rahmen eines bestimmten Budgets und zu einer bestimmten Qualität geliefert werden (das sog. magische Dreieck). Um diese Vorgaben effektiv erreichen zu können, werden das Projektmanagement und die Projektabläufe nach bestimmten, mehr oder weniger festen Standards abgewickelt.

Bemühungen um die Standardisierung von Projektabläufen gibt es bereits seit den 1950er Jahren. Vorreiter auf diesem Gebiet der Standardisierung von Projektabläufen sind, wie oft, die USA. Schon 1956 wurde in den USA *The American Association of Cost Engineers* (*AACE*), ein heute unter dem Namen *AACE International* tätiger Verband, gegründet. Der Aufgabenbereich von *AACE International* erstreckt sich vor allem auf das Kostenmanagement. 1965 entstand die *International Project Management Association* (*IPMA*), ein Verband, dessen Ziel die Weiterbildung ihrer Mitglieder im Projektmanagement sowie die weitere Fundierung des Projektmanagements ist. Mitglieder des *IPMA* sind vor allem die jeweiligen Projektmanagement Landesverbände. Unter den 50 Landesverbänden ist auch Polen mit dem *Stowarzyszenie Project Management Polska* [Verband Project Management Polen] (*SPMP*) und Deutschland mit der *GPM Deutsche Gesellschaft für Projektmanagement e. V.* vertreten. 1969 wurde der Verband *Project Management Institute* (*PMI*) ins Leben gerufen, der weltweit ausschlaggebend in Fragen des Projektmanagements ist. Sowohl *IPMA* als *PMI* vergeben auf das Projektmanagement bezogene Zertifikate (die sog. IPMA-Zertifikate[18] und PMI-Zertifikate[19]).

Direkte Folge des Zusammenspiels zwischen den Regulierungstendenzen dieser Organisationen und den Effizienzbemühungen der Unternehmen sind verschiedene Projektmethoden, die den Aufbau und die Abwicklung von Projekten mehr oder weniger standardisieren, vor allem aber für alle Projektbeteiligten die Projektvorbereitung und -abwicklung nachvollziehbar machen. Im R&D Bereich werden in der Regel folgende Projektmethoden angewendet: PMBOK (PMI), IPMA Level A, B, C, D, RUP (Rational Unified Process), PRINCE2 (PRojects IN Controlled Environments[20]), V-Model, XP (Extreme Programming), Scrum und Kanban (am Rande sei bemerkt, dass REC Global in der Lage ist, in allen Metho-

---

18 Siehe: http://ipma.ch/certification (Abruf: 8.8.2013).
19 Mehr dazu s. http://www.pmi.org/Certification/What-are-PMI-Certifications.aspx (Abruf: 8.8.2013).
20 Siehe: http://www.prince-officialsite.com (Abruf: 8.8.2013).

den Projekte durchzuführen, da es in allen diesen Methoden zertifizierte Projektmanager hat).

Sowohl Scrum als auch Kanban gehören zu den sog. agilen Projektmethoden, die immer öfter auch bei Neashoring R&D-Kooperationen verwendet werden. Die Grundsätze agilen Projektmanagements sind im Jahre 2001 im „Manifest für Agile Softwareentwicklung"[21] festgelegt worden (s. H. Balzert 2009, E. Tiemeyer 2010). Agile Projektmethoden sind Methoden, die – worauf der Name „agil" schon hindeutet – sich durch „Geschicklichkeit" und „Beweglichkeit" auszeichnen.

Agiles Projektmanagement in der Software-Entwicklung versteht sich als Gegenentwurf zu sequenziellem Projektmanagement. Es bietet eine dynamische und flexible Steuerung von Software Projekten, speziell wenn die Anforderungen nicht bereits zu Anfang im Detail festgelegt sind. Die Leistungsmerkmale des Produkts (das Lastenheft bzw. Pflichtenheft) werden nicht einmalig am Anfang festgelegt und möglichst detailliert beschrieben, sondern es werden mehrere (kurz gefasste) Nutzungsfälle (*Use Cases* bzw. *User Stories*) beschrieben, die in einem sogenannten *Backlog* gespeichert werden.

Die Umsetzung in das fertige Produkt erfolgt in sich wiederholenden Intervallen, sogenannten *Sprints* – mit jeweils *funktionalen* Zwischenstufen der Entwicklung. Innerhalb dieser Iterationszyklen kann jedes Team eigenverantwortlich Inhalte und Anteile der Software entwickeln. Abschließend wird der Zwischenstand zusammengefasst, getestet und gemeinsam „reviewed". Falls von Auftraggeber-Seite Interesse besteht, können diese in die jeweiligen Review-Prozesse mit eingebunden werden. Darauf aufbauend können dann jeweils die nächsten Entwicklungsschritte (die Vereinbarungen für den nächsten Sprint) beschlossen werden.

Das Arbeiten in Zyklen bzw. Sprints erfordert hohe Disziplin und Verantwortung des Projektleiters bzw. Projektteams. Auch der Auftraggeber ist hierbei gefordert, doch hat er dafür die Möglichkeit „integraler Bestandteil des Entwicklungsprozesses" zu werden (s. E. Tiemeyer 2010) und im laufenden Entwicklungsprozess noch Änderungen einbringen zu können.

Fassen wir zusammen: Die Beweglichkeit des agilen Projektmanagements (agiler Projektmethoden) äußert sich in erster Linie durch: (a) flexible Anpassung des Projektteams an das konkrete Projekt, (b) flexible Entwicklung des Projektendproduktes, (c) hohe Anzahl an Evaluierungen von Projektstand und Projektfortschritt. Diese Agilität wird erreicht durch: (a) Selbstorganisation des Projektteams, (b) Mitwirkung des Auftraggebers an der Lösung der Projektaufgabe, (c) regelmäßige Face-to-Face Projektmeetings, (d) Minimum an bürokratischem Aufwand (e) kontinuierlichen Verbesserungsprozess des Pro-

---

21   Siehe: www.agilemanifesto.org/iso/de (Abruf: 8.8.2013).

jektgegenstandes. Folge dieser Agilität ist: (a) hohe Innovationsstufe von Projektprodukten, (b) niedrige Projekt- und Projektfolgekosten aber auch (c) hohes Kommunikationsrisiko.

Vor allem die Selbstorganisation der Projektteams, Einbindung des Auftraggebers in die Projektrealisierung, hohe Anzahl an Evaluierungen des Projektstandes und Projektfortschritts benötigen sehr viel an gut organisierter und gut verlaufender Kommunikation. Kurz gesagt: Komplexität des Endprodukts bedeutet Komplexität der Projektdurchführung und Komplexität der Projektdurchführung bedeutet Komplexität der Projektkommunikation.

Neben den Projektmethoden laufen Projekte nach bestimmten Kooperationsmodellen. REC Global wendet bei R&D Projekten grundsätzlich zwei Kooperationsmodelle an: Fix Price und Time&Material. Wir wollen sie hier kurz schildern, da die Wahl des jeweiligen Kooperationsmodells Auswirkungen auf die Projektkommunikation hat.

Bei dem Fix Price Modell verpflichtet sich das Unternehmen dazu, ein bestimmtes und von dem Auftraggeber (meistens) genau definiertes Produkt zu liefern, für das der Auftraggeber eine gewisse, am Anfang ausgehandelte Summe zu bezahlen hat. Das Time&Material Modell wird gewählt, wenn am Anfang der Projektarbeit der Auftraggeber keine klare Vorstellung darüber hat, wie genau das endgültige Ergebnis (Endprodukt) der Projektarbeit auszusehen hat, oder der Auftraggeber kann vor dem Beginn des Projekts nicht genau abschätzen, wie viel er an externem Support für die Projektdurchführung benötigt (darum wird auf das das Time&Material Modell oft bei „Body-Leasing" – zu Deutsch Personal-Gestellung – Bezug genommen). Dies ist der Fall, wenn nach einem innovativen Produkt, einer innovativen Lösung oder Leistung gesucht wird, kurz, wenn nach dem Endergebnis zu suchen ist. Bei dem Time&Material Modell wird das gesuchte Produkt bzw. die neuartige Leistung in kleinen prozeduralen Schritten erstellt. Nachdem ein bestimmter Schritt seitens REC Global zu Ende geführt ist, muss der Auftraggeber das erreichte Teilprodukt bzw. die erreichte Teilleistung bewerten und Leitfaden für die weiteren Aufgaben bereitstellen. Welches der beiden Modelle besser ist, Fix Price oder Time&Material, ist generell schwer einzuschätzen, da bei der Wahl des einen oder anderen Kooperationsmodells unterschiedliche Faktoren in Betracht gezogen werden müssen. Das Time&Material Modell ist vor allem dann anzuwenden, je mehr der Auftraggeber in die explizite Durchführung des Projekts eingebunden ist, entweder indem er REC-Mitarbeiter unter seinem eigenen Projektmanagement verwendet, oder bei „agilen" Projekten, wo er potentiell integraler Bestandteil des Projektteams ist.

Auf den Grad der potentiellen Komplexität der Kommunikation bei Fix Price Modell und Time&Material Modell lässt sich schwer nur aus den Eigenschaften dieser Modelle schließen. Die Frage danach lässt sich erst dann sinnvoll beantworten, wenn man die Modelle auf die jeweiligen agilen Projektmethoden aufeinander bezieht. Zwar würde vieles darauf hindeuten, dass die Komplexität der Projektkommunikation im Time&Material Modell viel größer ist als die im Fix Price Modell, doch die höhere Komplexität der Kommunikation beim Time&Material Modell gilt unseres Erachtens nicht immer. Die höhere Komplexität der Kommunikation ist nur im Falle Agiler Projekte (d.h. bei nicht fixierten Projektanforderungen bzw. beim Suchen und Finden einer innovativen Lösung) vorhanden. Die Kommunikationskomplexität wird z.b. im Falle des „Body-Leasing" auf Basis des Time&Material Modells nicht höher.

Weiteres Determinandum des Verlaufs einer Projektkommunikation, neben den Eigenschaften der Projektmethode und Eigenschaften des Projektkooperationsmodells, sind Eigenschaften der Projektteammodelle. Generell können die Projektteams entweder nur aus Eigenmitarbeitern oder den Eigenmitarbeitern und Auftraggeber-Mitarbeitern zusammengesetzt werden. Darüber hinaus kann das Projektmanagement in Eigenregie oder Auftraggeberregie durchgeführt werden. Bei REC Global sind alle vier Projektteammodelle möglich: (a) REC-Mitarbeiter + REC-Projektmanager, (b) REC-Mitarbeiter + Auftraggeber-Mitarbeiter + REC-Projektmanager, (c) REC-Mitarbeiter + Auftraggeber-Projektmanager, (d) REC-Mitarbeiter + Auftraggeber-Mitarbeiter + Auftraggeber-Projektmanager.

Besonders die Modelle (b), (c), (d) bringen viele potentielle Kommunikationsrisiken mit sich, da im Falle von Offshore-Projekten die jeweiligen Mitglieder des Projektteams *per definitionem* unterschiedlichen Sprachen und Kulturen angehören und sich einer – zumindest für die meisten Projektmitglieder – Lingua franca bedienen. Folgenschwere Kommunikationsrisiken ergeben sich in den Modellen (b), (c), (d) zusätzlich aus den unterschiedlichen Ausprägungen der „betriebseigenen" Unternehmenssprache und „betriebseigenen" Unternehmenskultur der Teammitglieder. Hierzu sind u.a. zu nennen: Unterschiede in der Unternehmensorganisation und Unternehmenstradition, den Prinzipien und Vorgehensweisen, Unterschiede im Verständnis von Projektmanagement (z.B. im Umgang mit Autorität und Führung), Unterschiede in den benutzten Technologien, des Weiteren Unterschiede in der Einbindung von Hierarchien und Unterschiede in der Stakeholder-Struktur.

Doch auch im Modell (a) kann es zu Kommunikationsstörungen kommen, da die jeweiligen Projektteammitglieder unterschiedlichen Sprachen und Kulturen angehören können. Die Komplexität dieses Sachverhalts verschärft noch die Tatsache, dass es sich bei dem Projektmanager um eine Person handelt, die, wie weiter unten in Punkt 4 erklärt, sowohl für das Projektmanagement (Projektmanagement „der Sache") als auch für das Projektkommunikationsmanagement (Projektmanagement „der Kommunikation") verantwortlich ist. Selbstständlich gehören zu den kritischen Faktoren nicht nur die Sprach- und Kulturunterschiede der Projektteammitglieder, sondern auch deren individuelle Eigenschaften und Kompetenzen.

Inwieweit sich die Projektzusammensetzungsmodelle (b), (c), (d) auf die Projektkommunikation und somit auf die Projekteffizienz auswirken, muss noch untersucht werden. *Bis dato* wurden diesbezüglich keine systematischen Untersuchungen durchgeführt. Dass diese Modelle sich durch ein hohes kommunikatives Effizienzpotential auszeichnen, lässt sich schon jetzt *a priori* feststellen, weil durch den direkten Einbezug des Auftraggebers in die Realisierung der Projekte die Möglichkeit geboten wird, Projektrisiken gemeinsam einzuschätzen und Projektprobleme (auch kommunikativer Art) operativ zu lösen. Dieses kommunikative Effizienzpotential wird zusätzlich durch Möglichkeiten realer Face-to-Face Projektmeetings verstärkt, wodurch ein besseres Kennenlernen der sprachlichen, kulturellen und individuellen Eigenschaften der Projektteammitglieder geboten wird, was in Folge einen besseren Ablauf der Projektkommunikation und letzten Endes eine effizientere Projektabwicklung hat.

4. Schlussbemerkungen

Wie bereits allgemein geschildert, wirken sich die Eigenschaften von Projektmethode, Projektkooperationsmodell und Projektteammodell auf die Projektkommunikation aus. Wie stark die jeweiligen Eigenschaften der Methode, des Kooperations- und Teammodells im Verlauf der Projektkommunikation ihre Spuren hinterlassen, hängt natürlich auch von den individuellen Eigenschaften der Projektteammitglieder ab; die ausschlaggebenden sind hier: Grad der Erfahrung an Projektarbeiten, Breite des Wissens über Projektarbeit, Breite des Sachwissens, Fähigkeit zur Teamarbeit, Grad der Kommunikationsbereitschaft, Umgang mit anderen Menschen, Umgang mit Stress, Zeitdruck usw. Es ist offensichtlich, dass auch die von der Struktur und Aufgabe her sehr komplexen Projekte bei einem guten Zusammenspiel individueller Eigenschaften der Teammitglieder kommunikativ sehr gut gemeistert werden können. Und umgekehrt, wenn das Zusammenspiel individuellen Eigenschaften der Teammitglieder keine Harmonie ergibt, dann können auch von der Struktur und Aufgabe her einfache Projekte zum Desaster werden.

Die Risiken der Projektkommunikation beschreibt ironisch die Abbildung 1:

Abbildung 1: Schwierigkeiten bei der Projektkommunikation[22]

Doch wir wollen noch ein Mal hervorheben, dass Risiken einer Projektkommunikation (auch die, die sich aus individuellen Eigenschaften der Teammitglieder
ergeben) durch festgelegte Leistungs-Prozeduren und Abläufe, festgelegte Kom-
munikationsprozeduren und professionelles Kommunikationsaudit entscheidend
gemindert werden können.

In der Natur der Sache liegt, dass jedes Projektmanagement ein Projektmanagement „der Sache" (hier kurz: Projektmanagement) und ein Projektmanagement „der Kommunikation" (hier kurz: Projektkommunikationsmanagement[23])
ist. Es ist durchaus wichtig diese analytische Unterscheidung zu betonen, da allzu
oft die zweite Seite der Medaille aus den Augen verloren wird, was auch an den
unproportionalen Anteilen der einschlägigen Fachliteratur abzulesen ist. Zu Fra-

---

22 Siehe: http://www.businessballs.com/treeswing.htm und http://www.projectcartoon.com/
    cartoon/27.
23 Hier sollte hinzugefügt werden, dass wir das (Projekt)Kommunikationsmanagement kei-
    nesfalls das Transportmodell des Kommunizierens im Sinne des informationstechnischen
    Modells von Shannon und Weaver (s. C.E. Shannon 1948) verstehen (s. auch R. Keller
    2009: 22). Einer wichtigen Kritik wurde dieses Modell von J. Alnajjar (2013) unterzogen.

gen des Projektmanagements wird mittlerweile eine fast unübersichtliche Menge an wissenschaftlicher und praktischer Literatur angeboten. Im Vordergrund der bisherigen Überlegungen standen in erster Linie Fragen der Projektphasen, der Projektorganisation, der Projektplanung, der Projektkontrolle (vor allem Softwareunterstützung des Projektmanagements) und der Projektdurchführung. Viele dieser Überlegungen mündeten in praktischen Vorschlägen von unterschiedlichen Projektmethoden. Dagegen fällt der Anteil der Literatur zu Fragen des Projektkommunikationsmanagements sehr klein aus. Das bisherige Interesse konzentrierte sich in diesem Bereich vor allem auf Fragen der Identifikation der Projektstakeholder und ihrer Erwartungen, der Kommunikationswege (s. z.B. S. Nokes/ S. Kelly 2007: Kap. 10, PMBOK Guide[24] 2008: Kap. 10, R. Newton 2009, Kap. 2) sowie des Einflusses interkultureller Unterschiede der Projekteilnehmer auf die Effizienz der Projektkommunikation[25]. Keiner systematischen und tiefgreifenden Reflexion erfreuten sich die Wechselwirkungen zwischen Projektmodalitäten und Projektkommunikation, obwohl diese für Projektmanagement bereits in der Anfangsphase des Projekts nicht ganz unwichtig sind.

In diesem Beitrag wollten wir auf die grundlegenden Probleme und Wechselwirkungen der Projektkommunikation und die grundlegenden Fragen der Erforschung von Projektkommunikation hinweisen. Demnächst sollen Einzelheiten dieser Problematik in konkreten „Feldstudien" untersucht werden.

Literatur

A Guide to the Project Management Body of Knowledge (PMBOK® Guide) (2008): 4 Aufl., Pennsylvania.

Abbott, P.Y./ M.R. Jones (2002), *The importance of being nearest: nearshore software outsourcing and globalisation discourse.* In: E.A. Wynn/ E.A. Whitley/ M.D. Myers/ J.I. DeGross (Hg.) IFIP TC8/WG 8.2 Working Conference on Global and Organizational Discourse about Information Technology. Barcelona. 375–397.

Adler, N.J. (2008): *International Dimensions of Organizational Behaviour.* 5 Aufl. Mason.

Alnajjar, J. (2013): *Audyt komunikacyjny w przedsiębiorstwie – nowy przedmiot zainteresowania lingwistyki.* In: Lingwistyka Stosowana/ Applied Linguistics/ Angewandte Linguistik. Przegląd/ Review 8. Warszawa. 7–26.

Alnajjar, J. (2014): *Kommunikationsaudit im Visier der Angewandten Linguistik.* In: S. Grucza/ M. Wierzbicka/ J. Alnajjar/ P. Bąk (Hg.) Polnisch-deutsche Unternehmenskommunikation. Ansätze zu ihrer linguistischen Erforschung. Frankfurt/ M. 93–117.

---

24 PMBOK Guide = *A Guide to the Project Management Body of Knowledge.*
25 Hier nur Hinweise auf einige: S. Stumpf 2003, P. Köppel 2007, A. Rausch 2008, M. Bartosik-Purgat 2010, E. Flejterska 2010, B. Glinka/ A.W. Jelonek 2010, M. Keup 2010, R. Krzykała-Schaefer 2010, Ph. Rosinski 2011, A. Schipanski 2012, Ł. Sułkowski/ M. Chmielecki 2012, M. Wójcik 2012; s. auch V. Porák/ Ch. Fieseler/ Ch. Hoffmann 2007.

Balzert, H. (2009): *Lehrbuch der Softwaretechnik: Basiskonzepte und Requirements Engineering*. Heidelberg

Bartosik-Purgat, M. (2010): *Otoczenie kulturowe w biznesie międzynarodowym*. Warszawa.

Bennett, M.J. (1998): *Basic Concepts of Intercultural Communication. Selected Readings*. Boston.

Bjørn, P. / O. Ngwenyama (2009): *Virtual team collaboration: building shared meaning, resolving breakdowns and creating translucence*. In: Information Systems Journal 19/3. 227–253.

Bruhn, M. (2003): *Integrierte Unternehmens- und Markenkommunikation. Strategische Planung und operative Umsetzung*. Stuttgart.

Bruhn, M. (2008): *Integrierte Kommunikation*. In: M. Meckel/ B.F. Schmid (Hg.) Unternehmenskommunikation. Kommunikationsmanagement aus Sicht der Unternehmensführung. 2., überarbeitete und erweiterte Auflage. Wiesbaden. 513–556.

Cairncross, F. (2001): *The Death of Distance: How the Communications Revolution Will Change Our Lives*. London.

Carmel, E./ P. Abbott (2007): *Why „nearshore" means that Distance matters*. In: Communications of the ACM, October 2007/Vol. 50, No. 10. 40–46.

Dannerer, M. (2005): *Effizienz in beruflicher Kommunikation: Überlegungen zu einer linguistischen Beschreibung am Beispiel von innerbetrieblichen Besprechungen*. In: Sociolinguistica 19/2005. 36–49.

Economist: Special report (2013): *Here, there and everywhere*. [http://www.economist.com/ news/special-report/21569572-after-decades-sending-work-across-world-companies-are-rethinking-their-offshoring] (Abruf: 12.9.2013).

Flejterska, E. (2010): *Komunikacja międzykulturowa w biznesie*. Szczecin.

Glinka, B./ A.W. Jelonek (Hg.) (2010): *Zarządzanie międzykulturowe*. Kraków.

Grucza, S. (2014): *Zur Notwendigkeit der Erforschung der polnisch-deutschen Unternehmenskommunikation*. In: S. Grucza/ M. Wierzbicka/ J. Alnajjar/ P. Bąk (Hg.) Polnisch-deutsche Unternehmenskommunikation. Ansätze zu ihrer linguistischen Erforschung. Frankfurt/ M. 33–53.

Haffer, J. (2009), *Skuteczność zarządzania projektami w przedsiębiorstwach działających w Polsce*. Toruń.

Hopkins, M.S. (1998): *The antihero's guide to the new economy*. In: Inc. 20 (1998), 36–45. [http://www.inc.com/magazine/19980101/852.html] (Abruf 8.8.2013).

IT Outsourcing News (2013): *Poland Emerging As Major European Outsourcing Hub*. In: IT Outsourcing News from Central and Eastern Europe. Thursday, August 08, 2013 [http:// itonews.eu/poland-emerging-as-major-european-outsourcing-hub] (Abruf 8.8.2013).

Keller, R. (2009): *Die Sprache der Geschäftsberichte: Was das Kommunikations-verhalten eines Unternehmens über dessen Geist aussagt*. In: Ch. Moss (Hg.) Die Sprache der Wirtschaft, Wiesbaden. 19–44.

Keup, M. (2010): *Internationale Kompetenz. Erfolgreich kommunizieren und handeln im Global Business*. Wiesbaden.

Köppel, P. (2007): *Konflikte und Synergien in multikulturellen Teams. Virtuelle und face-to-face Kooperation*. Wiesbaden.

Krzykała-Schaefer, R. (Hg.) (2010): *Zarządzanie międzykulturowe w jednoczącej się Europie*. Poznań.

Kurtz, L./ U. Roderer (04.04.2012): *„Die Wahrheit über Outsourcing - Konsolidierungswellen zu erwarten"* – *Ein Interview mit Dr. Christoph von Gamm*. [http://www.it-business.de/management/strategische-ausrichtung/articles/359419] (Abruf 8.8.2013).

Kuruppuarachchi, P.R. (2009): *Virtual Team Concepts in Projects: A Case Study*. In: Project Management Journal 2009/40(2). 19–33.

Lipnack, J. / J. Stamps (2000), *Virtual Teams. People working Across Boundaries with Technology*. New York.

Łompieś, J. (2014): *Zu Kommunikationskompetenzen der Entscheidungsträger im Unternehmen*. In: S. Grucza/ M. Wierzbicka/ J. Alnajjar/ P. Bąk (Hg.) Polnisch-deutsche Unternehmenskommunikation. Ansätze zu ihrer linguistischen Erforschung. Frankfurt/ M. 119–134.

Majchrzak, A./ A. Malhotra (2003): *Deploying Far-Flung Teams: A Guidebook for Managers*. [http://www-bcf.usc.edu/~majchrza/FFTGuidebook.pdf]. (Abruf 13.9.2013).

Meyer, Th. (2006): *Offshoring to new shores: Nearshoring to Central and Eastern Europe*. In: Deutsche Bank Research, August 14, 2006. Frankfurt/ M. 1–12. [http://www.dbresearch.com/PROD/DBR_INTERNET_EN-PROD//PROD0000000000201757.pdf] (Abruf 12.9.2013).

Newton, Richard (2009): *The Project Manager. Mastering the Art of Delivery*. 2 Aufl., Prentice Hall.

Nokes, S./S. Kelly (2007): *The Definitive Guide to Project Management. The Fast Track to Getting the Job Done on Time and on Budget*. 2 Aufl., Prentice Hall.

Odermatt, S. (2009): *Integrierte Unternehmenskommunikation. Systemgestützte Umsetzung der Informationellen Aufgaben*. Wiesbaden.

Patzak, G./ G. Rattay, G. (2009): *Projektmanagement*. 5 Aufl. Wien.

Porák, V./ Ch. Fieseler/ Ch. Hoffmann (2007): *Methoden der Erfolgsmessung von Kommunikation*. In M. Piwinger/A. Zerfaß (Hg.) Handbuch Unternehmenskommunikation. Wiesbanden. 535–556.

Prasad, K./ K.B. Akhilesh (2002): *Global virtual teams: What impacts their design and performance?* In: Team Performance Management 8(5/6). 102–112.

Rausch, A. (2008): *Controlling von innerbetrieblichen Kommunikationsprozessen Effektivitäts- und Effizienzmessung von Face-to-Face-Meetings*. Wiesbaden.

Rosinski, Ph. (2011): *Coaching międzykulturowy: jak wykorzystać potencjał tkwiący w różnicach narodowych, korporacyjnych i zawodowych*. Warszawa.

Schipanski, A. (2012): *Integrierte Unternehmenskommunikation in international tätigen Unternehmen. Entwicklung eines länderübergreifenden Modells zur prozessorientierten Gestaltung der Integration von Kommunikationsaktivitäten und Kommunikationsmitteln und dessen Anwendung auf ein Unternehmen der Landtechnikbranche*. Wiesbanden.

Shannon, C.E. (1948): *A Mathematical Theory of Communication*, see The Bell System Technical Journal 27/July 1948: 379–423, 623–656. [http://plan9.bell-labs.com/cm/ms/what/shannonday/shannon1948.pdf] (Abruf 13.9.2013).

Stumpf, S. (2003): *Interkulturelle Arbeitsgruppen*. In: A. Thomas/ E.-U. Kinast/ L.S. Schroll-Mach (Hg.) Handbuch Interkulturelle Kommunikation und Kooperation. Band 1: Grundlagen und Praxisfelder. Göttingen.

Sułkowski, Ł./ M. Chmielecki (Hg.) (2012): *Studia z zarządzania międzykulturowego*. Łódź.

Tiemeyer, E. (Hg.) (2010): *IT-Projektmanagement: Vorgehensmodelle, Managementinstrumente, Good Practices*. München.

Wójcik, M. (2012): *Wpływ różnic kulturowych na komunikację w zarządzaniu projektami*. Warszawa.

Zając, J. [J. Alnajjar] (2013): *Communication in Global Corporations Successful Project Management via Email*. Frankfurt/M.

Zakaria, N./ A. Amelinckx/ D. Wilemon (2004): *Working Together Apart? Building a Knowledge-Sharing Culture for Global Virtual Teams*. In: Creativity and Innovation Management 13/1. 15–29.

Zur Erforschung von Wirtschaftssprachen in Polen

Paweł Bąk

(Universität Rzeszów)

Einleitung

Im Folgenden wird versucht, die wichtigsten Schwerpunkte der in Polen im Bereich der Wirtschaftssprachen geführten Forschung zu präsentieren. Ziel des Beitrags ist es dabei, anhand von ausgewählten, m.e. wesentlichen Arbeiten auf diesem Gebiet gewisse Tendenzen und Perspektiven für die Entwicklung der einschlägigen Reflexion aufzuzeigen.

Seit Jahrzehnten, zumindest seit der sogenannten „pragmatischen Wende" wird ein immer größeres Interesse der Sprache im gesellschaftlichen Kontext, d.h. nicht nur in sprachsystematischen Darlegungen gewidmet. Außer grammatischen Kategorien und Fragen des „sprachlichen Handelns" werden immer öfter außersprachliche Aspekte des sozialen Lebens zur Debatte gestellt (s. in A. Duszak/ N. Fairclough 2008: 9-12). Mit der zunehmenden Bedeutung der Wirtschaft im Leben der Bürger befasst sich die moderne Linguistik immer häufiger und intensiver mit der Wirtschaftssprache und -kommunikation. Zum Gegenstand diverser Analysen werden von Geschäftsleuten, Unternehmern, Experten und anderen Akteuren des Wirtschaftsgeschehens[1] geführte Diskurse, Stellungnahmen von Kommentatoren zur Wirtschaftsproblematik im massenmedialen Bereich, wie beispielsweise im Zusammenhang mit der Finanz- und Wirtschaftskrise. Dazu gehören auch vielerlei Erscheinungsformen der Sprache in den Fachbereichen der Finanzen, der Wirtschaftspolitik bzw. -wissenschaft sowie in der unternehmensexternen und -internen Kommunikation mit unterschiedlichen Graden an Fachlichkeit. Dieses Phänomen stellt zugleich – um bereits vorzugreifen – den Anlass zu einer theoretischen Reflexion über das Wesen von Sprache dar (s. S. Grucza 2007, 2008a, 2012).

Im Mittelpunkt der in Europa bisher veröffentlichten Arbeiten über das Wirtschaftsdeutsche stehen u.a. semantische, morphosyntaktische, lexikalische oder pragmatische Aspekte.[2] In den Fokus der einschlägigen Reflexion geraten hier z.B. konkrete sprachliche Erscheinungen sowie solche Kategorien wie Fachlichkeit, Präzision, Ausdrucksschärfe oder Terminus (s. u.a. K.-D. Baumann 1994). Viele Arbeiten zielen auf die Erforschung und Klassifizierung von sprachlichen

---

1 Dabei ist auch die Beteiligung der Laien an fachlichen Diskursen gemeint.
2 S. u.a. in V. Béchet-Tsarnos 2005; C. Ehrhardt 2000; S. Horst 1998; M. Hundt 1998; K. Ohnacker 1992.

Ausdrucksformen in den einzelnen Bereichen der Wirtschafskommunikation oder auf die Klassifizierung der Wirtschaftssprachen bzw. Fachtextsorten ab.[3] Es werden außerdem Aspekte berücksichtigt, die mit den Postulaten der Eindeutigkeit und „bürgerfreundlichen" Verständlichkeit der Juristensprache auch in der öffentlichen Debatte verbunden sind (vgl. aber G. Antos 2008: 9-20). Es sind schließlich auch die Charakteristika Vertrauen und Glaubwürdigkeit, die zum einen als „Schlüssel für erfolgreiche Unternehmenskommunikation"[4] gesehen, zum anderen mit Problemen der Beeinflussung, der Persuasion und Manipulation in wirtschafspolitischen Diskursen (s. G. Wolff 1976: 51–54), in Werbung (s. u.a. N. Janich 1998) und Publicrelations verzeichnet werden. Verschiedene Themen diskutiert man dabei aus einzelsprachlicher (intralingualer) oder kontrastiver Sicht, aus text- bzw. (immer öfter) diskurslinguistischer Perspektive, (s. z.B. G. Brünner 2001; L. Hoffmann 1987; E. Reuter 2001).

1. Erforschung der Wirtschaftssprachen in Polen

Auch in Polen bewirken das immer lebhaftere Engagement der Bürger in der Wirtschaft und der zunehmende Einfluss der wirtschaftlichen Entwicklung auf das Leben eines jeden Menschen ein immer größeres Bewusstsein für die Notwendigkeit der Wahrnehmung von Wirtschaftsprozessen und eine Reflexion hierüber. Massenmedien, Wirtschaftspresse und Nachrichten decken den Bedarf der Bürger nach Wissen auf dem Gebiet der Finanzen, des Handels, des Versicherungswesens, vermitteln einen Einblick in die Börse und den Wertpapiermarkt. Besondere Aufmerksamkeit weckt auch die Multimodalität der betriebsinternen Kommunikation sowie der Unternehmenskommunikation im internationalen, interlingualen und interkulturellen Gefüge (s. S. Bonacchi 2014). In der Diskussion über die Kommunikation in den verschiedenen Konstellationen ist die jeweilige Fachsprache samt ihren Charakteristika und auch weiteren, außersprachlichen Bedingungen mit zu berücksichtigen. Diese Aspekte verdienen eine entsprechende Beachtung vonseiten der Linguistik (s. S. Grucza 2014).

Bei der Herangehensweise der Linguistik an die Wirtschaftssprachen (auch an das Wirtschaftsdeutsche) in Polen und in anderen Ländern sollte darauf hingewiesen werden, dass die Sprache als das eigentliche Objekt der wissenschaftlichen Betrachtung immer noch der Gegenstand einer *bis dato* nicht abgeschlossenen Diskussion ist. In den Untersuchungen und in der sprachtheoretischen Reflexion

---

3   S. u.a. H.-R. Fluck 1996; L. Hoffmann 1985; L. Hoffmann/ H. Kalverkämper/ H. E. Wiegand 1998; W. Klute 1975; T. Roelcke 1999; F.-J. Schaarshuh 1991; T. Schlak 2000.

4   Es sei an dieser Stelle mit abgewandelter Form des Titels auf den Aufsatz von M. Reinmuth (2009) angespielt.

über die Wirtschaftssprachen ist jeweils auch eine eigene Stellungnahme der Forscher zu den grundsätzlichen Fragen der Linguistik zu erwarten (s. B. Z. Kielar 2009: 43–52).

Im Falle der Erforschung von Wirtschaftssprachen in Polen kann zugegebenermaßen von keiner sehr langen Geschichte gesprochen werden, was m.E. auch in Bezug auf den diesbezüglichen wissenschaftlichen Diskurs in ganz Europa gesagt werden darf. Die Präsenz der Wirtschaftssprachen im wissenschaftlichen Diskurs ist allerdings vor dem Hintergrund der Fachsprachenforschung zu sehen. Vonseiten der Linguistik erfreuen sich die Fachsprachen in Polen schon seit Jahren eines großen Interesses, das in der letzten Zeit noch wesentlich zunahm und offenbar weiterhin wächst. Wie Sambor Grucza in seinem Aufsatz „Zur Geschichte der Fachtextlinguistik" dokumentiert (S. Grucza 2008b: 11–23), konstituierte sich die eigentliche, wissenschaftlich fundierte Fachsprachenforschung in Polen in den 70er und 80er Jahren des zwanzigsten Jahrhunderts.[5] Den auf Fachsprachen konzentrierten Reflexionen gingen vor allem glottodidaktisch und translatorisch orientierte Arbeiten voraus (dazu s. vor allem bei F. Grucza u.a. 1976). Die eigentliche Fachsprachenforschung entspringt der Terminologieforschung (s. dazu S. Grucza 2008b: 11), die ungefähr seit den achtziger Jahren des vergangenen Jahrhunderts in Polen betrieben wird (S. Gajda 1976, 1990, mehr dazu Grucza 2012: 25–37).

1.1. Angewandte Linguistik

Eine systematische Beschäftigung mit Fachsprachen brachte erste Veröffentlichungen zu diesem Thema mit sich, sie ist jedoch zugleich in Verbindung mit der Entstehung und Tätigkeit von Fakultäten und Instituten zu sehen, die sich der Problematik der fachsprachlichen Kommunikation sprachtheoretisch zuwenden und einen engen Zusammenhang ihrer Forschung mit den Herausforderungen der Didaktik, der Translation oder beispielsweise auch der Lexikographie und Diskursanalyse erkennen. An eine methodische wissenschaftliche Herangehensweise an die fachsprachliche Kommunikation knüpft oft die glottodidaktische Tätigkeit an, was für Deutsch Lernende, jedoch besonders für Studierende der Fachrichtung Angewandte Linguistik von Vorteil ist. Obwohl die Linguistik keine Domäne rein utilitären Charakters sein sollte,[6] sind Kompetenzen und Berufschancen der Akademiker in beispielsweise translatorischen, massenmedialen und vielen verschiedenartigen Bereichen der Wirtschaft eng mit der Qualität der

---

5 Zu verzeichnen ist allerdings wohl auch die erste Arbeit zu Fachsprachen in Polen von B. Wróblewski (1948).

6 Zu den Aufgaben der Angewandten Linguistik s. F. Grucza (u.a. 1976 und 1985).

von Instituten geführten Forschung verbunden. Zu Institutionen, die sich in Polen als die ersten der Problematik der Fachsprachen annahmen, gehört das 1972 von F. Grucza an der Warschauer Universität ins Leben gerufene Institut für Angewandte Linguistik. Im Jahre 2000 sind innerhalb derselben Fakultät der Lehrstuhl für Fachsprachen (aus Initiative von J. Lukszyn) sowie 2002 das Institut für Sprach- und Spracherwerbstheorie, unter Leitung von F. Grucza, entstanden. Auf der Grundlage der beiden Einrichtungen wurde 2010 durch deren Vereinigung das Institut für Anthropozentrische Linguistik und Kulturologie gegründet. An der Fakultät erscheint das Periodikum „Komunikacja Specjalistyczna", in dem die Ergebnisse der Forschung im Bereich der fachsprachlichen Kommunikation, u.a. in der Sprachtheorie, Fachsprachenlinguistik, Terminologie und Lexikographie präsentiert werden.[7]

Das Institut für Anthropozentrische Linguistik und Kulturologie führt Untersuchungen und die sprachtheoretische Reflexion des von F. Grucza (u.a. 1983, 1997) entwickelten Ansatzes der anthropozentrischen Herangehensweise an die Sprache fort. Hier wird seit 2009 von S. Grucza die Fachzeitschrift „Lingwistyka Stosowana – Applied Linguistics – Angewandte Linguistik – Przegląd/Review" herausgegeben, die thematisch die Tradition des Periodikums „Przegląd Glottodydaktyczny"[8] aufgegriffen hat und sie kontinuierlich entwickelt. In diesem Fachblatt diskutieren Autoren u.a. Probleme der Glottodidaktik, der Translatorik, der applikativ ausgerichteten Text- und Diskursanalyse, der interkulturellen und angewandten Kulturologie. Darunter sind auch Aspekte des Wirtschaftsdeutschen repräsentiert. Es ist kein Zufall, dass an dieser Stelle diese Institution zur Sprache kommt. Bei Recherchen zur Erforschung von Wirtschaftssprachen und des Wirtschaftsdeutschen in Polen stellt sich die besagte Fakultät als Forschungsstätte heraus, die auf diesem Gebiet Akzente setzte. Für den wissenschaftlichen Austausch ist das Funktionieren von aktiven Diskussions- und Publikationsforen wichtig. Auf Initiative von S. Grucza, dem Redakteur der Fachzeitschrift „Lingwistyka Stosowana", kam es anlässlich der am 17. April 2009 veranstalteten Konferenz „Lingwistyka stosowana jako nauka" („Angewandte Linguistik als Wissenschaft') zur Neugründung der Polnischen Gesellschaft für Angewandte Linguistik. Aufsätze zu überwiegend glottodidaktischem Herangehen an Fachsprachen werden auch in der Posener Fachzeitschrift „Glottodidactica. An International Journal of Applied Linguistics" publiziert. Das 1966 von L. Zabrocki gegründete Periodikum wird von B. Skowronek am Institut für Angewandte Linguistik der Adam-Mickiewicz-Universität Posen herausgegeben. Hier erscheinen ebenfalls wissenschaftliche Artikel zur Übersetzungswissenschaft, Psycho-, Pragma- und Soziolinguistik sowie interkulturelle Studien. Für alle, die sich über den Stand

---

7   Auf einige in diesem Blatt besprochene Probleme wird nachstehend noch eingegangen.
8   S. dazu auf der Homepage der Fachzeitschrift: http://www.ls.uw.edu.pl (Abruf 20.9.2013).

und aktuelle Fragestellungen der Angewandten Linguistik in Polen interessieren, sind die genannten Zeitschriften eine verlässliche Informationsquelle.

Zu Institutionen, die sich der Problematik der Wirtschaftssprachen annehmen, gehören Institute bzw. Lehrstühle an einigen polnischen Universitäten und Hochschulen.[9] Nicht selten sind es jedoch einzelne Forscher, die in verschiedenen Fachabteilungen auf dem Gebiet der Wirtschaftssprachen tätig sind bzw. solche, deren wissenschaftliches Hauptinteresse nicht allein der Erforschung von Wirtschaftssprachen gehört.[10] In Europa und auch in Polen wird die Problematik der Fachsprachen intensiv diskutiert, wobei in vielen Auslegungen den Fachsprachen das Merkmal „autonom" zugesprochen wird. In der wissenschaftlichen Auseinandersetzung kommt es dabei mitunter zu einer Klassifizierung von sprachlichen Phänomenen, die einem überzogenen, beinahe naturwissenschaftlichen Exaktheitsanspruch folgt. Dazu werden Kategorien herangezogen, die in der Linguistik als zumindest umstritten gelten dürften. Mit der Kritik an einer solchen Herangehensweise der Linguistik an die Sprache (vgl. F. Grucza 1983) drängt sich die Anwendung der im Rahmen der anthropozentrischen Sprachtheorie gewonnenen Erkenntnisse geradezu auf. Im vorliegenden Beitrag können die Grundzüge der anthropozentrischen Linguistik abschließend, allerdings summarisch zur Sprache kommen.

1.2. Erforschung der Terminologie

Im Rahmen der Angewandten Linguistik sind in Polen mehrere Arbeiten entstanden, die auf Aspekte der Terminologie, der Fremdsprachendidaktik, auf die lexikographische Erfassung der wirtschaftsdeutschen Lexik und Termini, fernerhin auf Probleme der Analyse fachsprachlicher Diskurse und auf kulturwissenschaftliche sowie translationswissenschaftliche Fragen eingehen.

Neben der Diskussion zur Fachlichkeit im polnischen Diskurs (S. Grucza u.a. 2007, 2008a, 2008b, 2012; H.-J. Schwenk 2010a, 2010b), stellt die fachsprachliche Terminologie einen besonders relevanten Themenbereich dar, der als Ausgangspunkt zur Reflexion über Fachsprachen schlechthin gelten kann (S. Grucza 2008b: 11). Hierbei kann man in Bezug auf mehrere Aspekte der Wirtschaftssprachen sagen, dass Probleme der Wirtschaftssprachen wie die wirtschaftssprachliche Terminologie, unter weiteren Aspekten der Fachsprachen subsumiert erscheinen. Nicht immer wird ihnen also eine separate Betrachtung zuteil. Umfassende

---

9   Um den Rahmen des vorliegenden Aufsatzes nicht zu sprengen, wird hier nicht auf alle polnischen Forscher eingegangen, die sich der Wirtschafsprachen annehmen.

10   Die einschlägige Forschung wird auch an technischen Hochschulen geführt, u.a. am Lehrstuhl für Linguistische Anwendungen im Management an der Technischen Universität Częstochowa unter Leitung von J. Maliszewski (2007).

Arbeiten zur Terminologie sind zunächst insbesondere an der Universität Oppeln (S. Gajda 1990) und Universität Warschau (Grucza, F. 1991b; Lukszyn 2002, 2005; J. Lukszyn/ W. Zmarzer 2006) entstanden. Das Interesse am Terminus spiegelt sich in der Fortsetzung des einschlägigen wissenschaftlichen Diskurses im Rahmen von veranstalteten Konferenzen und herausgegebenen Monographien wider. Der Problematik wurden ganze monographisch angelegte Arbeiten gewidmet, u.a. von S. Gajda (1990), von F. Grucza (1991b), die beiden Jahrgänge 2011 und 2012 der Zeitschrift „Komunikacja specjalistyczna" von S. Szadyko (2011, 2012).[11] Von der Krakauer Gesellschaft zur Förderung des Wissens über Sprachliche Kommunikation Tertium wurde 2010 die Konferenz über Probleme der Terminologie[12] organisiert. In der Podiumsdiskussion wurde die Problematik des Terminus aus verschiedenen Blickrichtungen von S. Gajda (Oppeln), Z. Berdychowska (Krakau), A. Bronk (Lublin), S. Grucza (Warschau), E. Sękowska (Warschau), H. Synowiec (Kattowitz), J. Świderski (Warschau), T. Zgółka (Posen) und M. Zieliński (Stettin) beleuchtet.[13] Probleme des juristischen Fachwortschatzes werden u.a. am Institut für Germanistik an der Jagiellonen-Universität in Krakau (Z. Berdychowska u.a. 1999, 2005; R. Kołodziej 2008, 2011), am Institut für Linguistik an der Adam-Mickiewicz-Universität Posen (im Rahmen der Juralinguistik) (s. u.a. A. Matulewska 2005) am Germanistischen Institut der Universität Breslau (R. Szubert 2008), am Lehrstuhl für Linguistische Anwendungen im Management an der Technischen Universität Częstochowa (u.a. J. Krzemińska-Krzywda 2004; J. Maliszewski 2007), an der Kazimierz-Wielki-Universität in Bydgoszcz (K. Siewert 2010) sowie an der Schlesischen Universität Kattowitz (A. Kubacki u.a. 2005) erforscht.

Eine wichtige Erkenntnis des polnischen Diskurses zur Terminologie ist m.E. die kategoriale Abgrenzung des Terminus vom Nicht-Terminus. Dies ist Gegenstand der wissenschaftlichen Arbeit von Z. Berdychowska (1999: 268). Von J. Lukszyn wird in Bezug auf Wörter, die den Anschein der Fachlichkeit vermitteln, jedoch keine Termini sind, der Ausdruck „Pseudoterminus" verwendet (s. J. Lukszyn 2005: 94, S. Grucza 2008a: 177 und 201). Dabei unterscheidet der Autor zwischen den „Pseudo-" und „Quasi-Termini". Während der „Pseudoterminus" das Produkt von nicht gründlich verifizierten Hypothesen ist, befindet sich

---

11 (2011) „Komunikacja specjalistyczna 4. Od terminologii do leksykografii" und (2012) „Komunikacja specjalistyczna 5. Terminologia – komunikacja – translacja".

12 „Język trzeciego tysiąclecia VI: Terminologia w naukach o języku i komunikacji międzykulturowej – kod dla wtajemniczonych czy narzędzie poznania?". Krakau, 17.–19. März 2010.

13 Im Konferenzband von D. Brzozowska und W. Chłopicki (2012) wurden verschiedene Aspekte der Herangehensweise an den Terminus präsentiert. Beachtung verdient hier u.a. der Überblick über die Theorien des Terminus von U. Zaliwska-Okrutna (2012: 49–57).

der „Quasi-Terminus" auf einer Vorstufe der Terminologisierung (s. J. Lukszyn 2005: 94f.). Letzterer ist somit ein „Noch-Nicht-Terminus" (s. bei J. Lukszyn/ W. Zmarzer 2006). Der Zusammenhang der Terminologie mit dem Wirtschaftsdeutschen wirft theoretische und praxisbezogene Fragen auf. Die Angewandte Linguistik sieht sich hierbei vor die Anforderung gestellt, den Bedarf *in puncto* Aufbau und Verwaltung von entsprechenden Terminologiedatenbanken (auch zu Zwecken der Fachübersetzung) zu decken.

Zu Problemen der wirtschaftsdeutschen Terminologie und Lexik sind immer noch Arbeiten zu erwarten, in denen verschiedene, auch bisher nicht artikulierte Fragen der Geschäfts- bzw. Unternehmenskommunikation zur Debatte stehen. Dazu regt auch die von Z. Berdychowska angesprochene Problematik des Verhältnisses zwischen den fachsprachlichen Phraseologismen und dem Terminus an (s. Z. Berdychowska 1999: 259-273). Die Entwicklung von Wirtschafsbeziehungen animiert die Reflexion über die Sprache der Wirtschaft und über die Rolle der Termini in der fachsprachlichen Kommunikation.

1.3. Glottodidaktik und Wirtschaftssprachen

Die Angewandte Linguistik hat auch in Polen interdisziplinären Charakter. Hier werden die Erkenntnisse der Forschung mit den Herausforderungen der Lehre erfolgreich zusammengeführt. Der linguistischen Reflexion sind anregende Impulse für die fachsprachenbezogene Glottodidaktik zu verdanken. Sie ermöglicht die Neubestimmung bzw. Überarbeitung von Zielen und Inhalten von Unterrichtsfächern und gibt Hinweise für die didaktisch-methodische Gestaltung von Curricula. Neben der Entwicklung neuer Lehrpläne bewirkt die fachsprachenlinguistische Tätigkeit schließlich die Entstehung von konkreten Lehrbüchern.[14]

Die Konstellation Fachsprache-Fachtext-Didaktik erweist sich als komplex. Im Rahmen der Fachsprachendidaktik (auf verschiedenen Kompetenzebenen) ist u.a. auch die Übersetzer- und Dolmetscherausbildung mit zu beachten. Besonders wichtig ist hierfür die kontrastive Betrachtung des Wirtschaftsdeutschen. Sie ermöglicht bestimmte wichtige Aspekte herauszuarbeiten. Dies ist z.B. im juristischen Sprachgebrauch der Fall, der im Hinblick auf die Möglichkeit der Didaktisierung bei der Übersetzer- und Dolmetscherausbildung kontrastiven Untersuchungen unterzogen wird. Arbeiten im fachsprachlich- und translationsdidaktischen Bereich legten u.a. A. Kubacki (2003, 2005, 2008) und R. Szubert (2008) vor. Den juristischen Kontext findet man in der Arbeit von R. Kołodziej

---

14 Aus Platzgründen können im vorliegenden Beitrag die zahlreichen in Polen entstandenen Lehrwerke für Wirtschaftssprachen (dabei auch für Wirtschaftsdeutsch) nicht genannt und besprochen werden.

(2008), M. Olpińska (2009) wieder. Bestimmte wichtige Aspekte werden u.a. von Matulewska (2005), von J. Maliszewski (2007) sowie von K. Siewert (2010) herausgearbeitet.

Den Versuch, ein Modell zur Bestimmung des Sprachmaterials für den Fachsprachenunterricht Wirtschaftsdeutsch für die Übersetzer- und Dolmetscherausbildung zu erarbeiten, unternimmt Agnieszka Dickel (s. A. Dickel 2010a: 293–301, 2010b: 125–137). Bei ihr kommen Aspekte des Sprach- und Fachunterrichts, des sprachlichen und fachlichen Wissens als Kategorien der Translationsdidaktik zur Sprache. Von der Autorin wird das Sprachmaterial aus der innerbetrieblichen Kommunikation, der Kommunikation zwischen Betrieben sowie aus der Kommunikation zwischen Betrieben und anderen Institutionen selektiert. Es sind Texte, die den einzelnen „Stufen des Unternehmensprozesses" entsprechen (s. A. Dickel 2010a: 296). Darüber hinaus schlägt Dickel die Anwendung einer dreistufigen Textanalyse, die in Anlehnung an B. Schaeder (1995) erarbeitet wurde. Dieses Modell ist im Zusammenhang mit den Erfahrungen zu sehen, die die Autorin in Forschung und Lehre als Mitarbeiterin des Instituts für Anthropozentrische Linguistik und Kulturologie an der Fakultät für Angewandte Linguistik der Universität Warschau sowie als eine der Mitverfasserinnen des Lehrbuchs „Wirtschaftsdeutsch" (U. Burda/ A. Dickel/ M. Olpińska 2007) gesammelt hat. Dieses Buch richtet sich in erster Linie an angehende Geschäftsleute, Übersetzer, Dolmetscher, Studierende der Fachrichtungen Wirtschaft und Jura, schließlich an alle Deutschlernenden (s. dazu M. Olpińska-Szkiełko 2010: 209–217). Es integriert ein umfassendes Wissen aus verschiedenen Bereichen, die mit Wirtschaft zu tun haben. Es sind: Politik, Staatsform, Wirtschaftstätigkeit, Gewerbe, Rechtsformen der Unternehmen, Steuern, Sozial- und Arbeitsrecht, Versicherungen, Banken, Zoll usw.[15] Die Innovation des Lehrwerkes besteht in der Konzeption, der das anthropozentrische Paradigma zugrunde liegt. Ins Gewicht fallen dabei insbesondere die Auffassung der sprachlichen Kompetenz, die Unterscheidung des sprachlichen und nichtsprachlichen Wissens sowie die für den anthropozentrischen Ansatz charakteristische Auffassung vom Status der Sprache. Aspekte wie Konzept, Aufbau und Zielsetzung der Lehrwerke, der Adressatenkreis, die Auswahl des didaktischen Materials, fernerhin die Form von angebotenen Übungen und weitere Prob-

---

15 Von den Verfasserinnen wurde die Lehrbuchreihe „Polens Wirtschafts- und Rechtssystem" konzipiert, die seit 2007 im Verlag Beck als folgende Arbeitsbücher erschienen sind: „Wirtschaftsdeutsch. Spracharbeitsbuch" (2007), „Staatsordnung und politisches System. Spracharbeitsbuch. Band 1" (2008), „Wirtschaftsordnung. Spracharbeitsbuch. Band 2" (2008), „Verwaltungssystem. Spracharbeitsbuch. Band 3" (2008), „Europäische Union. Spracharbeitsbuch. Band 4" (2009), „Steuersystem. Spracharbeitsbuch. Band 5" (2009) und „Arbeitsrecht. Spracharbeitsbuch. Band 6" (2010) (s. dazu M. Olpińska-Szkiełko 2010: 209–217).

leme wurden detailliert von M. Olpińska-Szkiełko in „Lingwistyka Stosowana 3"
(M. Olpińska-Szkiełko 2010: 209–217) dargelegt. In der Arbeit mit diesem Lehr-
werk werden im Rahmen der Entwicklung der fachsprachlichen Kompetenz auch
die (inter)kulturelle, pragmatische und diskursive Kompetenz sowie die Komponenten des Fachwissens gefördert.

Im Bereich der Fachsprachenforschung und der Fremdsprachendidaktik weist
man den Fachtexten eine besondere Rolle zu (s. dazu Z. Weigt 2006: 166–174).
Die Diskussion zu Problemen der Textlinguistik besitzt in Polen eine eigene Tradition (vgl. u.a. S. Grucza 2007). Textlinguistischen Untersuchungen werden bestimmte Textsorten unterzogen. Im Falle der Erforschung von Wirtschaftssprachen in Polen sind es z.B. der Geschäftsbrief (I. Szwed 2010), der Börsenbericht
(K. Nycz 2009), der Bericht und Kommentar der Wirtschaftspresse (P. Bąk 2012),
die geschäftliche E-Mail (J. Zając 2012) und andere Textsorten der Unternehmenskommunikation.

Die Anwendung des Geschäftsbriefes im Fremdsprachenunterricht Wirtschaftsdeutsch sowie die Möglichkeiten der Zuordnung der Textsorte „list
handlowy" (Geschäftsbrief) werden von I. Szwed in ihren Aufsätzen besprochen
(u.a. I. Szwed 2010: 323–342). A. Kubacki (2003, 2005, 2008), K. Siewert (2010)
und R. Szubert (2008) untersuchen auch andere Textsorten der Schnittstelle Wirt-
schafts- und Rechtssprache (u.a. Gesetzestexte oder das Handelsgesetzbuch). Die
Optimierung von Lernprozessen und des Wortschatzerwerbs anhand der wirtschaftssprachlichen Diskurse ist der Gegenstand der Analyse von K. Hryniuk. Die
Ergebnisse ihrer Untersuchung, in der das Englische unter die Lupe genommen
wird, präsentiert sie im Aufsatz *Przyswajanie słownictwa fachowego z dyskursu
profesjonalnego na przykładzie tekstów biznesowych* (K. Hryniuk 2009: 96–115).
Hier wird auf die Relation zwischen dem (Vor-)Wissen und den Faktoren hingewiesen, die den Fachwortschatzerwerb beeinflussen und auch in der Translation
berücksichtigt werden können. Der Artikel ist im Band einer von J. Lukszyn herausgegebenen wissenschaftlichen Reihe an der Warschauer Universität erschienen.

Die Forscher sind sich der Zweckmäßigkeit bewusst, sprachtheoretisch bzw.
-analytische Arbeiten mit der glottodidaktischen Tätigkeit zu verbinden. Die enge
Beziehung zwischen fachsprachenbezogener Lehre und Forschung kommt daher – wie bereits angedeutet – in mehreren Arbeiten zum Ausdruck und betrifft
ebenso die Förderung der fachsprachlichen, wie der translatorischen Kompetenz.
Der Gegenstand der sprachwissenschaftlichen Arbeit sowie die Möglichkeit einer
praktischen Umsetzung sind hierbei miteinander eng verbunden.

1.4. Kontrastive Fachsprachenforschung und Translatorik

Der kontrastiven Fachtextanalyse gebührt im Rahmen der Fachsprachenforschung ein besonderer Platz und den in diesem Bereich durchgeführten Analysen ist eine große Bedeutung beizumessen. Zofia Berdychowska konstatiert hierzu, dass die „[kontrastiven Fachtextanalysen] einen Beitrag u.a. zur Aufstellung von kontrastiven Fachtexttypologien und zur Erkennung von wissenschaftlichen Verfahren und einzelkulturfachspezifischen Denkstrukturen, zur sprachenvergleichenden Auslegung von Fachtexten und somit zur Verbesserung interkultureller Fachkommunikation [leisten]" (Z. Berdychowska 2006: 124). In diversen Sprachenkonstellationen werden bei verschiedenen Forschern in Polen Einzelprobleme oder grammatische Strukturen der Wirtschaftssprachen zum Gegenstand der kontrastiven Betrachtung. Kurzwörter der polnischen und russischen „Technolekte der business communiaction" werden von S. Szadyko untersucht (s. S. Szadyko 2008: 15).[16] Probleme der Wortbildung bringen auch u.a. A. Kubacki (2005) und J. Sikora (1997: 91–102) in der kontrastiven Konstellation Deutsch-Polnisch zur Sprache. K. Siewert (2010) untersucht am Sprachmaterial aus den Gesetzestexten die Termini des polnischen und deutschen Handelsrechts. In ihrer kontrastiv angelegten Monographie analysiert die Autorin die Bedeutungsstruktur der Fachwörter unter semantischem Aspekt und u.a. die Relation zwischen der Rechtssprache und der Gemeinsprache. Den Gegenstand ihrer Arbeit bilden deutsche Rechtstermini und ihre polnischen Entsprechungen (ebd.).

Die in Polen geführte kontrastive Erforschung des Wirtschaftsdeutschen konzentriert sich auf bestimmte sprachliche Erscheinungen in konkreten Fachtextsorten und -diskursen. In den Vordergrund treten hier die Kategorien Text und Diskurs, selbst wenn der Terminus „Diskurs" differenziert aufgefasst wird.[17] Das kontrastive Herangehen an die Fachsprache führt zu Ergebnissen, die für die Translatorik und Translation von Fachtexten in verschiedenen Bereichen der Wirtschaft wichtig sind.[18] Zu den Aspekten, die im Zusammenhang mit dem Wirtschaftsdeutschen

---

16 Szadyko diskutiert im Zusammenhang mit der Internalisierung der Lexik Probleme der Geschäftskommunikation. Der Autor plädiert dafür, ein umfassendes russisch-polnisches Wörterbuch der Abkürzungen und Kurzwörter zu erarbeiten. Ziel der lexikographischen Arbeit ist dabei u.a. die Erhöhung der stilistischen Qualität der von Geschäftsleuten geführten Diskurse sowie die Förderung der Richtigkeit von generierten morphologischen Formen (vgl. S. Szadyko 2008: 33).

17 Zu einer Vielfalt an Verstehensweisen des „Diskurses" und zu gewissen Kontroversen im Zusammenhang damit s. Z. Bilut-Homplewicz 2009: 49, S. Grucza 2008a: 189 sowie die Beiträge des Bandes von M. Wierzbicka und Z. Wawrzyniak (2011).

18 Neben den genannten Arbeiten von A. Kubacki (2003, 2005) und R. Szubert (2008) s. auch J. Krzemińska-Krzywda (2004) und die einzelnen Beiträge im Band von J. Maliszewski (2007). Zu translatorischen Problemen im Bereich des Versicherungswesens s. A. Waszczuk-Zin (2011).

m.E. immer noch einer eingehenderen Diskussion bedürfen, sind interkulturelle Probleme der Geschäfts- bzw. Unternehmenskommunikation, die allerdings in der polnischen Literatur bereits zur Sprache kommen (s. dazu bei B. Grzeszczakowska-Pawlikowska 2010; A.N. Rybińska 2010, E. Tylek-Hydryńska 2000, v.a. aber bei J. Zając 2013b). Besonders aufschlussreich sind dabei jedoch Arbeiten, die vor dem Hintergrund der kulturellen Unterschiede frei von Verallgemeinerungen sprachliche Interaktionen (S. Bonacchi 2011, 2014) unter die Lupe nehmen.

1.5. Lexikographie

Wenn in Bezug auf die kontrastive Linguistik vom utilitären Charakter der wissenschaftlichen Arbeit die Rede ist, so stellt unter verschiedenen Ergebnissen der sprachwissenschaftlichen Arbeit, die Lexikographie, und zwar die Erstellung von Wörterbüchern und Lexika, eines der von den Forschern oft angestrebten Ziele dar.[19] Um den Rahmen des vorliegenden Beitrags nicht zu sprengen, seien an dieser Stelle nur die Namen der Autorinnen von zwei wichtigeren deutsch-polnischen Wörterbüchern angeführt: A. Kilian (1996, 2000) und I. Kienzler (2000, 2002). Jedoch muss angemerkt werden, dass auch die anderen Sprachenkonstellationen wie polnisch-englisch, polnisch-russisch oder polnisch-französisch (jeweils auch in umgekehrter Konstellation des Sprachenpaares) keinesfalls lexikographisch unterrepräsentiert sind. Wörterbücher sind – oft indirekt – das Resultat von kontrastiven Analysen der Autoren selbst, sie stützen sich auf Analysen von anderen Forschern bzw. auf erstellte Korpora und Terminologiedatenbanken. Die Wörterbücher sollten ein wichtiges Hilfsmittel für die Lernenden sowie für die Übersetzer sein. Nicht selten werden sie einer lexikographischen, kritischen Analyse unterzogen (s. dazu auch bei Z. Weigt 2004: 202–212). Der Erforschung der Fachsprache sollte jedoch die Überzeugung zugrunde liegen, dass sich die Linguistik nicht abstrakten, theoretischen, hypothetischen bzw. idealisierten Systemen zuwenden sollte. Ihr Augenmerk hat sie primär auf die wirkliche Sprache im Text und Diskurs zu richten, was m.E. hierbei einen – sprachontologisch gesehen – wissenschaftlich konstruktiven Umgang des Linguisten mit dem Wörterbuch bedeuten kann. Aufschlussreiche Ergebnisse der sprachtheoretischen Reflexion ermöglichen in diesem Sinne die Vorgehensrichtung: vom (untersuchten) Sprachgebrauch zur Sprachfixierung (Wörterbuch). Auch wenn diese Feststellung axiomatisch anmuten könnte, sollte sie m.E. in der sprachtheoretischen Reflexion hervorgehoben werden.[20]

---

19 Dies ist nicht nur in fachsprachlichen Domänen der Kommunikation der Fall.
20 Sie ist in Bezug auf die deutsch-polnische Relation des Sprachenvergleichs sowie auf andere Sprachenkonstellationen legitim.

2. Einzelphänomene und Bereiche des Wirtschaftsdeutschen

In der polnischen Fachsprachenforschung werden beispielsweise Probleme der Morphologie (s. A. Kubacki 2008: 53–72, J. Sikora 1997: 91–102) unter die Lupe genommen. Oft sind es bestimmte Bereiche der Wirtschaft und dementsprechend einer Domäne der Kommunikation. Zu besonders oft erforschten Domänen der wirtschaftsdeutschen Kommunikation gehören u.a. die Börse, das Unternehmen, in letzter Zeit auch die Fachpresse sowie sonstige Formen der Realisierung von fachlichen Diskursen.

Komplexe Probleme der Unternehmenskommunikation und Publicrelations werden im Zusammenhang mit dem Unternehmensleitbild in einer umfangreichen Monographie von P. Mamet (2005) angesprochen.[21] Im gewissen Zusammenhang mit den Wirtschaftssprachen[22] steht auch die Domäne der Werbung. Obwohl Probleme der Werbung auch in Polen zu breit diskutierten Themenbereichen gehören, wird aus Platzgründen der Bereich der Werbung aus den vorliegenden Überlegungen ausgeklammert.

Lexikalische Merkmale der deutschen Börsenberichte stellen den Gegenstand der Untersuchung dar, die 2006 von K. Nycz als Dissertation in der Fachabteilung für Kontrastive und Angewandte Linguistik, unter der Leitung von M. Wierzbicka, am Germanistischen Institut der Universität Rzeszów vorbereitet wurde. Im Verlag Dr. Kovač ist 2009 die Monographie „Fachterminologie als Mittel des Fachwissenstransfers. Dargestellt am Beispiel der deutschen Börsenberichterstattung" von K. Nycz im Druck erschienen.[23] Die Sprache der Börse ist auch Gegenstand der Arbeit von A. Andrychowicz-Trojanowska (2009: 131-145). In dieser Veröffentlichung präsentiert die Autorin Charakteristika der Börsensprache (auch des Nonverbalen), die in ihrer nichtveröffentlichten Dissertation herausgearbeitet wurden.[24]

Störungen und Barrieren in der Unternehmenskommunikation, ihre Gründe und Folgen wurden zum Thema der Artikelreihe von J. Łompieś (2009a, 2009b, 2010). Mehrere Faktoren, die aus der kommunikativen, pragmatischen, semantischen Perspektive betrachtet werden können, determinieren den Erfolg der „Business communication". Die Unternehmenskommunikation stellt den Gegenstand

---

21 Gegenstand der Arbeit stellt jedoch nicht das Wirtschaftsdeutsche dar.

22 Wie z.B. I. Ivanova ausführt (2009: 843).

23 In Anlehnung an H.-R. Fluck (1985), L. Hoffmann (1988), H. Kalverkämper (1988) und K.-D. Baumann (1994) nimmt der Autor Einzel- und Wortgruppenlexeme der Börsensprache als Termini unter die Lupe. Der Autor zieht Belege für die fachsprachliche Lexik und Termini heran, die er vor dem Hintergrund des Wissenstransfers diskutiert (s. K. Nycz 2009).

24 In Anlehnung an Szadyko werden hier Kurzwörter, fachsprachliche Mehrwortlexeme und die Metapher diskutiert. Die Autorin nimmt hier eine Klassifizierung der Termini der Börse vor (s. A. Andrychowicz-Trojanowska 2009: 131-145). Es wird auch die Interdisziplinarität des Terminus, die Rolle des Nonverbalen in der Sprache der Börsianer aufgezeigt.

einer Reihe von Beiträgen von J. Zając und vor allem ihrer Monographien (J. Zając 2013a und 2013b) dar. Unter Heranziehung der Erkenntnisse des anthropozentrischen Ansatzes diskutiert die Autorin Probleme der Fach- und E-Kommunikation – sprachliche sowie kulturelle Aspekte der Diskurse in global agierenden Unternehmen. Neben sprachsystematischen Fragestellungen werden auch in anderen Arbeiten kulturelle, psychologische, soziologische Blickwinkel der Corporate Communication zur Debatte gestellt. Dies ist auch bei J. Kuklasińska (2009) oder O. Wasilewski (2009, 2010) der Fall.[25] Zu neuen methodologischen Herangehensweisen gehören v.a. die in Warschau unter Heranziehung der Blickbewegungsregistrierung (Eye-Tracking) durchgeführten Analysen, deren erste Ergebnisse in einem monographischen Band „Translation Studies and Eye-Tracking Analysis" dargelegt wurden (s. S. Grucza/ M. Płużyczka/ J. Zając 2013). In dieser Arbeit wird u.a. auf Probleme der E-Mail-Unternehmenskommunikation, vor allem jedoch auf Aspekte der Translation eingegangen.

Als relevant sind m.E. die Versuche anzusehen, die indirekten Sprechakte und die Illokutionsstruktur im Geschäftsbrief (I. Szwed 2003: 394–404) und die Persuasion (P. Bąk 2012) zu wichtigen Kategorien der Analyse der Unternehmenskommunikation zu machen. Besonderen Status sollen hierbei Präsuppositionen, konversationelle und konventionelle Implikaturen in der Unternehmenskommunikation, im öffentlichen und Fachpressediskurs gewinnen. Indirektheit als Charakteristikum des Wirtschaftsdeutschen sowie Mittel der Persuasion werden in der Monographie „Euphemismen des Wirtschaftsdeutschen aus Sicht der anthropozentrischen Linguistik" diskutiert (P. Bąk 2012). Die Arbeit will primär die Präsenz der Euphemismen in wirtschaftsdeutschen Diskursen untersuchen. Im Rahmen der sprachtheoretischen Reflexion werden für die Betrachtung der Euphemismen in den fachsprachlichen Diskursen wichtige Kriterien herausgearbeitet und in der Textanalyse einer Verifizierung unterzogen. Anhand der analysierten Fachpressetexte über die Finanz- und Wirtschaftskrise aus der Zeitspanne von 2007 bis 2011 werden Funktionen[26] und Formen der Euphemismen ermittelt. In der Arbeit wird die Euphemisierung in den fachsprachlichen Diskursen unter dem anthropozentrischen Blickwinkel erörtert, wodurch m.E. neue und fachsprachenlinguistisch relevante Erkenntnisse (Metaeuphemismus, Relation zwischen dem Terminus und Euphemismus etc.) gewonnen sowie sprachtheoretische Annahmen auf ihre Plausibilität überprüft werden.

---

25 Einige der erwähnten Probleme sind Gegenstand von Analysen, deren Ergebnisse in der erwähnten Zeitschrift „Komunikacja Specjalistyczna", einem Diskussionsforum für Fragen der fachsprachlichen Kommunikation, erschienen sind.

26 Im Hinblick auf die Charakteristika der untersuchten Diskurse über die Finanz- und Wirtschaftskrise wird versucht, die Verschleierungsintention von der professionell-gelassenen verhüllenden Sprachverwendung abzugrenzen. Es wird außerdem die Frage nach der Rolle und Bedeutung der Fachjournalisten für die Rezeption von Euphemismen beleuchtet.

3. Anthropozentrische Linguistik

Bevor eine kontrastive Betrachtung von Kategorien oder sprachlichen Einzelphänomenen erfolgen kann, sollten sie einer intralingualen Betrachtung unterzogen werden, insbesondere wenn die jeweilige Problematik bisher keine eingehende bzw. gar keine Beachtung fand. Es stellt sich heraus, dass in diesem Sinne sogar die grundsätzlichsten Kategorien wie „Sprache" im wissenschaftlichen Diskurs nach wie vor einer informativen und schlüssigen Diskussion unterzogen werden können. In diesem Sinne wird abschließend noch auf die Grundannahmen des anthropozentrischen Ansatzes hingewiesen, der bisher bereits in der Fachsprachenlinguistik Anwendung fand. Der **anthropozentrischen Linguistik** zufolge stellen nicht abstrakte, theoretische bzw. hypothetische Systeme die wirkliche Erscheinungsform von Sprache dar (s. F. Grucza u.a. 1983, 1997: 77). Die wirkliche Sprache, der im Rahmen der linguistischen Forschung primär Rechnung getragen werden sollte, ist einem jeden Individuum eigen. Die Sprache kommt als konkreter Idiolekt, in der konkreten Sprachverwendung, in realen Sprechakten zum Vorschein und diese Erkenntnis kann – wie S. Grucza (u.a. 2007 und 2008a) verdeutlicht – auch in Bezug auf die Fachsprachen angewendet werden. Die Sprache gehört zum individuellspezifischen kognitiven Vermögen eines jeden Menschen. Auch so sollte der Terminus „Sprache" im Rahmen einer aufschlussreichen wissenschaftlichen Reflexion zu Fachsprachen verstanden werden. Die anthropozentrische Sprachtheorie plädiert dafür, primär die konkreten, empirisch wahrnehmbaren, unabhängig von der Linguistik, aber nicht unabhängig vom Sprachbenutzer existierenden Eigenschaften zum Objekt der linguistischen Betrachtung zu machen (s. F. Grucza 1997: 77). Denn nur in Bezug auf konkrete Menschen (z.B. Fachleute) und ihre Fähigkeiten kann von einer realen Existenz der (Fach)Sprache (Fachidiolekt) die Rede sein. S. Grucza zufolge (S. Grucza 2006: 101ff.) beschäftigt sich die Fachtextlinguistik mit einem konkreten Fachmann und seinem Fachidiolekt oder aber mit einer bestimmten Menge von Fachleuten und ihrem Fachpolylekt. In Untersuchungen zu Wirtschaftssprachen, sind es die Akteure des Wirtschaftsgeschehens, die aufgrund des Kriteriums der Profession fachlich und fachsprachlich[27] eine polylektale Gemeinschaft bilden (vgl. F. Grucza 1997: 81). Dabei muss auch das „Fachwissen" berücksichtigt werden, das sich primär auf das Fachwissen eines konkreten Menschen, sein „Fachidiowissen" bezieht. (s. S. Grucza 2010: 207) Die Berücksichtigung dieser

---

27 Die Relation Fachlichkeit-Fachsprachlichkeit gestaltet sich in der Auffassung von S. Grucza im Zusammenhang mit der Terminologisierung des Textes folgendermaßen: Während die Fachsprachlichkeit die Existenz von Fachlichkeit impliziert, setzt die Fachlichkeit keinesfalls die Notwendigkeit ihrer Versprachlichung voraus: „Die Fachlichkeit eines Textes d.h. das Fachwissen, kann – muss aber nicht – durch Termini ausgedrückt werden [...]." (Grucza, S. 2007: 159).

Erkenntnisse führt im Bereich der Fachsprachenforschung zu wichtigen Resultaten, die nach meiner Meinung viel versprechende Perspektiven für die Betrachtung der Wirtschaftssprachen eröffnen.

4. Schlussbemerkungen und Ausblick

Auf dem Gebiet der Erforschung der Wirtschaftssprachen in Polen sind zweifels-ohne weitere Arbeiten zu erwarten, die sich vielerlei konkreten Problemen der Wirtschaftskommunikation u.a. aus kontrastiver Sicht zuwenden sollten. Zu den Desiderata auf diesem Gebiet gehören m.E. immer noch Untersuchungen von sprachlichen Erscheinungen der Wirtschaftssprache(n) und -kommunikation, u.a. Präsuppositionen, konversationelle und konventionelle Implikaturen in Fach-pressediskursen sowie der Terminus in bestimmten Bereichen der Sprache der Wirtschaft. Es ist schließlich die Fortführung der bisherigen sprachtheoretischen Reflexion zu erwarten, die bereits als konstituierter selbständiger Ansatz gelten darf und auch auf wichtige Aspekte der Wirtschaftskommunikation Bezug nimmt. Diesen Status besitzt die vorerwähnte anthropozentrische Linguistik, die ein be-sonderes Herangehen an die Sprache bedeutet, das aus einer tief greifenden, the-oretisch fundierten Reflexion über die Sprache hervorgeht.

Literatur

Andrychowicz-Trojanowska, A. (2009): *Charakterystyka języka giełdy*. In: Komunikacja Spe-cjalistyczna 2. Specyfika języków specjalistycznych. 131–145.

Antos, G. (2008): *„Verständlichkeit" als Bürgerrecht? Positionen, Alternativen und das Modell der „barrierefreien Kommunikation"*. In: K. M. Eichhoff-Cyrus / G. Antos (Hg.) *Verständ-lichkeit als Bürgerrecht? Die Rechts- und Verwaltungssprache in der öffentlichen Diskus-sion*. Mannheim u.a. 9–20.

Baumann, K.-D. (1994): *Fachlichkeit von Texten*. Egelsbach.

Bąk, P. (2012): *Euphemismen des Wirtschaftsdeutschen aus Sicht der anthropozentrischen Lin-guistik*. Frankfurt/M.

Béchet-Tsarnos, V. (2005): *Wirtschaftsanglizismen: Eine kontrastive Analyse des Französi-schen, Deutschen und Neugriechischen*. Tübingen.

Berdychowska, Z. (1999): *Fachsprachliche Kollokationen und terminologisierte Ausdrücke in der Sprache der Rechtswissenschaft*. In: M. Kłańska / P. Wiesinger (Hg.) Vielfalt der Spra-chen. Festschrift für Aleksander Szulc zum 75. Geburtstag. Wien. 259–273.

Berdychowska, Z. (2005): *Termin w przekładzie*. In: M. Piotrowska (Hg.) Język a komunikacja VIII. Język trzeciego tysiąclecia. Tom 2 konteksty przekładowe. 119–128.

Berdychowska, Z. (2006): *Kontrastive Analysen von Fachtexten*. In: F. Grucza/ H.-J. Schwenk/ M. Olpińska (Hg.) Texte. Gegenstände germanistischer Forschung und Lehre. Materialien der Jahrestagung des Verbandes Polnischer Germanisten, 12.–14.5.2006 Toruń. Warszawa. S. 123–128.

Bilut-Homplewicz, Z. (2009): *Sind Diskurs und dyskurs terminologische Tautonyme? Zu Unterschieden im Verstehen der Termini in der deutschen und polnischen Linguistik.* In: B. Henn-Memmesheimer/ J. Franz (Hg.) Die Ordnung des Standard und die Differenzierung der Diskurse. Akten des 41. Linguistischen Kolloquiums in Mannheim 2006. Frankfurt/M. 49–59.

Bonacchi, S. (2011): *Höflichkeitsausdrücke und anthropozentrische Linguistik.* Warszawa.

Bonacchi, S. (2014): *Multimodalität der Unternehmenskommunikation.* In: S. Grucza/ M. Wierzbicka/ J. Alnajjar/ P. Bąk (Hg.) Polnisch-deutsche Unternehmenskommunikation. Ansätze zu ihrer linguistischen Erforschung. 73–91.

Brünner, G. (2001): *Gespräche in der Wirtschaft.* In: K. Brinker/ G. Antos/W. Heinemann/ S. F. Sager (Hg.) Text- und Gesprächslinguistik. Linguistics of Text and Conversation. Ein internationales Handbuch zeitgenössischer Forschung. An International Handbook of Contemporary Research. 2. Halbband / Volume 2. Berlin, New York. 1526–1540.

Brzozowska, D./ W. Chłopicki (2012): *Język a komunikacja 31: Termin w językoznawstwie.* Kraków.

Burda, U./ A. Dickel / M. Olpińska (2007): *Wirtschaftsdeutsch. Spracharbeitsbuch.* Warszawa.

Dickel, A. (2010a): *Bestimmung des Sprachmaterials für den Fachsprachenunterricht Wirtschaftsdeutsch für angehende Dolmetscher/Übersetzer.* In: A. Małgorzewicz (Hg.) Translation: Theorie – Praxis – Didaktik. Wrocław – Dresden. 293–301.

Dickel, A. (2010b): Analyse von Texten aus dem Sprachbereich Wirtschaft für den Fachsprachenunterricht Wirtschaftsdeutsch für angehende Dolmetscher/Übersetzer. In: Lingwistyka Stosowana 3 (2010). 125–137.

Duszak, A./ N. Fairclough (Hg.) (2008): *Krytyczna analiza dyskursu. Interdyscyplinarne podejście do komunikacji społecznej.* Kraków.

Ehrhardt, C. (2000): *Syntax versus Pragmatik. Zur Grammatik des Wirtschaftsdeutschen.* In: J. Bolten (Hg.) Studien zur internationalen Unternehmenskommunikation. Waldsteinberg. 149–161.

Fluck, H.-R. (1996): *Fachsprachen.* Tübingen, Basel.

Gajda, S. (1976): *Rozwój polskiej terminologii górniczej.* Opole.

Gajda, S. (1990): *Wprowadzenie do teorii terminu.* Opole.

Grucza, F. (Hg.) (1976): *Lingwistyka stosowana i glottodydaktyka* (Materiały z I Sympozjum zorganizowanego przez Instytut Lingwistyki Stosowanej UW, Warszawa, 20–22 listopada 1973). Warszawa.

Grucza, F. (1983): *Zagadnienia metalingwistyki. Lingwistyka – jej przedmiot, lingwistyka stosowana.* Warszawa.

Grucza, F. (1985): *Lingwistyka, lingwistyka stosowana, glottodydaktyka, translatoryka.* In: F. Grucza (Hg.) Lingwistyka, glottodydaktyka, translatoryka. Warszawa. 19–44.

Grucza, F. (1991a): *Terminologia – jej przedmiot, status i znaczenie.* In: Grucza, Franciszek (Hg.) (1991b), 11–43.

Grucza, F. (Hg.) (1991b): *Teoretyczne podstawy terminologii.* Wrocław.

Grucza, F. (1997): *Problemy historii i genezy języków ludzkich.* In: A. Dębski (Hg.) *Plus ratio quam vis.* Festschrift für Aleksander Szulc zum 70. Geburtstag. Kraków. 77–99.

Grucza, S. (2006): *Zu den Forschungsgegenständen und den Forschungszielen der Fachtextlinguistik*. In: F. Grucza/ H.-J. Schwenk/ M. Olpińska (Hg.) , Texte. Gegenstände germanistischer Forschung und Lehre. Materialien der Jahrestagung des Verbandes Polnischer Germanisten, 12.-14.5.2006 Toruń. Warszawa. 101–122.

Grucza, S. (2007): *Od lingwistyki tekstu do lingwistyki tekstu specjalistycznego*. Warszawa.

Grucza, S. (2008a): *Lingwistyka języków specjalistycznych*. Warszawa.

Grucza, S. (2008b): *Zur Geschichte der Fachtextlinguistik*. In: Studia Germanica Posnaniensia XXXI. 11–23.

Grucza, S. (2010): *Zur Stratifikation von Bedeutungen des Ausdrucks „Fachtext" und ihren Implikationen für die Translatorik*. In: P. Bąk/ M. Sieradzka/ Z. Wawrzyniak (Hg.) Texte und Translation. Frankfurt/M. 201–210.

Grucza, S. (2012): *Fachsprachenlinguistik*. Frankfurt/M.

Grucza, S. (2014): *Zur Notwendigkeit der Erforschung der polnisch-deutschen Unternehmenskommunikation*. In: S. Grucza/ M. Wierzbicka/ J. Alnajjar/ P. Bąk (Hg.) Polnisch-deutsche Unternehmenskommunikation. Ansätze zu ihrer linguistischen Erforschung. 33–53.

Grucza, S./ M. Płużyczka/ J. Zając (Hg.) (2013): *Translation Studies and Eye-Tracking Analysis*. Frankfurt/M.

Grzeszczakowska-Pawlikowska, B. (2010): *Interkulturelle Kompetenz am Beispiel eines Unternehmens in Lodz*. In: B. Lewandowska-Tomaszczyk/ H. Pułaczewska (Hg.) Intercultural Europe. Arenas of Differences, Communication and Mediation. Stuttgart. 263–290.

Hoffmann, L. (1985): *Kommunikationsmittel Fachsprache. Eine Einführung*. Berlin.

Hoffmann, L. (1987): *Ein textlinguistischer Ansatz in der Fachsprachenforschung*. In: M. Sprissler (Hg.) Standpunkte der Fachsprachenforschung. Tübingen.

Hoffmann, L./ H. Kalverkämper/ H.E. Wiegand (Hg.) (1998): *Fachsprachen – Languages for Special Purposes. Ein internationales Handbuch zur Fachsprachenforschung und Terminologiewissenschaft*. Berlin, New York.

Horst, S. (1998): *Wortbildung in der deutschen Wirtschaftskommunikation. Linguistische Modelle und fremdsprachendidaktische Perspektiven*. Waldsteinberg.

Hryniuk, K. (2009): *Przyswajanie słownictwa fachowego z dyskursu profesjonalnego na przykładzie tekstów biznesowych*. In: A. Waszczuk-Zin (Hg.) W kręgu problematyki technolektalnej. Band 2. Warszawa. 96–115.

Hundt, M. (1998): *Typologie der Wirtschaftssprache: Spekulation oder Notwendigkeit*. In: Fachsprache 20, 3–4 (1998). 98–115.

Ivanova, I. (2009): *Wirtschaftsdeutsch: Fachtextsorten im Fremdsprachenunterricht*. In: B. Henn-Memmesheimer/ J. Franz (Hg.) Die Ordnung des Standard und die Differenzierung der Diskurse. Akten des 41. Linguistischen Kolloquiums in Mannheim 2006. Frankfurt/M. 843–849.

Janich, N. (1998): *Fachliche Information und inszenierte Wissenschaft: Fachlichkeitskonzepte in der Wirtschaftswerbung*. Tübingen.

Kątny, A. (2001a): *Kontakty językowe a słownictwo specjalistyczne*. In: A. Kątny (Hg.) (2001b), 17–25.

Kątny, A. (Hg.) (2001b): *Języki fachowe, problemy dydaktyki i translacji*. Olecko.

Kątny A. (Hg.) (2010): *Studien zur Angewandten Germanistik II. Trzydzieści lat Germanistyki Gdańskiej. Studia Germanica Gedanensia 23*. Gdańsk.

Kienzler, I. (2000): *Słownik prawniczo-handlowy niemiecko-polski*. Raszyn.

Kienzler, I. (2002): *Słownik prawniczo-handlowy polsko-niemiecki.* Raszyn.

Kielar, B.Z. (2009): *O prawie i jego językach.* In: Komunikacja Specjalistyczna 2. Specyfika języków specjalistycznych. 43–52.

Kilian, A. (1996): *Słownik języka prawniczego i ekonomicznego.* Tom 2: niemiecko-polski. Warszawa.

Kilian, A. (2000): *Słownik języka prawniczego i ekonomicznego.* Tom 1: polsko- niemiecki. Warszawa.

Klute, W. (Hg.) (1975): *Fachsprache und Gemeinsprache. Texte zum Problem der Kommunikation in der arbeitsteiligen Gesellschaft.* Frankfurt/M.

Kołodziej, R. (2008): *Problemy terminologiczne w tłumaczeniu polskiego kodeksu pracy na język niemiecki.* In: Lingua Legis 16/2008. 38–47.

Kołodziej, R. (2011): *Probleme der Äquivalenzherstellung bei der Übersetzung von polnischen Fachtexten ins Deutsche am Beispiel des polnischen Vertrages der GmbH.* In: Z. Weigt (Hg.) Studien zur Germanistik. Rocznik Germanistyczny numer 4 (2011). 191–203.

Krzemińska-Krzywda J. (2004): *Problematyka spójności terminologicznej w tłumaczeniu dokumentów audytowych na język niemiecki.* In: Lingua Legis 12/2004. 62–69.

Kubacki, A. (2003): *Wybrana problematyka tłumaczeń ekonomicznych w warsztacie tłumacza przysięgłego.* In: K. Hejwowski (Hg.) Teoria i dydaktyka przekładu. Olecko. 129–138.

Kubacki, A. (2005): *Strategie tłumaczenia derywatów z -ung na przykładzie tekstu prawniczo-ekonomicznego.* In: Lingua Legis 13/2005. Warszawa. 104–108.

Kubacki, A. (2008): *Analiza ilościowa i jakościowa derywatów z -ung w niemieckim języku prawniczo-ekonomicznym.* In: Przegląd Glottodydaktyczny 25/2008. Warszawa. 53–72.

Kuklasińska, J. (2009): *Dialekt globalnej wioski czyli specyfika e-komunikacji w korporacjach.* In: Komunikacja Specjalistyczna 2. Specyfika języków specjalistycznych. 227–245.

Lukszyn, J. (2002): *Języki specjalistyczne. Słownik Terminologii Przedmiotowej.* Warszawa.

Lukszyn, J. (Hg.) (2005): *Języki specjalistyczne. Słownik terminologii przedmiotowej.* Warszawa.

Lukszyn, J./ W. Zmarzer (2006): *Teoretyczne podstawy terminologii.* Warszawa.

Łompieś, J. (2009a): *Bariery i zakłócenia w procesie „business communications" (cz.1).* In: Komunikacja specjalistyczna 1. 69–81.

Łompieś, J. (2009b): *Bariery i zakłócenia w procesie „business Communications" (cz.2).* In: Komunikacja Specjalistyczna 2. Specyfika języków specjalistycznych. 166–179.

Łompieś, Jan (2010): *Bariery i zakłócenia w procesie „business communications"* – (cz. III). Odbiorca komunikatu w business communication. In: Komunikacja specjalistyczna 3. Interkulturowy aspekt komunikacji specjalistycznej. 152–167.

Maliszewski, J. (Hg.) (2007): *Special Lexis in Business Interpretation – Fachlexik Beim Wirtschaftsdolmetschen. Translation-Interpretation-Communication.* Częstochowa.

Mamet, P. (2005): *Język w służbie menedżerów – deklaracja misji przedsiębiorstwa.* Katowice.

Matulewska, A. (2005): *Własność i zobowiązania w aspekcie translatorycznym polsko-angielskim i angielsko-polskim.* In: Investigationes Linguisticae, vol. XII, Poznań, December 2005. 62–76.

Nycz, K. (2009): *Fachterminologie als Mittel des Fachwissenstransfers. Dargestellt am Beispiel der deutschen Börsenberichterstattung.* Hamburg.

Ohnacker, K. (1992): *Die Syntax der Fachsprache Wirtschaft im Unterricht Deutsch als Fremdsprache.* Frankfurt/M.

Olpińska, M. (2009): *Polski i niemiecki język specjalistyczny prawa – możliwości i ogranicze-nia dydaktyki tłumaczenia testów specjalistycznych*. In: Komunikacja Specjalistyczna 2. Specyfika języków specjalistycznych. 79–92.

Olpińska-Szkiełko, M. (2010): *Dydaktyka niemieckiego języka specjalistycznego prawa i eko-nomii w praktyce. Koncepcja serii podręczników „Polens Wirtschafts- und Rechtssystem"*. In: Lingwistyka Stosowana 3 (2010). 209–217.

Pfeiffer, W. (1990): *Deutsch als Fachsprache in der Deutschlehrerausbildung und -fortbildung*. Poznań.

Reinmuth, M. (2009): *Vertrauen und Wirtschaftssprache. Glaubwürdigkeit als Schlüssel für er-folgreiche Unternehmenskommunikation*. In: Moss, Ch. (Hg.) Die Sprache der Wirtschaft. Wiesbaden. 127–145.

Reuter, E. (2001): *Wirtschaftstexte*. In: G. Helbig/ L. Götze/ G. Henrici/ H.-J. Krumm (Hg.) Deutsch als Fremdsprache. Ein internationales Handbuch. 1. Halbband. Berlin, New York. 573–582.

Roelcke, T. (1999): *Fachsprachen*. Berlin.

Rybińska, A.N. (2010): *Interkulturowość specjalistyczna w świecie biznesu*. In: Komunikacja specjalistyczna 3. Interkulturowy aspekt komunikacji specjalistycznej. 188-195.

Schaarshuh, F.-J. (1991): *Wirtschaftsdeutsch – Deutsche Fachsprache der Wirtschaft?* In: Deutsch als Fremdsprache 28, 3 / 1991. 140–145.

Schaeder, B. (1995): *Grundkurs Angewandte Sprachwissenschaft*. Siegen.

Schlak, T. (2000): *Wirtschaftsdeutsch – Definitionsversuche eines undefinierbaren Begriffs*. Deutsch als Fremdsprache in Korea, 6. 150–164.

Schwenk, H.-J. (2010a): *Fachdiskurs und Expertendiskurs*. In: Tekst i dyskurs / Text und Diskurs 3/2010. 181–197.

Schwenk, H.-J. (2010b): *Fachlichkeit, Fachsprachlichkeit und Fachsprachendidaktik*. In: Glot-todidactica. Vol. 36 (2010). 69–82.

Siewert, K. (2010): *Semantische Analyse juristischer Fachwörter am Beispiel der Terminologie des Handelsrechts: eine deutsch-polnische kontrastive Studie*. Bydgoszcz.

Sikora, J. (1997): *Zum syntaktisch-semantischen Verhältnis zwischen dem Grund- und Bestim-mungswort bei nominalen Zusammensetzungen des Wirtschaftsdeutschen im Kontrast mit analogen Formen des Polnischen*. In: Studia Germanica Gedanensia 4 (1997). 91–102.

Skowronek, B. (2001): *O nauczaniu języków specjalistycznych*. In: A. Kątny (Hg.) Języki fa-chowe, problemy dydaktyki i translacji [...]. Olecko. 115–123.

Skowronek, B. (2002): *Einige Bemerkungen zum Fachsprachenunterricht*. In: Scripta Neophi-lologica Posnaniensia. 151–156.

Szadyko, S. (2008): *Skrótowce w rosyjskim i polskim technolekcie business Communications*. In: Przegląd Glottodydaktyczny Band 25. 15–33.

Szubert, R. (2008): *Rechtssprache als Gegenstand der Übersetzungsdidaktik*. In: F. Grucza/ M. Olpińska/ H.-J. Schwenk (Hg.) Translatorik in Forschung und Lehre der Germanistik. Beiträge der Jahrestagung und internationalen wissenschaftlichen Konferenz des Verban-des Polnischer Germanisten [...] Łódź 9–11.5.2008, Bronisławów. Warszawa. 222–237.

Szwed, I. (2003): *Implizite direktive Sprechakte in deutschsprachigen Geschäftsbriefen*. In: K. Teržan-Kopecky/ T. Petrič (Hg.) Germanistik im Kontaktraum Europa II. Maribor. 394–404.

190 Paweł Bąk

Szwed, I. (2010): *Specyfika listu handlowego jako przedmiotu badań lingwistyki tekstów specjalistycznych*. In: Stylistyka. XIX (2010). Opole. 323–342.

Tylek-Hydryńska, E. (2000): *Interkulturelle deutsch-polnische Wirtschaftskommunikation. Probleme und Mißverständnisse im Geschäftsalltag*. In: R. Ehnert (Hg.) Wirtschaftskommunikation kontrastiv. Frankfurt/M. 159–188.

Wasilewski, O. (2009): *Kultura korporacyjna – język, pojęcia składowe i ich obszary semantyczne*. In: Komunikacja specjalistyczna 2. Specyfika języków specjalistycznych. 199–217.

Wasilewski, O. (2010): *Kultura korporacyjna – pojęcia i ich obszary semantyczne 2*. In: Komunikacja specjalistyczna 3. Interkulturowy aspekt komunikacji specjalistycznej. 168–187.

Waszczuk-Zin, A. (2011): *Wybrane problemy przekładu terminologii ubezpieczeniowej*. In: Komunikacja specjalistyczna 4. Od terminologii do leksykografii. 239–244.

Wawrzyniak, Z. (1980): *Einführung in die Textwissenschaft. Probleme der Textbildung im Deutschen*. Warszawa.

Weigt, Z. (2004): *Język specjalistyczny – dydaktyka – słownik*. In: Języki Specjalistyczne 4: Leksykografia terminologiczna – teoria i praktyka. Warszawa. 202–212.

Weigt, Z. (2006): *Fachtext als Gegenstand der Didaktik*. In: F. Grucza/ H.-J. Schwenk/ M. Olpińska (Hg.) Texte. Gegenstände germanistischer Forschung und Lehre. Materialien der Jahrestagung des Verbandes Polnischer Germanisten, 12.–14.5.2006 Toruń. Warszawa. 166-174.

Wierzbicka, M./ Z. Wawrzyniak (Hg.) (2011): *Grammatik im Text und im Diskurs*. Frankfurt/M. u.a.

Wolff, G. (1976): *Masche oder Manipulation? Zur Metaphernbildung in Wirtschaftstexten*. In: Praxis Deutsch 16. 51–54.

Wróblewski, B. (1948): *Język prawny i prawniczy*. Kraków.

Zając J. (2012): *Linguistic Issues of Email Discourse in Business Communication*. In: Studia Germanica Gedanensia 27. 245–256.

Zając, J. (2013a): *Communication in Global Corporations. Successful Project Management via Email*. Frankfurt/M.

Zając, J. (2013b): *Specjalistyczna komunikacja multikulturowa i multilingwalna w korporacjach globalnych*. Warszawa.

Zaliwska-Okrutna, U. (2012): *Teorie terminologicznie trudne, trafne i telegeniczne*. In: D. Brzozowska/ W. Chłopicki (2012), Język a komunikacja 31: Termin w językoznawstwie. Kraków. 49-57.

Zwierzchoń-Grabowska, E. (2010): *Interlingwalna interdyscyplinarna komunikacja specjalistyczna*. In: S. Grucza/ A. Marchwiński/ M. Płużyczka (Hg.) Translatoryka. Koncepcje – Modele – Analizy. Warszawa. 439–449.

Żmudzki, J. (1998): *Konsekutivdolmetschen: Handlungen, Operationen, Strategien*. Fraknfurt/M.

Żmudzki, J. (2005): *Ekspansja specjalistycznych tekstów docelowych w tłumaczeniu konsekutywnym*. In: M. Piotrowska (Hg.) Język a komunikacja VIII. Język trzeciego tysiąclecia. Tom 2: Konteksty przekładowe. 349–360.

Der sprachliche Ausdruck von Ursache-Wirkung-Beziehungen im Bereich der Konditionalität in deutschen Wirtschaftstexten

Mariola Wierzbicka

(Universität Rzeszów)

Einleitung

In dem vorliegenden Beitrag wird der sprachliche Ausdruck von Ursache-Wirkung-Beziehungen im Bereich der Konditionalität in deutschen Fachtexten diskutiert. Das Konditionalsatzgefüge als eine der bei weitem häufigsten konditionalen Satzverbindungen mit nahezu unbeschränktem Anwendungsbereich stellt eine Ursache-Wirkung-Relation besonderer Art dar. Im Konditionalsatz wird eine notwendige Ursache genannt, die das Eintreten des im übergeordneten Satz genannten Sachverhalts bedingt. Das durch den Konditionalsatz bezeichnete Geschehen geht dem Geschehen im übergeordneten Satz voraus.

Außer der Konditionalsatzgefüge gibt es im Deutschen zur Bezeichnung der Ursache-Wirkung-Beziehungen im Bereich der Konditionalität eine ganze Menge von Möglichkeiten, wie Partizipialphrasen und Nominalphrasen, Infinitivphrasen sowie die uneingeleiteten Adverbialsätze, die als Konkurrenzformen zu den subjunktional eingeleiteten kausalen Adverbialsätzen aufgefasst werden können.

Im Folgenden werden unter Berücksichtigung verschiedener morphologischer, syntaktischer und semantischer Faktoren Zeitstufenbezüge und das gegenseitige Verhältnis der Tempora, die als Zeitinformatoren gelten, in den konditionalen Adverbialsatzgefügen im Deutschen einerseits untersucht und der Zeitwert der relativen Tempora, also unter anderem ihre zeitliche Leistung in deutschen Wirtschaftstexten, andererseits überprüft. Darüber hinaus geht es in dem vorliegenden Beitrag um die Kompatibilität der Tempora im übergeordneten Satz und im konditionalen Adverbialsatz. Diese Kompatibilität wird durch Analysen des deutschen Korpus festgestellt, wobei die Bedingungen für Tempuskombinationen gefunden bzw. formuliert und die Restriktionen für solche Kombinationen festgelegt werden.

Darüber hinaus wird anhand eines syntaktischen Bereichs, und zwar des konditionalen Adverbialsatzgefüges im Deutschen, die Kategorie der relativen Konditionalität als eine formal und funktional komplexe syntaktische Kategorie behandelt, die durch das Vorhandensein und durch das Zusammenwirken einer größeren Zahl unterschiedlicher sprachlicher an der Bedeutungskonstituierung von Konditionalsatzgefügen beteiligter Mittel, und zwar morphologischer, syntaktischer und lexikalisch-semantischer, bezeichnet wird. Die sprachlichen Mittel, zu denen bei weitem nicht nur die Einleitewörter und als relative Tempora gebrauchte, bestimmte Tempusformen des Verbs gezählt werden, gehören verschiedenen Sprachsystemebenen an und konstituieren die Bedeutung von konditionalen Satzgefügen durch ihr funktionales Zusammenwirken. Aus diesem Grund werden solche Analysekriterien miteinbezogen, wie Tempuskombinationen im Konditionalsatz und im übergeordneten Satz sowie Zeitstufenbezug des betreffenden Satzgefüges (M. Wierzbicka 2013:132–137).

1. Die temporalen Verhältnisse in den Konditionalsatzgefügen

Was die üblichen und möglichen Tempuskombinationen in den Konditionalsatzgefügen anbelangt, so können die Tempusgramme in den übergeordneten Sätzen sowie in Konditionalsätzen im Deutschen übereinstimmen. Außer den Kombinationen von gleichen Tempusformen (vgl. (1)-(5)) erscheinen auch andere Tempuskombinationen im übergeordneten Satz und im Konditionalsatz.

(1) Obendrein werden Wettbewerbsverzerrungen ausgeschlossen, **sofern** Konkurrenten im In- und Ausland gleich viel zahlen müssen, wenn sie die Atmosphäre als CO2-Deponie nutzen. Je größer der Markt ist, desto größter sind also die Vorteile des Emissionshandels. (ZEIT 10(00210) 18.03.2010; Online-Ausgabe)

(2) Medien, die mit dem Enhanced-IDE-Laufwerk von Philips, Hamburg, beschrieben werden, lassen sich auch in DVD-ROM-Drives lesen, **sofern** diese sich an die Spezifikationen der Optical Storage Technical Association halten. (COM 97(01670) 10.04.1997:18; Online-Ausgabe)

(3) Der fehlende Optimismus, den der führende Halbleiterhersteller zumindest offiziell der Idee des SOC entgegenbringt, könnte allerdings auch widerlegt werden, **wenn** sich das zugekaufte Know-how von Chips & Technologies doch einmal im Silizium einer CPU niederschlüge. (COM 98(00176) 15.01.1998:20; Online-Ausgabe)

(4) Lob für Kreisel Wenn der Klausabend des TCS ohne Klaus stattfindet, dann geht Hans Lieberherr, Präsident der TCS Regionalgruppe Wil, in seiner Begrüssung einfach davon aus, der Klaus hätte, **sofern** er gekommen wäre, genau das gesagt, was er sage. (GAT 08(05566) 17.11.2008:41; Online-Ausgabe)

(5) **Insofern** bin ich zuversichtlich, dass er den Netzbeschluss umsetzen wird, **sofern** die Thurgauerinnen und Thurgauer zustimmen werden. (GAT 11(07766) 23.04.2011:29)

Die zeitlichen Beziehungen zwischen beiden Teilen eines Konditionalsatzgefüges hängen in besonderen Fällen auch von dem Inhalt des Satzes ab.

In den Konditionalsatzgefügen der Vorzeitigkeit, in denen das Geschehen im übergeordneten Satz und das Konditionalsatzgeschehen nur ein Teilintervall gemeinsam haben, wird zum Ausdruck gebracht, dass das Konditionalsatzgeschehen vor dem Geschehen im übergeordneten Satz vor der Referenzzeit abgeschlossen wurde.

In den Konditionalsatzgefügen der partiellen Vorzeitigkeit, in denen das Geschehen im übergeordneten Satz und das Konditionalsatzgeschehen nur ein Teilintervall gemeinsam haben, wird zum Ausdruck gebracht, dass das Geschehen im übergeordneten Satz irgendwann innerhalb der durch das Konditionalsatzgeschehen eingenommenen Zeitspanne begonnen hat und zur Referenzzeit noch andauert. Dabei gilt das Konditionalsatzgeschehen, das wie das Geschehen im übergeordneten Satz über eine gewisse Duration verfügt und das eine Zeitlang parallel zum Geschehen im übergeordneten Satz verlief, zur Referenzzeit nicht mehr. In den meisten Fällen liegt kein gleichzeitiger Beginn der Teilsatzgeschehen vor, sondern das Geschehen im übergeordneten Satz beginnt erst, nachdem das Konditionalsatzgeschehen schon eine Zeitlang verläuft. (vgl. (6)-(8)).

(6) **Sofern** die fachspezifischen Bestimmungen eine Anwesenheitspflicht bei Lehrveranstaltungen vorsehen, ist die regelmäßige Teilnahme an den für das Modul vorgesehenen Lehrveranstaltungen Voraussetzung für die Zulassung zu einer Modulprüfung. (ZEIT 10(00302) 25.02.2010; Online-Ausgabe)

(7) Allerdings erlaubt das Gesetz zur Organtransplantation von 2007 weiterhin, dass Organe von Gefangenen transplantiert werden, **sofern** diese oder ihre Angehörigen zugestimmt haben. (ZEIT 10(00278) 28.01.2010; Online-Ausgabe)

(8) Die Annahme war verrückt, denn **falls** der große Immobilienkrach käme, dann wohl überall, in Florida wie in Kalifornien, in Industrieregionen wie in Dienstleistungsgegenden. (ZEIT 10(00384) 27.05.2010; Online-Ausgabe)

Bei Vergangenheitsbezug werden Geschehen bei der Vorzeitigkeit als abgeschlossen dargestellt. In der Regel wird Präteritum in Aoristbedeutung[1] (vgl. (9)) verwendet. Darüber hinaus kann auch Perfekt vorkommen (vgl. (10)), was durch das Auftreten des Präsens im übergeordneten Satz bedingt wird.

(9) Der ehemalige Arzt hatte 1989 Disketten mit Aids-Informationen weltweit verschickt, auf denen sich ein „Zeitbombenprogramm" befand, das alle Daten auf der Festplatte zerstörte, **falls** der Empfänger nicht mindestens 198 Dollar auf sein Konto in Panama überwies. (COM 93(01700) 13.05.1993:1; Online-Ausgabe)

(10) Dabei wurde angenommen, dass die Sihltiefstrasse in 15 Jahren vielleicht spruchreif wird - so lange hält die nun vorgenommene Versiegelung der Oberflächen, danach müsste renoviert werden, **sofern** das „Provisorium" länger herzuhalten hätte. (ZÜT 99(18632) 14.07.1999; Online-Ausgabe)

---

1 Das deutsche Präteritum kann sowohl Imperfekt- als auch Aoristbedeutung haben. Durch Präteritum in Aoristbedeutung werden Geschehen in ihrem Abschluss also als abgeschlossen dargestellt; durch Präteritum in Imperfektbedeutung dagegen in ihrem Nicht-Abschluss. Vgl. dazu M. Wierzbicka (2013: 41f.)

Bei Vergangenheitsbezug werden Geschehen bei der partiellen Vorzeitigkeit als nicht abgeschlossen dargestellt. In der Regel wird Präteritum in Imperfektbedeutung (vgl. (11) und (12)) verwendet.

(11) Bisher gab es keine gesetzliche Handhabe gegen Mobiltelefonierer in Passagierflugzeugen, wohl aber weigerten sich viele Piloten zu starten, **falls** nicht alle Handys abgeschaltet waren. (COM 97(00963) 06.03.1997:31; Online-Ausgabe)

(12) Mit dem Geld konnten Olsson und Macchi die effizienteste Technik für Dämmung, Energie- und Wasserversorgung einkaufen oder, **falls** sie noch nicht auf dem Markt erhältlich war, selber entwickeln. (ZEIT 10(00295) 20.05.2010; Online-Ausgabe)

Die Kombination von Plusquamperfekt im einen oder anderen Teilsatz eines Konditionalsatzgefüges im Deutschen kommt oft vor. Dabei handelt es sich um Vorvergangenheit des gesamten Konditionalsatzgefüges. Das Plusquamperfekt erscheint jedoch dann im Konditionalsatz, wenn nicht nur die Vorzeitigkeit des Konditionalsatzes zum übergeordneten Satz, sondern auch die Vorzeitigkeit des gesamten Konditionalsatzgefüges, d.h. Ereignis- und Lokalisierungspunktes, zum Referenzzeitpunkt, der ebenfalls in der Vergangenheit liegt, zum Ausdruck gebracht werden soll. Diese Kombination ist nicht nur auf vorzeitige Konditionalsatzgefüge beschränkt, sondern kann zur Wiedergabe aller Zeitverhältnisse bei Vorvergangenheit verwendet werden (vgl. (13)).

(13) Ahtisaaris Plan wäre nicht die schlechteste, **sofern** ihn der Sicherheitsrat übernommen hätte. (GAT 07(01224) 03.11.2007:2; Online-Ausgabe)

Die Vorvergangenheit kann auch durch die Kombination von Plusquamperfekt im übergeordneten Satz und Präteritum im Konditionalsatz zum Ausdruck gebracht werden (vgl. (14) und (15)).

(14) Die Gespräche finden unter strikter Geheimhaltung statt, nachdem Posner mit Sanktionen gedroht hatte, **falls** Infohäppchen nach außen dringen sollten. (ZÜT 00(04314) 17.02.2000:31; Online-Ausgabe)

(15) Der Stiftungsrat folgte mit seiner Entscheidung der Empfehlung der Wettbewerbsjury, die dieses Vorgehen empfohlen hatte, **sofern** sich das Siegerprojekt nicht im Sinne des Baugesetzes überarbeiten ließe. (GAT 98(40141) 16.06.1998; Online-Ausgabe)

Die Kombination von Plusquamperfekt im Konditionalsatz und Präteritum im übergeordneten Satz weist in der Regel auch auf zeitlich nicht lokalisierte Konditionalsatzgefüge hin oder aber auf ausstehende Geschehen in der Vergangenheit (vgl. (16)).

(16) Die deutliche Reserve verlieh ihm, wie er später beschied, noch zusätzlich Sicherheit, **sofern** er die überhaupt gebraucht hatte. (ZÜT 97(03959) 13.02.1997:45; Online-Ausgabe)

Mitunter wird die Vorzeitigkeit eines Konditionalsatzgeschehens nicht nur durch ein zusammengesetztes Tempus mitgeteilt. Auch durch das Präteritum im Konditionalsatz kann Abschluss eines Konditionalsatzgeschehens signalisiert werden. Präteritum, das in diesen Fällen durch Perfekt ersetzt werden kann, erscheint auch bei Gegenwartsbezug in Kombination mit Präsens im übergeordneten Satz (vgl. (17) und (18)).

(17) Das kann entscheidend sein, **falls** vor einem einspaltigen Text eine Spalte mit Zahlen gesetzt worden ist. (COM 98(04954) 12.11.1998:32; Online-Ausgabe)

(18) Das System überprüft dabei, ob auf den WWW-Servern der Hersteller, **sofern** vorhanden, Veränderungen bei den Produkten eingetreten sind. (COM 96(01973) 30.05.1996:8; Online-Ausgabe)

In den Konditionalsatzgefügen der partiellen Vorzeitigkeit können die Geschehen im übergeordneten Satz und im Konditionalsatz über eine gewisse Zeit parallel verlaufen und beziehen sich nicht nur auf den zeitlichen Bereich der eigentlichen Gegenwart, d.h. der aktuellen Sprechsituation bzw. des Redemomentes in der Gegenwart, sondern darüber hinaus auch auf die Zeit danach, also die Zukunft. Aus diesem Grund lassen sich Gegenwarts- und Zukunftsbezug bei Konditionalsatzgefügen nicht immer eindeutig voneinander trennen.

In Konditionalsätzen mit Zukunftsbezug tritt transponiertes Präsens mit Zukunftsbezug auf, das sich entweder mit einem ebenfalls transponierten Präsens mit Zukunftsbezug verbindet, sofern die Konditionalsatzgefüge zeitlich lokalisiert sind (vgl. (19)), oder mit Futur I im übergeordneten Satz (vgl. (20) und (21)).

(19) Dazu gehören preemptives Multitasking, damit die Prozessorleistung gleichmäßig auf die Applikationen verteilt wird, und ein geschützter Hauptspeicher, damit das System stabil weiterläuft, **falls** eine Anwendung abstürzt. (COM 97(00139) 16.01.1997:1; Online-Ausgabe)

(20) Dieser Zahl entsprechen 18 Exabyte oder rund 1800 Gigabyte Adreßraum - genug für künftige Anwendungen, **falls** Speicher dieser Dimension verfügbar werden. (COM 97(00225) 16.01.1997:20; Online-Ausgabe)

(21) Das Ergebnis dieser Anstrengungen wird, **falls** alles gut geht, ein Schiff sein, das dank seitlich herausgeschobener zusätzlicher Solarflächen eine durchschnittliche Geschwindigkeit von acht Knoten (15 Kilometern je Stunde) schafft. (ZEIT 10(00368) 25.02.2010; Online-Ausgabe)

In den Konditionalsätzen im Deutschen erscheint zum Ausdruck zukünftiger Geschehen tatsächlich fast ausschließlich transponiertes Präsens mit Zukunftsbezug. In der Regel wird hier Futur I im übergeordneten Satz in Verbindung mit Präsens im Konditionalsatz verwendet (vgl. (22)). Durch die Verwendung von Präsens im Konditionalsatz bei Zukunftsbezug wird zum Ausdruck gebracht, dass das Konditionalsatzgeschehen mitunter schon zur Sprechzeit gilt. Eine analoge Situation liegt dann vor, wenn im übergeordneten Satz Präsens verwendet wird (vgl. (23)). Dass die Geschehen auch schon zur Sprechzeit gelten, ergibt sich mitunter allein aus ihrer Eigensemantik.

> (22) Schwieriger wird es, **wenn** man noch eine offene Rechnung hat. (GAT 11(009922) 05.01.2011:35; Online-Ausgabe)

> (23) **Falls** die privaten Schlüsseldaten verloren gehen, können gespeicherte Mails nie mehr gelesen werden. (ZEIT 10(00085) 04.03.2010; Online-Ausgabe)

In den Konditionalsatzgefügen der partiellen Vorzeitigkeit erscheint bei Gegenwartsbezug gewöhnlich im übergeordneten Satz Präsens und bei Vergangenheitsbezug in der Regel Präteritum in Imperfektbedeutung, wenn die vom Konditionalsatz bezeichnete Zeitspanne durch das Geschehen vollständig ausgefüllt wird oder aber, wenn das Geschehen in der relevanten Zeitspanne häufiger stattfindet und die Gesamtheit von Wiederholungen, die diese Zeitspanne ausmacht, noch zur Referenzzeit andauert (vgl. (24)).

> (24) Dessen Kreditmittel stehen prinzipiell allen Unternehmen zu, **sofern** ihre akuten Schwierigkeiten vor allem auf die Finanzkrise zurückzuführen sind. (ZEIT 10(00234) 18.02.2010; Online-Ausgabe)

Bei Gegenwartsbezug erscheint in den Konditionalsatzgefügen in der Regel Präsens in beiden Teilsätzen (vgl. (25)).

> (25) **Falls** ein Dritter die Polarisation der Photonen mit einem Filter misst, kommen diese bei Bob anders polarisiert an. (ZEIT 10(00253) 18.02.2010)

2. Zeitstufenbezug des Konditionalsatzgefüges

Da die Einordnung des jeweiligen Konditionalsatzgefüges durch den absoluten Zeitbezug des Prädikates im übergeordneten Satz in eine der drei Zeitstufen Vergangenheit, Gegenwart und Zukunft erfolgt, weist das Adverbialsatzgefüge demzufolge in der Regel Vergangenheits-, Gegenwarts- bzw. Zukunftsbezug auf. Aufgrund ihrer Eigensemantik kommen die Konditionalsatzgefüge als zeitlich lokalisierte in der Regel nur mit Vergangenheits-, Gegenwarts- oder Zukunftsbezug oder aber mit omnitemporalem Zeitstufenbezug sowie als zeitlich nicht lokalisierte bzw. wiederholte Konditionalsatzgefüge vor, die darüber hinaus in allen drei Zeitstufen vorkommen.

Der entsprechende Zeitstufenbezug ergibt sich jedoch nicht bei allen Adverbialsatzgefügen direkt aus dem Tempusgebrauch im Prädikat des übergeordneten Satzes. Mitunter bezieht sich der Adverbialsatz auf das Geschehen im Infinitiv und ordnet dieses darüber hinaus zeitlich ein, wenn im übergeordneten Satz ein komplexes Prädikat erscheint, das aus einem finiten Verb und dem Infinitiv mit oder ohne *zu* eines zweiten Geschehens besteht. In solchen Fällen wird das Adverbialsatzgefüge in eine der drei Zeitstufen nicht durch das Tempusgrammem im finiten Verbteil des übergeordneten Satzes lokalisiert, weil die Lokalisierung des Adverbialsatzgefüges in den meisten dieser Fälle direkt aus dem absoluten Zeitbezug des Adverbialsatzgeschehens ablesbar ist. Wenn beispielsweise Präsens mit Gegenwartsbezug im finiten Teil des Prädikats im übergeordneten Satz oder Futur bzw. ein transponiertes Präsens mit Zukunftsbezug erscheint, dann weist das gesamte Adverbialsatzgefüge Zukunftsbezug auf, weil die Ausführung des Geschehens im abhängigen Infinitiv noch aussteht und demzufolge als zukünftig aufgefasst wird (vgl. (26)).

(26) Dynamische Web-Seiten steigern die Effizienz von Internet-Servern signifikant Aufwendig gestaltete Web-Seiten mit Sound und bewegten Grafiken verursachen bei den Web-Site-Anbietern hohe Kosten. Sie steigen exponentiell, **falls** die Seite häufige Zugriffe zu verzeichnen hat. (COM 97(01347) 20.03.1997:2; Online-Ausgabe)

Vergangenheitsbezug liegt dann vor, wenn das Prädikat im übergeordneten Satz im Perfekt, Präteritum, Plusquamperfekt sowie *würde* + Infinitiv I oder II oder aber in einem transponierten Präsens oder Futur mit Vergangenheitsbezug im Deutschen steht. Vergangenheitsbezug liegt im Deutschen darüber hinaus auch dann vor, wenn im übergeordneten Satz eine der beiden von R. Thieroff (1992) „Perfekt II" und „Plusquamperfekt II" genannten "Doppelumschreibungen" wie Präsens/Präteritum von *haben* bzw. *sein* + Partizip II + *gehabt* bzw. *gewesen* erscheint, die in meinem deutschen Korpus jedoch nicht belegt sind.[2]

Bei Vergangenheitsbezug jedoch erscheint im Konditionalsatz primär Präteritum in Aoristbedeutung, meistens in Verbindung mit Präteritum (vgl. (27)) bzw. mit Perfekt (vgl. (28)).

(27) Dazu gehörten vor allem Abschläge auf Lieferpreise an Hardwarehersteller, **sofern** diese eine pauschale Lizenzgebühr auf Betriebssysteme für alle verkauften Rechner eines bestimmten Modells entrichteten. (COM 93(03118) 16.01.1993:1; Online-Ausgabe)

(28) Bereits damals hat man alle EU-Staaten zur Teilnahme an der gemeinsamen EU-Währung vorgesehen, **sofern** sie die sogenannten Konvergenzkriterien erfüllten. (ZEIT 11(00228) 08.09.2011; Online-Ausgabe)

Bei Vergangenheitsbezug des Konditionalsatzgefüges, bei dem die Dauer des Geschehens im übergeordneten Satz bis zu seinem Abschluss und das Eintreten bzw. der Vollzug des Konditionalsatzgeschehens mitgeteilt wird, kommt sowohl im

---

2   Vgl. R. Thieroff (1992: 208–219, 246–250); und allgemein zu diesen Formen U. Hauser-Suida/ D. Hoppe-Beugel (1972: 254–264); sowie in den Temporalsatzgefügen der Vorzeitigkeit U. Engel (1988: 262), (2009: 145–146)

übergeordneten Satz als auch im Konditionalsatz Präteritum in Aoristbedeutung
vor (vgl. (29)). In den Briefen oder in wörtlicher Rede ist auch Perfekt im übergeordneten Satz in Verbindung mit Präteritum im Konditionalsatz belegt (vgl. (30)).

(29) Nur so konnte vor einigen Tagen der Chef des nationalen Luft- und Raumfahrt-
konzerns Aerospatiale Matra, Philippe Camus, unverhohlen damit drohen, bestimmte industrielle Aktivitäten nach Frankreich zu holen, **sofern** Deutschlands
Öffentlichkeit damit Probleme hätte. (SAL 00(11094) 11.03.2000; Online-Ausgabe)

(30) Allerdings erlaubte das Gesetz zur Organtransplantation von 2007 weiterhin,
dass Organe von Gefangenen transplantiert wurden, **sofern** diese oder ihre Angehörigen zugestimmt haben. (ZEIT 11(00277) 28.01.2011; Online-Ausgabe)

Darüber hinaus kann bei Vergangenheitsbezug und unabhängig davon, ob das
Konditionalsatzgefüge zeitlich nicht lokalisiert (vgl. (31)) oder aber zeitlich lokalisiert ist (vgl. (32)), im Konditionalsatz Plusquamperfekt in Verbindung mit
Präteritum bzw. Perfekt im übergeordneten Satz vorkommen, wenn der Abschluss
eines durativen Geschehens oder ein Bezug zum folgenden zeitlichen Referenzzeitpunkt mitgeteilt werden soll (vgl. (31) und (32)). Darüber hinaus steht bei den
Konditionalsatzgefügen mit Vergangenheitsbezug das Geschehen im übergeordneten Satz entweder zur Referenzzeit völlig aus oder bezieht sich auf den Refe-
renzpunkt in der Vergangenheit, von dem aus es gesehen wird.

(31) Um diesen Mechanismus zu verstehen, war nie viel Bildung notwendig, **sofern**
man den vorhergehenden gesehen hatte. (TTT 97(49927) 19.12.1997; Online-
Ausgabe)

(32) Zwar könnten sich die Betroffenen noch in anderen expandierenden Unterneh-
mensbereichen bewerben, **falls** sie dort allerdings keine Beschäftigung gefunden
hatten, haben sie gehen müssen. (COM 93(0381) 28.10.1993:6; Online-Ausgabe)

Gegenwartsbezug liegt dann vor, wenn im Prädikat des übergeordneten Satzes
Präsensgrammeme erscheinen, die nicht transponiert sind, oder aber transponierte
Futurgrammeme mit Gegenwartsbezug (vgl. (34)).

(33) Ibis wird vom Bundesminister für Forschung und Technologie gefördert. Das
System ist so konzipiert, daß alle Arten von Dokumenten einbezogen sein können, **sofern** es geeignete Software-Module, die diese auf dem Bildschirm lesbar
machen. (COM 97(00886) 72.02.1997:7; Online-Ausgabe)

(34) Noch haben die Firmen nichts entschieden. Sogar Netware werden weiterhin
Chancen eingeräumt, **sofern** die angekündigte Version 4.1 hält, was Novell ver-
spricht. (COM 94(00359) 03.02.1994:6; Online-Ausgabe)

Präsensgrammeme treten am häufigsten in den zeitlich nicht lokalisierten Adverbialsatzgefügen auf, oder sie sind transponiert. Dabei weisen die Adverbialsatzgefüge, in denen transponierte Präsensgrammeme erscheinen, keinen Gegenwarts-

bezug auf, sondern Vergangenheits- bzw. Zukunftsbezug. Am häufigsten erscheint in meinem Korpus das Präsens als "Präsens der Erzählung" mit Vergangenheitsbezug (vgl. (35)).

(35) Immerhin will AMD 1998 rund 15 Millionen K6-Chips produzieren. Andere Branchenbeobachter glauben, daß sich Big Blue mit dem Vertrag eine Hintertür offenhalten will, **falls** es in der Kooperation mit der texanischen Cyrix durch die Konzernmutter National Semiconductor zu Problemen kommt. (COM 98(00841) 05.03.1998:1; Online-Ausgabe)

In anderen Kontexten weisen Präsensgrammeme Zukunftsbezug auf, sofern kein Vergangenheitsbezug vorliegt (vgl. (36)).

(36) Das vierte Opfer könnte Microsoft sein. Die Wettbewerbshüter fordern einen Auslieferungsstopp von Windows 98, **falls** nicht die Koppelung zwischen Betriebssystem und Browser aufgehoben und es Computerherstellern erlaubt wird, einen eigenen Eröffnungsbildschirm zu installieren. (COM 98(02399) 28.05.1998:5; Online-Ausgabe)

Wenn bei Gegenwartsbezug der zeitlich nicht lokalisierten Konditionalsatzgefüge das Ende eines durativen Konditionalsatzgeschehens bzw. ein Bezug zum folgenden zeitlichen Referenzzeitpunkt ausgedrückt werden soll, erscheint mitunter im Konditionalsatz Perfekt (vgl. (37)).

(37) Demnach darf Media Control ihre CD-ROM-Charts nicht mehr herausgeben, **sofern** sie nicht die Reihenfolge der ermittelten Verkaufszahlen widerspiegelt haben. (COM 96(03990) 24.10.1996:5; Online-Ausgabe)

Bei Gegenwartsbezug erscheint gewöhnlich im übergeordneten Satz Präsens, wenn die vom Konditionalsatz bezeichnete Zeitspanne durch das Geschehen vollständig ausgefüllt wird (vgl. (38)) oder aber, wenn das Geschehen in der relevanten Zeitspanne häufiger stattfindet und die Gesamtheit von Wiederholungen, die diese Zeitspanne ausmacht, noch zur Referenzzeit andauert (vgl. (39)).

(38) Die Minen vom Typ PMN-2 verursachen bei Erwachsenen keine tödlichen Verletzungen, ihre Splitter zwingen **gewöhnlich** zur Beinamputation, **sofern** das Opfer den stundenlangen Transport ins nächste Krankenhaus überlebt. (ZEIT 97(01825) 28.03.1997:12; Online-Ausgabe)

(39) Die Direkt Anlage Bank ermöglicht den Kunden, neben Optionsscheinen auch Aktien am gleichen Tag **mehrmals** zu handeln, **sofern** dies über das System „DAB Sekunden-Handel" erfolgt. (FAZ 99(40206) 17.07.1999; Online-Ausgabe)

Zukunftsbezug liegt dagegen dann vor, wenn das Prädikat im übergeordneten Satz im Futur I oder II, im transponierten Präsens mit Zukunftsbezug oder aber im transponierten Perfekt mit Zukunftsbezug und darüber hinaus im Imperativ steht. In den Konditionalsätzen, in denen eindeutig Zukunftsbezug des Konditionalsatzgeschehens vorliegt, werden zukünftige Geschehen gewöhnlich durch transponiertes Präsens mitgeteilt (vgl. (40) und (41)). Zumeist kommt in den Konditionalsatzgefügen mit Zukunftsbezug ein Futur I im übergeordneten Satz vor, das sich mit Präsens im Konditionalsatz verbindet (vgl. (42) und (43)).

(40) »**Falls** die nicht abgeschlossene Steuersache eine Handhabe bietet, einen Teil der Sammlung in staatlichen Besitz übergehen zu lassen, würden die Staatlichen Kunstsammlungen Dresden auf jeden Fall an dem Erwerb einiger Stücke u. U. zu den festgelegten Schätzpreisen interessiert sein.« Teile der Münzsammlung von Heinz Dietel veräußerte Horst Pollack an den Kunsthandel der DDR, der sie ursprünglich ins Ausland verkaufen wollte, dann aber ans Kunstgewerbemuseum Köpenick gab. (ZEIT 10(00233) 28.01.2011; Online-Ausgabe)

(41) **Wenn** Journalisten »inhaltlich bedenklich« oder »unausgewogen« berichten, drohen ihnen künftig sehr hohe Geldstrafen. (ZEIT 11(00001) 06.01.2011; Online-Ausgabe)

(42) Sie werden dann das Erbe sorgfältig prüfen - und **falls** die daran geknüpften Bedingungen für Sie unannehmbar sind, schlagen Sie es mithilfe eines Anwalts aus. (ZEIT 11(00080) 06.01.2011; Online-Ausgabe)

(43) Ein sehr ehrgeiziger Kurs wurde jetzt eingeschlagen, der die DBP Telekom innerhalb von drei bis vier Jahren zu einem leistungsfähigen Wettbewerber machen wird, **sofern** der interne und externe Druck die erforderlichen Veränderungen bewirkt. (COM 94(00405) 03.02.1994:18; Online-Ausgabe)

Die Kombinationen – Perfekt im Konditionalsatz und Futur I im übergeordneten Satz bzw. Perfekt im Konditionalsatz und transponiertes Präsens mit Zukunftsbezug – bei Zukunftsbezug des gesamten Konditionalsatzgefüges sind in meinem Korpus auch belegt. In allen Belegen steht jedoch das Geschehen im übergeordneten Satz zur Sprechzeit aus, während das Konditionalsatzgeschehen schon abgeschlossen und vergangen ist (vgl. (44)).

(44) Dies bedeute, dass die Altstätter Steuerzahler für das Rathaus unter dem Strich gegen 15 Millionen Franken werden berappen müssen, **sofern** die Stadt die Liegenschaft Freihof nicht bis zum Kreditentscheid für das Rathaus wieder verkauft habe. (GAT 11(00188) 01.07.2011:41)

Die konditionalen Adverbialsatzgefüge können außer in einem Gegenwarts-, Vergangenheits- bzw. Zukunftsbezug auch in einem omnitemporalen Zeitstufenbezug vorkommen.[3] Die Geschehen mit omnitemporalem Zeitstufenbezug zeichnen sich dadurch aus, dass sie über keine Lokalisierungszeit verfügen, demzufolge zeitlich nicht lokalisierbar sind und sich gleichzeitig auf alle drei Zeitstufen beziehen. Die entsprechenden Tempusgrammeme aller drei Zeitstufen werden bei dem

---

3   Die Omnitemporalität bzw. die omnitemporalen Adverbialsatzgefüge sollen an dieser Stelle nur kurz angesprochen werden, weil sie aufgrund ihres mehrmaligen Zeitbezuges nicht zum eigentlichen Untersuchungsgegenstand gehören.

omnitemporalen Zeitstufenbezug verwendet und der primäre Zeitstufenbezug der jeweiligen Tempusgrammeme wird auf andere Zeitstufen ausgeweitet. Was die Tempuskombinationen in den omnitemporalen Konditionalsatzgefügen anbelangt, so erscheint Präsens und Perfekt im Deutschen. Im Allgemeinen wird die Omnitemporalität in Einzelbedeutungen gegliedert und demzufolge können allgemeingültige Geschehen entweder subjektcharakterisierend oder generell sein. Infolgedessen werden auch Konditionalsatzgefüge mit subjektsbezogenem Inhalt (vgl. (45)) und mit generellem Inhalt (vgl. (46)) unterschieden.

(45) Die aktuelle Regelung sieht vor, dass Stiefkinder erben, **sofern** der verstorbene Elternteil eine Vermögensbegünstigung ausgesprochen hat, für dieses Erbe aber eine Erbschaftssteuer gezahlt werden muss. (GAT 11(08959) 28.04.2011:28; On-line-Ausgabe)

(46) Addiert man die Zahlen paarweise und zieht jeweils 100 ab, **falls** der Wert größer oder gleich 100 ist, so erhält man den Code 20, 34, 28, 7. (COM 97(00924) 27.02.1997:20; Online-Ausgabe)

Mitunter können Konditionalsätze im Deutschen als uneingeleitete Sätze vorkommen. Dabei werden zwei Gruppen von uneingeleiteten Konditionalsätzen unterschieden, die stilistische Varianten voneinander sind. Die erste Gruppe bilden uneingeleitete Konditionalsätze ohne modales Hilfsverb (vgl. (47)-49)), die zweite mit modalem Hilfsverb *sollen* oder *wollen* im Konjunktiv Präteritum (vgl. (50) und (51)). Unabhängig davon, ob das finite Verb ein Vollverb oder ein Hilfsverb ist, weisen die uneingeleiteten Konditionalsätze immer Erststellung des finiten Verbs auf.

(47) **Scheint** nämlich die Sonne zu stark, sorgt Arne Kist mit der Sonnenblende dafür, dass auch die Schattenseite von Gesichtern hell beleuchtet wird. (GAT 11(02406) 10.08.2011:30; Online-Ausgabe)

48) **Hätte** er früher die Konsequenzen gezogen, wäre ihm, seiner Familie und auch seiner Partei viel erspart geblieben. (NUN 11(00126) 02.03.2011:2; Online-Ausgabe)

(49) **Wäre** sie nicht Mitarbeiterin der russischen Ableger von Einrichtungsmagazinen wie Elle Decor gewesen, damit beauftragt, den Luxus der Oberschicht zu bejubeln - sie hätte sich wie Marie Antoinette fühlen können. (ZEIT 11(00428) 27.10.2011; Online-Ausgabe)

Die Formen der uneingeleiteten Konditionalsätze mit einem Modalverb unterscheiden sich von denen ohne Modalverb, zum einen dadurch, dass sie den Bedeutungsunterschied zwischen den beiden Arten von Konditionalsätzen deutlich formal signalisieren, und zum anderen dadurch, dass sie eine zusätzliche Bedeutungsnuance der Eventualität beinhalten (vgl. (50) und (51)).

(50) **Sollte** es so sein, könnte die globalisierte Landwirtschaft weit mehr in Verruf geraten als durch das Treiben einiger schwarzer Schafe, die Aigner gern als Verursacher des Skandals vermutet. (ZEIT 11(00288) 20.01.2011; Online-Ausgabe)

(51) **Wollten** wir weitermachen, müssten wir also mehrere Hundert Dollar in die Hand nehmen. (ZEIT 11(00131) 12.05.2011; Online-Ausgabe)

Da die uneingeleiteten Konditionalsätze den uneingeleiteten Konzessivsätzen ähneln, wird der Unterschied mitunter durch die Verwendung des initialen *und* in den uneingeleiteten Konzessivsätzen markiert. Außerdem werden Indikativ, Konjunktiv Präteritum oder Konjunktiv Plusquamperfekt im Konditionalsatz (vgl. (52) und (53)) und meist Indikativ oder vereinzelt Konjunktiv Präteritum oder Plusquamperfekt im Konzessivsatz verwendet.

(52) **Scheint** die Sonne nicht, können die Gäste die Aussicht auf die schöne Umgebung und den Hohen Kasten auch vom gemütlichen Wintergarten aus genießen. (GAT 11(04629) 13.05.2011:69; Online-Ausgabe)

(53) **Hätte** er seine Partei weiter selbst geführt und die Ruhe bewahrt, wäre er viel länger Kanzler geblieben, ist sich Merkel sicher. (NUN 11(02523) 28.03.2011:4; Online-Ausgabe)

Bestimmte Konditionalsätze können im Deutschen, wenn auch wesentlich seltener, durch Partizipialkonstruktionen ersetzt werden, wenn sich das Geschehen im Konditionalsatz und das Geschehen im übergeordneten Satz auf dasselbe Subjekt beziehen, also die Handlung des Subjekts durch eine andere Handlung desselben Subjekts hervorgerufen wird. Partizipialkonstruktionen können als gekürzte Sätze aufgefasst werden und kommen in folgenden Varianten vor: als Partizip I zum Ausdruck der Gleichzeitigkeit mit aktivischer Bedeutung, als Partizip II zum Ausdruck der Vorzeitigkeit mit aktivischer Bedeutung bei intransitiven Verben, Vorzeitigkeit mit passivischer Bedeutung bei transitiven Verben.

Partielle Vorzeitigkeit des Konditionalsatzgeschehens gegenüber dem Geschehen im übergeordneten Satz kann vor allem durch Partizip I angezeigt werden (vgl. (54)).

(54) Alle Elemente des Kompromisspakets **berücksichtigend**, kalkuliert der Zentralverband des Baugewerbes (ZDB) mit einer Kostensenkung um drei Prozent. [...] (HAB Nr. 118 vom 22.06.05:1; Online-Ausgabe)

→ Wenn man alle Elemente des Kompromisspakets berücksichtigt, kalkuliert der Zentralverband des Baugewerbes (ZDB) mit einer Kostensenkung um drei Prozent.

Die Vorzeitigkeit des Konditionalsatzgeschehens kann im Deutschen durch Partizipialkonstruktionen (Partizip II) zum Ausdruck gebracht werden. Dabei tritt das Partizip II (Partizip Perfekt) in der Funktion der Vorzeitigkeit nur bei perfektiven transitiven und bei intransitiven Verben auf. Unter den Voraussetzungen, dass zum einen das Prädikat des Konditionalsatzes ein intransitives Verb ist und zum anderen der Konditionalsatz die Handlung des Subjekts im übergeordneten Satz mitteilt, können die subjunktional eingeleiteten Konditionalsätze in Partizipialkonstruktionen mit Partizip Perfekt umgeformt werden.

Die Partizipialkonstruktionen mit Partizip II im Deutschen, die von Konditionalsätzen mit *sein*-Passiv abgeleitet werden, drücken eine reale Bedingung aus, wenn der übergeordnete Satz im Indikativ erscheint, und eine irreale Bedingung, wenn der übergeordnete Satz im Konjunktiv steht (vgl. (55)).

(55) Überraschend war, dass er – enttarnt und **zur Rede gestellt** – „vom normalen Umgangston der linken Szene in einen Behördenjargon "switchte", wie sich einer der Betroffenen wunderte. (BEZ 01(27835) 02.04.2001:10; Online-Ausgabe)

Es soll an dieser Stelle noch auf eine Besonderheit hingewiesen werden. Es gibt im Deutschen auch Partizipialkonstruktionen mit Partizip II von transitiven Verben, die den konditionalen Subjunktor beibehalten, wobei der Konditionalsatz um das Hilfsverb des Prädikats und das Subjekt reduziert wird (vgl. (56) und (57)).

(56) Die Vorschläge - **falls** umgesetzt - werden das Risiko eines Fiaskos deutlich reduzieren. (ZEIT 11(00312) 24.02.2011; Online-Ausgabe)

(57) Eine anonyme Spende lehnten beide ab, denn die Kinder sollen ihren biologischen Vater kennen und, **falls** gewünscht, mit Frank Kontakt halten. (ZEIT 11(00029) 03.03.2011; Online-Ausgabe)

Die partielle Vorzeitigkeit des Konditionalsatzgeschehens wird, wie gesagt, auch durch Partizip I im Deutschen angezeigt (vgl. (58)-(61)).

(58) Derweil sehen sich viele der aufstrebenden Schwellenländer mit wachsender Inflationsgefahr konfrontiert, **ausgehend** von steigenden Lebensmittel- und Rohstoffpreisen. (GAT 11(08172) 27.01.2011:26)

(59) Die Einwohnerrätin forderte inhaltliche wie auch finanzielle Leitplanken, **ausgehend** von der Ist-Situation. (GAT 11(05842) 18.03.2011:45)

(60) Einem Wunsch der Finanzbranche **folgend**, definiert sie zudem Grundanforderungen für außerbörsliche Handelsplätze, die in der Union aktiv sein dürfen. (ZEIT 11(00349) 24.03.2011; Online-Ausgabe)

(61) Diese Ratschläge **berücksichtigend**, wirst du gewiss mit Bravour in den Gemeinderat gewählt. (GAT 11(53559) 14.08.2000:33)

Mitunter kann dieses adverbiale Partizip der Gleichzeitigkeit neben der konditionalen auch die modale, temporale oder aber finale Bedeutung aufweisen, die in manchen Fällen auch vorrangig sein kann. An dieser Stelle soll angemerkt werden, dass die Partizipialkonstruktionen in der Funktion der Gleichzeitigkeit im Polnischen viel häufiger gebraucht werden als im Deutschen, was sich auch in meinem Korpus bestätigt hat.

Die infiniten Konditionalsätze kommen äußerst selten vor. Durch die infiniten Konditionalsätze wird eine Bedingung zum Ausdruck gebracht, die sich auf den Sachverhalt des übergeordneten Satzes bezieht. Dabei wird zum Teil im übergeordneten Satz keine Größe genannt, die als Handlungs-, Zustands- bzw. Vorgangsträger des durch die Infinitivform zum Ausdruck gebrachten Sachverhaltes fungieren könnte. Das Prädikat wird in allen infiniten Konditionalsätzen durch eine Infinitivform mit *zu* konstruiert. Es sind ausschließlich uneingeleitete Nebensätze, die dem übergeordneten Satz folgen (vgl. (62)) oder aber die erste Position in dem übergeordneten Satz besetzten können (vgl. (63)).

(62) Es war nicht richtig, **einen solchen Kompromiss von ihnen zu erwarten.** [...] (WIWO 28.07.2013; Online-Ausgabe)

(63) [...] **Aber ihren Andeutungen nach zu urteilen**, hatte der Fall im vergangenen Mai für Aufsehen gesorgt, weil das Justizministerium sich für die Aufklärung des Falls heimlich massenhaft Telefondaten des Medienunternehmens verschafft haben soll. [...]. (HAB 2013-09-24:12; Online-Ausgabe)

Konditionalsätze können auch in Nominalgruppen transformiert werden. Dabei handelt es sich um eine morphologische Nominalisierung, bei der sich zwar der syntaktische Wert verändert, der semantische Wert jedoch unberührt bleibt. Bei diesen Nominalisierungen wird das Prädikat des konditionalen Adverbialsatzgeschehens substantiviert, und die Prädikatsbestimmungen werden in ein Attribut zu diesen Verbalsubstantiven umgeformt, wobei eine enge Korrelation zwischen den einen konditionalen Adverbialsatz einleitenden Subjunktoren und Präpositionen in den konditionalen Nominalphrasen, die infolge der Nominalisierungen entstehen, existiert (vgl. (64) und (65)).

(64) **Wenn** man bar bezahlst, erhält man 5% Skonto. → **Bei Barbezahlung** erhält man 5% Skonto. (M.W.)

(65) **Wenn** starke Hitze auf das Metall einwirkt, verformt es sich. → **Unter starker Hitzeeinwirkung** verformt sich das Metall. (M.W.)

3. Schlussbemerkungen und Ausblick

In dem vorliegenden Beitrag wurden unter Einbeziehung unterschiedlicher sprachlicher Mittel und anhand von deutschen Quellentexten aus der Fachliteratur detaillierte Untersuchungen zum Zusammenhang zwischen dem semantischen Wert des Konditionalsatzes und der Tempuskombination im Konditionalsatz und im übergeordneten Satz durchgeführt. Es wurden unter Berücksichtigung verschiedener morphologischer, syntaktischer und semantischer Faktoren Zeitstufenbezüge und das gegenseitige Verhältnis der Tempora, die als Zeitinformatoren gelten, in den konditionalen Adverbialsatzgefügen im Deutschen einerseits untersucht und der Zeitwert der relativen Tempora, also unter anderem ihre zeitliche Leistung in den fachlichen Wirtschaftstexten, andererseits überprüft.

Quellen

BEZ	Berliner Zeitung
COM	Computer Zeitschrift
GAT	ST. Galler Tagblatt
HAB	Handelsblatt
SAL	Salzburger Nachrichten
TTT	Tiroler Tageszeitung
WIWO	Wirtschaftswoche
ZEIT	DIE ZEIT
ZÜT	Zürcher Tagesanzeiger

Literatur

Engel, U. (¹1988): *Deutsche Grammatik*. Heidelberg.

Engel, U. (²2009): *Deutsche Grammatik. Neubearbeitung*. München.

Fabricius-Hansen, C. (1986): *Tempus fugit. Über die Interpretation temporaler Strukturen im Deutschen*. Sprache der Gegenwart 64. Düsseldorf.

Hamburger, K. (1953): *Das epische Präteritum*. In: Deutsche Vierteljahrsschrift für Literaturwissenschaft und Geistesgeschichte. Band XXVII. Tubingen, 329–357.

Hauser-Suida, U./ G. Hoppe-Beugel (1972): *Die Vergangenheitstempora in der deutschen geschriebenen Sprache der Gegenwart*. Heutiges Deutsch. Reihe I: Linguistische Grundlagen. Bd. 4. München.

Thieroff, R. (1992): *Das finite Verb im Deutschen; Tempus-Modus-Distanz*. Studien zur deutschen Grammatik; Bd. 40. Tübingen.

Wierzbicka, M. (2004): *Zeitbeziehungen in den Temporalsatzgefügen erörtert an den Gegebenheiten der Consecutio Temporum im Deutschen und im Polnischen*. München.

Wierzbicka, M./ D. Schlegel (2008): *Sprechzeiten im Diskurs. Zum absoluten und relativen Gebrauch der Tempora in der gesprochenen deutschen Sprache*. München.

Wierzbicka, M. (2013): *Kausale Adverbialsätze im Deutschen und im Polnischen*. München.

Geschäftsbrief in der germanistischen und polonistischen Text(sorten)forschung

Iwona Szwed
(Universität Rzeszów)

Einleitung

Obwohl der Geschäftsbrief heutzutage als ein sehr populäres Kommunikationsmittel in der Wirtschaft anzusehen ist, bereitet seine textsortenlinguistische Beschreibung gewisse Schwierigkeiten. Schon beim ersten Versuch, die Textvor-
kommen, die als Medium sozialen geschäftsbezogenen Handelns durch Sprache
existieren, unter einen Hut zu bringen, stößt man auf unterschiedliche Bezeichnungen dieser Texte in der polonistischen und germanistischen Textlinguistik.
Während in der deutschsprachigen Forschung der Begriff *Geschäftsbrief* ziemlich
häufig vorkommt, gibt es in der polonistischen Textlinguistik dafür keinen einheitlichen Terminus, weshalb es auch keine eingehenden Analysen der Geschäftskorrespondenz gibt. Es werden *Äußerungen des Verwaltungsbereichs* untersucht[1],
die jedoch hauptsächlich den Kontakt der Bürger mit unterschiedlichen Behörden
ins Zentrum des Interesses stellen. Texte des offiziellen Kommunikationsbereichs
werden im Rahmen des Amtsstils (vgl. A. Markowski 1992) behandelt, daneben
gibt es zahlreiche Untersuchungen, die zwar die Korrespondenz betreffen, doch
handelt es sich dabei um die private Korrespondenz, z.B. zwischen bekannten
Persönlichkeiten.

Diese Differenzen können auf unterschiedliche polnische und deutsche linguistische Traditionen zurückgeführt werden. Die Tatsache, dass die polonistische
Textlinguistik[2] literaturwissenschaftlich verwurzelt ist, kontrastiert mit der praktisch ausgerichteten und gut entwickelten Forschung der Gebrauchstexte in der
germanistischen Textlinguistik[3].

---

1 *Wypowiedzi administracyjne* – vgl. E. Malinowska (2001).
2 Hier wird in Bezug auf die polonistische Textforschung die Bezeichnung *Textlinguistik*
verwendet, obwohl der Terminus *lingwistyka tekstu* in den polonistischen Arbeiten eher
selten vorkommt, dafür existieren diesbezüglich unterschiedliche Begriffe nebeneinander,
wie *teoria tekstu* (*Texttheorie*), *tekstologia* (*Textologie*), oder sogar *teoria dyskursu* (*Dis-
kurstheorie*) – vgl. J. Labocha (2009: 45).
3 Auf die Unterschiede zwischen der polonistischen und der germanistischen Textlinguistik
wird im weiteren Text noch eingegangen. Vgl. dazu Z. Bilut-Homplewicz (2009).

1. Geschäftsbrief als Kommunikationsmittel in der Wirtschaft

Geschäftsbriefe können im Allgemeinen als besondere Form von offiziellen Briefen angesehen werden, die sich von Briefen des privaten Bereichs durch ihren Inhalt bzw. Gegenstand, durch ihren Zweck sowie durch das besondere Verhältnis zwischen Absender und Empfänger unterscheiden (vgl. H.E.H. Lenk 2006: 15). Besonders hervorzuheben ist das Zusammenwirken des Geschäftsbriefes nicht nur mit der geistigen sondern auch mit der praktisch-gegenständlichen Tätigkeit des Menschen. Beim Erreichen ihrer Ziele im Wirtschaftsleben sind die Geschäftspartner nämlich häufig auf Geschäftsbriefe angewiesen, weil diese Texte bei der räumlichen Trennung oft den direkten Kontakt ersetzen[4].

Die Indirektheit des Kontakts hat zur Folge, dass alle Informationsarten auf der graphischen Ebene dargestellt werden müssen. Neben der für den Geschäftsbrief typischen Sachinformation (vgl. I. Szwed 2010: 233f.) wird auch die Beziehungsinformation vermittelt, und zwar hauptsächlich durch die äußere Form des Briefes und feste Formulierungen bzw. den festen Aufbau des Briefes, was ebenso auf die E-Mails im Geschäftsverkehr zutrifft. Trotz der vereinfachten Form und einer Reduktion der Informationsmenge, die in E-Mails im Vergleich zu der traditionellen Geschäftskorrespondenz geboten wird, bleibt nämlich in den E-Mails im Geschäftsverkehr auch die an Geschäftsbriefe anknüpfende Form und fester Aufbau der Texte (mit Anrede, Betreffangabe, konventionalisierten Formulierungsfloskeln, Grußzeile u.ä.) beibehalten. Dabei unterliegt die Beziehungsinformation einer starken Konventionalisierung, was bedeutet, dass sich sowohl der Sender des Briefes beim Verfassen als auch der Empfänger bei der Rezeption an bestimmte, für diese Kommunikationsform geltende, feste Normen halten müssen[5]. Die Emotionsinformation ist dagegen im Falle der Geschäftsbriefe weitgehend reduziert.

Es lässt sich für die Briefkommunikation im Allgemeinen feststellen, dass sie als die einzige schriftliche Kommunikationsform die Möglichkeit des Interaktionswechsels zwischen den Partnern bietet. Diese Möglichkeit wird gerade im Falle der Geschäftsbriefe besonders intensiv in Anspruch genommen, daher hat die Geschäftskorrespondenz meistens einen Dialogcharakter. Es wird oft bei der Geschäftsabwicklung eine Reihe von Briefen zur gegebenen Angelegenheit gewechselt, die als eine Art Dialog bezeichnet werden kann. Die Partner des Dialogs stellen in der Regel definite Größen dar, ihr Bekanntheitsgrad kann unterschiedlich sein, immer kommunizieren sie jedoch miteinander institutionsgebunden und im Rahmen der Erfüllung von bestimmten sozialen Rollen. Entweder wendet

---

4   Gemeint sind in diesem Kontext auch (oder in Folge von Entwicklungen der letzten Jahre sogar vor allem) geschäftsbezogene E-Mails, die die traditionellen Geschäftsbriefe schon fast vollständig ersetzt haben.
5   Mehr dazu vgl. im Kap. 3 dieses Beitrags.

sich eine natürliche Person an eine Organisation (Bewerbungsschreiben, Anträge) oder auch eine Organisation an die natürliche Person (Antwortschreiben, Behördenbriefe, Ladungen vors Gericht), oder aber korrespondieren Organisationen miteinander (der breiteste Bereich der Geschäftskorrespondenz). Die Partner kennen einander in den meisten Fällen mit den Nachnamen, oft auch mit der bekleideten Funktion, selten jedoch sind sie einander persönlich bekannt[6]. Oft besteht zwischen ihnen ein Abhängigkeitsverhältnis, das im Laufe der Abwicklung von Geschäften gewissen Änderungen unterliegen kann. Bestimmte sprachliche Signale (wie fachlich geprägter Wortschatz oder Höflichkeitsformen) lassen auf die Zugehörigkeit der Partner zu bestimmten sozialen bzw. Berufsgruppen schließen, zugleich informieren sie auch über die symmetrisch (mit der sozialen Gleichberechtigung der Kommunizierenden) bzw. asymmetrisch (mit der Dominanz eines Interaktionspartners – wie in den Beziehungen „Leiter – Angestellter", „Antragsteller – Entscheidende", „Anbieter – potenzieller Kunde" oder aber „Schuldner – Zahlungsfordernder") verlaufende Kommunikation. Immer wird vom Sender des Briefes versucht, den Empfänger in die Erfüllung von eigenen Zielen einzubeziehen, indem der Empfänger zur Aufnahme bzw. Unterlassen von unterschiedlichen Tätigkeiten motiviert wird.

Die Zielgerichtetheit ist dabei ein kennzeichnendes Merkmal der Geschäftskorrespondenz. Der Textverfasser verfolgt ein klares Ziel, das er mittels der Sprache in der außersprachlichen Realität über Kommunikationspartner (und deren Beeinflussung) zu erreichen versucht und hierzu entsprechende Strategien entwickelt. Unter dem Ziel der Geschäftskorrespondenz wird hier also nicht nur das Verstandensein begriffen sondern hauptsächlich der in der außersprachlichen Wirklichkeit liegende (oft als Zweck assoziierte) herbeizuführende Zustand. Die Erfüllung eines so begriffenen Ziels hängt jedoch nicht nur von den textinternen Faktoren, sondern auch von der außersprachlichen Realität ab, die daher eine gravierende Bedeutung in der Geschäftskorrespondenz hat.

Die vom Briefverfasser festgelegten Ziele[7] können variieren und unterliegen ständiger Beeinflussung durch den Partner, manche werden sogar erst im Interaktionsprozess ausgehandelt.

---

6   In den vorliegenden Ausführungen zu Partnerrollen in der Geschäftskorrespondenz sowie zur Charakteristik der Geschäftsbriefe wird auf I. Szwed (im Druck) sowie I. Szwed (2010) Bezug genommen.

7   Sie können in fundamentale und sekundäre Ziele eingeteilt werden. Die fundamentalen Ziele beziehen sich in der Geschäftskorrespondenz meistens auf den Vollzug einer bestimmten Handlung vom Empfänger (gegebenenfalls in der Zusammenarbeit mit dem Sender) und sind wirtschaftlicher Natur. Die sekundären Ziele können sich dagegen auf psychische Begleitaffekte der Handlung beziehen, wie Steigerung des Selbstwertgefühls oder das eigene Ansehen bei Partnern.

Da die Partner der Geschäftskorrespondenz in ihrer kommunikativen Tätigkeit bestimmte soziale Rollen in der Berufswelt erfüllen und der Erfolg dieser Kommunikation zum großen Teil von der außersprachlichen Berufswelt abhängig ist, sind Geschäftsbriefe stark mit der fachlichen Realität verbunden. Eine solche Auffassung wirft automatisch die Frage auf, ob sie als Fachtexte betrachtet werden können.

2. Geschäftsbrief als Fachtext?

Der Grad der Fachlichkeit kann in Texten sehr unterschiedlich sein. Man könnte sogar von einer Skala der Fachlichkeit[8] sprechen, in der einzelne Texte auf Grund von Häufigkeit des Auftretens von bestimmten Kriterien angeordnet würden. Zu solchen Kriterien gehören beispielsweise lexikalische Merkmale der Fachlichkeit, wie z.b. Frequenz der Fachlexik, Ausdrucksökonomie und Exaktheit des Ausdrucks, u.a. durch Bevorzugung des Substantivs als die meist auftretende Wortart, zahlreiche Wortzusammensetzungen; des Weiteren auch syntaktisch-morphologische Merkmale, wie Kondensierung und Anonymisierung, erreicht u.a. durch Deagentivierung, Partizipial-, und Infinitivkonstruktionen, Nominalisierungen sowie zahlreiche Passivformen; sowie textuelle Merkmale der Fachlichkeit, für die beispielsweise klare innere Komposition des Textes, widerspiegelt durch seine äußere Architektonik, und vor allem die Textkohärenz (sowohl die formale als auch die semantische) kennzeichnend sind.

Bei einer solchen Auffassung erscheint die Qualität der Fachlichkeit als gestuft, zwischen zwei Extrempunkten der Skala – z.B. rein fachlichen Texten (wie ein komplizierter Zulassungsschein für ein nur in einer konkreten Industriebranche anwendbares Gerät) einerseits und ganz alltäglichen Texten der Gemeinsprache andererseits liegt ein ganzes Universum von Texten aus unterschiedlichen Bereichen. Solche Texte können unterschiedlichen Fachsprachen zugeordnet werden, die unter funktionalem Gesichtspunkt von der Gemeinsprache abzugrenzen sind. Bei einem Vergleich mit dem o.g. Zulassungsschein wäre der Geschäftsbrief als fachlich merkmalarm zu bezeichnen, zugleich jedoch beim Vergleich mit dem Alltagsgespräch von zwei Nachbarinnen über das Wetter wiederum als merkmalreich.

Zwar gilt die Fachlichkeit als das primäre Unterscheidungsmerkmal der Fachtexte (vgl. K.D. Baumann 1993: 407), die Feststellung allein, dass wir es mit

---

8   Das Konzept der Skala der Fachlichkeit geht auf den Vorschlag von H. Kalverkämper (1990:97 ff.) zurück, nach dem die Begriffe der Laienschaft und der Fachlichkeit in einer Skala der Fachlichkeitsmerkmale integriert werden, statt auf die traditionelle Weise als Gegensätze unterschieden zu werden. Mehr dazu vgl. in I. Szwed (1999: 225ff.).

„einem Spektrum von Texten unterschiedlichen Fachlichkeitsgrades" (S. Göpferich 1995: 58) zu tun haben, ist jedoch für das Definieren des Fachtextes nicht
ausreichend. Denn die Fachlichkeit kommt erst „in dem interaktiven (funktionalen) Kontext zum Vorschein" (S. Grucza 2012: 62) und „die Beurteilung der Fachlichkeit (…)[9] von Fachtexten gehört vor allem in die Kompetenz der Fachleute
des betreffenden Fachgebietes" (ebenda).

Wenn man mit S. Grucza (2012: 161) präziser Fachtexte definiert als „alle
konkreten, mündlichen und schriftlichen Äußerungen (…), die von irgendeinem
Fachmann im Rahmen irgendeines konkreten Fachkommunikationsaktes (-prozes-
ses) hervorgebracht werden", muss man den Geschäftsbrief auch den Fachtexten
zuordnen. Geschäftsbriefe dienen nämlich der Kommunikation zwischen Fachleuten hauptsächlich über Fachinhalte. Diese Fachleute können aber Vertreter von
unterschiedlichen Berufsgruppen sein und sich unterschiedlicher Fachsprachen
bedienen. Daher ist es kaum möglich, alle Geschäftsbriefe als eine homogene
Gruppe von Fachtexten zu betrachten. Im Gegenteil, sie können je nach dem Inhalt und je nach den Kommunikationspartnern unterschiedlichen Fachsprachen
zugeordnet werden, wie beispielsweise der Fachsprache der Buchhaltung oder
der Fachsprache der Holzverarbeitungsindustrie. Die Feststellung von S. Grucza
(2010: 201), dass eine Fachkommunikation prinzipiell nur dann erfolgreich sein
kann, wenn die Kommunikationspartner im Besitz der gleichen Fachsprache sind
und wenn sie über ein bestimmtes Fachwissen verfügen, gilt zweifelsohne für Geschäftsbriefe. Es ist besonders wichtig, dass die Briefpartner mit Hilfe derselben
Fachsprache kommunizieren. So lässt sich über die Zugehörigkeit der Geschäftsbriefe zu einer bestimmten Fachsprache nur für einen konkreten Text bzw. eine
bestimmten Gruppe von Texten entscheiden. Es gibt jedoch Merkmale, die für alle
Geschäftsbriefe kennzeichnend sind, wie z.B. ein hoher Grad an fachsprachlicher
Terminologisierung, Ausdrucksökonomie, Eindeutigkeit der Formulierungen, die
klare innere Komposition des Textes und eine hohe Textkohärenz.

Neben den rein fachtextuellen Eigenschaften weisen Geschäftsbriefe auch
Merkmale auf, die für die Briefkommunikation im Allgemeinen typisch sind.
Wie oben im Kap.2 schon angedeutet, ist für Briefe die Indirektheit des Partner-
kontakts charakteristisch und, was damit zusammenhängt, die Übertragung der
Information, darunter auch der Beziehungsinformation, wie bereits angemerkt,
nur auf der graphischen Ebene. Den Kommunikationspartnern steht also weder
die akustische Ebene noch die Körpersprache zur Verfügung, daher unterliegt die
Beziehungsinformation einer starken Konventionalisierung. Einerseits wird sie
durch die äußere Form des Briefes und seinen festen Aufbau, andererseits durch
feste Formulierungen vermittelt.

---

9   S. Grucza (2012: 61) spricht in diesem Zusammenhang von der Unterscheidung der Fach-
     lichkeit auf der Ausdrucksebene und auf der Informationsebene.

Die Konventionalität[10] von Sprechhandlungen bedeutet (vgl. D. Wunderlich 1972:20ff.), dass sie mit bestimmten Voraussetzungen im Zusammenhang stehen (in Bezug auf die grammatischen Regeln, gemeinsame Kommunikationsgeschichte der Partner, ihr Vorwissen, Handlungsmotivation und -fähigkeit) sowie bestimmte Konsequenzen für beide Partner mit sich bringen.

Die Verpflichtung des Sprechers besteht z.B. darin, dass er die geäußerte Behauptung auch ggf. begründen bzw. nachweisen kann, oder dass er das Versprechen realisieren wird. Andererseits geht auch der Hörer bestimmte Verpflichtungen ein.

Mit solchen Verpflichtungen haben wir es in der Geschäftskorrespondenz ständig zu tun. Zuerst bedeutet der Erhalt eines Schreibens für den Empfänger meistens die Notwendigkeit, eine Antwort zu schicken. Eine Bestellung bringt die Konsequenz mit sich, die bestellte und dann gelieferte Ware zu bezahlen. Eine Auftragsbestätigung hat immer eine Lieferung zur Folge. Der Vereinbarung eines Termins (für eine Zahlung, für ein Treffen, für eine Lieferung) soll notwendigerweise auch die Einhaltung des Termins folgen. Die Verletzung dieser Regeln würde möglicherweise einen Abbruch der wirtschaftlichen Kontakte und ggf. auch einen wirtschaftlichen Misserfolg bedeuten.[11]

Somit lässt es sich für die Geschäftskorrespondenz feststellen, dass wir es hier mit einem Abfolgeschema zu tun haben, in dem einer Sprechhandlung (bzw. Sprechhandlungssequenz) andere, nicht-kommunikative Handlungen folgen, wie beispielsweise Lieferung, Zahlung, Treffen, Warenabholung, Reparatur usw. Dieses Abfolgeschema unterliegt auch einer starken Konventionalisierung.

3. Geschäftsbrief in der germanistischen Forschung

Die germanistische Textsortenforschung hat eine andere Entwicklung als die polonistische genommen, was für die Erforschung und Auffassung von einzelnen Textsorten, auch der Fachtextsorten, nicht ohne Bedeutung blieb. Auf die polonistische Textlinguistik wird im nächsten Kapitel näher eingegangen, an dieser Stelle bleibt nur festzuhalten, dass sie im Gegensatz zu der germanistischen Textlinguistik stark literaturwissenschaftlich verwurzelt ist. Daraus resultieren Unterschiede im Herangehen an einzelne Fachtextsorten.

In der germanistischen Textlinguistik lassen sich einzelne Entwicklungsphasen unterscheiden, begonnen bei der sog. Transphrastik über die semantische und

---

10 Hier wird Bezug auf meine früheren Ausführungen zum Wechselspiel zwischen Intention und Konvention in der Geschäftskorrespondenz genommen (vgl. I. Szwed 2010 und I. Szwed (im Druck)).

11 Hier wird von Fällen abgesehen, in denen die Regeln bewusst verletzt werden, damit es zum Abbruch der Kontakte aus einem bestimmten Grund kommt.

pragmatische bis hin zur kognitiven Phase (vgl. Z. Bilut-Homplewicz 2009: 331).
Die Bemühungen um eine Typologisierung von Texten konzentrieren sich hauptsächlich auf Gebrauchstexte, wobei literarische Texte am Rande der textlinguistischen Forschung bleiben.

Die Linguistik „entdeckte" die Fachsprachen eigentlich erst in der zweiten
Hälfte des 20. Jahrhunderts (vgl. S. Grucza 2012: 38), allerdings ging es am Anfang hauptsächlich um eine terminologische Beschäftigung mit Fachsprachen,
die den Weg zur syntaktischen Fachsprachenlinguistik bahnte[12]. Erst gegen Ende
der 80er Jahre lässt sich in der Fachsprachenlinguistik „ein Übergang von der
Erforschung lexikalischer und syntaktischer Elemente der Fachsprachen zur Erforschung von Fachtexten und deren Funktionen beobachten" (S. Grucza 2012:
60). Das wachsende Interesse der deutschen Fachsprachenforscher an Fachtexten
konstatiert S. Grucza (ebenda, 61) wie folgt:

> In der Mitte der 90er Jahre war das Interesse an den textbezogenen Fragen in der
> Fachsprachenlinguistik bereits so allgemein, dass hier die Feststellung gewagt werden
> kann, der Fachtext sei zum Bezugspunkt jeglicher linguistischen Fachsprachenfor-
> schung geworden.

Als letzte Entwicklungsphase sei noch die kommunikativ-kognitive Fachsprachenlinguistik zu nennen, die um die Jahrhundertwende ansetzte (vgl. ebenda, 63).

Ein Zeichen der intensiven Beschäftigung mit Fachsprachen in den 90er Jahren ist die umfangreiche zweibändige Monographie „Fachsprachen. Ein internationales Handbuch zur Fachsprachenforschung und Terminologiewissenschaft"
(1998), herausgegeben von L. Hoffmann/ H. Kalverkämper/ H.E. Wiegand.

Bei einem Versuch, Geschäftsbriefe im Rahmen der deutschen Textsortenforschung zu beschreiben, müsste man auf die Anfänge dieser Disziplin zurückgreifen. Es zeichnete sich Ende der 60er Jahre die Tendenz zu einer stark strukturellen
Textauffassung ab (vgl. Z. Bilut-Homplewicz 2009: 331). Als Vertreter der spra-
chimmanenten Bestimmung von textsortenspezifischen Merkmalen gelten u.a.
R. Harweg[13], für den die syntagmatische Substitution die dominierende Komponente der Textsortenbestimmung war, und H. Weinrich (1975), der Textsorten
über eine *Textpartitur* mit Verb als Ausgangspunkt zu beschreiben versuchte. Die
textgrammatischen Klassifikationsvorschläge erlauben jedoch keine eindeutige
Beschreibung des Phänomens „Geschäftsbrief", zurzeit der Entstehung dieser

---

12 Hier wird auf eine eingehende Darstellung der Geschichte der Fachsprachenlinguistik
    verzichtet, es sei jedoch in diesem Kontext auf eine sehr umfangreiche und interessante
    Monographie „Fachsprachenlinguistik" von S. Grucza (2012) verwiesen, in der einzelne
    Phasen und Zielsetzungen der Fachsprachenforschung erläutert werden. Abgesehen wird
    hier ebenso von den Unterschieden in der Entwicklung der Fachsprachenlinguistik in der
    DDR und der BRD – mehr dazu siehe in S. Grucza (ebenda).
13 Zu Harwegs Textmodell vgl. E. Gülich/ W. Raible (1977: 115-127).

Typologien war es auch kein Ziel der Textforscher, speziellere Klassifikationen anzustreben, wie beispielsweise die einzelnen Fachtextsorten zu klassifizieren. Es ging vielmehr um Erarbeiten einer allgemeinen Typologie für das Universum der Texte.

In einem der ersten und zugleich bedeutendsten Beiträge zur Charakteristik der einzelnen Textsorten, nämlich der merkmalsorientierten Textsortenklassifikation von B. Sandig (1975), in der neben den grammatischen Eigenschaften von Texten auch textexterne Faktoren (auch wenn unterrepräsentiert) mitberücksichtigt wurden, sind Geschäftsbriefe auch nicht mit erfasst. Die Textsorte „Brief" wird dort zwar charakterisiert, es handelt sich jedoch dabei um Briefe aus dem persönlichen Bereich. Für eine hinreichende Beschreibung der Geschäftsbriefe fehlt vor allem das Kriterium der Funktion, des Weiteren fehlen aus der heutigen Sicht auch Faktoren, welche die Kommunikationspartner kennzeichnen würden, wie z.b. ihr Bekanntheitsgrad, ihre sozialen Rollen, ihre Intentionen, der Grad der Vorbereitung auf die Kommunikation, der Bezug zum Text (d.h. inwiefern sich der Textproduzent mit seinem Text identifiziert und ob er dafür auch die Verantwortung trägt), sowie auch der Grad der Fachlichkeit der Kommunikation.

Von funktionalen Kriterien wird in der Texttypologie von E.U. Grosse (1976) ausgegangen, im Rahmen deren fünf unterschiedliche Einordnungen des Geschäftsbriefes möglich zu sein scheinen: in die Textklasse „normative Texte" (Vollmachtschreiben), in „Kontakttexte" (Weihnachtsgrüße)[14], in „dominant auffordernde Texte" (Mahnung, Reklamation), in die „Übergangsklasse" (Texte mit zwei gleichermaßen dominierenden Funktionen, z.B. Informationstransfer und implizite Aufforderung zur Zusammenarbeit in Briefen zur Kontaktaufnahme) sowie in die Klasse „dominant sachinformierende Texte" (Preisliste, Preisänderung[15]).

Während sich in den 70er Jahren Textlinguisten noch um das Beschreiben des Textuniversums bemühen, versucht K. Ermert (1979) eine konkrete Textsorte unter die Lupe zu nehmen. Im Rahmen seiner Brieftypologie bietet sich die Möglichkeit, den Geschäftsbrief als eine selbständige Brieftextsorte zu definieren. Erstens wäre also dann der Geschäftsbrief als schriftliche, dialogische Kommunikationsform „Brief" mit indirektem Partnerkontakt zu bestimmen. Zweitens kann er als Textsorte im Rahmen der Kommunikationsform „Brief" weiter wie

---

14 Die Textklasse „Kontakttexte" steht im Falle der Geschäftsbriefe eher am Rande, weil Briefe wie beispielsweise Weihnachtsgrüße lediglich der Aufrechterhaltung des Kontakts, ggf. auch der sogenannten Öffentlichkeitsarbeit eines Unternehmens, dienen.

15 Dabei muss aber zugegeben werden, dass in Geschäftsbriefen wie Preisliste oder Preisänderung auch noch eine andere als nur informierende Funktion im Hintergrund steht – nämlich eine implizite Aufforderung zur Einhaltung der angegebenen Preise bei eventueller Zusammenarbeit.

folgt präzisiert werden: Handlungsbereich: *offiziell*, Partnerbezug: *symmetrisch* oder *asymmetrisch*, Definiertheit der Kommunikationspartner: *definite Größen*, Intention: *Kontakt, Darstellung, Wertung, Aufforderung*, wobei je nach konkreter Variante der Brieftextsorte „Geschäftsbrief" eine der genannten Intentionen dominierend ist, Hauptinformation: *Sachinformation*, formaler Aufbau: *weitgehend festgelegt* (vgl. I. Szwed 2010: 239).

In den 80er Jahren lassen sich vereinzelt Arbeiten beobachten, die Geschäftsbriefen gewidmet sind, weder die linguistische Beschreibung noch eine Typologisierung dieser Texte steht jedoch im Zentrum des Interesses, sondern es geht vielmehr um eine exemplarische Präsentation der Illokutionsstrukturanalyse am Beispiel der Geschäftsbriefe als Texte mit besonders klarer Strategie des Textverfassers[16].

Die beste Analysemöglichkeit ergibt sich im Falle der Geschäftsbriefe im Rahmen der Mehrebenenklassifikation von W. Heinemann/ D. Viehweger (1991) und M. Heinemann/ W. Heinemann (2002), in der fünf Text-Typologisierungsebenen vorgeschlagen werden, die zur Unterscheidung von Funktionstypen, Situationstypen, Verfahrenstypen, Text-Strukturierungstypen und prototypischen Formulierungsmustern führen.

Da die Funktion des Geschäftsbriefes m.E. als das wichtigste Klassifizierungs- und Beschreibungskriterium aufzufassen ist, wird hier die Darstellung des Geschäftsbriefes nur auf die Funktionsebene beschränkt. Unter den von W. Heinemann/D. Viehweger (1991) angenommenen elementaren Textfunktionen, wie Sich-Ausdrücken, Kontaktieren, Informieren, Steuern und ästhetisch Wirken, ist die steuernde Funktion als die in Geschäftsbriefen dominierende aufzufassen. Dabei sind Geschäftsbriefe als handlungssteuernde Texte in zwei Gruppen zu gliedern: 1) bindende Geschäftsbriefe und 2) nicht bindende Geschäftsbriefe[17].

Weitere Funktionen der Geschäftsbriefe sind die Informationsvermittlung (wie in Dankschreiben oder Preislisten) und die Kontaktfunktion, die jedoch sehr selten in den Geschäftsbriefen vorkommt (wie in Grußpostkarten oder Weihnachtswünschen) und oft durch die Funktion der Informationsvermittlung oder aber der Steuerung begleitet wird.

Zusammenfassend muss angemerkt werden, dass die Geschäftsbriefe in der germanistischen Textlinguistik unterrepräsentiert sind. Die Ursache kann einerseits in der Betrachtung des Geschäftsbriefes als ein Grenzphänomen zwischen Gebrauchstextsorte (als Brief) und Fachtextsorte (als Kommunikationsmittel zwischen Fachleuten über das Fachliche) liegen. Andererseits ist auch der erschwerte Zugang zu Originalbriefen als Untersuchungsgegenständen zu berücksichtigen.

---

16 Vgl. dazu die Arbeiten der sog. Lunder Gruppe um I. Rosengren, M. Brandt und W. Koch (z.B. W. Koch/ I. Rosengren/ M. Schonebohm 1981; M. Brand et al. 1983).
17 Mehr dazu siehe in I. Szwed (2010) und I. Szwed (im Druck).

Die Geschäftsbriefe unterliegen meistens dem Berufs- bzw Amtsgeheimnis, daher bereitet die Korpuszusammenstellung große Schwierigkeiten. Mit diesem Defizit hängt auch eine nicht ausreichende Erfassung und Beschreibung wirtschaftssprachlicher Textsorten zusammen (vgl. M. Hundt, 2000:642ff.). Wenn die wirtschaftssprachlichen Textsorten schon untersucht werden, dann finden die Geschäftsbriefe darunter besonders wenig Beachtung. Viel mehr Interesse wird den leichter zugänglichen, oft sogar veröffentlichten Texten aus dem Bereich der Wirtschaft gewidmet, den Werbetexten, Kurstabellen (Bereich: Börse), Geschäftsberichten (Bereich: Unternehmensverwaltung) oder Anleitungstexten. Einen Beweis dafür liefert etwa der Artikel von M. Hundt (2000) zum Thema *Textsorten des Bereichs Wirtschaft und Handel*, von dem man, schon dem Titel nach, eine annähernde Beschreibung u.a. der Geschäftsbriefe erwarten könnte. Die Geschäftsbriefe machen ja einen nicht unbedeutenden Teil der Texte aus dem Wirtschafts- und Handelsbereich aus und stellen ein grundlegendes Kommunikationsmittel in diesem Bereich dar. Die Partner in der Wirtschaft kommunizieren eben vielmehr mit Geschäftsbriefen als mit Börsen- oder aber Geschäftsberichten.

Doch wir finden in diesem 15 Seiten zählenden Artikel zwar zwei Seiten zum Thema Kurstabellen und Kontoauszüge (vgl. M. Hundt, 2000:648-650), knappe zwei Seiten zum Thema Rechnung (vgl. ebenda, 650-652), aber nur einen einzigen Satz zum Thema Geschäftsbriefe (vgl. ebenda, 2000:643) mit einem Verweis auf Brandt et. al. und deren Beschreibung der Auswirkungen der kommunikativen Handlungsziele auf die Struktur von Geschäftsbriefen (vgl. I. Szwed, im Druck).

Zwar hat A. Koskensalo (2002) eine interessante Studie zum Geschäftsbrief vorgelegt, in der sie sich mit der funktionalen Erklärung dieser Textsorte befasst. Aufgrund des Fehlens eines entsprechenden Korpus konzentriert sie sich aber nur auf eine zwar sehr interessante und eingehende funktionale Typologie der Geschäftsbriefe, die empirische Untersuchung wird aber nur exemplarisch an 6 Briefen ausgeführt.

Auf dem Buchmarkt sind Geschäftsbriefe eher unter einem praxisorientierten Gesichtspunkt anzutreffen, weil dieser Aspekt wohl auf mehr Interesse stößt[18]. Es gibt eine Vielzahl von unterschiedlichsten Ratgebern und Mustersammlungen von Geschäftsbriefen, als eine der neuesten Erscheinungen sei hier der Duden-Ratgeber „Briefe und E-Mails gut und richtig schreiben" (2013) genannt[19]. In jeder dieser Publikationen wird auf die DIN-Norm 5008 Bezug genommen, die für das Verfassen der Geschäftsbriefe im Berufsalltag ausschlaggebend ist.

---

18   Vgl. dazu die sehr umfangreiche und aufschlussreiche Darstellung der Geschäftsbriefe in F. Franken/ B. Spillner (1997).

19   Es kann hier exemplarisch auch auf weitere Publikationen vom Ratgebercharakter verwiesen werden: Duden – Geschäftskorrespondenz (2011); Duden – Moderne Geschäftsbriefe – leicht gemacht (2008); H. Schmedemann (1994); E. Deutscher/ E. Schätzlein (2000).

4. Geschäftsbrief in der polonistischen Forschung

In der polnischen Textlinguistik ist die historisch-politische Determiniertheit besonders im Falle der Geschäftsbriefe auffallend. Während sich der Geschäftsbrief im deutschsprachigen Raum (ausgenommen der DDR) frei entfalten konnte, haben die Entwicklungen der Nachkriegsjahre in Polen keine solche Chance geboten. In der Zeit zwischen 1945 und 1990 gab es in Polen keine freie Marktwirtschaft, daher gab es auch keine Unternehmen, die miteinander über Geschäftsabwicklung korrespondieren konnten. Dafür gab es stark ausgeprägte Korrespondenz im Verwaltungsbereich sowie politisch gefärbte Korrespondenz in unterschiedlichen Varianten. Die Textforscher hatten also keine Möglichkeit, sich mit einer polnischen Geschäftskorrespondenz zu befassen, weil es dazu einfach kein Korpus gab. Dieser Mangel kommt in den textwissenschaftlichen Abhandlungen deutlich zum Vorschein; Markowski (1992) nennt den Amtsstil eine von fünf Varianten der polnischen offiziellen Sprache und unterscheidet im Rahmen dieses Stils vier grundlegende Typen: 1) Schreiben (wie Bescheinigungen), die von einer Behörde an einen Bürger gerichtet werden; 2) Briefe (wie Anträge), die von einem Bürger an eine Behörde gerichtet werden; 3) Korrespondenz zwischen Institutionen; 4) Texte von einem zum Teil technischen und zum Teil Amtscharakter (wie Bedienungsanleitungen). In dieser Typologie finden wir keine Briefe, die in den Bereich der Korrespondenz zwischen Firmen gehören würden.

In M. Wojtak (1993: 147) wird der Amtsstil weiter untergliedert: in den Stil der amts- und kanzleibezogenen Äußerungen und den Stil der amts- und rechtsbezogenen Äußerungen. Im Rahmen dieser Typologie wäre der Geschäftsbrief der ersteren Gruppe zuzuordnen, aber es fehlen dazu weiterführende Forschungen.

Zu Recht behauptet E. Malinowska (2001: 12), dass die Äußerungen des Kanzleistils hauptsächlich in den Interessenbereich der Lehrer fallen, die sich in Berufsschulen für angehende Sekretärinnen/Sekretäre mit der Vermittlung von Arbeitstechniken im Büro befassen. So besteht der Inhalt der Lehrbücher und Ratgeber[20] aus Musterbriefen und Regeln der Geschäftskorrespondenzführung, auch dort wird auf den Stil der Geschäftskorrespondenz und die Notwendigkeit hingewiesen, Geschäftsbriefe kurz und eindeutig zu fassen. Allerdings haben solche Ratgeber in Polen eine lange Tradition. In der Zwischenkriegszeit konnten Geschäftsleute sogar nach einem Ratgeber „Niemiecka korespondencja handlowa[21]" von J. Ippoldt/ A. Żabiński (1931) greifen. Die Tradition wurde dann unterbrochen, in der Zeit zwischen 1945 und 1991 hat das polnische Finanzministerium die Rolle des Beraters und Normengebers übernommen. Nach der Lektüre eines

---

20 Als Beispiele für solche Ratgeber seien folgende zu nennen: W. Jarzębowski (1980); E. Pietkiewicz (1991); I. Kienzler (1997); A. Komosa (1996); H. Füchsel (2013).

21 Dt.: Die deutsche Handelskorrespondenz für Polen.

vom Ministerium 1962 herausgegebenen Ratgebers, überschrieben „Korespondencja biurowa"[22] (A. Andrzejewski 1962), fühlt sich der gegenwärtige Leser wie in eine völlig andere Welt versetzt. Im Kapitel „Korrespondenz in Handelsangelegenheiten" wird als eines der Ziele der Handelskorrespondenz die Sicherung einer angemessenen Verteilung der hergestellten Waren zwischen den einzelnen Gliedern des Handelsapparates bezeichnet.

Nach der Epoche des politisch determinierten Amtsstils kam es in Polen Ende der 90er Jahre zur „elektronischen Wende" in der Geschäftskorrespondenz, wodurch es zu einer raschen Entwicklung der E-Mail-Korrespondenz kam. Diese ist aber ähnlich wie die traditionellen Geschäftsbriefe nur selten Gegenstand der textwissenschaftlichen Untersuchung.

Die Dominanz der praxisbezogenen Darstellung der Geschäftsbriefe in unterschiedlichen Mustersammlungen und Ratgebern über die linguistisch fundierte Erforschung dieser Texte ist, wie aus dem Obigen ersichtlich, sowohl für polonistische als auch für germanistische Veröffentlichungen typisch. Die Zuordnung des Geschäftsbriefes im Rahmen der polonistischen Textsortenforschung bringt jedoch noch größere Schwierigkeiten mit sich als die entsprechende Zuordnung in der germanistischen Textlinguistik.

Zusätzlich stoßen wir auf gravierende terminologische Unterschiede zwischen der polonistischen und der germanistischen Textsortenlinguistik. Der Begriff „Textlinguistik" wird, wie oben schon angedeutet, in der polonistischen Forschung kaum verwendet, diese Forschung baut auch auf einer anderen Tradition auf als die germanistische Textlinguistik. Sie ist stark von der Stilistik und von literaturwissenschaftlichen Studien beeinflusst (vgl. Z. Bilut-Homplewicz 2009: 330), was zur Entstehung einer Brücke zwischen Sprachwissenschaftlern und Literaturwissenschaftlern beigetragen hat (vgl. J. Labocha 2009: 45). Während dessen gibt es in den germanistischen Textanalysen eine starke Trennung zwischen der Literaturwissenschaft und der Textlinguistik, deren Interesse hauptsächlich der Erforschung von Gebrauchstexten gewidmet ist. Vor diesem Hintergrund wundert weder die starke Position der germanistischen Textsortenlinguistik und der Fachtextlinguistik noch die Konzentration der polnischen Textforscher auf literarische Texte. Wenn also schon Briefe im Rahmen der polnischen Textforschung behandelt werden, dann geht es eher um die private Korrespondenz zwischen Dichtern und anderen bekannten Persönlichkeiten, von der man literaturwissenschaftlich orientierte Erkenntnisse erwartet.

Eine so umfangreiche und zugleich ins Detail gehende fachsprachenbezogene Arbeit wie die deutsche Sammelabhandlung (L. Hoffmann/ H. Kalverkämper/ H.E. Wiegand 1998) ist im Rahmen der polonistischen Fachsprachenfor-

---

22 Dt.: Bürokorrespondenz.

schung bisher noch nicht entstanden, die diesbezüglichen Analysen kreisten eher um die Terminologiearbeit[23] als um die Fachkommunikation. Als erste polnische den Fachsprachen gewidmete und linguistisch fundierte Monographie gilt nach S. Grucza (2012: 19) „Wprowadzenie do teorii terminu[24]" von S. Gajda (1990). Ein weiterer bedeutender Beitrag zur polnischen Terminologieforschung ist der Sammelband „Teoretyczne podstawy terminologii", herausgegeben von F. Grucza (1991).

Geschäftsbriefe haben sich weder in die polnische noch in die deutsche Fachtextforschung einen Weg gebahnt. In den polonistischen Ansätzen zur Erforschung der institutionsgebundenen Kommunikation gibt es keine Aussage zu den Textsorten eines Kommunikationsbereichs (wie beispielsweise in der deutschen Fachtextforschung die Textsorten des Bereichs Wirtschaft und Handel (vgl. M. Hundt 2000)). Behandelt wird nur der Stil eines gegebenen Kommunikationsbereichs (wie der Stil der amts- und kanzleibezogenen Äußerungen – vgl. M. Wojtak 1993: 147).

Man kann den Versuch unternehmen, Geschäftsbriefe im Rahmen der polonistischen Textsortenforschung zuzuordnen. Hierzu kann die Typologie der Gebrauchstexte von S. Gajda (2008) hinzugezogen werden, in der wir eine Unterscheidung in einfache und komplexe Gattungen (*gatunki proste i złożone*); primäre und sekundäre Gattungen (*gatunki prymarne i sekundarne*); gesprochene und geschriebene Gattungen (*gatunki mówione i pisane*); und thematische Gruppen (*grupy tematyczne*) finden. Geschäftsbriefe wären in dieser Typologie gemeinsam mit Privatbriefen in drei unterschiedliche Gruppen einzuordnen: in komplexe Gattungen, sekundäre Gattungen und geschriebene Gattungen. Sie wären hingegen auf Grund der von D. Ostaszewska (2008) dargelegten Typologie der Gebrauchstexte als Gebrauchstexte des Kanzleibereichs zu klassifizieren.

5. Schlussbemerkungen

Zusammenfassend lässt es sich feststellen, dass es sowohl in der polonistischen als auch in der germanistischen Textforschung ganz wenig textlinguistisch fundierte Arbeiten gibt, die Geschäftsbriefen gewidmet sind. Dafür sind aber praxisorientierte Mustersammlungen und Ratgeber in beiden Sprachen stark vertreten. Im Falle der Geschäftskorrespondenz geht also die Praxis der Theorie deutlich voraus, was für die Textforschung keine typische Erscheinung ist.

Es muss aber zugleich angemerkt werden, dass die Geschäftsbriefe in der polonistischen Textforschung noch weniger vertreten sind als in der germanisti-

---

23 Vgl. z.B. zwei sehr praxisorientierte Arbeiten von W. Nowicki (1979 und 1986).
24 Dt.: Einführung in die Theorie des Fachterminus.

schen. Die historischen Determinanten der Entwicklung von einzelnen Textsorten sind hier von großer Bedeutung. Den Geschäftsbriefen wurde in Polen keine Chance gegeben, sich als Textsorte zu entfalten, es gab in der Nachkriegszeit keine Verfasser und keine Empfänger solcher Briefe, ebenso gab es auch keine textlinguistischen Forschungen auf diesem Gebiet. Es gibt in Polen auch keine Entsprechung der deutschen DIN-Norm 5008 bzw. der Duden-Ratgeber für das Verfassen der Geschäftsbriefe. Mit der dynamisch wachsenden Popularität der Geschäftsbriefe haben wir es erst seit den 90er Jahren des letzten Jahrhunderts zu tun, dieser Wachstum geht jedoch mit der Verbreitung der elektronischen Korrespondenz einher. So stellen jetzt geschäftsbezogene E-Mails einen interessanten Untersuchungsbereich sowohl für die polnischen als auch für die deutschen Fachtextforscher dar.

Literatur

Andrzejewski, A. (1962): *Korespondencja biurowa*. Warszawa.
Baumann, K.-D. (1993*): Ein komplexes Herangehen an das Phänomen der Fachlichkeit von Texten*, In: Bungarten, Th. (Hg.) Fachsprachentheorie. Bd.1: Fachsprachliche Terminologie-, Begriffs- und Sachsysteme, Methodologie. Tostedt. 395–429.
Bilut-Homplewicz, Z. (2009): *Lingwistyka tekstu w Polsce i w Niemczech – próba bilansu*. In: Z. Bilut-Homplewicz/ W. Czachur/ M. Smykała (Hg.) Lingwistyka tekstu w Polsce i w Niemczech. Pojęcia, problemy, perspektywy. Wrocław. 325–341.
Brandt, M. et al. (1983): *Der Einfluß der kommunikativen Strategie auf die Textstruktur – dargestellt am Beispiel des Geschäftsbriefes*. In: I. Rosengren (Hg.) Sprache und Pragmatik. Lunder Symposium 1982. Stockholm. 105–135.
Deutscher, E., Schätzlein, E. (2000): *Praxisbuch Geschäftsbriefe*. Niedernhausen.
Dudenredaktion (2008): *Duden – Moderne Geschäftsbriefe – leicht gemacht*. Mannheim.
Dudenredaktion (2011): *Duden - Geschäftskorrespondenz*. Mannheim
Dudenredaktion (2013): *Duden-Ratgeber: Briefe und E-Mails gut und richtig schreiben*. Mannheim/ Zürich.
Ermert, K. (1979): *Briefsorten. Untersuchungen zu Theorie und Empirie der Textklassifikation*. Tübingen.
Franken, F., Spillner, B. (1997): *Die 500 besten Geschäftsbriefe*. Landsberg/ Lech.
Füchsel, H. (2013): *Korespondencja w firmie*. Warszawa.
Gajda, S. (1990): *Wprowadzenie do teorii terminu*. Opole.
Gajda, S. (2008): *Gatunkowe wzorce wypowiedzi*. In: D. Ostaszewska/ R. Cudak (Hg.) Polska genologia lingwistyczna. Warszawa. 130–142
Göpferich, S. (1995): *Textsorten in Naturwissenschaften und Technik. Pragmatische Typologie – Kontrastierung – Translation*. Tübingen.
Grosse, E.U. (1976): *Text und Kommunikation. Eine linguistische Einführung in die Funktionen der Texte*. Stuttgart.
Grucza, F. (Hg.) (1991): *Teoretyczne podstawy terminologii*. Wrocław.
Grucza, S. (2010), *Zur Stratifikation von Bedeutungen des Ausdrucks „Fachtext"*. In: P. Bąk/ M. Sieradzka/ Z. Wawrzyniak (Hg.) Texte und Translation. Rzeszów. 201–210.

Grucza, S. (2012): *Fachsprachenlinguistik*, Frankfurt am Main.

Gülich, E./ W. Raible (1977): *Linguistische Textmodelle. Grundlagen und Möglichkeiten*. München.

Heinemann, M./ W. Heinemann (2002): *Grundlagen der Textlinguistik. Interaktion – Text – Diskurs*. Tübingen.

Heinemann, W., Viehweger, D. (1991): *Textlinguistik. Eine Einführung*. Tübingen.

Hoffmann L., Kalverkämper H., Wiegand H.E. (Hg.) (1998): *Fachsprachen. Ein internationales Handbuch zur Fachsprachenforschung und Terminologiewissenschaft*. Berlin/ New York.

Hundt, M. (2000): *Textsorten des Bereichs Wirtschaft und Handel*. In: K. Brinker, G. Antos, W. Heinemann, S.F. Sager (Hg.) Text- und Gesprächslinguistik. Bd.1. Berlin/New York. 642–658.

Ippoldt, J./ A. Żabiński (1931): *Niemiecka korespondencja handlowa*. Kraków.

Jarzębowski, W. (1980): *Nowoczesne biuro – organizacja i technika*. Warszawa.

Kalverkämper, H. (1990): *Der Einfluß der Fachsprachen auf die Gemeinsprache*. In: Stickel, G. (Hg.) Deutsche Gegenwartssprache. Tendenzen und Perspektiven. Berlin/New York. 88–134.

Kienzler, I. (1997): *Korespondencja handlowa w języku polskim. Wzory pism, umów i innych dokumentów*. Gdynia.

Koch W./ I. Rosengren/ M. Schonebohm (1981): *Ein pragmatisch orientiertes Textanalyseprogramm*. In: I. Rosengren (Hg.) Sprache und Pragmatik. Lunder Symposium 1980. Lund. 155–203.

Komosa, A. (1996): *Technika biurowa*. Warszawa.

Koskensalo, A. (2002), *Der Geschäftsbrief: zur funktionalen Erklärung einer Textsorte in der Linguistik der Wirtschaftskommunikation*. Tostedt.

Labocha, J. (2009): *Lingwistyka tekstu w Polsce*. In: Z. Bilut-Homplewicz/ W. Czachur/ M. Smykała (Hg.) Lingwistyka tekstu w Niemczech. Pojęcia, problemy, perspektywy. Wrocław. 45–56.

Lenk, H.E.H. (2006): *Praktische Textsortenlehre*. Helsinki.

Malinowska, E. (2001), *Wypowiedzi admoinistracyjne – struktura i pragmatyka*. Opole.

Markowski, A. (1992): *Polszczyzna końca XX wieku*. Warszawa.

Nowicki, W. (1979): *Metoda pracy nad terminologia wybranej dziedziny wiedzy*. Warszawa.

Nowicki, W. (1986): *Podstawy terminologii*. Wrocław.

Ostaszewska, D. (2008): *Genologia lingwistyczna jako subdyscyplina współczesnego językoznawstwa*. In: D. Ostaszewska/ R. Cudak (Hg.) Polska genologia lingwistyczna. Warszawa. 11-39.

Pietkiewicz, E. (1991): *Sekretariat menadżera*. Grodzisk Mazowiecki.

Sandig, B. (1975): *Zur Differenzierung gebrauchssprachlicher Textsorten im Deutschen*. In: E. Gülich, W. Raible, (Hg.) Textsorten. Differenzierungskriterien aus linguistischer Sicht. Wiesbaden. 113-124.

Schmedemann, H. (1994): *Geschäftsbriefe und Reden*. München.

Szwed, I. (1999): *Zur Illokutionsstruktur im Geschäftsbrief*. In: Z. Bilut-Homplewicz (Hg.) Zur Mehrdimensionalität des Textes. Rzeszów. 225–236.

Szwed, I. (2010): *Zur Kennzeichnung des Geschäftsbriefes als eine Textsorte*. In: Z. Bilut-Homplewicz/ A. Mac/ M. Smykała/ I. Szwed (Hg.) Text und Stil. Frankfurt am Main. 233–244.

Szwed, I. (im Druck): *Zum Ausdruck von Intentionen in polnischen und deutschen Geschäftsbriefen aus kontrastiver Sicht.* Frankfurt am Main.

Weinrich, H. (1975): *Thesen zur Textsorten-Linguistik.* In: E. Gülich/ W. Raible (Hg.) Textsorten. Differenzierungskriterien aus linguistischer Sicht. Wiesbaden. 161–174.

Wojtak, M. (1993): *Styl urzędowy.* In: J. Bartmiński (Hg.) Encyklopedia kultury polskiej, Bd.2: Współczesny język polski. Wrocław.

Wunderlich, D. (1972): *Zur Konventionalität von Sprechhandlungen.* In: D. Wunderlich (Hg.) Linguistische Pragmatik. Frankfurt am Main. 11–58.

Unternehmensidentität:
Strategien und Mittel ihrer Versprachlichung in Texten

Bogusława Rolek
(Universität Rzeszów)

Einleitung

Im postmodernen Wettbewerb, für den die zunehmende Produkthomogenität charakteristisch ist, wird der Kommunikation eine strategische Rolle beigemessen. Solch ein Sachverhalt resultiert daraus, dass als Orientierungspunkte des Konsumverhaltens nicht nur das Produkt und seine Qualität gelten. In vielen Untersuchungen (F.-R. Esch (2008: 5), Keller (2008), F.-R. Esch/ W. Armbrecht (2009: 83)) wird bewiesen, dass der ökonomische Erfolg eines Produkts heutzutage u.a. davon abhängt, welche Werte mit diesem Produkt[1] in Verbindung gesetzt werden. Die immateriellen Phänomene, zu denen u.a. die Unternehmensidentität[2] gehört, beeinflussen entscheidend die Profilierung und Positionierung des Unternehmens im öffentlichen Wettbewerb. Aus diesem Grund sieht sich jedes Unternehmen dazu aufgefordert, seine Identität sowie die Identität seiner Produkte bewusst zu konstruieren, um die Aufmerksamkeit der potentiellen Zielgruppen zu wecken, Präferenzen für die eigenen Produkte zu erzeugen und zum Kauf eigener Produkte anzuregen. Die Notwendigkeit, die Unternehmens-, Produkt- und Markenidentität zu konstruieren und zu vermitteln, bildet für die Unternehmen ein relativ neues Aufgabenfeld, das nicht nur die Entwicklung und den Einsatz von rein wirtschaftlichen, sondern vor allem kommunikativen Strategien erfordert. Dieser Tendenz sind sich nicht nur die Unternehmen, sondern auch die Wirtschaftswissenschaftler bewusst. M. Bruhn stellt fest:

> Heute gestalten sich die Wettbewerbsbedingungen von Unternehmen zunehmend schwieriger und unterliegen einem permanenten Wandel. Durch ein stetig wachsendes Güterangebot, eine zunehmende Angleichung von Produkten sowie hohe Sättigungsgrade auf Konsumentenseite wird der klassische Produktwettbewerb um einen Kommunikationswettbewerb ergänzt (M. Bruhn 1995: 2).

---

1 Genauer gesagt geht es um den Wert, der sich aus dem Vergleich zwischen dem Soll-Wert und dem Ist-Wert eines Produkts.

2 Im vorliegenden Artikel wird auf die Unterscheidung zwischen der Unternehmensidentität und Corporate Identity verzichtet. Zur Abgrenzung zwischen beiden Begriffen und Konzepten siehe u.a. E. Buß (2012: 161).

D. Herbst präzisiert:

> In Zeiten austauschbarer Produkte, zunehmender Konkurrenz und kritisch werdender Öffentlichkeit, scheint es für viele Unternehmen lebensnotwendig geworden, ihren Kunden, Lieferanten, Behörden, Finanzgebern, aber auch Mitarbeitern durch eine einzigartige und unverwechselbare Identität Orientierung und Sicherheit zu bieten und sich von anderen abzuheben (D. Herbst 1998: 3).

Aus dieser Sachlage ergeben sich folgende, linguistisch relevante Fragestellungen: Welche Zusammenhänge bestehen zwischen Unternehmensidentität und Kommunikation? Inwieweit kann die Unternehmensidentität als sprachlich generierbare und vermittelbare Erscheinung aufgefasst und untersucht werden?

Angesichts der Tatsache, dass die Identität, geschweige denn Unternehmensidentität, a priori nicht als rein sprachlich konstruierbares Phänomen aufgefasst werden kann, wird im Folgenden der Versuch unternommen, die Erkenntnisse der Identitätsforschung umrisshaft zu präsentieren, um einen theoretischen Rahmen zur Erforschung der Identität mit linguistischen Kategorien abzustecken.

Wenn die Identität als linguistisch analysierbares Phänomen definiert werden soll, muss sie mit dem Forschungsgegenstand der Sprachwissenschaft *par excellence* »Sprache(n)« in Verbindung gesetzt werden. Auch wenn diese Feststellung trivial zu sein scheint, ist sie nicht selbstverständlich, denn in den *bis dato* entwickelten Identitätskonzepten wird die Schnittstelle „Identität und Sprache" eher marginal behandelt. Auf dieses Forschungsdefizit weist u.a. M. Kresić hin, indem sie schreibt:

> Sowohl moderne als auch postmoderne Identitätstheorien zeichnen sich dadurch aus, dass sie der Sprache als Medium der Identitätskonstitution einen eher untergeordneten Stellenwert beimessen. Ihre identitätskonstitutive Funktion wird i. d. R. nicht explizit in die jeweiligen Modellbildungen einbezogen. Dieses ist umso verwunderlicher als die Sprachwissenschaft und insbesondere die Soziolinguistik bereits seit den 60er Jahren die Zusammenhänge u.a. zwischen sozialer Zugehörigkeit (Schicht), nationaler sowie geschlechtlicher Identität und Sprache herausgearbeitet hat (M. Kresić 2007: 5).

Um einen Beitrag zur Erforschung dieses vernachlässigten Problemfeldes zu leisten, konzentriert sich der vorliegende Beitrag auf die Möglichkeiten der sprachlichen Manifestation der Unternehmensidentität. Die zentralen Fragestellungen lauten: Mit welchen kommunikativen Strategien wird die Unternehmensidentität konstruiert und mit welchen linguistischen Kategorien kann sie erfasst und beschrieben werden?

Der Auslegung des für diesen Beitrag zentralen Begriffs der Unternehmensidentität werden einige Bemerkungen über den Identitätsbegriff vorausgeschickt. Der Charakteristik des Untersuchungskorpus und des Analysemodus folgt der empirische Teil, in dem ausgewählte Strategien der Identitätskonstruktion im Unternehmensdiskurs dargestellt werden. Wegen der Komplexität des Forschungsgegenstandes sei an dieser Stelle angemerkt, dass die vorliegende Untersuchung keinen Anspruch auf Vollständigkeit erhebt.

1. Identität – Begriffsbestimmung

Die Mehrdimensionalität des Identitätsbegriffs offenbart selbst die „Duden"-Definition. Die Identität wird als Echtheit einer Person oder Sache verstanden, die in der Übereinstimmung zwischen dem, was die Person ist und dem, als was sie bezeichnet ist, besteht (Duden 2003: 817). Die Identität wird also als Einklang von zwei Wahrnehmungsperspektiven ausgelegt. Als Resultat des selbstreflexiven Denkens entsteht das Selbstbild der Person, die Ich-Identität. Das Ergebnis der externen Wahrnehmung des Selbstbildes funktioniert – G.H. Mead (1934/2000) zufolge – als Fremdbild/Image der Person. Die eventuelle Differenz zwischen dem Selbst- und Fremdbild wird in der während der Interaktion hergestellten Kongruenz dieser Konstrukte aufgehoben. Diese aus der Differenz konstruierte Identität ist relational, weil die Interaktion[3] als *conditio sine qua non* für die Entstehung und Konstruktion der Identität anzusehen sei. Die Interaktionen kommen zustande und wirken identitätsbildend, wenn ein Handelnder (Individuum, Gruppe, Organisation) sich an den Erwartungen und Einstellungen des Handlungspartners sowie nach der Bewertung der gemeinsamen Situation orientiert. (K.-H. Hillmann 2007: 387). Eine solche gegen- bzw. wechselseitige Orientierung der Interaktionspartner ist „nur im Rahmen einer vorgegebenen sozialen Struktur von gemeinsamen Werten, normativen Mustern, Symbolen und Kommunikationstechniken möglich." (ebd.).

Die Relevanz der oben genannten soziologischen Kategorien für die linguistische Operationalisierung des Identitätsbegriffs ergibt sich – L. Krappmann (1971/1993) zufolge – aus dem kommunikativen Charakter der Interaktion. Das Individuum sei also als Sender des Selbstbildes und die Umwelt als Empfänger des Selbstbildes des Individuums und zugleich Konstrukteur/Sender des aufgrund des Selbstbildes generierten Fremdbildes betrachtet. Für die Konstruktion der Identität sei also die Relation „Ich – der Andere/die Anderen" mit allen ihren denkbaren Konstellationen ausschlaggebend. Wie oben schon erwähnt, wird die Interaktion mit den Anderen seit G.H. Maed (1934) als Grundvoraussetzung für die Identitätsentwicklung betrachtet, denn nur „im Spiegel des Anderen", im Kontakt mit Anderen kann das Selbstbild aufgrund der in der Interaktion ausgeübten sozialen

---

3   „In seiner formalen Bedeutung weist der Terminus Interaktion auf Prozesse der Wechselbeziehung bzw. Wechselwirkung zwischen zwei oder mehreren Größen hin. [...]; die durch Kommunikation (Sprache, Symbole, Gesten usw.) vermittelten wechselseitigen Beziehungen zwischen Personen und Gruppen und daraus resultierende, wechselseitige Beeinflussung ihrer Einstellungen, Erwartungen und Handlungen." (R. Burkart 2002: 30).

Rolle, mit der dem Individuum ein wert- und normbezogenes, gemeinschaftlich anerkanntes Handlungsmuster zur Verfügung gestellt, weiter entwickelt werden. Angesichts des Ausgeführten, kann der Prozess der Identitätsgenese als Summe sprachlich vermittelter Interaktionsbeziehungen, deren Funktion in der wechselseitigen Reaktion aufeinander, in der wechselseitigen Konfrontation mit Verhaltenserwartungen und als Resultat der Internalisierung gesellschaftlich vorgegebener Wertsysteme und Handlungsmuster definiert werden.

Die in der Duden-Definition postulierte Übereinstimmung des Selbst- und Fremdbildes ist methodologisch insofern relevant, dass sie *primo* die Wahrnehmbarkeit und somit die Vermittelbarkeit des Selbst- und des Fremdbildes und *secundo* die Kongruenz beider Konstrukte, d.h. das Vorhandensein von gemeinsamen Elementen des Selbst- und des Fremdbildes des Individuums in Form einer konsistenten Selbstdarstellung des Individuums präsupponiert.

Nicht weniger wichtig für die vorliegenden Ausführungen ist eine andere Dimension des Identitätsbegriffs, die in der zweiten Lesart zum Ausdruck gebracht wird. Die Identität wird „als »Selbst« erlebte innere Einheit der Person" (Duden 2003: 817) definiert. Die Konsistenz sei also neben der Interaktionalität die zweite grundlegende Eigenschaft der Identität.

Die bisherigen Erwägungen lassen erste Annahmen hinsichtlich des Analysemodus der Unternehmensidentität formulieren. Die Untersuchung der Identität kann aus zwei Perspektiven durchgeführt werden: aus der internen Perspektive des die Identität konstruierenden Subjektes und/oder aus der externen Perspektive eines bzw. mehrerer Subjekte, die als Empfänger diese Identität (re)konstruieren.

2. Unternehmensidentität

In der zurzeit wohl bekanntesten Definition von K. Birkigt und M.M. Stadler wird die Unternehmensidentität aufgefasst als

> die strategisch geplante und operativ eingesetzte Selbstdarstellung und Verhaltensweise eines Unternehmens nach innen und außen auf Basis einer festgelegten Unternehmensphilosophie, einer langfristigen Unternehmenszielsetzung und eines definierten (Soll-)Images – mit dem Willen, alle Handlungsinstrumente des Unternehmens in einheitlichem Rahmen nach innen und außen zur Darstellung zu bringen (K. Birkigt/ M.M. Stadler 1998: 18).

Die Grundlage für die Generierung der Unternehmensidentität aus ihren Hauptkonstituenten – der Selbstdarstellung und der Verhaltensweise – bilden die Unternehmensphilosophie, die Unternehmenszielsetzung sowie das Soll-Image des Unternehmens. Aus diesen Bestandteilen wird das in sich widerspruchsfreie Selbstbild des Unternehmens hergestellt. Die Unternehmensidentität funktioniert als Bezugsrahmen, der alle Aktivitäten des Unternehmens, z.b. im Bereich der Umsatzsteigerung, der Profilierung des Unternehmens und seiner Positionierung auf dem Markt steuert. Die Strategien der Identitätskonstruktion zielen *eo ipso* auf eine einheitliche Darstellung des Unternehmens nach innen und außen, denn die Unternehmensidentität stellt eine „Identifikationsplattform" für interne und externe Stakeholder. Die Unternehmensidentität manifestiert sich laut K. Birkigt und M.M. Stadler im Unternehmenserscheinungsbild (Corporate Design), in der Unternehmenskommunikation (Corporate Communications) und im Unternehmensverhalten (Corporate Behavior). Auch wenn Birkigt und Stadler explizit darauf nicht hinweisen, können die genannten Bestandteile der Unternehmensidentität als Zeichen interpretiert werden, die Darstellungs-, Ausdrucks- und Appellfunktion erfüllen. (S. Burel 2007: 5).

In kommunikationsbasierten bzw. -orientierten Identitätskonzepten wird die Unternehmensidentität mit der „Leitstrategie aller Kommunikationsstrategien des Unternehmens" (K. Kneip 1980) gleichgesetzt. Sie entsteht aus der „Summe aller visuellen Kommunikationen eines Unternehmens" (K. Lierl 1987: 3) und wird als ganzheitliches Strategiekonzept verstanden,

> das alle nach innen beziehungsweise außen gerichteten Interaktionsprozesse steuert und sämtliche Kommunikationsziele, -strategien und -aktionen einer Unternehmung unter einem einheitlichen Dach integriert (H. Meffert 2005: 706).

Ähnlich wie bei Birkigt und Stadler wird von H. Meffert der kommunikativ konstruierten Identität eine steuernde und integrierende Funktion zugeschrieben. Der Unterschied zu dem oben charakterisierten Konzept besteht darin, dass das gewünschte Erscheinungsbild des Unternehmens in der Kommunikation manifestiert wird. Daraus folgt, dass die Unternehmensidentität u.a. in Texten, sei es monologischen, sei es dialogischen, zum Ausdruck kommt und dass die Sprache als eines der Mittel der Identitätskonzeptualisierung und -vermittlung[4] gilt.

In den dargestellten Identitätskonzepten wird die Relevanz der Bezugsgruppen außer Acht gelassen. Das Überangebot des Angebots[5] auf dem Markt verursacht, dass die Unternehmen in erster Linier um das immer knapper werdende Gut »Aufmerksamkeit« der Bezugsgruppen konkurrieren. Dies gelingt mit der unverwechselbaren Unternehmensidentität, die zu einer starken Wettbewerbsposition führt. Die Bedeutung der Bezugsgruppen im Prozess der Identitätskonstruktion betonen M. Niederhäuser und N. Rosenberger, indem sie argumentieren:

> Der Aufbau einer Identität und damit deren Minifest- und Erlebbar-Werden geschieht allerdings erst durch die Austauschbeziehungen zwischen dem Unternehmen und den externen und internen Bezugsgruppen [...] (M. Niederhäuser/ N. Rosenberger 2011: 24).

---

4 Siehe dazu Ausführungen von Ch. Thim-Mabrey (2003).
5 Darunter wird das Überangebot an Waren und Dienstleistungen verstanden.

Als öffentlicher Akteur agiert das Unternehmen im bestimmten politisch-rechtlichen, ökonomischen und soziokulturellen Kontext und nimmt an unzähligen Interaktionen teil, die, wie schon betont, als wesentliche identitätskonstitutive Elemente zu betrachten sind. Die Interdependenz dieser identitätsrelevanten Elemente kann in folgender Formel formuliert werden: je größer und heterogener die Umwelt als Handlungsraum des Unternehmens[6], desto komplexer das Interaktionsnetz des jeweiligen Unternehmens und variabler die Anspruchsgruppen, mit denen das Unternehmen kommuniziert. Das von Unternehmen aufgebaute Interaktionsnetz ist für die Untersuchung der Unternehmensidentität insofern aufschlussreich, dass seine genaue Bestimmung eine Grundlage für die Identitätskonstruktion im Hinblick auf die Erwartungen und Anforderungen der Bezugsgruppen bildet. Laut M. Niederhäuser und N. Rosenberger (ebd.) bilden die Bezugsgruppen meist stark vereinfachte, typisierte und stabile Vorstellungsbilder/ Images von Unternehmen aufgrund verschiedener Erfahrungen. Sie werden

geprägt durch direkte Erfahrungen mit konkreten Produkten und Organisationsmitgliedern, durch öffentliche und nicht-öffentliche Kommunikation über das Unternehmen sowie durch institutionelle Unternehmenskommunikation (ebd.: 26).

Deshalb ist die These einleuchtend, dass das Unternehmen aus pragmatisch-wirtschaftlichen Gründen möglichst viele Kanäle und Formen der Identitätskonstruktion und -vermittlung nutzt, denn erst, wenn

die von verschiedenen Bezugsgruppen entwickelten Images eine substanzielle Überschneidung auf[weisen] und [....] die Images im Kern mit der definierten Identität überein[stimmen], dann ist die Unternehmensidentität konzis vermittelt worden (ebd.: 27).

Zur Realisierung der gesetzten Ziele braucht das Unternehmen ein vorwegnehmend aufgebautes, dynamisches Identitätskonzept, das ihm ermöglicht, aufgrund der eben dynamischen Ansprüche der Bezugsgruppen wirtschaftlich, sozial und kommunikativ angemessen zu reagieren und sich als konkurrenzfähiges Unternehmen zu etablieren.

Schlussfolgernd sei vorgeschlagen, die Unternehmensidentität als zeichenbasiertes Konstrukt aufzufassen[7], dessen Dimensionen und Hauptmerkmale das Unternehmen unter Berücksichtigung der Unternehmenskultur, des aktuellen wirt-

---

6 Regionales versus nationales versus globales Unternehmen.

7 Die vorgeschlagene Definition wurde in Anlehnung an die von der Arbeitsgruppe „Identität als zeichenbasierter Prozess" formulierte Identitätsdefinition entwickelt: „Identität ist ein Phänomen, das bezüglich seiner Merkmale, seines Skopus und seiner zeitlichen Dimension flexibel ist und das von den Akteuren jeweils in kommunikativen Prozessen (zeichenbasierten Prozessen) hergestellt/ausgehandelt wird, die sowohl dialogische als auch narrative Formen der Kommunikation umspannen." Abrufbar unter: http://www.signsofidentity.de/ fragestellung.html (Abruf: 13.10. 2014).

schaftspolitischen Kontextes und der Erwartungen der Bezugsgruppen dynamisch bestimmt und das von den jeweiligen Akteuren jeweils in der Interaktion mit Hilfe von Zeichen (verbal/nonverbal), also kommunikativ ausgehandelt wird. Solch eine Auffassung der Unternehmensidentität ermöglicht alle denkbaren Formen der Unternehmensidentität zu erfassen, sowohl das vom Unternehmen intendierte Identitätskonzept (das Soll-Image/das Selbstbild) als auch das von interessierten Akteuren konstruierte Fremdbild des Unternehmens.

3. Untersuchungskorpus und Untersuchungsmethode

Das Untersuchungskorpus besteht aus öffentlich zugänglichen, öffentlichkeitswirksamen Unternehmenstexten, welche über die Bayer-Konzern-Homepage (www. bayer.de) heruntergeladen bzw. abgerufen werden können.

Das Öffentlichkeitswirksamkeitspotenzial und die Zugänglichkeit der Texte als Kriterien der Textauswahl sind bei der Untersuchung der Unternehmensidentität insofern von Bedeutung, dass die für das Unternehmen relevanten Anspruchsgruppen durch die Präsenz dieser Texte in der virtuellen Wirklichkeit am schnellsten erreicht und bei der Konstruktion des Unternehmensimages beeinflusst werden können.

Burel konzentriert sich in ihrer Analyse auf programmatische Unternehmenstexte[8], d.h. auf Leitbilder, „leitbildähnliche" Texte sowie auf Unternehmensbeschreibungen aus Geschäftsberichten, die „erfahrungsgemäß kollektive Identitäten, Handlungsappelle sowie Werte und Normen […] vermitteln" (S. Burel 2007: 6). Solch eine methodologische Entscheidung grenzt m.E. das Spektrum der textuellen Manifestation der Unternehmensidentität wesentlich ein, denn sie steht in einem gewissen Widerspruch zum ganzheitlichen Konzept der Unternehmensidentität von Birkigt und Stadler (2002). Dies bemerkt auch Richter, indem sie schreibt:

> Ein Unternehmensleitbild kann dabei nur ein Baustein eines integriertes Kommunikationskonzeptes sein, welches über unterschiedliche Kommunikationskanäle sämtlichen Zielgruppen ein einheitliches Erscheinungsbild des Unternehmens vermittelt. Eine integrierte Unternehmenskommunikation bewegt sich dabei im Spannungsfeld zwischen einer ausreichenden Differenzierung der Kommunikationsinhalte und -medien in Bezug auf die vielfältigen Zielgruppen und einem einheitlichen Gesamtauftritt (N. Richter 2008: 218).

---

8   S. Burel klassifiziert die untersuchten Texte als Assertiva, denn „sprechakttheoretisch gesehen, sind diese Darstellungen nicht verifizierte Behauptungen, die einen Absolutheitscharakter insinuieren." (S. Burel 2007:12).

Da die Unternehmensidentität als ein operativ eingesetztes Strategiekonzept aufgefasst wird, kann angenommen werden, dass das Unternehmen die „Richtlinien"
des entwickelten Identitätskonzeptes in allen produzierten Texten realisiert. Solch
einen Standpunkt vertritt auch N. Sauer. In der Publikation „Corporate Identity in Texten. Normen für die schriftliche Unternehmenskommunikation", die als
eine „linguistisch geprägte Kommunikationsberatung" zu gelten hat, formuliert
die Autorin das Anliegen ihrer Arbeit mit folgenden Worten: das Werk solle „als
Orientierung für die Etablierung einer spezifischen Unternehmensidentität in allen schriftlichen Texten eines Unternehmens dienen" (N. Sauer 202: 15). Auch K.
Vogel führt ähnliche Argumente an, indem sie schreibt,

> dass Unternehmenskommunikation in allen ihren möglichen Formen immer auch die
> Selbstdarstellung beinhaltet und somit zumindest implizit zu Identitätskonstruktion
> beträgt (K. Vogel 2011: 143).

Aus diesem Grund wurden für die Analyse neben den Selbstdarstellungstexten
auch informierende Texte[9]gewählt, die m.E. auch Passagen enthalten, die sich auf
die Unternehmensidentität beziehen, auch wenn sie nicht explizit in diesen Texten
thematisiert wird. Nur einige von den untersuchten Texten können als Textsorten
aufgrund der Textsortenbezeichnungen sowie der makro- und mikrostrukturellen
Merkmale klassifiziert werden, z.B. Geschäftsberichte, Reden der Geschäftsfüh-
rung sowie Stellenanzeigen. Während die Geschäftsberichte als programmatische
Unternehmenstexte gelten, kann die Aufnahme der Stellenanzeigen in das Untersuchungskorpus fragwürdig erscheinen. Deshalb wird die Entscheidung an dieser
Stelle begründet.

Im Allgemeinen erfüllen die Stellenanzeigen drei Funktionen: sie informieren, motivieren und selektieren. Sie dienen also in erster Linie der Personalge-
winnung. Da sie aber meist mit positiven Attributen verbunden sind und Textteile
zum Unternehmensbild[10] enthalten,

> tragen [sie] wesentlich zum Arbeitgeber-Image bei, präsentieren das Unternehmen in
> der Öffentlichkeit und bei allen Marktpartnern und beweisen und bestätigen den Mit-
> arbeitern, dass sie am richtigen Ort – und beim attraktiven und modernen Arbeitgeber
> – arbeiten (T. Widmer 2006: 9).

Die analysierten Texte bilden, makrostrukturell und funktional betrachtet, ein he-
terogenes Korpus. Dies kann allerdings nicht als methodologisches Defizit betrachtet werden, da es – wie erwähnt – zurzeit keine Textsorte der Unternehmenskommunikation gibt, deren Ziel einzig und allein darin besteht, die Unternehmens-

---

9 Diese Einteilung der Unternehmenstexte hinsichtlich der in Texten dominanten Form der
   Selbstdarstellung stammt von K. Vogel (2011: 143).
10 Infolge der Konkurrenz auf dem Markt lässt sich ein makrostruktureller Wandel der Stellenanzeigen beobachten. Mehr dazu Ch. Gansel/ F. Jürgens (2007: 95ff).

identität zu präsentieren. Wie oben ausgeführt, wird die Unternehmensidentität in verschiedenen Dimensionen zum Ausdruck gebracht. Trotz der strukturellen Variabilität bilden die untersuchten Texte das Textsortennetz, das die funktionalen und in der kommunikativen Wirklichkeit effektiv bestehenden Beziehungen innerhalb von Interaktionssystemen widerspiegelt (vgl. K. Adamzik 2001: 30), in denen das Unternehmen als Hauptakteur agiert. Aufgrund des thematischen Zusammenhangs können die untersuchten Texte als Diskurs[11] im Sinne von E. Felder (2011) betrachtet werden[12].

Da die thematisch zusammenhängenden Texte auf ihren Beitrag zur Konstruktion der Unternehmensidentität hin untersucht werden, kann als Methode die Diskursanalyse eingesetzt werden. In der Analyse soll vor allem eruiert werden, wie die Unternehmensidentität vertextet wird, d.h. wie sie in den Texten versprachlicht wird.

Aufgrund der bisherigen Erkenntnisse der diskursorientierten Identitätsforschung (R. Wodak/ R. de Cillia/ M. Reisigl/ K. Liebhart/ K. Hofstätter/ M. Kagl 1998, R. Wodak 2009) wird die Identität in Anlehnung an folgende Fragestellungen analysiert:

– Wie werden Sachverhalte und soziale Akteure benannt bzw. wie wird auf Sachverhalte und soziale Akteure Bezug genommen?
– Welche Eigenschaften und Charakteristika werden den betreffenden Sachverhalten und Akteuren zugeschrieben?
– Welche Argumente bzw. Argumentationsschemata werden herangezogen, um die Charakterisierung von spezifischen Personen oder Gruppen von Personen bzw. um bestimmte Handlungen jener Personen zu rechtfertigen und zu legitimieren?
– Von welchem Standpunkt aus werden diese Benennungen, Zuweisungen und Argumentationen ausgedrückt (Perspektivierung)?
– Werden die betreffenden Behauptungen und Aussagen explizit geäußert, werden sie verstärkt oder abgeschwächt? (R. Wodak 2009: 321).

Diesen Fragestellungen ordnet R. Wodak die in empirischen Analysen eruierten diskursiven Strategien zu, die als referentielle, prädikative, argumentative Strategien, Strategien der Diskursrepräsentation und der Perspektivierung, Verstärkungs- und Abschwächungsstrategien (ebd.) kategorisiert werden. Zur linguistischen Konstruktion, Identifikation und Repräsentation von Sachverhalten und

---

11 „Diskurse [...] sind Texte (auch Teiltexte) und Gespräche (gegebenenfalls in Ausschnitten), die vom Diskursanalytiker als thematisch zusammenhängend und daher intertextuell klassifiziert werden, weil sie einen vom Diskursanalytiker als Diskursthema bestimmten Inhalt oder Inhaltsaspekt berühren. Kurz gesagt: Diskurse sind Text- und Gesprächsnetze zu einem Thema." (E. Felder 2011: 121).

12 Zur genauen Auslegung des Begriffspaars: Fachtext und Fachdiskurs siehe S. Grucza (2004. 96ff, 2013: 126ff).

sozialen Akteuren dienen laut R. Wodak (2009: 321) referentielle Strategien. Im Folgenden werden sie näher charakterisiert und an Beispielen exemplifiziert[13].

4. Ergebnisse

Zur (Re)Präsentation sozialer Akteure in der Öffentlichkeit dienen referentielle Strategien der Selbstdarstellung, die als geplantes Bemühen des Senders (das Unternehmen), die Eindrücke des Empfängers (die Bezugsgruppen) zu steuern, gedeutet werden können. Die referentiellen Strategien können u.a. als Strategien der Identitätskonstruktion durch (Selbst)Benennung. Strategien der Identitätskonstrukion durch Perspektivierung und Strategien der Identitätskonstruktion durch Positionierung realisiert werden.

Die sprachliche Selbstdarstellung des Unternehmens kann direkt oder indirekt sein. In Anlehnung an M.-L. Piitulainen (2001: 160) versteht man unter direkter Selbstdarstellung die Markierung durch Personal- und Possessivpronomina der ersten Person und die Markierung durch Eigennamen (Nomina Propria). Indirekt manifestiert der soziale Akteur den Ich-Bezug durch den Einsatz von substantivischen Bezeichnungen, welche das Unternehmen profilieren oder positionieren, d.h. die jeweilige soziale Rolle signalisieren.

Paradoxerweise kommt die prägnanteste Form der Selbstdarstellung die Ich-Form in Bezug auf das Unternehmen in den untersuchten Texten nicht vor[14]. Dafür gibt es mehrere Gründe. Einerseits ist die Unternehmensführung, die aus mehreren Personen besteht, für die strategische Entwicklung des Identitätskonzeptes zuständig, andererseits werden die Unternehmenstexte meistens in der Teamarbeit angefertigt. Damit kann u.a. die häufige Verwendung der Wir-Form und der Possessivpronomen unser/unsere als Nachweis dafür angesehen werden, dass sich der Textproduzent, sowohl der interne, als auch der externe, mit der Selbstdarstellung identifiziert.

Die Unternehmensidentität wird in den untersuchten Texten vor allem durch die hochfrequente Verwendung des zur Marke[15] etablierten Firmennamens konstruiert, wodurch in erster Linie die Sachlichkeit der Darstellung evoziert wird. Nur im Geschäftsbericht 2012 lassen sich 1638 Nennungen[16] von Bayer nachweisen.

---

13   Aus Platzgründen können in der Analyse andere Strategien nicht berücksichtigt werden.

14   Das Ich kommt in Passagen vor, in denen nicht das Unternehmen als Organisation, sondern ein Mitarbeiter, sei es der Vorstandsvorsitzende, sei es ein Praktikant zu Wort kommt.

15   Siehe dazu einen Presseartikel, der unter http://www.ksta.de/stadt-leverkusen/image-wertung-bayer-als-marke-hoch-anerkannt,15189132,24154508.html abrufbar ist. (Abruf 13.10.2013).

16   Im Vergleich dazu 397 Nennungen von »Unternehmen«.

Aufgrund der distinktiven Funktion des Eigennamens wird das Unternehmen von anderen Herstellern abgegrenzt, weil der Name am deutlichsten das Individuelle, in diesem Fall den globalen Status und die wirtschaftliche Unikalität des Unternehmens, zum Ausdruck bringt, worauf J. Butler folgendermaßen hinweist: „Der Eigenname ist referentiell, und die Identität, auf die er sich bezieht, kann nicht durch irgendeine Menge von Beschreibungen ersetzt werden." (J. Butler 1995: 213). Die hohe Vorkommenshäufigkeit des Eigennamens in verschiedenen Kontexten ist auch aus wettbewerblicher Perspektive relevant, weil dadurch ein wesentlicher Beitrag zur mentalen Speicherung im kollektiven und individuellen Gedächtnis geleistet wird.

Eine andere Strategie der Identitätskonstruktion durch Benennung wird durch die Anführung der Namen der hergestellten Produkte realisiert. Da die Produktnamen nicht selten für sich sprechen und ihr hoher Bekanntheitsgrad in der Öffentlichkeit vorausgesetzt wird, werden sie in den untersuchten Texten nicht lexikalisch, sondern onymisch verwendet. Wie erwähnt, lässt der Name das Produkt in erster Linie identifizieren. Zugleich aber symbolisiert er nicht selten eine Marke, die wiederum als Qualitätsnachweis fungiert. Die sprachlich manifestierte Referenz auf eigene Markenprodukte konstruiert auf diese Weise einen relevanten Teil der Unternehmensidentität – die produktbezogene Unternehmensidentität, die m.E. das effizienteste Wirkungspotenzial in der Öffentlichkeit hinsichtlich der Konstruktion der Unternehmensidentität aufweist.

Die Palette der sprachlichen Mittel, welche der Konzern für die Selbstbenennung verwendet, umfasst neben Nomina Propria auch Nomina, die das Unternehmen genauer kategorisieren. Außer dem einfachen Lexem »Unternehmen« kommen in den Texten verschiedene Komposita vor, die das Unternehmen als verschiedene Unternehmenstypen identifizieren und charakterisieren. Die in den Texten vorgefundenen Zusammensetzungen »Pharma-Unternehmen«, »Polymer-Unternehmen« und »Saatgutunternehmen« kategorisieren den Konzern explizit als Sachleistungsbetrieb, im Unterschied zum Dienstleistungsbetrieb. Mit der Zusammensetzung »Innovationsunternehmen« wird auf den Erfinder- und Entdeckergeist, auf die Errungenschaften des Unternehmens im Bereich der Entwicklung und Einführung neuer Produkte, Technologien sowie auf das Forschungspotenzial des Konzerns hingewiesen. Das Nomen »Mutterunternehmen« informiert über den rechtlichen Status und die wirtschaftliche Struktur des Unternehmens. Implizit wird Auskunft darüber gegeben, dass mindestens ein Tochterunternehmen von dem Mutterunternehmen wirtschaftlich abhängig ist. Des Weiteren wird implizit vermittelt, dass Bayer flexibel an die Anforderungen des Marktes reagiert und Organisationsmodelle implementiert, die ihm ein Maximum an Wachstum und Effizienz garantieren. Mit Hilfe all dieser sprachlichen Mittel wird das Unternehmen in seiner Einzigartigkeit profiliert.

Eine andere Gruppe bilden Strategien der Identitätskonstrukion durch Perspektivierung. Unter Perspektive versteht B. Sandig

> »die Repräsentation (auch Vorstellung, Darstellung, Konstruktion) von etwas für jemanden aus einer gegebenen Position aus«. Dabei wird dieses Etwas, ein Objekt, eine Person, ein Sachverhalt, ein Ereignis, eine Handlung ...., nur in einem oder mehreren seiner Aspekte **für das Individuum** relevant, nicht als Ganzes, und es wird so für (einen) Adressaten zu einem bestimmten Zweck verbalisiert [...]. (B. Sandig 1996: 37, Hervorhebung im Original).

Eine der Möglichkeiten der Perspektivierung ist der Einsatz der Personaldeixis[17]. In Bezug auf die pronominalen Wiederaufnahmen der substantivischen Benennungen lässt sich der signifikant frequente Einsatz der Wir-Form in den untersuchten Texten konstatieren. Dadurch wird die Individualität des Unternehmens in seiner Unverwechselbarkeit nicht aufgelöst, sondern auf mehrere Akteure erweitert. Die soziale Dimension der Unternehmensidentität wird mit den Wir-Formulierungen (569 Nenner im Geschäftsbericht) explizit um eine neue Ebene der Unternehmensidentität – die kollektive Wir-Identität bereichert.

An dieser Stelle sei noch auf die exkludierende und inkludierende Funktion des Wir-Pronomens[18] in den Unternehmenstexten sowie auf die damit zusammenhängende Dekodierungsperspektive hingewiesen. Aufgrund der funktionsimmanenten Dichotomie der Deiktika der 1. Person Plural – exkludierend versus inkludierend – kann ihre Verwendung im Text als Identifikations- oder Ausgrenzungsangebot interpretiert werden. Im Hinblick auf die Konstruktion der Unternehmensidentität lässt sich des Weiteren voraussetzen, dass das Unternehmen Argumente anführt, aufgrund deren der Empfänger das Akzeptanzangebot positiv bewertet und den Identifikationsprozess in Gang setzt. Das Identifikationspotenzial der Wir-Form wird u.a. in den Passagen, die explizite Verweise auf das Wertesystem des Unternehmens enthalten, gesteigert werden.

Verallgemeinernd sei festgestellt, dass Textempfänger die Wir-Formen in Anhängigkeit von ihren sozialen Rollen dekodieren. Solch eine Performanz der Unternehmensidentität an der Textoberfläche korreliert mit den soziologischen und psychologischen Identitätskonzepten, welche die Identität als ein multiples und fragmentarisches Phänomen auffassen. Im unten angeführten Beispiel wird mit dem alle Mitarbeiter inkludierenden Wir-Kollektiv intentional die Unternehmensidentität aus der Perspektive der Unternehmensführung konstruiert:

Science For A Better Life

Bayer ist ein weltweit tätiges Unternehmen mit Kernkompetenzen auf den Gebieten Gesundheit, Agrarwirtschaft und hochwertige Materialien.

---

17 Zur deiktischen Perspektivierung siehe Z. Berdychowska (2002: 67).
18 Zum aktuellen Überblick siehe S. Bonacchi (2013: 74ff).

Als Innovations-Unternehmen setzen wir Zeichen in forschungsintensiven Bereichen. Mit unseren Produkten und Dienstleistungen möchten wir den Menschen nützen und zur Verbesserung der Lebensqualität beitragen. Gleichzeitig wollen wir Werte schaffen durch Innovation, Wachstum und eine hohe Ertragskraft.

Wir bekennen uns zu den Prinzipien der Nachhaltigkeit und handeln als „Corporate Citizen" sozial und ethisch verantwortlich.

Eine andere Möglichkeit der Identitätskonstruktion bilden Strategien zur Positionierung des Unternehmens als Arbeitgeber. Mit dem Konzept der Positionierung untersucht man

> die diskursiven Praktiken, mit denen Menschen sich selbst und andere in sprachlichen Interaktionen auf einander bezogen her- und darstellen, welche Attribute, Rollen, Eigenschaften und Motive sie mit ihren Handlungen in Anspruch nehmen und zuschreiben, die ihrerseits funktional für die lokale Identitätsher- und -darstellung im Gespräch sind. [...]. Die Perspektive der Positionierung fokussiert diejenigen Aspekte sprachlicher Handlungen, mit denen ein Sprecher sich in einer Interaktion zu einer sozial bestimmbaren Person macht, eben eine bestimmte Position im sozialen Raum für sich in Anspruch nimmt, und mit denen er dem Interaktionspartner zu verstehen gibt, wie er gesehen werden möchte (Selbstpositionierung). Ebenso weist er mit seinen sprachlichen Handlungen dem Interaktionspartner eine soziale Position zu und gibt ihm damit zu verstehen, wie er ihn sieht (Fremdpositionierung) (G. Lucius-Hoene / A. Deppermann 2004: 168).

Die Positionierung des Unternehmens wird in den Stellenanzeigen besonders transparent. Bei der Selbstdarstellung als Arbeitgeber werden in den Texten die aus der Sicht des eventuellen Bewerbers relevanten Aspekte stichwortartig genannt. Die Unternehmen bedienen sich vieler positiver Attribute, machen die Bewerber mit den Zielen bekannt etc. Die Zielformulierung impliziert beim Bewerber seine Charakteristik als zukünftiger Arbeiter.

Auf dem Bayer-Karriereportal wird der Bewerber mit der Überschrift „Exzellente Perspektiven bei Global Player" begrüßt. In einem Satz werden zwei Perspektiven berücksichtigt: hingewiesen wird einerseits den Erwartungen des Bewerbers entsprechend auf die hervorragenden Entwicklungs- und Karrierenmöglichkeiten bei Bayer, andererseits auf die die Größe und Rolle des Unternehmens als globalen Akteurs. Stilistisch relevant ist in diesem Titel die Verwendung der englischen Positionsbezeichnung »Global Player«, was laut T. Utzig (2002: 26) mit der allgemeinen Tendenz hinsichtlich der Verwendung von Anglizismen in den bewerberbezogenen Textsorten einhergeht[19]. Mit dem explizitem Hinweis darauf, dass Bayer ein transnationales Unternehmen ist, vermittelt das Unternehmen nicht nur harte Tatsachen über seinen Rang in der globalen Wirtschaft, son-

---

19 P. Bąk (2012: 193ff.) interpretiert den Einsatz von Fremdwörtern als Verfahren der Aufwertung und Professionalisierung.

dern es startet einen Selektionsprozess, indem es den Bewerbern implizit vermittelt, dass sie Qualifikationen nachweisen müssen, welche sie zur Arbeit in diesem Unternehmen prädestinieren.

Die Strukturierung der in dem Karrierenportal zur Verfügung stehenden Texte ist nach folgendem Muster aufgebaut: einführend gibt es Passagen, die das Unternehmen in seinem Profil charakterisieren[20], anschließend Passagen, in denen sich das Unternehmen als attraktiver Arbeitgeber dargestellt. Die Unternehmensidentität wird in diesen Textfragmenten als soziale Identität konstruiert. Zu dieser Selbstmanifestation als Arbeitgeber gehören Verweise auf Professionalität und soziale Verantwortung. Eine besondere Aufmerksamkeit wird den Werten sowie den Führungsprinzipien des Konzerns geschenkt. Die Texte werden meistens mit einem Appell an die Bewerber abgeschlossen, in dem das Unternehmen den Bewerbern Mut zur Bewerbung gibt, was die angeführten Zitate exemplifizieren.

> Werden Sie Teil der Erfolgsgeschichte von Bayer. Ihn Einstieg bei Bayer schafft die beste Grundlage für Ihre erfolgreiche Karriere.", „Unser Ziel ist es, die besten, talentiertesten Menschen aus der ganzen Welt einzustellen und sie so lange wir möglich zu halten.

> Wir vereinen in einzigartiger Weise höchste Professionalität und Weltläufigkeit mit einer über Jahrzehnte gewachsener Kultur der Verantwortung für unsere Mitarbeiter. Diese Kombination macht Bayer zu einem attraktivsten Arbeitgeber und wird unser Unternehmen auch in Zukunft auszeichnen.

> Wir bieten unseren Mitarbeiterinnen und Mitarbeitern eine Vielzahl von Ausgezeichneten Karrierechancen, ein modernes Arbeitsumfeld und eine attraktive Vergütung.

> Als moderner Arbeitgeber tun wir viel dafür, dass unsere Mitarbeiter und Mitarbeiterinnen eine gute Balance zwischen Karrieremöglichkeiten und ihrer persönlichen Lebensplanung finden können. Wir bieten unseren Mitarbeitern eine Vielzahl von Karrierenchancen im In- und Ausland, ein modernes Arbeitsumfeld und eine attraktive Vergütung. Unsere Arbeitsmodelle erlauben unseren Mitarbeitern große Flexibilität bei der Organisation ihrer beruflichen und privaten Aktivitäten.

> Unser Ziel ist die Schaffung einer echten Feedback-Kultur innerhalb des gesamten Unternehmens, die individuelle Stärken fördert und auf vorhandene Entwicklungsbereiche aufmerksam macht und so die persönliche und berufliche Weiterentwicklung vorantreibt.[21]

---

20 „Bayer ist ein weltweit tätiges Chemie- und Pharmaunternehmen mit Kernkompetenzen auf den Gebieten Gesundheit, Landwirtschaft und Hightech-Materialien […]", „Bayer arbeitet stets daran ein führendes und erfolgreiches international tätiges Unternehmen zu sein." [http://career.bayer.com/de/career/whybayer/in_a_nutshell/] (Abruf 13.10.2013).

21 Alle Zitate sind unter http://career.bayer.com/de/career/whybayer/working-at-bayer/ abrufbar.

Wie erwähnt sind die Erwartungen der Zielgruppe, in diesem Fall, der zukünftigen Mitarbeiter von Bedeutung. Vergleicht man die Selbstdarstellungstexte und die Stellenanzeigen, in denen sich die Unternehmer als Arbeitgeber präsentieren, mit den Anforderungskriterien[22] an zukünftige Arbeitgeber von High Potentials (Employer Branding 2009), bemerkt man eine hohe Korrelation zwischen den Erwartungen der Bewerber und dem Angebot des Unternehmens. Das zeugt davon, dass das Unternehmen in der rollenbezogenen Identitätskonstruktion den Erwartungen der Bewerber entgegenkommt.

Schlussfolgernd kann festgehalten werden, dass die charakterisierten Strategien als konstruktive Strategien bezeichnet werden können, weil sie die Unternehmensidentität aufbauen und in der Öffentlichkeit etablieren. Mit diesen Strategien können die grundlegenden Funktionen der Unternehmensidentität realisiert werden, zu denen die Identifikation, Wiedererkennbarkeit, Differenzierung, Sinnstiftung, Aufmerksamkeitssteuerung, Erweiterung von Handlungsspielräumen und Vertrauensaufbau gehören[23].

Schlussbemerkungen und Ausblick

Dieser Beitrag bildet einen Versuch, Strategien der Identitätskonstruktion auf der textuellen Ebene zu zeigen. Dargelegt wurde, dass die linguistische Untersuchung der Unternehmensidentität interdisziplinär, d.h. mit der Berücksichtigung der sozial- und betriebswissenschaftlichen Identitätskonzepte zu erfolgen hat. Gezeigt wurde, dass die Identität in den Unternehmenstexten sprachlich konzeptualisiert wird und mit diskursanalytischem Instrumentarium analysiert werden kann. Diese Vorgehensweise ist für die Analyse der Identitätskonstruktion auch deshalb geeignet, weil sie eine Erweiterung des Forschungsradius ermöglicht, d.h. alle thematischen Zusammenhänge von Texten, z.B. Presseartikeln herausarbeitet, in denen über den Konzern – hier konkret über den Bayer-Konzern – berichtet wird.

---

22 Genannt wurden: Arbeitsklima, herausfordernde Aufgaben, gute Aufstiegs- und Entwicklungsmöglichkeiten, Förderung der Mitarbeiter/Weiterbildungsmöglichkeiten, Zukunftsfähigkeit des Unternehmens, Balance zwischen Privat- und Berufsleben, das Unternehmen ist vertrauenswürdig, die Unternehmenskultur passt zu meinem Werteverständnis, das Unternehmens ist sympathisch, das Unternehmen ist anspruchsvoll. Als Low-Anforderungen wurden genannt: Markterfolg des Unternehmens, das Unternehmen ist modern, hohe Sozialleistungen/Altersvorsorge, flache Hierarchien, das Unternehmen praktiziert aktive Umweltschutz, Viele Urlaubstage, Zusatzleistungen, Persönlichkeit des Inhabers (CEO) des Vorstandsvorsitzenden des Unternehmens, Orientierung der Unternehmenskultur am Shareholder Value, Börsenerfolg des Unternehmens. (Ch. Kugelmeier 2001:70).

23 Mehr dazu: E. Buß (2012: 120ff), B. Rolek (2012).

Solch eine linguistische Untersuchung der Unternehmensidentität, die sowohl das Selbstbild als auch das Fremdbild eines beliebigen Unternehmens umfassen würde, liegt noch nicht vor.

Literatur

Adamzik, K. (2001): *Grundlagen einer kontrastiven Textologie*. In: K. Adamzik (Hg.) Kontrastive Textologie: Untersuchungen zur deutschen und französischen Sprach und Literaturwissenschaft. Tübingen. 13–48.

Bąk, P. (2012): *Euphemismen des Wirtschaftsdeutschen aus der Sicht der anthropozentrischen Linguistik*. Frankfurt/M.

Berdychowska, Z. (2002): *Personaldeixis. Typologie, Interpretation und Exponenten im Polnischen und im Deutschen*. Kraków.

Biere, U. (1994): *Strategien der Selbstdarstellung*. In: T. Bungarten (Hg.) Selbstdarstellung und Öffentlichkeitsarbeit. Eigen und Fremdbild von Unternehmen. Todstedt. 9–26.

Birkigt, K./ M.M. Stadler (1998): *Corporate Identity – Grundlagen*. In: K. Birkigt/ M.M. Stadler/ H. J. Funck, (Hg.) Corporate Identity. Grundlagen, Funktionen, Fallbeispiele. Landsberg. 11–65.

Bischl, K. (1998): *Selbstdarstellungsstrategien von Unternehmen in Mitarbeiterzeitschriften*. In: J. Strässler (Hg.) Tendenzen europäischer Linguistik: Akten des 31. Linguistischen Kolloquiums, Bern 1996. Tübingen. 17–22.

Bonacchi, S. (2013): *(Un)Höflichkeit. Eine kulturologische Analyse Deutsch-Italienisch-Polnisch*. Frankfurt/M.

Bruhn, M. (1995): *Integrierte Unternehmenskommunikation*. Stuttgart.

Burel, S. (2012): *Unternehmensidentität – Greifbarmachung eines Konzeptes mittels diskurslinguistischer Methoden*. In: Heidelberger Graduiertenjournal für Geisteswissenschaften. Heidelberg. [http://archiv.ub.uni-heidelberg.de/ojs/index.php/logoi/article/view/9514]. (Abruf 13.10. 2013).

Burkart, R. (2002): *Kommunikationswissenschaft: Grundlagen und Problemfelder; Umrisse einer interdisziplinären Sozialwissenschaft*. Böhlau.

Buß, E. (2012): *Managementsoziologie. Grundlagen, Praxiskonzepte Fallstudien*. München.

Butler, J. (1995): *Körper von Gewicht. Die diskursiven Grenzen des Geschlechts*. Berlin.

Duden (2003): *Duden – Deutsches Universalwörterbuch*. Mannheim.

Esch, F.-R. (2008): *Strategie und Technik der Markenführung*. München.

Esch, F.-R. (2009) Behavioral Branding. Markenverhalten managen. In: F.-R. Esch/ W. Armbrecht (Hg.) Best Practice der Markenführung. Wiesbaden. 1–19.

Felder, E. (2006): *Semantische Kämpfe in Wissensdomänen. Eine Einführung in Benennungs-, Bedeutungs- und Sachverhaltsfixierungs-Konkurrenzen*. In: E. Felder, (Hg.) Semantische Kämpfe, Macht und Sprache in den Wissenschaften. Berlin. 13–47.

Felder, E. (2011): *Pragma-semiotische Textarbeit und der hermeneutische Nutzen von Korpusanalysen für die linguistische Mediendiskursanalyse*. In: E. Felder/ M. Müller/ F. Vogel (Hg.) Korpuspragmatik. Thematische Korpora als Basis diskurslinguistischer Analysen. Berlin. 115–175.

Frauenholz, A. (2009): *Die „ganze Welt" von Siemens. Selbstdarstellungsstrategien des Unternehmens in der Mitarbeiterzeitung SiemensWelt.* In. R. Crijns/ N. Janich (Hg.) Interne Kommunikation von Unternehmen. Psychologische, kommunikationswissenschaftliche und kulturvergleichende Studien. Wiesbaden. 111-151.

Gansel, Ch./ F. Jürgens (2007): *Textlinguistik und Textgrammatik. Eine Einführung.* Göttingen.

Grucza, S. (2004): *Od lingwistyki tekstu do lingwistyki tekstu specjalistycznego.* Warszawa.

Grucza, S. (2013): *Lingwistyka języków specjalistycznych.* Warszawa. [http://portal.uw.edu.pl/web/snikla/tomy-serii] (Abruf: 13.10.2013).

Herbst, D. (1998): *Corporate Identity: Aufbau einer unverwechselbaren Unternehmensidentität. Leitbild und Unternehmenskultur. Ein Leitbild entwickeln und in der Öffentlichkeit umsetzen.* Stuttgart.

Hillmann, K.-H. (2007): *Wörterbuch der Soziologie.* Stuttgart.

Kastberg, P. (2001): *Textsortenbedingte Relationen zwischen Text und Bild in der technischen Kommunikation.* In: F. Meyer (Hg.) Language for Special Purposes: Perspectives for the New Millennium. Linguistics and Cognitive Aspects, Knowledge Representation and Computational Linguistics, Terminology, Lexicography and Didactics. Band 1. Tübingen. 44-53.

Keller, K.L. (2008): *Strategic Brand Management. Building, Measuring, and Managing Brand Equity.* London.

Kresić, M (2007): *Sprache der Identität. Vortrag.* [http://www.signsofidentity.de/fileadmin/pdf/Sprache_der_Identitaet_Beitrag_Kresic_8.6.07.pdf] (Abruf: 13.10.2013).

Kneip, K. (1980): *C.I.- Corporate Identity.* In Marketing Journal. 02/1980. 180.

Kugelmeier, Ch. (2001): *Strategische Personalrekrutierung bei MLP.* In: R. Stock-Homburg / B. Wolff (Hg.) Handbuch Strategisches Personalmanagement. Wiesbaden. 83–103.

Lierl, K. (1978). *Corporate Identity kann ein ganzes Unternehmen bewegen.* In: W&V, III.

Lucius-Hoene, G./ A. Deppermann (2004): *Rekonstruktion narrativer Identität. Ein Arbeitsbuch zur Analyse narratives Interviews.* Wiesbaden.

Mead, G. H. (1934, 2000): *Geist, Identität und Gesellschaf aus der Sich des Sozialbehaviorismus.* Frankfurt/M.

Meffert, H./ Ch. Burmann/ M. Kirchgeorg (2005): *Marketing. Grundlagen markorientierter Unternehmensführung.* Wiesbaden.

Niederhäuser, M./ N. Rosenberger (2011): *Identitätsorientiertes Kommunikationsmanagement – Modell im Überblick.* In: M. Niederhäuser/ N. Rosenberger (Hg.) Unternehmenspolitik, Identität und Kommunikation. Modelle – Prozesse – Fallbeispiele. Wiesbaden. 23–31.

Piitulainen, M.- L. (2001): *Zur Selbstbezeichnung in deutschen und finnischen Textsorten.* In. U. Fix/ S. Habscheid/ J. Klein (Hg.) Zur Kulturspezifik von Textsorten. Tübingen. 159–175.

Richter, N. (2008): *Unternehmensleitbilder zur Kommunikation von Zielen.* In: K. Seeger/ B. Liman (Hg.) Zielorientierte Unternehmensführung. Festschrift für Univ.-Prof. Winfried Hamel. Wiesbaden. 199–231.

Rolek, B. (2012): *Glaubwürdigkeit (in) der Unternehmenskommunikation – Versuch einer linguistischen Annäherung an ein schwer fassbares Konstrukt.* In: D. Kaczmarek/ J. Makowski/ M. Michoń/ Z. Weigt (Hg.) Felder der Sprache. Felder der Forschung. Sprache – Kommunuktion – Kompetenzen. Łódź. 126–136.

Stammbach, R. (1993): *Corporate Identity.* Bern.

Thim-Mabrey, Ch. (2003): *Sprachidentität: Identität durch Sprache. Ein Problemaufriss aus sprachwissenschaftlicher Sicht*. In: N. Janich/ Ch. Thim-Mabrey (Hg.) Sprachidentität: Identität durch Sprache. Tübingen. 1–18.

Sandig, B. (1996): *Sprachliche Perspektivierung und perspektivierende Stile*. In: Zeitschrift für Literaturwissenschaft und Linguistik. 36–63.

Sauer, N. (2002): *Corporate Identity in Texten. Normen für die schriftliche Unternehmenskommunikation*. Berlin.

Utzig, T. (2002): *Anglizismen in den Stellenanzeigen der Süddeutschen Zeitung und der Frankfurter Allgemeinen Zeitung*. Marburg.

Vogel, K. (2011): *Corporate Style. Stil und Identität in der Unternehmenskommunikation*. Wiesbaden.

Widmer, T. (2006): *Mit den besten Stellenanzeigen die besten Mitarbeiter gewinnen: überzeugende und wirksame Stellenanzeigen in Formulierung, Aussagegehalt, Struktur und Darstellung; mit zahlreichen Textbausteinen und Formulierungshilfen unter Einbezug von Online-Anzeigen im Web*. Zürich.

Wodak, R./ R. de Cillia/ M. Reisigl/ K. Liebhart/ K. Hofstätter/ M. Kagl (1998): *Zur diskursiven Konstruktion nationaler Identität*. Frankfurt/M.

Wodak, R. (2009): *Von Wissensbilanzen und Benchmarking. Die fortschreitende Ökonomisierung der Universitäten. Eine Diskursanalyse*. In: R. Diaz-Bone/ G. Krell (Hg.) Diskurs und Ökonomie. Diskursanalytische Perspektiven auf Märkte und Organisationen. Wiesbaden. 317–337.

Lexikalische Eigenschaften der Unternehmensterminologie anhand von Beispielen aus dem deutschen und polnischen Handelsgesetzbuch

Gabriela Nitka
(Universität Rzeszów)

Einleitung

Der vorliegende Beitrag geht an kommunikatives Handeln in Unternehmen aus dem rechtslinguistischen Blickwinkel heran, indem er die wichtigsten und zugleich grundlegenden Bezeichnungen des handelsrechtlichen Verkehrs anführt und charakterisiert. Anhand von zwei linguistischen und einem rechtswissenschaftlichen Schema werden die in den Unternehmenskommunikation auftretenden handelsrechtlichen Begriffe näher beschrieben und systematisiert. Darüber hinaus werden die formalen Gemeinsamkeiten und Unterschiede in den linguistischen und rechtswissenschaftlichen Aufgliederungsvorschlägen hervorgehoben und besprochen. Die Darstellung umfasst sowohl deutsche als auch polnische Fachbegriffe aus dem Bereich des Handelsrechts.

Die Kommunikationsaktivitäten und -prozesse, die in modernen Unternehmen auftreten, bilden aus dem fachsprachlichen Blickwinkel ein eng miteinander verzahntes, komplexes und mehrdimensionales Netz. Die sprachlich beziehungsreiche Matrix resultiert aus den fortschreitenden heterogenen Tätigkeitsbereichen und vielfältigen Aufgabenfeldern, die den durchschnittlichen Arbeitstag in den heutigen Unternehmen gestalten. Diese Problematik thematisiert die neuere Unternehmenskommunikationsforschung, indem sie über die Ausdifferenzierung und Schwerpunktverlagerung auf der Kommunikationsebene, wie sie in den Unternehmen über die letzten Jahre stattgefunden haben, spricht. „Dabei geht es darum, die traditionell durch unterschiedliche Kompetenzfelder definierten Aufgaben Finanzkommunikation, Öffentlichkeitsarbeit, Presse- und Medienarbeit, Mitarbeiterkommunikation, Sponsoring, Werbung, Umfrage-und Marktforschung, Events, Corporate Design und andere organisatorisch zusammenzuführen und (…) in einem Verantwortungsbereich zusammenzuführen."[1] Daraus ergibt sich, dass die alltäglichen Kommunikationsaktivitäten in den Unternehmen, wie Verhandlungen über Unternehmensfinanzen, Zusammenarbeit mit den Presse- und Medienagenturen, Gespräche mit den Vorgesetzten und zwischen den Mitarbeitern, Verhandlungen mit anderen wirtschaftlichen Subjekten wie Sponsoren, Werbeagen-

---

1 A. Zerfaß/ M. Piwinger (2007: 7).

turen, Beratungsfirmen, Banken, Lieferanten und Dialog mit den Kunden von den Unternehmensmitarbeitern breites Fachwissen verlangen. Dieses Fachwissen muss interdisziplinär angelegt sein und umfasst demzufolge Kompetenzen aus diversen, oft weit voneinander entfernten Disziplinen, wie Wirtschaft, Rechnungswesen, Bankwesen, Informationstechnologie, Politik, Psychologie, Soziologie u.v.m. Bei allen diesen kommunikativen Handlungen und Aktivitäten spielt die Rechtskenntnis eine bedeutende Rolle. Die Unternehmen sind nämlich „soziale Organisationen, die nur auf Grundlage gesetzlicher Regelungen (Wirtschaftsordnung, Gesellschaftsrechts) existieren"[2]. Darüber hinaus „ist seit geraumer Zeit eine starke Tendenz zur gesetzlichen Regulierung der Unternehmenskommunikation zu beobachten. Ein großer Teil der Unternehmenskommunikation unterliegt mittlerweile gesetzlichen Regelungen und Auflagen"[3] Daraus kann man eindeutig die Schlussfolgerung ziehen, dass das Recht die Rahmenbedingungen für die gesetzlich legitimen Handlungen bildet und einen unverzichtbaren Bestandteil der Unternehmenskommunikation ausmacht.

Eine besondere Stellung in kommunikativen Prozessen und Aktivitäten, die in den Unternehmen vorkommen, nimmt das Handelsrecht ein. Es regelt die grundlegenden Sachverhalte und Handlungen, die im alltäglichen Handelsverkehr in den Unternehmen vollgezogen werden. Als die wichtigsten Rechtsquellen der handelsrechtlichen Verhältnisse und Angelegenheiten fungieren im deutschen Rechtssystem das Handelsgesetzbuch und in der polnischen Rechtswirklichkeit das Gesetzbuch der Handelsgesellschaften.

1. Lexikalische Eigenschaften der handelsrechtsprachlichen Unternehmensterminologie

Fachsprachen, unter denen sich selbstverständlich auch die Handelsrechtssprache befindet, weisen bestimmte linguistische sprachsystem- und sprachverwendungsbezogene Merkmale auf. Zu den Systemeigenschaften zählen lexikalische und phonetische Einheiten, morphologische Regeln sowie syntaktische Modelle, die auf der Ebene des Textes realisiert werden. Als sprachverwendungsorientierte Eigenheiten der Fachsprache wird die fachverankerte und sekundär die fachexterne Auseinandersetzung bezeichnet.[4]

---

2   A. Zerfaß (2007: 24).
3   A. Zerfaß/ M. Piwinger (2007: 6).
4   Diese Eigenheiten der Fachsprachen werden u.a. in den unterschiedlichen Fachsprachedefinitionen implizit genannt. Verweisen kann man in diesem Zusammenhang auf die Fachsprachedefinition von L. Drozd/ W. Seibicke (1973: 81), D. Möhn/ R. Pelka (1984: 27), W. Schmidt (1969) zit. nach R. Fluck (1996:15–16).

Die Spezifik von Fachsprachen äußert sich am deutlichsten in den Fachwortschätzen und Terminologien, über die fachlichen Inhalte transportiert werden.[5] Die fachsprachliche Lexik fungiert somit als das auffälligste Merkmal einer Fachsprache. Der lexikalische Bereich bildet hierzu ein komplexes und mehrdimensionales Netz, dessen lexikalische Einheiten keine ungeordnete Menge gestalten, sondern nach bestimmten Prinzipien kategorisiert werden können. Es werden daher linguistisch sowie rechtswissenschaftlich fundierte Konzepte dargestellt, die den Fachwortschatz der deutschen und polnischen Handelsrechtsprache systematisieren.

Das erste in der vorliegenden Systematik erfasste Schema, das auf der Grundlage der linguistischen Kriterien entwickelt wurde, schlägt L. Huth (1983: 100) vor. Der einschlägige Rechtswortbestand wird hier in drei Hauptklassen unterteilt.

Die erste Gruppe bilden die sog. Professionalismen, die verhältnismäßig problemlos durch Wörter der Allgemeinsprache ersetzt werden können. Zu ihnen gehören in der deutschen als auch in der polnischen Handelsrechtssprache solche Bezeichnungen wie *Unternehmer/przedsiębiorca, Verlust/strata, Gewinn/ zysk, Gläubiger/dłużnik, Anteil/udział, Einlage/wkład, Gesellschafter/wspólnik, Provision/prowizja, Tagebuch/dziennik, Wettbewerb/konkurencja* und *Ehegatte/ współmałżonek*.

Daneben werden Ausdrücke situiert, die zwar gleichzeitig Bestandteile der Rechtssprache sowie Gemeinsprache sind, aber unterschiedliche Bedeutung haben, wobei in den meisten Fällen im rechtlichen Gebrauch die Bedeutung eingeengt wird. Als Beispiele sind hierbei folgende Lexeme aus dem Bereich der deutschen und polnischen Handelsrechtssprache anzuführen: *Vertrag/umowa, Haftung/odpowiedzialność, Vollmacht/pełnomocnictwo, Vertretung/przedstawicielstwo, Vertretung/reprezentowanie, Ermächtigung/upoważnienie Nießbrauch/ użytkowanie, Vorzug/uprzywilejowanie* und *Ausschuss/wyłączenie*.

Die dritte Gruppe im Schema von L. Huth (1983: 100) bilden die Fachausdrücke, die nur im Bereich der Justiz vorkommen. Sowohl in der deutschen als auch in der polnischen Handelsrechtssprache können dieser Gruppe folgende Termini zugerechnet werden: *juristsiche Person/osoba prawna, natürliche Person/osoba fizyczna, Handelsregister/rejestr handlowy, Wettbewerbverbot/zakaz konkurencji, Generalversammlung/walne zgromadzenie, Aufsichtsrat/rada nadzorcza, Konsolidierung/konsolidacja, Komplementär/komplementariusz* und *Kommanditist/komandytariusz.*

Im Hinblick auf die dargelegte Klassifikation und die angegebenen Beispiele sollte erwähnt werden, dass einige der angeführten Lexeme nicht allein im Bereich der Handelsrechtssprache vorkommen. Solche Begriffe wie *Ehegatte/*

---

5 Vgl. C. Fraas (1998: 428).

współmałżonek. *Wettbewerb/konkurencja, Gesellschafter/wspólnik, Unternehmer/przedsiębiorca, Eigentum/własoność, Haftung/odpowiedzialność, Vertrag/ umowa, juristsiche Person/osoba prawn* oder *natürliche Person/osoba fizyczna* findet man auch in den anderen Rechtsbüchern. Eine endgültige terminologische Grenze, die den rechtssprachlichen Wortschatz nach den bestimmten Reichsgebieten differenzieren würde, ist schwer zu ziehen. Die oben aufgezählten Bezeichnungen und Ausdrücke wurden herangezogen, weil sie sehr oft in den Kommunikationsaktivitäten und -prozessen in den Unternehmen erscheinen.

Ein anderes linguistisches Modell entwirft A. Jaspersen (1998: 119–124). Dieses Aufgliederungsschema geht auf das Kriterium der Verständlichkeit zurück und betrachtet demnach die Rechtssprache aus einer Laienperspektive. Der rechtsprachliche Wortbestand wird hierzu in Professionalismen, in veraltete bzw. ‚kanzleisprachliche' Begriffe sowie in verdeckte und offenbare Fachtermini gegliedert.

Als Professionalismen werden Wörter und Wendungen bezeichnet, die in der Regel der internen Verständigung zwischen den Juristen dienen. Zu diesen Ausdrücken gehören in der deutschen und in der polnischen Handelsrechtssprache z.b.: *volle Rechtsfähigkeit/pełna zdolność do czynności prawnych, Willenserklärung/oświadczenie woli, gesamtschuldnerische Haftung/odpowiedzialność solidarna, Haftsumme/suma komandytowa, Insolvenzverfahren/postępowanie upodłościowe, Liquidator/likwidator* und *Prokura/prokura.*[6]

Eine weitere Kategorie in dem Aufgliederungsschema von A. Jaspersen (1998: 119–124) machen veraltete bzw. kanzleisprachliche Begriffe aus, die eine Art der Übergangszone zwischen den Professionalismen und den Fachtermini bilden. Von diesen Begriffen wird zum einen in der juristischen Kommunikation Gebrauch gemacht, zum anderen aber sind sie nicht notwendig zur Beschreibung eines rechtlichen Zusammenhangs und können verhältnismäßig leicht ersetzt werden. Auf der Ebene der deutschen Handelsrechtssprache zählen hierzu solche Ausdrücke wie: *Geldmittel, Schriftstücke, Prinzipal* und *Karenz.* Als veraltete bzw. kanzleisprachliche Begriffe können in der polnischen Handelsrechtssprache folgende Rechtstermini klassifiziert werden: *pożytek* (dt. Nützlichkeit), *zastawnik* (dt. Pfandgläubiger) *mienie* (dt. Vermögen) und *zbycie* (dt. Veräußerung).

Aufschlussreich in dem Konzept von A. Jaspersen (1998: 119–124) ist die Differenzierung zwischen den verdeckten und den offenbaren Fachtermini. Verdeckte Fachtermini bezeichnen die Rechtsfachwörter, deren fachsprachlicher

---

6   Diese Gruppe der fachverankerten handelsrechtsprachlichen Bezeichnungen kann man um die Fachbegriffe, die als letzte Kategorie in dem Modell von L. Huth (1983: 100) auftreten, bereichern. Der Zuordnungsprozess kann man auch umgekehrt durchführen und die in Modell von A. Jaspersen (1998: 119–124) auftretenden Fachlexeme in die letzte Untergruppe in dem Schema von L. Huth (1983: 100) eingliedern.

Charakter einem Laien nicht als offensichtlich erscheint. Es handelt sich also hierbei um Bezeichnungen, die zugleich in der Allgemein- und Rechtssprache vorkommen, aber unterschiedliche Bedeutungen haben. Zu dieser Gruppe gehören sowohl in der polnischen als auch in der deutschen Handelsrechtssprache u.a. *Eigentum/własność, Besitz/posiadanie, Mandat/mandat, Abschrift/odpis, Pfand/ zastaw, Vorschuß/zaliczka, Darlehnen/pożyczka, Kapital/kapitał, Gesellschaft/ spółka* und *Firma/firma*.[7]

Als offenbare Fachtermini werden Rechtsausdrücke charakterisiert, die der Laie sofort der Handelsrechtssprache zuordnet. Als offenbare Rechtstermini können folgende Begriffe kategorisiert werden: *Handelsregister/rejesr handlowy, Gläubiger/wierzyciel, Schuldner/dłużnik, Vertragsstrafe/kara umowna, Registergericht/sąd rejestrowy, Gesellschaftsvertrag/umowa spółki, Aktiengesellschaft/ spółka akcyjna, Gesellschaft mit beschränkter Haftung/spółka z ograniczoną odpowiedzialnością.*

Im Hinblick auf die explizierten und exemplifizierten linguistischen Aufgliederungsschemata kann man folgende Schlussfolgerungen ziehen: Zum einen erörtern die präsentierten Modelle die Fachtermini, die Verwendung innerhalb einer bestimmten Disziplin finden und somit die innerfachsprachliche Kommunikation verbessern. Zum anderen beinhalten diese Schemata Bezeichnungen, die gleichzeitig in der Fachsprache und in der Allgemeinsprache vorkommen. Diese Berücksichtigung des allgemeinsprachlichen Wortschatzes kann man als linguistischen Versuch einer ganzheitlichen Charakteristik der handelsrechtssprachlichen Terminologie verstehen.

Neben den oben dargestellten linguistisch fundierten Aufgliederungsschemata des rechtsbezogenen Fachwortschatzes gibt es auch rechtswissenschaftliche Modelle, die das fachsprachliche Vokabular entsprechend klassifizieren. Die rechtswissenschaftliche Lehre und Praxis differenziert zwischen den Rechtsbegriffen, die entweder durch das entsprechende Gesetz und den Rechtstermini, die durch sinngerechte Auslegung in den Gerichten inhaltlich bestimmt und konkretisiert werden. Im ersten Fall handelt es sich um bestimmte, im zweiten um unbestimmte Rechtsbegriffe.

> Bestimmte Begriffe sind solche, deren Inhalt eindeutig ist. Das ist vor allem bei der Verwendung von Zahlen der Fall (*Die Nachtzeit beginnt um 22.00 Uhr*). Aber auch Begriffe wie *Mensch, Tod* sind im Wesentlichen bestimmt.[8]

---

7   Die Kategorie der verdeckten Termini könnte man um Beispiele aus der zweiten Gruppe, die in dem Schema von L. Huth (1983: 100) aufgelistet wurden, bereichern. Diesen Prozess kann man auch umgekehrt realisieren und die zweite Kategorie in dem Huth'schen Modell (1983: 100) um die Lexeme, die in dem Modell von A. Jaspersen (1998: 119–124) als verdeckte Termini erscheinen, erweitern.

8   D. Schmalz (1992) zit. nach B. Eckardt (2000: 27).

Derartige Rechtsbegriffe verfügen über eine ausdrücklich präzise sowie eindeutige gesetzliche Definition, die der Gesetzgeber in einer bestimmten Rechtsvorschrift festgelegt hat und die unabhängig vom Kontext, d.h. außerhalb dieser Rechtsvorschrift erhalten bleibt. Die bestimmten Rechtsbegriffe konstituieren also den festen Bestandteil eines spezifischen Fachwortschatzes der Rechtssprache. Man kann hierbei eine klare Abgrenzung der besonderen Fachsprache des Rechts von der Allgemeinsprache vornehmen.[9]

Zu den Begriffen, die ausschließlich den Rechtssprachen angehören, zählen die sog. Legaldefinitionen, die im entsprechenden Gesetz enthaltenen Erläuterungen eines Rechtsbegriffs.[10] Im Bereich der deutschen Handelsrechtssprache zählt hierzu u.a. die Definition der Lexeme *Kaufmann, Firma, Handelsvertreter, Handelsmakler, offene Gesellschaft, Kommanditgesellschaft* und *stille Gesellschaft.* Im polnischen Handelsrecht fungieren als Beispiele der bestimmten Rechtsbegriffe, die in Form von Legaldefinitionen vorliegen, u.a. die Bezeichnungen *spółka jawna* (dt. offene Gesellschaft), *spółka partnerska* (dt. Parntergesellschaft), *spółka komandytowa,* (dt. Kommanditgesellschaft), *spółka komandytowo-akcyjna* (dt. Kommanditgesellschaft auf Aktien) und *akcjonariusz* (dt. Aktionär).

> Unbestimmte Rechtsbegriffe sind solche, deren Inhalt nicht durch einen fest umrissenen Sachverhalt ausgefüllt wird, sondern bei der Rechtsanwendung auf einen gegebenen Tatbestand einer Fixierung bedarf.[11]

Das Vorkommen der unpräziseren Begriffe im Recht resultiert aus der Tatsache, dass Lebenssachverhalte des Alltags sehr vielfältig und mehrdimensional sind. Es ist daher unmöglich, sie im Vorhinein eindeutig und klar zu definieren. Um flexibel auf wandelnde Entwicklungen und Ereignisse reagieren zu können, verwendet der Gesetzgeber derartige wertausfüllungsbedürftige Begriffe im Gesetzestext. Das Vorhandensein dieser Phänomene ermöglicht also dem rechtsanwendenden Organ die Differenzierung und Konkretisierung des Rechtssatzes im Einzelfall je nach örtlichen, zeitlichen oder anderen rechtserheblichen Umständen.[12]

Unbestimmte Begriffe knüpfen an das Vokabular der Allgemeinsprache an. Sie verweisen dabei nicht auf sinnlich wahrnehmbare Gegenstände, sondern auf mehr oder weniger abstrakte oder mit einer Art sittlicher Bewertung geladene Ausdrücke.[13] Aus diesem Grund ist eine scharfe Abgrenzung zwischen dem rechtssprachlichen und dem gemeinsprachlichen Bedeutungsumfang dieser Rechtstermini nicht möglich. Es sind Ausdrücke wie *Wert/wartość, Handlung/*

---

9   Vgl. B. Jeand'Heur (1999: 1290).
10   Vgl. Duden-Recht (2010: 369).
11   C. Creifelds (2000: 1293).
12   Vgl. H. Müller-Tochtermann (1959: 88).
13   Vgl. Ebd.

*działanie, Leistung/świadczenie, Mitwirkung/współdziałanie, Unterlassung/za-
niechanie, Forderung/żądanie, Verbindlichkeiten/zobowiązania, Umwandlung/
przekształcanie, Übertragung/przeniesienie* und *Wirksamkeit/skuteczność.*
Formal zu dieser besonderen Art von Rechtsbegriffen zählen auch die sog.
Generalklauseln, d.h. allgemein gehaltene Begriffe, die im Gesetz vorkommen.
Durch Verwendung von Generalklauseln vermeidet der Gesetzgeber hier detai-
lierte Einzelbegriffe. Diese unbestimmten Rechtsbegriffe ermöglichen auch dem
Richter eine sinngerechte Auslegung und Anwendung einer Norm.[14] Zu den Generalklauseln im deutschen und im polnischen Handelsrecht gehören u.a. *Treu
und Glauben/dobra wiara, Sittenwidrigkeit/sprzeczność z dobrymi obyczajami,
billiges Ermessen/zasady współżycia społecznego.*
   In den bereits dargestellten Konzepten wird der Versuch einer folgerichtigen
sowie transparenten Systematisierung der handelsrechtssprachlichen Lexik unternommen. Es gibt jedoch einige Abweichungen zwischen linguistischen und
rechtswissenschaftlichen Modellen. Die beiden linguistischen Schemata betrachten den Rechtswortschatz aus der Perspektive der Sprachstruktur. Sie verweisen
dabei auf die Lexik der Allgemeinsprache, die eine Art Bezugsrahmens für die
einschlägige Gliederung liefert. Das rechtswissenschaftliche Konzept greift dagegen die fachimmanenten Eigenheiten des Rechts auf und konzentriert sich dabei
auf die funktional-pragmatische Anwendung der Rechtsbegriffe.
   Gemeinsam allen diesen drei Modellen ist die mehr oder weniger präzise Unterscheidung des zugrunde liegenden rechtssprachlichen Gesamtwortbestandes in Rechtstermini, die ausschließlich in der Fachsprache des Rechts vorkommen und in Begriffe,
die sowohl in der Rechtssprache als auch in der Allgemeinsprache Verwendung finden.
   Auffallend in allen oben skizzierten Schemata ist das Vorkommen einer großen Anzahl von Ausdrücken der Allgemeinsprache. Dies resultiert daraus, dass
die juristische Tätigkeit praktisch alle Lebensbereiche berührt und daher einem
in der Gemeinsprache vorkommenden, inhaltlich mehr oder weniger unscharfen
Ausdruck eine spezielle juristische Bedeutung zugeordnet wird, so dass neben
dem gemeinsprachlichen Wort ein gleichlautendes, aber in Bedeutung abwei-
chendes juristisches Fachwort existiert.[15]

2. Schlussbemerkungen und Ausblick

Die kommunikativen Aktivitäten und Prozesse in den modernen Unternehmen
bestehen unter dem fachsprachlichen Gesichtspunkt aus einer Vielzahl von Bezeichnungen und Begriffen, die diversen sehr oft weit voneinander entfernten

---

14   Vgl. Duden-Recht (2010: 197).
15   Vgl. R. Arntz (2001: 209).

Disziplinen gehören. Bei den kommunikativen Auseinandersetzungen spielt auch die Allgemeinsprache eine bedeutende Rolle. Sie bildet nämlich den immanenten Hintergrund für die während der kommunikativen Handlungen auftretenden Fachbegriffe und Fachtermini.

Aus fachsprachlicher Sicht ist das Recht ein wesentlicher Teil der Unternehmenskommunikation. Das Handelsrecht legt die gesetzlichen Rahmenbedingungen fest und bestimmt formal die verbindlichen Aufgabenbereiche für die Handlungen, die in modernen Unternehmen stattfinden. Aus diesem formalen Grund resultiert, dass die handelsrechtsprachliche Lexik einen unabdingbaren Bestandteil der Unternehmenskommunikation mitgestaltet. Den Handelsrechtswortschatz bilden die genuin fachverankerten Begriffe und Termini wie *Handelsregister/rejestr handlowy*, *Wettbewerbverbot/zakaz konkurencji*, *Generalversammlung/walne zgromadzenie*, *Prokura/prokura*, *gesamtschuldnerische Haftung/odpowiedzialność solidarna* und *Gesellschaft mit beschränkter Haftung/spółka z ograniczoną odpowiedzialnością*. Neben derartigen Fachbezeichnungen findet man aber in der handelsrechtsprachlichen Lexik eine Vielzahl von Bezeichnungen, die während der alltäglichen Allgemeinkommunikation auftreten.

Einige von diesen Lexemen wie *Nießbrauch/użytkowanie*, *Vertretung/przedstawicielstwo*, *Besitz/posiadanie*, *Mandat/mandat*, *Abschrift/odpis*, *Kapital/kapitał* und *Gesellschaft/spółka* werden in der Handelsrechtssprache hinsichtlich ihrer Bedeutung eingeengt. Andere Bezeichnungen wie *Wert/wartość*, *Handlung/działanie*, *Leistung/świadczenie* und *Wirksamkeit/skuteczność* behalten ihren allgemeinsprachlichen Sinngehalt bei.

In diesem Zusammenhang lassen sich für die handelsrechtliche Unternehmensterminologie folgende Schlussfolgerungen ziehen: Der handelsrechtssprachliche Wortschatz gestaltet die Unternehmenskommunikation in zweifacher Hinsicht mit. Zum einen ist die handelsrechtsprachliche Lexik als fachbezogene Terminologie unter dem formalen Gesichtspunkt ein Bestandteil der kommunikativen Handlungen in den Unternehmen. Zum anderen kommen die handelsrechtlichen Begriffe und Bezeichnungen, die in dem allgemeinsprachlichen Wortgut verankert sind, an den kommunikativen Aktivitäten und Prozessen in den Unternehmen teil.

Literatur

Arntz, R. (2001): *Fachbezogene Mehrsprachigkeit in Recht und Technik.* Hildesheim, Zürich, New York.

Jeand'Heur, B. (1999): *Die neuere Fachsprache der juristischen Wissenschaft seit der Mitte des 19. Jahrhunderts unter besonderer Berücksichtigung von Verfassungsrecht und Rechtsmethodik.* In: L. Hoffmann/ H. Kalverkämper/ E.H. Wiegand (Hg.) Fachsprachen. Ein internationales Handbuch zur Fachsprachenforschung und Terminologiewissenschaft. Band 2. Berlin. 1286–1295.

Creifelds, C. (2000): *Rechtswörterbuch*. München.

Drozd, L./ W. Seibicke (1973): *Deutsche Fach- und Wissenschaftssprache. Bestandsaufnahme, Theorie, Geschichte*. Wiesbaden.

Duden-Recht, A-Z (2010): *Fachlexikon für Studium, Ausbildung und Beruf*. Mannheim.

Eckardt, B. (2000): *Fachsprache als Kommunikationsbarriere. Verständigungsprobleme zwischen Juristen und Laien*. Wiesbaden.

Fluck, H.-R. (⁵1996): *Fachsprachen. Einführung und Bibliographie*. Tübingen, Basel.

Fraas, C. (1998): *Lexikalisch-semantische Eigenschaften von Fachsprachen*. In: L. Hoffmann/ H. Kalverkämper/ E.H. Wiegand (Hg.) Fachsprachen. Ein internationales Handbuch zur Fachsprachenforschung und Terminologiewissenschaft. Berlin. Band 1. 428–438.

Huth, L. (1983): *Situationen und Aufgaben der Vermittlung*. In: R. Wassermann, J. Petersen, K. Ermert, (Hg.) Beiträge zu einer bürgerfreundlichen Justiz. Heidelberg. 98–114.

Jaspersen, A. (1998): *Über die mangelnde Verständlichkeit des Rechts für den Laien*. Dissertation. Bonn.

Möhn, D./ R. Pelka (1984): *Fachsprachen. Eine Einführung*. Tübingen.

Müller-Tochtermann, H. (1959): Zur *Struktur der deutschen Rechtssprache. Beobachtungen und Gedanken zum Thema Fachsprache und Allgemeinsprache*. In: Muttersprache Lüneburg. 69. 84–92.

Schmalz, D. (1992). *Methodenlehre für das juristische Studium*. 3 Auflage. Baden-Baden. Nomos.

Schmidt, W. (1969): *Charakter und gesellschaftliche Bedeutung der Fachsprachen*. In: Sprachpflege. 18. 10–20.

Zerfaß, A. (2007): *Unternehmenskommunikation und Kommunikationsmanagement: Grundlagen, Wertschöpfung, Integration*. In: M. Piwinger (Hg.) Handbuch Unternehmenskommunikation. Wiesbaden. 19–70.

Zerfaß, A./ M. Piwinger (2007): *Kommunikation als Werttreiber und Erfolgsfaktor*. In: M. Piwinger (Hg.) Handbuch Unternehmenskommunikation. Wiesbaden. 5–16.

Autorinnen und Autoren

Dr. **Justyna Alnajjar** ist wissenschaftliche Mitarbeiterin am Institut für Anthropozentrische Linguistik und Kulturologie der Universität Warschau, Leiterin des Research Center for Business Communication Audit, Autorin von mehr als 25 wissenschaftlichen Schriften, Mitherausgeberin der Zeitschrift „Lingwistyka Stosowana/ Applied Linguistics/ Angewandte Linguistik" und der Open Access Reihe „Studi@ Naukowe". Ihr neuestes Buch „Communication in Global Corporations. Successful Project Management via Email" thematisiert die Schwerpunkte der (Email-)Fachkommunikation in internationalen Projektteams. Ihre Forschungsschwerpunkte sind Kommunikationsaudit, Unternehmenskommunikation, Kommunikation in internationalen Projektteams, Gebrauch von Business Englisch als Lingua Franca (BELF) und Business Deutsch als Lingua Franca.
E-Mail: justyna.alnajjar@uw.edu.pl

Prof. Dr. habil. **Silvia Bonacchi** ist außerordentliche Professorin am Institut für Anthropozentrische Linguistik und Kulturologie der Universität Warschau, Leiterin des internationalen Forschungsprojektes MCCA (Multimodal Communication: Culturological Analysis, mcca.uw.edu.pl), Leiterin des Laboratoriums für Multimodale Kommunikation und Mitherausgeberin des *Journal for Multimodal Communication Studies*. Ihre Forschungsschwerpunkte sind interkulturelle Kommunikation, Pragmalinguistik und multimodale Kommunikation. Unter ihren letzten Buchveröffentlichungen sind „Höflichkeitsausdrücke und anthropozentrische Linguistik" (Warschau, 2011) und „(Un)Höflichkeit. Eine kulturologische Analyse Deutsch-Italienisch-Polnisch" (Frankfurt a. M. etc. 2013) zu nennen.
E-Mail: s.bonacchi@uw.edu.pl

Prof. Dr. habil. **Paweł Bąk** ist außerordentlicher Professor, Leiter der Fachabteilung für Pragmalinguistik und Translatorik am Institut für Germanistik an der Universität Rzeszów, Sprach- und Übersetzungswissenschaftler. Verfasser der Monographien: „Die Metapher in der Übersetzung. Studien zum Transfer der Aphorismen von Stanisław Jerzy Lec und der Gedichte von Wisława Szymborska" (2007) und „Euphemismen des Wirtschaftsdeutschen aus Sicht der anthropozentrischen Linguistik" (2012). Promotion 2004, Habilitation 2013. Die wichtigsten Forschungsschwerpunkte sind kontrastive Linguistik, Euphemismus- und Metaphernforschung, Phraseologie, Analyse der Diskurse, Pragmalinguistik und Translationswissenschaft. Mitglied der Internationalen Vereinigung für Germanistik, der Polnischen Gesellschaft für Angewandte Linguistik und des Polnischen Germanistenverbandes. E-Mail: wort.pb@wp.pl

Prof. Dr. habil dr h.c. mult. **Franciszek Grucza** ist ordentlicher Professor der Warschauer Universität (bis 2012), ordentlicher Professor der University of Social Sciences (Warschau, seit 2012), ordentliches Mitglied der Polnischen Akademie der Wissenschaften. Gründungsdirektor (1971–1972) und später Direktor des Instituts für Angewandte Linguistik der Universität Warschau (1972–1998), Gründer (1981) und Präsident der Polnischen Gesellschaft für Angewandte Linguistik (bis 1998), Gründer (1990) und Präsident des Verbandes Polnischer Germanisten (bis 2012), Präsident der Internationalen Vereinigung für Germanistik (2005–2010), Gründer (2001) und Leiter des Lehrstuhls für Sprach- und Spracherwerbstheorie an der Universität Warschau (bis 2010), Gastprofessor in Konstanz, Hamburg, Essen, Saarbrücken, Zürich, Berkeley (USA),Träger mehrerer polnischer und deutscher Auszeichnungen, u.a. der Goldenen Goethe-Medaille (2002) und des Bundesverdienstkreuzes 1. Klasse (2002), Autor von über 400 Publikationen zu Themen aus den Bereichen: Linguistik, Germanistik. Forschungsschwerpunkte: Sprachtheorie, Metalinguistik, Fachsprachenforschung, Glottodidaktik, Translatorik, Onomastik (s. *Der Mensch und die Sprachen. Festschrift für Professor Franciszek Grucza* 2012), Gründer und Herausgeberder Zeitschrift *Przegląd Glottodydaktyczny* (1976–2004), Herausgeber der Zeitschrift *Kwartalnik Neofilologiczny* (seit 1974). E-Mail: fkgrucza@uw.edu.pl

Dr. **Radomir Grucza** studierte an der Warschauer Technischen Universität und promovierte an der Universität des Saarlandes. Er war mehrere Jahre für Siemens AG in verschiedenen Management Positionen im [RG (REC)] Telekommunications Bereich tätig. Zuletzt war er Geschäftsführer von Nokia Siemens Networks in Polen und zugleich für das Geschäft in der Region Central and Ost Europa des Global Account Deutsche Telekom verantwortlich. Mitbegründer der REC Global mit Sitz in Breslau/ Wrocław. Seit 2012 Geschäftsführer bei der REC Gruppe verantwortlich für Marketing & Vertrieb.

Prof. Dr. habil. **Sambor Grucza**. ist O.-Professor an der Universität Warschau, Lehrstuhl Fachsprachenlinguistik. Direktor des Instituts für Anthropozentrische Linguistik und Kulturologie (www.ikla.uw.edu.pl), Gründer und wissenschaftlicher Vorstand folgender Forschungszentren: Forschungszentrum für Eyetracking-Linguistik (www.lelo.uw.edu.pl), Forschungszentrum für Korpuslinguistik (www.korpusy.ikla.uw.edu.pl), Research Center for Business Communication Audit (www.rc-bca.ikla.uw.edu.pl), Aviation Communication Research Center (www.acrc.ikla.uw.edu.pl). Herausgeber der Zeitschrift *Lingwistyka Stosowana/ Applied Linguistics/ Angewandte Linguistik* (www.ls.uw.edu.pl) und wissenschaftlicher Reihen *Studia Naukowe* (www.sn.ikla.uw.edu.pl) und *Warschauer Studien zur Germanistik und Angewandten Linguistik* (Peter Lang, Frankfurt/M.); wissenschaftlicher Beirat u.a. in *Kwartalnik Neofilologiczny, Studia Translatorica* und *Studien zur Deutschkunde*. Mitglied zahlreicher polnischer und internationaler wissenschaftlicher Gesellschaften, Präsident der *Polnischen Gesellschaft für Angewandte Linguistik*, Vorstandsmitglied des *Verbandes Polnischer Germanisten*. Forschungsinteressen: Angewandte Linguistik, Translatorik, Glottodidaktik, Fachsprachenlinguistik, Fachkommunikation, Unternehmenskommunikation. Leiter mehrerer internationaler Forschungsprojekte. Autor von über 120 wissenschaftlichen Publikationen. E-Mail: sfgrucza@uw.edu.pl

Dr. **Łukasz Kumięga** ist wissenschaftlicher Mitarbeiter am Institut für Angewandte Linguistik (Lehrstuhl für Diskursforschung) der Universität Warschau. Seine Forschungsgebiete sind: postfoucaultsche Diskursforschung, Dispositivanalyse, Mediendiskursanalyse, politischer Extremismus in Deutschland und Polen, Urban Studies sowie interkulturelle Kommunikation. Forschungsprojekte: *Rechtsextremistischer Straßendiskurs in Deutschland*, *Mediendiskursanalyse. Diskurse-Dispositive-Medien-Macht*, *Dispositive Turn? Forschende Verortungen des Dispositiv-Begriffs*. E-Mail: lukasz.kumiega@uw.edu.pl

Dr. **Jan B. Łompieś** ist Mitglied des Research Center for Business Communication Audit am Institut für Anthropozentrische Linguistik und Kulturologie (www. rc-bca.ikla.uw.edu.pl). Mitglied der *Polnischen Gesellschaft für Angewandte Linguistik*. Hat langjährige Erfahrung im Bereich internationale Wirtschaftsaktivitäten. Forschungsinteressen: Translatorik, Glottodidaktik, Fachsprachenlinguistik, Fachkommunikation, Unternehmenskommunikation. Autor von 18 wissenschaftlichen Publikationen. E-Mail: j.lompies@wp.pl

Dr. **Gabriela Nitka** ist wissenschaftliche Mitarbeiterin am Institut für Germanistik an der Universität Rzeszów. Absolventin des Magisterstudiengangs des Instituts für Germanistik an der Universität Rzeszów (2007) und des Lizenziatstudiengangs an der Fachrichtung Marketing und Management an der Hochschule für Management in Rzeszów (2009). DAAD-Stipendiatin im Rahmen des Programms Abschlussstipendium für Studierende der Germanistik (Universität Jena) und des Programms Forschungsstipendium für junge Doktoranden und Nachwuchswissenschaftler (Universität Düsseldorf). GFPS-Stipendiatin im Rahmen des Stipendiums für Studierende und Doktoranden (Universität Dresden). Aktive Teilnehmerin an trilateralen Forschungsprojekten (Europäische Akademie Berlin, Deutsch-Polnisches Jugendwerk). Forschungsschwerpunkte: deutsch-polnische kontrastive Linguistik, Fachsprachenlinguistik, Rechtslinguistik, Wirtschaftslinguistik und fachbezogener Fremdsprachenunterricht. E-Mail: gabrielanitka@yahoo.de

Dr. **Krzysztof Nycz** ist wissenshaftlicher Oberassistent am Institut für Germanistik der Universität Rzeszów, Abteilung für Kontrastive und Angewandte Linguistik. Promotion 2006. Verfasser einer Monographie sowie zahlreicher Wörterbücher und Lehrwerke für Germanistikstudenten. Dreimaliger DAAD-Stipendiat, Stipendiat des Sächsischen Ministeriums für Wissenschaft und Kunst. Forschungsinteressen: Fachkommunikation, Fachsprachenlinguistik, Phonetik/Phonologie der deutschen Sprache, Glottodidaktik. E-Mail: knycz@univ.rzeszow.pl

Dr. **Bogusława Rolek** studierte Germanistik an der Pädagogischen Hochschule in Rzeszów. Seit 1996 arbeitet sie am Institut für Germanistik der Universität Rzeszów, wo sie 2006 promovierte. DAAD-Stipendiatin (1992, in Tübingen), Stipendiatin des Goethe-Instituts (1994), Stipendiatin der Universität Bielfeld (2001). Ihre Forschungsbereiche sind: Fachtextlinguistik, kontrastive Linguistik, Diskursanalyse, Translationswissenschaft.

Dr. **Iwona Szwed** ist wissenschaftliche Mitarbeiterin am Institut für Germanistik der Universität Rzeszów in der Fachabteilung für Theorie der sprachlichen Kommunikation; Dissertation: 2009; Mitarbeiterin der Forschungs- und Bildungsstelle *Text-Diskurs-Kommunikation;* Redaktionsmitglied der Zeitschrift *text i dyskurs – text und diskurs;* Mitarbeiterin an polnischen und internationalen Forschungsprojekten (u.a. *Persuasionsstile in Europa, Stellenanzeigen im Employer Branding Kontext, Objektivität und Geltung von Werten*); Forschungsinteressen: Textlinguistik (kontrastive Textlinguistik, Fachtextlinguistik, interkulturelle Wirtschaftskommunikation, Analyse des Geschäftsbriefes, Medienlinguistik, sprachliche Persuasion), Didaktik der deutschen Fachsprache und Translationsdidaktik; Mitglied der Internationalen Vereinigung für Germanistik, Beeidigte Dolmetscherin für Deutsch in Polen. E-Mail: iwonaszwed@szwed.pl

Prof. Dr. habil. **Mariola Wierzbicka** ist außerordentliche Professorin der Universität Rzeszów, Direktorin des Instituts für Germanistik und Leiterin der Fachabteilung für Kontrastive und Angewandte Linguistik. Studium der Germanistik und Linguistik sowie Promotion (1997) an der Universität Stuttgart. Habilitation (2004) an der Universität Gdańsk. Hauptforschungsbereiche: Kontrastive Linguistik (deutsch-polnisch), synchronische und diachronische Untersuchungen an der Syntax-Semantik-Pragmatik-Schnittstelle, unter besonderer Berücksichtigung von Satzsemantik, Verb- und Tempussemantik, sowie Temporalität, Kausalität, Modalität und Aspektualität in weiteren Kontexten, generativ-transformationelle Linguistik, Grundlagen der Modulartheorie der Sprache und der Universalgrammatik, formale Prozeduren in Linguistik, modelltheoretische und formale Semantik, Pragma- und Textlinguistik, Stilistik sowie allgemeine und angewandte Linguistik. E-Mail: mwierzb@wp.pl

Warschauer Studien zur Germanistik und zur Angewandten Linguistik

Herausgegeben von Sambor Grucza und Lech Kolago

Band   1   Sambor Grucza: Fachsprachenlinguistik. 2012.

Band   2   Paweł Bąk: Euphemismen des Wirtschaftsdeutschen aus Sicht der anthropozentrischen Linguistik. 2012.

Band   3   Der Mensch und seine Sprachen. Festschrift für Professor Franciszek Grucza. Herausgegeben von Magdalena Olpińska-Szkiełko, Sambor Grucza, Zofia Berdychowska und Jerzy Żmudzki. Unter Mitarbeit von Ewa Bartoszewicz, Monika Płużyczka und Justyna Zając. 2012.

Band   4   Urszula Topczewska: Konnotationen oder konventionelle Implikaturen? 2012.

Band   5   Agnieszka Szarkowska: Forms of Address in Polish-English Subtitling. 2013.

Band   6   Sambor Grucza / Monika Płużyczka / Justyna Zając (eds): Translation Studies and Eye-Tracking Analysis. 2013.

Band   7   Małgorzata Świderska: Theorie und Methode einer literaturwissenschaftlichen Imagologie. Dargestellt am Beispiel Russlands im literarischen Werk Heimito von Doderers. 2013.

Band   8   Justyna Zając: Communication in Global Corporations. Successful Project Management via Email. 2013.

Band   9   Lech Kolago: Die Dichterin Annette von Droste-Hülshoff als Komponistin. Zum Wort-Ton-Verhältnis in ihrem lyrisch-musikalischen Werk. 2013.

Band 10   Ewa Żebrowska: Text – Bild – Hypertext. 2013.

Band 11   Małgorzata Guławska-Gawkowska: Somatische und emotionale Konzepte in der deutschen und polnischen Phraseologie. Ein lexikografischer Ansatz zum phraseologischen Übersetzungswörterbuch. 2013.

Band 12   Martyna Szczygłowska: Übersetzungsfehler. Eine kritische Betrachtung aus der Sicht der anthropozentrischen Translatorik. 2013.

Band 13   Silvia Bonacchi: (Un)Höflichkeit. Eine kulturologische Analyse Deutsch – Italienisch – Polnisch. 2013.

Band 14   Justyna Haas: Erinnerungsliteratur von Jehovas Zeugen als NS-Opfern. 2013.

Band 15   Sambor Grucza / Mariola Wierzbicka / Justyna Alnajjar / Paweł Bąk (Hrsg.): Polnisch-deutsche Unternehmenskommunikation. Ansätze zu ihrer linguistischen Erforschung. 2014.

www.peterlang.com